国学经典
名句珍藏

二十五史名句解析

（上）

天人／主编

内蒙古出版集团
内蒙古人民出版社

图书在版编目(CIP)数据

二十五史名句解析：全2册 / 天人主编.-呼和浩特：内蒙古人民出版社，2016.4

(国学经典名句珍藏)

ISBN 978-7-204-14016-9

Ⅰ.①二… Ⅱ.①天… Ⅲ.①《二十五史》—名句—鉴赏 Ⅳ.①K204.1

中国版本图书馆CIP数据核字(2016)第105931号

二十五史名句解析(上、下)

主　　编　天　人
责任编辑　侯海燕
责任校对　李好静
责任监印　王丽燕
封面设计　宋双成
出版发行　内蒙古人民出版社
地　　址　呼和浩特市新城区中山东路8号波士名人国际B座5楼
网　　址　http://www.nmgrmcbs.com
印　　刷　内蒙古爱信达教育印务有限责任公司
开　　本　680mm×960mm　1/16
印　　张　34.125
字　　数　630千
版　　次　2016年7月第1版
印　　次　2016年7月第1次印刷
印　　数　1-3000册
书　　号　ISBN 978-7-204-14016-9/I·2697
定　　价　62.00元(上、下)

如发现印装质量问题，请与我社联系。联系电话：(0471)3946120　3946169

前言

在中国古代，每一个新建立的王朝都特别注意吸取前一代王朝亡国的经验教训，所以每一代王朝都十分重视为前代王朝修史。为前一代王朝的帝王将相作出客观的评价，分析他们成败的原因，总结他们的经验教训。

因此，这些史书都是官修的，即由国家主持编修，所以被称为“正史”，其他个人写的史书只能叫做“野史”。“二十五史”都是官修史书，都是正史。

“二十五史”这个名称也是在漫长的历史发展中逐渐形成的。《旧唐书·经籍志》中记载的正史只有《史记》《汉书》《后汉书》《三国志》《晋书》《宋书》《南齐书》《梁书》《陈书》《魏书》《北齐书》《周书》《隋书》，共十三史。到了宋代，又把《南史》《北史》《新唐书》《新五代史》加进去，乃有“十七史”之称。

明代嘉靖时校刻历代史书，于宋人所称“十七史”外又加入《宋史》《辽史》《金史》《元史》，合称“二十一史”。在明代数百年间，一直沿用此名。清乾隆时，《明史》告成，又有“二十二史”之称。不久，乾隆帝又下诏在“二十二史”中增加《旧唐书》，并从《永乐大典》中辑出薛居正《旧五代史》，合称“二十四史”。1921 年徐世昌以北洋军阀政府大总统的名义下令把《新元史》列入正史，这才有了“二十五史”的名称。

撇开“二十五史”的史学价值不谈，就其在哲学、思想、艺术等方面的造诣也是颇为世人称道的。学术界都公认前四史(《史记》《汉书》《后汉书》《三国志》)在思想和文学方面的价值最大,如司马迁的《史记》,无论在史学方面,还是在文学艺术方面都为世人所称道。像《高祖本纪》《项羽本纪》《陈涉世家》等名篇不光史学价值大,而且也可以说是中国短篇小说和人物传记的滥觞,其思想性和艺术性达到了高度的统一,直到今天,这些文章仍然被学习者奉为蓝本。

即便是前四史之后的那些史书,也都是历代王朝组织最强的力量精心编修而成,几乎都出自名家之手。如《晋书》出自房玄龄之手,《梁书》《陈书》出自姚思廉之手,《隋书》出自魏征之手,《新唐书》出自欧阳修之手,《元史》出自宋濂之手等等。因此,一套“二十五史”真可以说是一部中国古代的大百科全书,它里面包涵的东西实在是太多了!然而,“二十五史”卷帙浩繁,且文字艰深,阅读起来费时费力,于是我们去其杂芜,取其精华,选取这些史书中的名句,汇集成《二十五史名句解析》,奉献给读者。并对名句加以注释和解析,消除文字障碍,帮助读者阅读理解,使读者能够很轻松地欣赏“二十五史”中的精华。

本书所选每一名句都分为原句、注释和解析三部分。注释的最前边指出该名句之出处,然后是难字注解以及原句释义。对简单易懂的句子只指明出处,不作注解和释义;解析是编撰者个人对原句的理解,仅供读者阅读时参考。

为方便读者检索,我们在书后附了条目拼音检索。读者可按名句的首字拼音进行检索,十分便利。

由于水平有限,编写中难免存在不足与疏漏之处,恳请方家不吝赐教。

编　者

目录

《史记》名句

大行不顾细谨，

大礼不辞小让。

——《史记·项羽本纪》

信饬百官，众功皆兴。

【注释】《史记·五帝本纪》。信饬：申令整饬，即下令整顿。百官：各级各类官员。众功：指各项事业。

【解析】这是《五帝本纪》中《尧本纪》的两句话，说的是帝尧下令整顿各级各类官员的作风，官员们的作风整顿好了，各项事业就会发达起来。它突出强调、着重指出的是百官与事业之间的关系，即认为官员的作风是事业成败的关键。

不以天下之病而利一人。

【注释】《史记·五帝本纪》。病：原文为伤病，这里引申为受苦、痛苦。此句的意思是：不能让天下人受苦而让一人得利。

【解析】这是尧所遵循的处理公私关系的一条基本原则。《尧本纪》载：尧知道儿子丹朱不肖，不足以掌管天下，于是破例把天下传给了舜。尧说，不能让天下人受苦而让一人得利。尧、舜之所以被称为圣王、明主，就是因为他们从思想到实践，都是大公无私的。

好学深思，心知其意。

【注释】《史记·五帝本纪》。心知其意：谓心领神会，真正懂得其中究竟。

【解析】这是司马迁在《五帝本纪》"论赞"里说的两句话，是他治古史做学问的准绳。《五帝本纪》所写都是上古史事，所以"《书》缺有间"（《尚书》早有缺漏）——有的只是传说而没有详实的记载，有的虽有记载，但"其文不雅驯"（不正确、不合理），难以信从，还有的各家说法纷纭。在这种情况下，只有好学深思，心领神会，才能真正懂得其中究竟。司马迁所提倡的这种科学精神、创新精神，是一切认真做学问的人都应该具备的。

元首明哉，股肱良哉，庶事康哉！元首丛脞哉，股肱惰哉，万事堕哉！

【注释】《史记·夏本纪》。庶事：众事。丛脞（cuǒ）：细碎烦琐，比喻胸无大略。

【解析】国君英明，大臣贤能，各种事业才会兴旺发达；国君忙于琐碎事务，胸无大略，大臣便会懒惰，各项事业就会败坏。这是舜与大臣一起娱乐时从心底流出的歌，是他毕生从政经验的总结。

人视水见形，视民知治不。

【注释】《史记·殷本纪》。不：通"否"。

【解析】人们从水中可以看到自己的形象，而观察民众的情况，听听民众的议论同样可以知道政治是否清明。英明的君主，坚持实践这一原则，以此进行深刻的自省。

这一道理由商汤发之，唐魏征把它阐发到极致，最终成为“以铜为镜，可以正衣冠；以古为镜，可以知兴替；以人为镜，可以明得失”的传世名言。

君国子民，为善者皆在王官。

【注释】《史记·殷本纪》。君国：作国家的君主。子民：以民为子，爱护百姓。君、子都是名词当做动词用。王官：在朝廷做官。

【解析】古代圣贤，对于如何治理国家特别关注。这是伊尹对商汤说的两句话，意思是：作为国家的君主，治理国家要爱护百姓，视民如子，这样为善的人就会来朝廷做官了。它特别强调当政者的垂范作用。

是日何时丧？予与汝皆亡！

【注释】《史记·殷本纪》。是：这个。日：太阳，这里借指夏桀。丧：灭亡。予与汝皆亡：我愿与你同归于尽。语出《尚书大传》。

【解析】桀是夏朝最后一个暴君，他荒淫暴虐，对人民残酷地剥削压榨，人民对他十分怨恨，和他势不两立。夏桀无视民意，把自己比做不落的太阳。人民愤恨地诅咒他：“你这个太阳什么时候完蛋，我宁愿和你同归于尽！”

一个统治者，落到人民不惜和他同归于尽的地步，他的末日也就到了。桀最终为商汤所败，出奔到鸣条（今山西运城安邑镇北，一说在今河南封丘县东）而死，夏朝随即灭亡。

燿德不观兵。

【注释】《史记·周本纪》。燿：同耀，明。明德，崇尚道化。观：示。观兵：检阅军队（意在炫耀武力）。燿德不观兵：即显示德行而不炫耀武力。

【解析】这是周初祭公谋父谏周穆王伐犬戎时说的一句话，体现了中华民族的崇高道义，即以道德服人而不以武力服人。兵力要平时聚敛而在适当时候动用，这样才能显示出威力，炫耀就会滥用，滥用便会失去威慑作用。这些都是千真万确的道理。

防民之口，甚于防水。水壅而溃，伤人必多，民亦如之。是故为水者决之使导，为民者宣之使言。

【注释】《史记·周本纪》。水：这里指河流、洪水。壅（yōng）：水道堵塞。溃：溃决，泛滥。为水者：治水的人。决之使导：疏浚它，使它通畅。为民者：治理人民的人。宣之使言：开导他们，使他们敢于讲话。

【解析】这是邵穆公劝阻厉王的话。他首先指出了弭谤的危害性，以“防民之口，甚于防水”作比，形象贴切，发人深省。随即提出宣导人民、广开言路的主张，体现了民本主义的政治思想。其中以水喻人民，意义深远。

邻国有圣人，敌国之忧也。

【注释】《史记·秦本纪》。

【解析】邻国有圣人，便是敌国的忧患。这句话里包含了重视人才的思想。秦穆公听了由余的一席话，认识到他的贤能，觉得让他待在邻国对自己是个威胁，便想方设法把由余从戎王那里夺过来。结果秦用由余的计策讨伐戎王，得到十二城，拓地千里，称霸西戎，奠定了秦统一中国的基础。这是古代重视人才，引进人才以强国的显例。

安民可与行义，而危民易与为非。

【注释】《史记·秦始皇本纪》。此语引自《过秦论》。行义：干好事，指奉公守法。为非：干坏事，指为非作歹。

【解析】这是贾谊总结的秦亡教训之一，即生活安定的百姓人心思定，可以和他们一起奉公守法；而危惧不安的百姓惶惶不定，容易参与“为非作歹”的反抗活动。因为挨冻的人穿上粗布小袄就感到温暖，挨饿的人吃上糟糠就感到甘甜，天下嗷嗷待哺的人民才是新国君治国安民的资本。如果公卿以下一直到百姓，人人都怀着自危心理，身处穷困苦难的境地，不安心于自己的地位，就容易发生动乱。

前事之不忘，后事之师也。

【注释】《史记·秦始皇本纪》。语出《过秦论》。

【解析】这里特别强调吸取历史经验教训的重要性。

大行不顾细谨，大礼不辞小让。

【注释】《史记·项羽本纪》。大行：指干大事。行：行为，作为。细谨：细枝末节、小节。辞：拒绝。让：责备。做大事不拘小节，行大礼不避小的责备。

【解析】樊哙虽然是个杀狗卖肉之徒，却很有见识。刘邦在鸿门宴上害怕被项羽手下谋杀，于是借上厕所的机会准备逃走，但他又担心没有向项羽告辞，有失礼仪。樊哙以此言相劝，意思是说，如果要干大事业，就不能婆婆妈妈去顾及许多细枝末节。所谓“人为刀俎，我为鱼肉”，还怎么顾得上礼貌呢？刘邦如果真的为了礼貌而回帐中告辞，恐怕早就被项羽杀掉了，那么也就不会有汉家的天下了。

吾宁斗智，不能斗力。

【注释】《史记·项羽本纪》。

【解析】楚汉相争，曾经有这样一段故事：“楚汉久相持未决，丁壮苦军旅，老弱罢转漕。项王谓汉王曰：‘天下匈匈数岁者，徒以吾两人耳，愿与汉王挑战，决雌雄，毋徒苦天下之民父子为也。’汉王笑谢曰：‘吾宁斗智，不能斗力。’”项羽的愿望是好的，可惜头脑太简单、太天真了，他把两大集团之间一场旷日持久的战争，看做两人之间的一场决斗，认为两人一决雌雄就可解决问题。这反映出项羽的粗浅和率直，也反映了他在政治上的不成熟，认为单凭武力可以解决一切问题。刘邦正是看出了他的天真，才居高临下地回答：“吾宁斗智，不能斗力。”刘邦所说的“智”，包括政治、统战、民心等等，这正是刘邦的强项，却是项羽的致命弱点！

楚虽三户，亡秦必楚。

【注释】《史记·项羽本纪》。三户：指三户人家，极言其少。楚国即使只剩三户人家，灭亡秦国的必定还是楚国。这是当时在楚地流行的预言秦灭亡的谶语。

【解析】这个谶语表明楚人对秦朝的仇恨，也表明楚人最具复仇意识，最具反抗意识。秦始皇统一天下后，大兴土木，筑长城，修陵墓，对国内人民的压迫日盛一日，十分暴虐，这就为它的灭亡埋下了祸根。再加上它以武力吞并六国，六国虽亡而民心不服，尤其是楚地的人。陈胜、吴广农民大起义的风暴从秦地刮起，最后还是楚人项羽率楚人消灭了秦军的主力。这一谶语反映的是当时天下的人心向背，也是对在楚地起兵响应陈胜、吴广的项梁、项羽的肯定。

法者，治之正也，所以禁暴而率善人也。法正则民悫，罪当则民从。

【注释】《史记·孝文本纪》。法者二句：法律是治国的准则，法的作用是为了禁绝残暴，引导人们走向善良。正：准则。法正二句：法律公正则百姓忠厚，论罪量刑得当则百姓顺从。悫(jué)：朴实，忠厚。

【解析】汉文帝是一位有名的仁德之君，西汉文景之治就是由他开创的。他在政治、法律等方面有不少开明的、渗透着民主意识的、有利于老百姓的言论和主张。这里的几句话是他与官员们就废除同坐、收币法等事进行的讨论。这段讨论很有意思，特译介如下：文帝说：“法律是治理国家的准则，用它来禁绝残暴，引导人们向善。现在犯法定罪后，还要使无罪的父母、妻子、兄弟连坐，收没妻儿为官府奴婢。我非常不赞成这样的做法，大家讨论一下。”有关官员都说：“百姓不能治理自己，所以制定法律来约束他们。实行连坐将亲属跟犯人一起收捕治罪，目的在于牵制他们的心理，使他们不敢轻易犯法。”文帝说：“我听说法律公正则百姓忠厚,论罪量刑得当则百姓服从,况且管理百姓,引导他们向善,是官吏的职责。既不能引导他们向善又用不公正的法律去论罪,这反而会促使他们去干凶暴的事,又怎么能谈得上禁止人们犯罪呢?”

死者不可复生,刑者不可复属。

【注释】《史记·孝文本纪》。刑者不可复属:受刑的人砍下的肢体不能再接上去。属:连接。

【解析】这是西汉太仓令淳于意的女儿缇萦在淳于意被判罪后给汉文帝上书时说的话。她提出人死了就不能再复活,受刑后肢体也没法再连接起来,即使想改过自新,也没路可走。因此她愿意被没入官府当奴婢,抵赎父亲该受的刑罚。这两句极深刻的话,提醒一切执法者:用刑一定要慎重!文帝为此深受感动,决定废除肉刑。

农,天下之本,务莫大焉。

【注释】《史记·孝文本纪》。农业是天下的根本,任何事情也没有比这更重要的了。

【解析】这是文帝对于农业的地位——也就是农业在当时政治事务中的作用的一个精确描述。他不但肯定了“农,天下之本”的命题,而且突出强调它的重要。从中我们可以体会到作为传统农业国的中国,农业在历代统治者心目中受到的高度重视。

形势虽强,要之以仁义为本。

【注释】《史记·汉兴以来诸侯王年表》。

【解析】这是司马迁考察汉朝开国以来所封王侯兴衰益损的情况后所得出的结论。从所封诸侯王来看,从开国到武帝时期,“汉定百年之间,亲属益疏,诸侯或骄奢,忕邪臣。计谋为淫乱,大者叛逆,小者不轨于法,以危其命,殒身亡国”。所以衰落败亡,根源在于不修仁义。从汉朝廷来看,当时形势虽强(足以控驭诸王侯),在处理与诸王侯的关系上,仍应以仁义作为根本,不可因势强力大而在仁义上有所忽略。

居今之世,志古之道,所以自镜也,未必尽同。

【注释】《史记·高祖功臣侯者年表》。志古之道:记取古代的历史经验教训。志:通“誌”,记住,记取。自镜:作为镜子来照自己。

【解析】这里提出对待历史经验教训的正确态度:生在当世,为什么还要学习和记取古人的经验教训呢?因为历史的经验教训可为当世参考。

盛哉，无子之德！一人有庆，天下赖之。

【注释】《史记·建元已来王子侯者年表》。庆：善。赖：利。

【解析】封建社会，实行的是君主专制，权力高度集中，所以天子的个人行为，直接关系到天下百姓。一人办好事，万民都受益，正是当时社会现实的写照。在这里，司马迁盛赞汉武帝的推恩分封政策。汉初分封，造成了诸侯势力的恶性膨胀，许多诸侯荒淫无度，有的甚至起来反叛朝廷。为此主父偃建议实行推恩分封之策，汉武帝采纳了主父偃的建议。此策既符合古制的私亲（照顾自己的亲属）之义，又有利于封建大一统的巩固，故得到司马迁盛赞。

观三代损益，乃知缘人情而治礼，依人性而作仪。

【注释】《史记·礼书》。三代损益：指夏、商、周三代对礼制所作的增减。缘：顺随。

【解析】中国被称为礼仪之邦，是最讲究礼仪的。但讲究得过分繁琐，以至成了人们的负担，或者把森严的封建等级制度贯穿其中，就走到它的反面了。这里探究礼仪是怎么产生的问题，司马迁的回答，不故弄玄虚，令人信服：顺从人的情意而制定礼制，依照人的习性来规定仪节。试想，“父慈子孝，兄友弟恭”等等，不都是缘人情依人性而定的吗！

治定功成，礼乐乃兴。

【注释】《史记·乐书》。“治定功成，礼乐乃兴”，出自《礼记·乐记》。原文作“王者功成作乐，治定制礼”。意思是：帝王功业有成就要制作音乐；政治安定就要制定礼仪。

【解析】礼乐是封建社会特别重视的思想文化政策，也是儒家特别重视的教化手段。这里讲的是礼乐在什么情况、什么条件才能兴起即礼乐兴起的前提。经济基础决定上层建筑，因而这种规法完全正确。

满而不损则溢，盈而不持则倾。

【注释】《史记·礼书》。水满了若是不减少一些，它便会漫溢出来；器皿满了若是不加以扶持，就会倾倒。

【解析】这是个很浅显的比喻，但其中包含了普遍的哲理，它提醒人们：干什么事情都要有所节制，都要有个限度，超过了限度，不加节制，便会招来或“溢”或“倾”的后果。

兵者，圣人所以讨强暴，平乱世，夷险阻，救危殆。

【注释】《史记·律书》。军队，是圣人用来讨伐强暴、平定混乱局势、铲除艰难险阻、拯救危亡倾覆的。夷：平地，引申为铲除。

【解析】军队和战争，一般人只看到它残酷、暴力的一面，而忽略它作为和平的保卫者、安宁的守护神的一面。司马迁在兵书（律书）当中，开宗明义给“兵”下定义，强调了军队和战争应当是讨伐强暴、救助危难和平定乱世的工具，这是值得肯定的进步观点。

教笞不可废于家，刑罚不可捐于国，诛伐不可偃于天下，用之有巧拙，行之有逆顺耳。

【注释】《史记·律书》。教笞：教训和鞭挞。捐：废除。偃：止息。

【解析】这段话的意思是：就如同教育子女不能完全废除体罚，治理国家不能废除刑罚一样，用于诛暴救危、平定乱世的正义战争也不能不采取。只是运用起来有巧妙和笨拙的不同，实行起来有合理不合理、正义不正义的区别而已。这是对那些不识时务、不讲大体、一味反对武力抗暴的“世儒”（即俗儒）的严厉批判。

始吾心已许之，岂以死倍吾心哉。

【注释】《史记·吴太伯世家》。倍：通“背”，背弃。

【解析】博学多才的吴国公子季札，受吴王派遣到中原各国访问。开始出使时，北上途中拜见徐国国君。徐君非常喜欢季札佩带的宝剑，嘴上却不好意思说出来。季札明白他的心思，因为还要出使中原诸国，没能把宝剑赠给他。出使归来，徐君却去世了，季札便解下宝剑，挂在徐君坟旁的树上。随从的人说：“徐君已经死了，你还送给他干什么？”季札说：“不能这样说。当初我心里已经决定送给他，怎能因为他死了而违背我的初衷呢？”看重自己的良知，郑重实践“心许”的诺言，不做违背初衷的事，这是良好修养的一个方面。

见微而知清浊。

【注释】《史记·吴太伯世家》。见微而知清浊：看到一些迹象就能知道事物的清白与污浊。

【解析】《吴太伯世家》这句话，是赞扬季札能见微知著，从微小的征兆中预见将来局势的变化。他出使鲁、卫、齐、晋等国，对各国政治变化的预见都十分准确。

我一沐三捉发，一饭三吐哺，起以待士，犹恐失天下之贤人。

【注释】《史记·鲁周公世家》。沐：洗头发。捉发：提起头发。吐哺(bǔ)：吐出口中所吃食物。

【解析】周公是古代最懂得尊重人才的人，他常常洗一次头三次提起头发，吃一顿饭三次吐出口中的食物，频频起身接待来访的人，唯恐失掉天下的人才。这说明了他待士的诚心和对人才的重视。

政不简易，民不有近；平易近民，民必归之。

【注释】《史记·鲁周公世家》。近：即亲近。为政如果不简便易行，老百姓就不肯亲近；只有简便易行，贴近人民，人民才会归附他。

【解析】为政者要想得到人民的拥护，就应平易近人，若是端架子，摆衙门威风，或搞些繁琐的形式，老百姓避之唯恐不及，怎么会拥护你？这个教训，是周公从他儿子伯禽和姜太公(子牙)行政的对比中总结出来的。周公的儿子伯禽被封为鲁公，治鲁三年后才向周公报告政务，周公问为什么这样迟缓，伯禽说："我到鲁国后着手改变那里的风俗，改变那里的礼制，服丧三年才能除服，所以迟了。"太公受封于齐，五个月后就向周公报告政务，周公问为何这样迅速，太公回答说："我简化了君臣之间的礼节，按照那里的习俗办事，所以很快就有了结果。"于是周公感叹说："鲁国将来必定要臣服于齐国了！"

白珪之玷，犹可磨也，斯言之玷，不可为也。

【注释】《史记·晋世家》。珪(guī)：玉石。玷：(diàn)玉上的斑点。

【解析】白玉有了污点，还可以磨去，开口说话有了错误，却难以改变。这告诫人们说话要慎重。

外举不隐仇，内举不隐子。

【注释】《史记·晋世家》。举：推荐人才。隐：隐避，即埋没或回避的意思。

【解析】推荐外面的人才，不埋没自己的仇人；推荐家人，不回避自己的儿子。这真正做到了公正无私，因而得到人们衷心地赞美。这一品格的典范是晋国的祁奚。一次晋悼公向他询问可以任用的人，他荐举了解狐，解狐本是他的仇人；再问，他荐举祁午，祁午是他的儿子。结果这两个人都很称职。

众怒不可犯。

【注释】《史记·楚世家》。

【解析】众人的愤怒不可冒犯。楚灵王是位暴君，他的仇人蔡国的观起联合灵王国内的敌对者公子比、弃疾等人，共同对他发起进攻，趁他驻扎在乾谿而进入国都掏他的老窝，杀死太子禄。楚灵王手下的大臣给他出主意说："请在郊外等待，以听从国人的决定。"他说："我杀别人的儿子太多了，能不到这步田地吗？"他估计到"众怒不可犯"，没敢采纳手下大臣的建议。这和后文所说"众怒为水火，不可救也"是一个意思。

狡兔死，良狗亨；高鸟尽，良弓藏；敌国破，谋臣亡。

【注释】《史记·淮阴侯列传》。亨：通"烹"。

【解析】这三句谚语，与俗语"卸磨杀驴""过河拆桥"同义，常用来比喻封建社会一些当权者对有功之臣忘恩负义的态度和一些贤能之士的悲惨遭遇。《史记》当中两次引用到它，一次是越国谋臣范蠡给大夫种的信中，以说明越王勾践是个可以共患难，不可共欢乐的人，劝大夫种急流勇退，赶快离开他；一次是韩信被刘邦用伪游云梦之计逮捕之后所发的慨叹。无论是作为范蠡对勾践为人本性的揭示，还是作为韩信对高祖刘邦杀戮功臣的谴责和不满，以及对自己功成身死命运的慨叹，都极为恰切，也极为深刻。

为政必以德，勿忘所以立。

【注释】《史记·郑世家》。所以立：巩固政权的条件。意指取得国人的拥护。

【解析】子产是春秋时代郑国著名的政治家，是被孔子称为仁爱之人的人。晋国在昭公死后，公卿势力强大，而国家权力衰落，于是子产对晋国的执政大臣韩宣子说了这番话，意思是：执掌政权必须依靠仁德，不要忘记政权是靠什么巩固的。这一忠告，涉及到为政的根本，是正确而有针对性的。

以权利合者，权利尽而交疏。

【注释】《史记·郑世家》。权利：权势和利益。疏：疏远。凭着权势和利害而结合的人，一旦权势利害关系没有了，交往关系也就疏远了。

【解析】权利交合，世态炎凉，这是封建社会的两种弊病。权利交合的本质是尔虞我诈，互相利用，根本不考虑什么人情道义。结果一些人踩着别人的肩膀升上去，一些人受到倾轧跌下来，到头来都没有好下场。这两句话，是对封建社会某种人际关系的一个真实写照。

无其实，敢处其名乎。

【注释】《史记·赵世家》。

【解析】赵武灵王即位后，胸怀大志，发愤图强，想实实在在做一位霸主。可在五国互贺称王时，唯独赵不参加。武灵王认为：无王之实，何必居此虚名呢？并通告国人，依然称自己为“君”。武灵王是位扎扎实实打基业的君主，后来他胡服骑射，富国强民，确实有一番作为。

有高世之功者，负遗俗之累；有独智之虑者，任骜民之怨。

【注释】《史记·赵世家》。独智之虑：有独到的见解。任：承担。骜（ào）民：傲慢之民。

【解析】任何变革，都会有不同的声音起来反对。赵武灵王改革服装和军事，教民众胡服骑射，同样面临种种阻力，于是他阐发了这样的道理：有成就高出世人功业的人，就要敢于承受被世俗所摒弃的牵累；有独到智慧和谋略的人，就要遭到傲慢之民的怨恨。以此表明自己甘冒天下之大不韪而实行胡服骑射的决心。这向我们展示了一个改革者的胸怀和气魄。

论至德者不和于俗，成大功者不谋于众。

【注释】《史记·赵世家》。至德：至高的德行。和：附和。《商君书·更法篇》：“郭偃之法曰：论至德者，不和于俗；成大功者，不谋于众。”讲究最高德行的人，不附和世俗之见，成就大功业的人不一定凡事都和民众商议。

【解析】这是在赵武灵王胡服骑射的改革论辩中，肥义为支持赵武灵王的改革而发表的意见。此句与《商君书·更法篇》相似，指出大凡成就大事业的人，都具有超越凡人的思想，太在乎大众的想法，只会贻误时机。这一正确思想有力地支持了赵武灵王的改革。

以书御者不尽马之情，以古制今者不达事之变。

【注释】《史记·赵世家》。以书御者：靠书本知识驾驭马的人。

【解析】在胡服骑射的问题上，许多大臣搬出了“遵古”的招牌来劝阻赵武灵王。武灵王则认为，纵观历史，每一时期法度不尽相同，历代帝王皆根据具体情况而制定法度，因此违反古制无可非议。一味“遵古”，就如同用书本的知识驾驭马的人，摸不清马的脾气；用古法治理当世事务的人，不懂得事理的变化一样愚蠢可笑。

家贫则思良妻，国乱则思良相。

【注释】《史记·魏世家》。

【解析】这是中山相李克教导魏文侯所说的话。家境贫寒就思慕贤惠的妻子，国家动荡就渴望有才能的宰相。这表明国家也如同小家庭一样，急风暴雨之时，最需要的是能够默默掌握风雨飘摇中的小舟的舵手。

居视其所亲，富视其所与，达视其所举，穷视其所不为，贫视其所不取。

【注释】《史记·魏世家》。此句系古语，最早见于《吕氏春秋·论人篇》，诸书所记略同。

【解析】如何选拔官吏一直是历朝历代君王关注的焦点。其标准为何？这几句话确实起到了指点迷津的作用。选拔官吏，平时，看他和哪些人亲近交往；富裕时，看他结交什么人；显达时，看他举荐什么人；穷困时，看他不屑做什么；贫贱时，看他不苟取什么东西。魏文侯依此替魏国选出贤相魏成子。

抱薪救火，薪不尽，火不灭。

【注释】《史记·魏世家》。薪：柴草。

【解析】秦在统一中国前，相继灭掉六国，魏国也难逃此难。面对秦国的蚕食，魏曾与其他五国合纵攻秦，但国内也有割地换和平的呼声。魏大臣苏代坚决反对割地求和之举，他认为秦国对魏国垂涎已久，魏国的土地不割完，秦国这种想法就不会改变，割地求和恰如同抱着柴草救火，柴草不烧完，火是不会灭的。事实证明苏代的观点是正确的。魏最终因合纵之策，延缓了自身的灭亡。

富贵者送人以财，仁人者送人以言。

【注释】《史记·孔子世家》。送人以财：拿钱财送给人。送人以言：给人赠言。仁人：道德高尚的人。

【解析】孔子周游列国，到周室学礼，拜访老子。老子说：富贵的人送行时赠予的是钱财，品德高尚的人送行时赠予的是嘉言。于是老子赠言于孔子，告诫孔子说：聪明深察的人易遭杀身之祸，因为他好评论人；博学善辩的人易危害自身，因为他好揭人的短处；为人子、人臣不要突出自己。

高山仰止，景行行止，虽不能至，心乡往之。

【注释】《史记·孔子世家》。“高山仰止，景行行止”出自《诗经·小雅》。仰：仰望。止：语助词。景行(háng)：大路。乡：通“向”，向往。

【解析】这段话是司马迁对孔子道德学问以及伟大人格的盛赞。他把孔子的道德学问比喻成高山，令人敬仰；比喻成大路，导人遵循。司马迁说，尽管我努力，也不一定能达到孔夫子的境界，但我内心却非常向往。

燕雀安知鸿鹄之志哉。

【注释】《史记·陈涉世家》。安：哪里。鸿鹄(hú)：鸿，大雁。鹄，天鹅。

【解析】秦朝末年的统治苛酷残暴，各地农民起义风起云涌。其中陈涉、吴广领导的起义队伍规模最大，影响最广。陈涉崛起于垄亩之间，他向同伴发出如果有一天富贵了，不要彼此忘记的感叹时，遭到众人的讥笑。于是陈涉喟叹燕子、麻雀怎么能了解大雁、天鹅的志向呢？

王侯将相宁有种乎！

【注释】《史记·陈涉世家》。宁（nìng）：难道。种：贵种。

【解析】这是陈涉发动起义时向广大士兵发出的震撼人心的响亮口号。道遇大雨，延误行期，按法当斩，即使不被杀，戍边之人生还者无多。好男儿应为大事而死，王侯将相难道就是天生的贵种吗？这些话透露出鲜明的反天命思想，同时显示出他的远大抱负。

浴不必江海，要之去垢；马不必骐骥，要之善走；士不必贤也，要之知道。

【注释】《史记·外戚世家》。骐骥（qí jì）：骏马。知道：懂得道理。

【解析】历朝历代，后妃在宫廷中的权力角逐与王朝兴衰有着千丝万缕的联系。《史记》独辟一章来写宫中后妃们的事迹。此条录自褚少孙对后妃事迹的评论。洗澡不必非到江海中去，只要能去掉污垢就好；马不必非是骏马，只要善于奔跑就行；臣子不必非是圣贤，只要他们懂得道理就好。褚先生说此话的目的是在为后妃们微贱的出身制造舆论，他认为女子不必出身名门，只要贞洁美好就能当其任。这种注重实际的、平民化的观点，在那个时代无疑是有进步意义的。

国之将兴，必有祯祥，君子用而小人退；国之将亡，贤人隐，乱臣贵。

【注释】《史记·楚元王世家》。

【解析】司马迁的这条评论源于《礼记·中庸》篇中的“国之将兴，必有祯祥；国之将亡，必有妖孽”。国家出现朱雀叫祯，出现凤凰叫祥，出现草木之怪叫妖，出现禽兽虫蝗之怪叫孽。妖孽是凶险的征兆。按这一观点，国家的兴亡由一些天象来预兆。这显然宣扬的是天人感应观。而司马迁却给它作了接近唯物主义的解释，即国家兴亡的征兆，表现为贤才得到任用或被埋没，强调了人事（而不是天意、天象）的决定作用。这在天人感应观念弥漫的汉代，显然是具有进步意义的历史观。

安危在出令，存亡在所任。

【注释】《史记·楚元王世家》。此语出自《逸周书·王佩解》，原文为“存亡在所用，离合在出命”。出令：发布政令。所任：所任命的人员。

【解析】做出英明的决策和任用有才能的人，是一个国家兴旺发达的保证。司马迁睿智的眼光已看到了这一点，他认为国家安危的关键在于政令的发布。

国家存亡的关键在于任用人才。

深耕概种，立苗欲疏，非其种者，锄而去之。

【注释】《史记·齐悼惠王世家》。概(jì)种：播种稠密。概：稠密。立苗欲疏：留苗要疏散。

【解析】孝惠帝崩逝后，吕后揽权听政，废黜刘姓宗室王侯，重用诸吕。刘氏失去权位，有悖于高祖“非刘氏而王者，天下共击之”的约定，引起刘氏宗室的不满。齐王之弟朱虚侯刘章在侍奉吕后宴饮时，请求以军法监酒，并进献耕田之歌，歌中唱道：深深地耕田，密密地播种，栽苗疏散，不是同种，挥锄去之。并借军法监酒杀诸吕中避酒者。刘章以歌谣唱出了刘氏宗族誓死保卫宗室的决心，令吕氏族人畏惧，刘氏也仰仗刘章声势稍振。

萧何为法，顜若画一，曹参代之，守而勿失。载其清净，民以宁一。

【注释】《史记·曹相国世家》。为法：制定章理法令。顜若画一：顜(jiǎng)，明白。画一，整齐。载：行。宁一：安宁不乱。

【解析】西汉建立之初，除外忧，平内患，国力日益强大，萧何、曹参两位相国功不可没。萧何在汉初推行与民休息的政策，曹参完全奉行，举事无所更改，人称“萧规曹随”。这保证了汉初无为之治的连续性，对西汉的经济恢复有重大意义。司马迁衷心地称赞这两位贤相，并引用当时民间歌谣进行歌颂：萧何定法令，明白又整齐，曹参接替他，遵守不偏离。执行贵清静，百姓安宁又欢喜。

非法不言，非道不行。

【注释】《史记·梁孝王世家》。此言出自《孝经·卿大夫》。不合礼法的话不说，不合正道的事不做。

【解析】历朝历代的统治者总是不断地宣扬，为臣要循规蹈矩，非礼勿视、非礼勿听、非礼勿言、非礼勿动。不管是臣子还是一般的百姓，其行为都要符合统治者所制定的礼。这个礼也是统治阶级的统治秩序，是为统治阶级服务的。不过这里讲的是“法”和“道”，不符合国家法规的话不说，不符合为人、为臣之道的事不做，其精神实质是一致的。然而，“非礼勿言，非礼勿动”是儒家的思想，而“非法不言，非道不行”更接近法家的思想。强调法对人的言行的约束，这多少要比儒家的“克己复礼”思想多一些进步意义。这句话是针对梁孝王依恃窦太后的宠爱，骄奢无度说的，意在告诫人们应遵守礼法，遵守做人之道。这当然也是古人立身处世的准则。

骄子不孝。

【注释】《史记·梁孝王世家》。骄纵的孩子不知孝顺。

【解析】这是古代的一句俗语，道出了教子不严的恶果。梁孝王，身为景帝之弟，窦太后少子，依恃太后的宠爱而骄奢过度，车服拟于天子，常居皇宫之中，并且一度觊觎帝位，以至被景帝冷落，最终抑郁而亡。这句话也说明一个人太过骄横，就会目中无人，胡作非为，最后走向危险的境地。

青采出于蓝，而质青于蓝。

【注释】《史记·三王世家》。此言引自《荀子·劝学》。青采：青的色彩，采通彩。蓝：植物名，其叶可制青色染料。质：本质，实体。此指提炼出的颜色。

【解析】此条今亦作“青出于蓝而青（胜）于蓝”。多喻学生超过老师或后人胜过前人。这是用发展的眼光看问题。褚少孙（《史记》补叙者）引此语，是要告诉大家，天子若好德，谋于信义，后世胜前。

岁寒，然后知松柏之后凋。

【注释】《史记·伯夷列传》。此语引自《论语·子罕》第二十八章。凋：凋谢，凋落。

【解析】天气寒冷了，才会知道松柏是最后凋谢的。司马迁引孔子语，一方面是赞颂伯夷、叔齐视荣华富贵如浮云，不惜献出生命来立名的高风亮节；另一方面也道出自己为历史人物树碑立传的目的——他们会因太史公之笔而名垂后世。

仓廪实而知礼节，衣食足而知荣辱。

【注释】《史记·管晏列传》。此言引自《管子·牧民》。仓廪（lǐn）：仓库。

【解析】仓库充实了，人民才会顾及到礼仪节操；衣食富足了，人民才懂得荣誉和耻辱。这是齐贤相管仲执政的指导思想。人民生活富裕，府库财富充盈，礼义才能伸张，政令才能畅通无阻。管仲抓住了治国的根本，经过四十多年治理，使齐国国富兵强，使齐桓公九合诸侯，一匡天下，成为春秋第一霸主。管仲的这种思想，符合人们首先得吃饱肚子，然后才能谈其他这一朴素的唯物主义真理。

君子盛德，容貌若愚。

【注释】《史记·老子韩非列传》。

【解析】人应当注重自身道德品质的培养。孔子向老子问礼，老子教导孔子说：“好的商人把货物囤积起来，不让人知觉；品德高尚的君子，容貌谦恭就像愚鲁的人似的。你应当去掉身上的骄气与多欲,去掉做作的姿态和狂妄的志向,这些对你都无益。”

道不同不相为谋。

【注释】《史记·老子韩非列传》。语出《论语·卫灵公》。主张不同,就不能互相切磋。

【解析】老子的道家学说和孔子的儒家学说有诸多不同。这话比喻不同阶级、不同利益集团没有共同的语言。

事以密成,语以泄败。

【注释】《史记·老子韩非列传》。此语出自《韩非子·说难》一文。事情因保密而成功,因泄漏真情而失败。

【解析】《韩非子·说难》一文论述了向君主进谏的困难,详尽地分析进谏成功与失败的原因,并提出相应的进谏方法。他在分析招致“身危”时指出进谏者要保守秘密,不可说破君主秘藏着的心事,否则就会有杀身之祸。这是他根据自己亲身体会写成的一篇向君主进谏的经验总结。

非知之难也,处知则难矣。

【注释】《史记·老子韩非列传》。此语出自《韩非子·说难》。认识事物并不太难,而如何处置所知却很难。

【解析】这里指出认识事物和把这种认识运用到实践之中去的差异。“识”不难,但“施”却不易。进谏的困难在于如何迎合君主的心理,知其君主的心理并不难,博得国君的欢心,却要花一番大气力。

将受命之日则忘其家,临军约束则忘其亲,援枹鼓之急则忘其身。

【注释】《史记·司马穰苴列传》。援枹(fú)鼓:援,执、拿。枹,鼓槌。挥动鼓槌击鼓。

【解析】严法治军,军队才有战斗力,谙熟兵法的司马穰苴精于此道。他初任齐国将军之时,与景公的宠臣、傲慢的监军庄贾相约正午会于军门,庄贾因接受亲友的祝贺,饮酒到傍晚才到,穰苴斥责庄贾说:“身为将领从接受任命之日起,就应忘掉自己的家庭;亲临军营申明号令后,就得忘掉私人的亲情;在擂鼓进军的紧急时刻,就该不顾个人生命的安危。”并依军法斩杀庄贾,齐军大震,从此纪律严明。司马穰苴不愧为一名“文能附众,武能威敌”的名将。

夫解杂乱纷纠者不控捲，救斗者不搏撠，批亢 捣虚，形格势禁，则自为解耳。

【注释】《史记·孙子吴起列传》。控捲(quán)：握拳，捲同“拳”。搏撠(jǐ)：搏斗击刺。批亢捣虚：批，排除。亢，敌人之盛气。捣，击。虚，虚懈。避实就虚之意。形格势禁：格、禁，阻遏，制止。在形势上阻止遏制敌方。

【解析】春秋战国时期是中国历史上一个大动乱的时期，战争频繁，演绎出了无数兵锐将勇、斗奇用智的战例，涌现出了众多智勇双全、治军有方的良将，总结了许多博大精深的战争理论。“劝解纠纷不能挥拳相加，平息争斗不能帮着去打，避实就虚，利用有利形势来牵制敌人，危难自可解除。”这是孙膑在著名战例“围魏救赵”前给田忌做的时局、战事分析，真可谓生动精辟。

善战者因其势而利导之。

【注释】《史记·孙子吴起列传》。善于作战的将领要会利用形势，加以引导，使它朝有利于自己的方向发展。

【解析】战场上，风云变幻，高明的将领善于以实力作基础，运用自己的智慧、谋略，把乱转化为治，怯转化为勇，弱转化为强，出奇制胜，攻其不备，形成强大的战斗力和冲击力，压倒和消灭敌人。孙膑教导田忌就是根据这个原则，用减灶的办法，给敌人以假象，智擒庞涓，取得了马陵之战的重大胜利。

在德不在险。

【注释】《史记·孙子吴起列传》。

【解析】当许多人都如魏武侯一样在一味地慨叹山河之险、城池之固时，吴起却敏锐地看出，一个国家的强大与否，并不在于山河的险要，而是靠一国之君能否以德服人，这是固国、强国的根本。正如孟子所说：天时不如地利，地利不如人和。得民心者得天下。

能行之者未必能言，能言之者未必能行。

【注释】《史记·孙子吴起列传》。能实际去做的人未必能高谈阔论(讲出道理)，能高谈阔论的人未必能实际去做。

【解析】这是一条谚语，司马迁引用来感叹孙膑、吴起有过人的才智，却不能拯救自身的危难。孙膑擒庞涓机智神勇，可不能防范早年受到的灾祸；吴起说武侯固国在德不在险，可他在楚国却因苛刻少恩而送命。

弃小义，雪大耻，名垂于后世，悲夫。

【注释】《史记·伍子胥列传》。放弃小道义，洗雪大耻辱，使名声流传后世。

【解析】伍子胥本是楚国人，为报父兄被平王残害冤死之仇，背弃楚国，逃到吴国，借吴国之兵复仇，攻入郢都，破楚，鞭平王之尸。伍子胥这样做，是违背道义的，因为他的行为与忠君的封建正统思想不相容。司马迁以愤惋之笔为伍子胥立传，以上便是司马迁对伍子胥的赞颂之词，称赞他雪耻是大义之举。这里亦包含着司马迁的叛逆精神和民主思想。臣报君仇，是对天命观和绝对君权的挑战，是强烈反抗精神的体现。

隐忍就功名。

【注释】《史记·伍子胥列传》。

【解析】伍子胥的报仇之路很不平坦。他曾困顿窘迫于长江之滨，甚至讨饭度日，但他替父兄报仇的决心绝不动摇。他竭力克制忍耐以成就功名，终于破楚复仇，名扬四海。司马迁对此感受颇深，他受腐刑而无愠色，隐忍苟活就是为了写出《史记》，成一家之言。此处借赞子胥之行事以纾愤自解，寄意良深。

虑不先定不可以应卒，兵不先辨不可以胜敌。

【注释】《史记·仲尼弟子列传》。虑：思考，谋划。应：应付。卒（cù）：同“猝”，突然，此指突发情况。辨（bàn）：通“办”，治理，准备。

【解析】做任何事都应先有计划，事到临头才筹划往往会迷乱。子贡是孔子弟子中七十二贤者之一，他不仅善经商，还是个纵横大家。子贡为救鲁国，穿梭于各国之间，最终凭三寸不烂之舌扰乱齐国，使吴国被破，晋国强大，越国称霸。在说服晋君备兵以御吴军时，子贡告诫晋君，不打无准备之仗——如果事先不做好准备，就不能应付突发之事，事先不弄清敌情就不能战胜敌人。晋国终因有备而战，大败吴军。

疑行无名，疑事无功。

【注释】《史记·商君列传》。疑：迟疑，犹豫。

【解析】大凡有成就之人，做事多果决。商鞅以他雷厉风行的作风，辅佐孝公变法，改革秦国旧制，使落后的秦国一跃成为诸侯之霸，为秦统一六国奠定了基础。

治世不一道，便国不法古。

【注释】《史记·商君列传》。

【解析】时代不同，制度、法令有异，不必一味遵循前朝的老规矩。在变法和遵循旧法的论辩中，甘龙、杜挚（秦臣）坚持不改民俗教化，不改旧法。商鞅据理驳斥，认为治理天下不是只有一种方法，利于国家的事情就不必遵循古法。商鞅以发展的眼光看问题，对墨守成规的思想提出了挑战。

反听之谓聪，内视之谓明，自胜之谓强。

【注释】《史记·商君列传》。反听：听取反面意见。内视：反省自己。自胜：克制自己。

【解析】善于听取反面意见叫做聪，能反省自己叫做明，能战胜自己叫做强。这是一种非常有价值的思想，说明人要学会逆向思维，听取反面意见，试着从反面考虑问题，这样往往会豁然开朗；学会从反面看自己，常常反省自己，会使自己多了几只眼睛而变得聪明；能够自我克制，战胜自己，超越自己，就会变得更加强大。"聪""明""强"都是成就大事之人应有的良好品质。

千羊之皮，不如一狐之掖；千人之诺诺，不如一士之谔谔。

【注释】《史记·商君列传》。掖（yè）：通"腋"，狐皮以腋部价值最高。诺诺：随声附和。谔谔（è）：直言争辩的样子。

【解析】这句话极形象地说明直言真话的可贵。历史上人云亦云的朝臣很多，敢于直言上谏的忠勇之士却很少。这就如同一千张羊皮，也不如一只狐狸腋皮珍贵；一千人随声附和，抵不上一个人的直言争辩。纵观历史，倡导直言争辩的君主，国家往往昌盛，而喜欢听媚词的国君，王朝往往消亡。

貌言华也，至言实也，苦言药也，甘言疾也。

【注释】《史记·商君列传》。貌言华也：貌言，虚言浮辞。华同"花"。至言：正言，真心话。苦言：刺耳的话。甘言：甜言蜜语。

【解析】此语形象地说出了忠谏、批评之词与巧言粉饰之语截然不同的作用。策士赵良的直言，商鞅极为欢喜，因为他深知：花言巧语好比花朵，直言不讳好比果实，刺耳良言好比药石，甜言蜜语好比疾病。所以孰好孰坏他自是心知肚明。

得人者兴，失人者崩。

【注释】《史记·商君列传》。此句不见今传之《诗》，大概是逸诗。得人心者兴旺发达，失人心者土崩瓦解。

【解析】常言道：得民心者得天下。这是百试皆灵的"试金石"。商鞅出行必得车骑簇拥，随从个个手持矛戟，否则绝不出行。赵良认为这是有失民心的事，给商鞅以劝谏。

恃德者昌,恃力者亡。

【注释】《史记·商君列传》。此语不见今传《尚书》。

【解析】"凭借德行的昌盛,倚仗强力的灭亡",这是赵良高出商鞅的地方。他看到了只有依赖德行,国家才能长治久安;凭借暴力手段,国家必将走向灭亡。商鞅个人品质刻薄少恩,推行法制采取残酷手段,最终下场悲惨,与此有一定关系。

毛羽未成,不可以高蜚;文理未明,不可以并兼。

【注释】《史记·苏秦列传》。蜚(fēi):通"飞"。并兼:统一天下。

【解析】没有强大的实力与丰富的经验,切不可冒失行事。苏秦告诫秦惠王,秦地四面天险,兵强民众,军队训练有素,可凭这些来吞并天下。秦惠王以"羽毛没有长成,鸟绝不可以高飞,我们的国家大政方针还不明确,就谈不上兼并别国"予以回绝。初试舌簧的苏秦无功而返。

宁为鸡口,无为牛后。

【注释】《史记·苏秦列传》。

【解析】"宁为鸡口,无为牛后"是人们普遍存在的一种认识,认为宁可在小的地方自己做主,也不愿在大的地方受人指使 。苏秦以合纵游说韩王,他极言韩地势险要,拥有当世最精良的武器装备,士兵英勇,人数众多,再加之韩王的英明,本应成就一番大事,现在却向西服事秦国,拱手称臣,俗语说,宁可做鸡的头领,也不做牛群里的跟从,现在的韩国与"牛后"无异,自然招天下人耻笑。苏秦用此激将法激韩王合纵御秦,终获成功。

患至而后忧之,则无及已。

【注释】《史记·苏秦列传》。患:祸患。至:来到。忧之:为祸患担心、忧愁。无及:没有办法可以补救。

【解析】这句话的意思是说,凡事都应提前做好打算,如果等到患祸来了才醒悟,那就一切都晚了。防微杜渐确是我们防止所犯错误造成更大危害的好办法,只有把一切错误消灭在萌芽状态,才能避免后果不堪设想的失败。战国时的楚、秦两国势均力敌,楚国的强大就意味着秦国的衰弱,苏秦去游说楚成王,告诫楚成王凡事要提早打算,把祸患消灭于萌芽状态,如果等到秦国打上门来再去忧愁,恐怕就来不及了。苏秦劝说楚国加入六国"合纵"之盟约,以此来钳制秦国的扩张。苏秦的游说找了一个很好的角度,他确实看到了问题的实质。这句话与我们后来说的"人无远虑,必有近忧"有相近之处。

智者举事，因祸为福，转败为功。

【注释】《史记·苏秦列传》。因：依，凭借。功：成功。

【解析】这句话的意思是说，有智慧的人办事情，能够根据事物发展的规律，把坏事变为好事，将失败扭转为胜利。齐欲伐宋，苏秦之弟苏代为救宋急，写信给燕昭王，提出燕国一味讨好齐国，无异于灾祸临头。明智的人办事，能把祸转变为福，把失败转变为成功，如果大王想转祸为福，就应以楚、魏为外援，共制秦国和齐国。燕昭王听从苏代之谋，果破齐军。这句话实际涉及了一个随机应变、因机制动的问题。世事都处在变化之中，这也正是治事之难的原因所在。但有能力的人能够预先看出事情的变化，然后顺应变化，使事情向着对自己有利的一面转化。

欲富国者务广其地，欲强兵者务富其民，欲王者务博其德，三资者备而王随之矣。

【注释】《史记·张仪列传》。王（wàng）：成就天下王业，这里做动词用。资：条件，凭借。

【解析】司马错眼光深邃，在伐韩还是伐蜀的问题上主张先伐蜀国。他认为成就王业的三大凭借是：地、民、德。想使国家富强一定要扩展疆土，想使军队强大一定先让百姓富裕，想成就王业一定要广施恩德。伐蜀，可扩大秦国疆土，获取财富，充实国力，蜀是偏僻小国，国内混乱，伐蜀可获得止暴止乱的美名，可谓既得实又得名。秦惠王听从了司马错的建议。

积羽沉舟，群轻折轴，众口铄金，积毁销骨。

【注释】《史记·张仪列传》。轴：车轴。铄（shuò）：销熔。积毁销骨：众多的诽谤可以毁灭一个人。

【解析】战国时期的纵横家凭自己如簧之舌，游说于诸侯国之间，或合纵以抗秦，或连横以破六国。他们对“人言”的领悟极深。“把羽毛堆积起来，可以沉船；把很轻的东西聚集在一起，可以压断车轴；众多的诽谤可把金石熔化，可把骨头销毁”。正是因为看到了“人言”的魔力，众多的说客才会穿梭于各国之间。

尺有所短，寸有所长。

【注释】《史记·白起王翦列传》。此语出自《楚辞·卜居》。屈原忠心耿耿却被怀疑，去求问龟卜，詹尹回答说：“夫尺有所短、寸有所长；物有所不足，智有所不明……龟策诚不能知此事。”意思是说作为标准的尺寸，有时不能作为标准。用以占卜的龟卜虽是替人决疑的，但有时不能决疑。

【解析】司马迁把这两句俗语，另翻新意。白起攻城拔寨，名震诸侯；王翦助秦始皇并六国统一天下，功绩卓著。两者皆有过人才智、过人功绩，替秦打天下却不能替秦守天下，甚至连自己的性命也难保全。为什么？因为他们各有自己的短处。

三寸之舌，强于百万之师。

【注释】《史记·平原君虞卿列传》。三寸之舌：喻击中要害的言语。

【解析】毛遂自荐的故事家喻户晓。毛遂以他的机智果敢脱颖而出，助平原君与楚结盟，请兵救赵。平原君也由先前轻视毛遂转而佩服有加，奉他为上客，并称赞毛遂三寸舌强过了百万军队，使得赵国不动兵刃与强楚结盟，解秦围赵之急。

利令智昏。

【注释】《史记·平原君虞卿列传》。

【解析】“因贪利而失去理智，不辨是非”。司马迁借此语讥讽平原君平庸贪利。公元前262年，秦进攻韩国，韩王割上党地区给秦。上党守冯亭不想归顺秦国而想降赵，派使者向赵王游说。赵豹反对，平原君却贪图冯亭的十七座城邑，劝赵王接受冯亭的投降，最终因此引发长平之战，赵国四十万军队被白起坑杀，赵国几乎灭亡。

将在外，主令有所不受，以便国家。

【注释】《史记·魏公子列传》。

【解析】领兵在外打仗，为了国家的利益，君主的命令有时可以不接受。战争有关国家的兴亡，战争中放在第一位的永远是国家的利益。将领在战争中拥有特权，对无助于战争胜利、不利于国家利益的命令，可不去执行。

当断不断，反受其乱。

【注释】《史记·春申君列传》。乱：祸害。应当决断而不决断，反过来就要遭受祸害。

【解析】办事果断是良好的心理素质，优柔寡断绝成不了大器。司马迁引用这句话说明春申君晚境悲凉的原因。春申君欲长保权势富贵，信任李园，不听朱英之谏，终于中了李园的奸计而遭杀害。在战国四公子中，他的结局是最悲惨的。

庸主赏所爱而罚所恶;明主则不然,赏必加于有功,而刑必断于有罪。

【注释】《史记·范雎蔡泽列传》。昏庸的君主奖赏他所喜爱的人,而惩罚他所厌恶的人;英明的君主却不这样,奖赏一定落在有功劳的人身上,而刑罚一定判给有罪的人。

【解析】赏罚分明,才能引贤人拒佞臣。明主与昏君在这一问题上做法截然不同。明主以功论赏,以罪论刑,有依据,有法度,绝不偏私。昏君以个人好恶来度人,专制愚昧。

木实繁者披其枝,披其枝者伤其心;大其都者危其国,尊其臣者卑其主。

【注释】《史记·范雎蔡泽列传》。这四句诗与《逸周书·周祝篇》文近似。木实:果实。披:劈裂。心:本干。

【解析】范雎谏诫秦昭王不要过分扩大诸侯都邑,不要对臣子过分尊崇。疆土的扩大会使诸侯产生野心,对臣子过分尊崇会助长臣子骄奢之气。这就如同树木上的果实太多会压折树枝,压断树枝会伤害树的主干;扩大诸侯都邑,会危害国家安全,过分尊崇臣子会使君主卑微一样。助长诸侯、臣子跋扈专制之风,最终会危及国家的统治。

人固未易知,知人亦未易也。

【注释】《史记·范雎蔡泽列传》。一个人本来很难被他人了解,但要了解他人也不是一件容易的事。

【解析】此句是侯嬴对信陵君的批评。魏相魏齐误听须贾之言,笞击范雎,几乎把范雎打死。后来范雎做了秦相,魏齐逃往赵国,藏在平原君家。秦昭王欲为范雎报仇,知魏齐在赵,寄书给赵王索魏齐头。魏齐打算通过信陵君逃往楚国,信陵君畏秦,不敢接见,终使魏齐自刭身亡。

君子以义死难,视死如归;生而辱不如死而荣。

【注释】《史记·范雎蔡泽列传》。

【解析】这句话谈古人的名节观。君子为正义而殉难,视死如归,活着受侮辱,不如赴死更光荣。古人把名节看得重于生命。这种认为死或重于泰山,或轻于鸿毛的生死观,造就了中国古代许多仁人志士。

日中则移,月满则亏。

【注释】《史记·范雎蔡泽列传》。

【解析】"太阳正中以后就偏斜,月亮圆满以后就亏缺。"这里包含了朴素的唯物辩证思想。即任何事物达到极盛以后就要衰落。人只有进退伸缩,随时势变化,才不失为圣人。蔡泽以此劝范雎辞职,功成身退。

国有道则仕,国无道则隐。

【注释】《史记·范雎蔡泽列传》。仕:做官。

【解析】中国古代士大夫都有“仕”与“隐”的矛盾心理。当国家政治清明,士大夫就去做官,以求兼济天下。国家政治黑暗就隐居起来,以求独善其身。或“仕”或“隐”成为许多古代士大夫的生活轨迹。

鉴于水者见面之容,鉴于人者知吉与凶。

【注释】《史记·范雎蔡泽列传》。鉴:照,引申为检验、考验的意思。对着水来看可以看到自己的面容,对照别人可以知道自己的凶吉。

【解析】这句话与“以铜为镜可以正衣冠,以人为镜可以知廉耻”如出一辙,其中蕴含着深刻的自省意识。蔡泽借此劝说范雎应适时退隐江湖,收得廉洁美名,否则商君、白起、大夫种的结局就会重演。

成功之下,不可久处。

【注释】《史记·范雎蔡泽列传》。

【解析】俗语说“见好就收”,“激流勇退”——成功的地方,不能久留。一方面永保成功不易;另一方面成功后常会招来许多是非、灾祸。见好就收是明哲保身之道。

欲而不知足,失其所以欲。有而不知止,失其所以有。

【注释】《史记·范雎蔡泽列传》。

【解析】人要知足,欲望也罢,占有也罢,无度的攫取,最终会落得两手空空。在蔡泽的劝谏下,范雎终于想通了:有欲望而不知足,会失去所有的欲望;占有不知节制,会失去已经占有的东西。所以他认为自己最后的归宿应当是功成引退。

长袖善舞,多钱善贾。

【注释】《史记·范雎蔡泽列传》。此语出自《韩非子·王蠹》,是先秦时的民谚。穿长袖的人善于舞蹈,钱多的人善于经商。

【解析】司马迁引韩非子的两句话,比喻做事成功要有凭借。战国时期,战乱纷纭,造就了大批反应敏锐、思想活跃的谋士。但并非所有的人都如范雎、蔡泽一样杰出。原因何在?努力不足。司马迁意在激励人们奋进。

善作者不必善成，善始者不必善终。

【注释】《史记·乐毅列传》。

【解析】善于开创的人不一定善于完成，有好的开始不一定有好的结局。后者更具辩证思想。乐毅在给燕惠王书中，以此申明己志，表达不愿为昏主效力的决心，表现其强烈的抗争精神。

古之君子，交绝不出恶声；忠臣去国，不絜其名。

【注释】《史记·乐毅列传》。恶(wù)声：中伤对方的话。不絜其名：不为自己的名声辩白。絜，同“洁”。

【解析】古代君子，绝交了不说彼此的坏话；忠臣离开本国，绝不为自己的名声辩白。这是乐毅推崇的君子之道。他以君子自况，面对燕惠王左右之人的说辞，面对先王对自己的知遇之恩，他决意上书燕惠王，表达自己的志向。

先国家之急而后私仇也。

【注释】《史记·廉颇蔺相如列传》。

【解析】国家强盛依靠忠臣良将的团结一致，尽忠报国。廉颇、蔺相如的“将相和”就演绎了一曲“把国家存亡放在前头，把个人恩怨放在后边”的爱国主义赞歌。正是由于蔺相如顾全大局、不计私怨和廉颇勇于认错、负荆请罪，赵国才一度强盛，成为东方诸侯国阻挡秦兵东进的屏障。

不奉公则法削，法削则国弱。

【注释】《史记·廉颇蔺相如列传》。奉公：以公事为重，不徇私情。削：削弱，损害。被动用法。

【解析】不为权贵、私情所动，秉公执法不是件容易的事。赵奢却做到了。赵奢做赵国田部吏时，为征租税，依法杀了平原君家九位管事之人。平原君大怒，要杀赵奢，赵奢说道：“你贵为公子，如果纵容管家不交租税，不奉公，就会削弱法律的效力，削弱法律的效力，会导致国家衰弱，引来诸侯入侵，赵国就会灭亡。……”平原君认为他很贤能，举荐给赵王，得到赵王的信任。

将勇者胜。

【注释】《史记·廉颇蔺相如列传》。

【解析】战争中，两军狭路相逢，哪一方勇敢，哪一方就会获得胜利。秦伐韩，道远险狭，赵王欲救，廉颇、乐乘都不同意，只有赵奢觉得可行。赵奢认为，险狭之势犹如两鼠斗于穴，哪方勇敢哪方就能取胜。赵王即派赵奢击秦救韩。受命后赵奢坚壁增垒，示敌以不进的假象，然后卷甲急趋，直逼阏与，并接受军士许历意见，抢据北山，占据有利地势，先声夺人，大破秦军。

知死必勇，非死者难也，处死者难。

【注释】《史记·廉颇蔺相如列传》。能正确对待死亡的人，必定是勇敢之人。并不是说死很难，而是说要死得其所，死得有价值，是一件难事。

【解析】这句话是司马迁颂扬蔺相如智勇兼备的赞语。蔺相如在秦朝廷之上，举璧睨柱，怒叱秦王左右，冒生命危险却终无惧色，完璧归赵，威震敌国。这种甘为国死的忠义之举，成为千古传颂的佳话，展现了蔺相如的人格魅力。

兵以正合，以奇胜。

【注释】《史记·田单列传》。古时用兵打仗以对阵交锋为正，设计邀截袭击为奇。正、奇是古代用兵的军事术语。

【解析】这是司马迁写此传的关键。齐人败逃，田单以铁笼车轴得脱，说明他处事之“奇”，善用智术。田单为将，先用反间计使燕失乐毅，然后遗食米以集飞鸟，拜神师，最后出奇制胜，以火牛阵大破燕军于即墨，亦是用兵之“奇”。这表现了司马迁的战略思想，用兵打仗，要慎选良将，以计取，以奇胜。

始如处女，适人开户；后如脱兔，适不及距。

【注释】《史记·田单列传》。适(dí)：通“敌”。开始时犹如处女般怯弱，诱使敌人打开门户；然后像脱逃的兔子那样迅猛，突击敌人，使敌人来不及抵抗。

【解析】此句是对田单用兵之奇的赞誉。田单用反间计，使燕人割齐降卒之鼻，掘齐人城外之冢以示弱于敌，却以此激起齐卒奋起保家，然后他看准时机，乘燕军懈怠，夜用火牛突击燕军，如脱兔之迅猛，一举收复七十余座城池，迎齐襄王复位。

智者不倍时而弃利，勇士不却死而灭名。

【注释】《史记·鲁仲连邹阳列传》。倍：通“背”，违背。

【解析】这句话出自鲁仲连《遗燕将书》。书中鲁仲连陈说利害，指出明智的人不会因违背时势而放弃利益；勇敢的人不会因贪生怕死而损坏名声，劝燕将应当抛弃一时令人愤怒的失节，奠定长久不朽的功业，大丈夫应能屈能伸。

规小节者不能成荣名，恶小耻者不能立大功。

【注释】《史记·鲁仲连邹阳列传》。规：遵守。恶(wù)：憎恶。

【解析】成就大业的人，并不重看小节操。因为拘守小节就不能成就光辉的名声；憎恶小耻辱就不能建立大的功业。

有白头如新,倾盖如故。

【注释】《史记·鲁仲连邹阳列传》。倾盖如故:盖,车篷。倾盖,途路相遇,停车叙谈,车盖相接。形容二人一见如故。

【解析】"有的人相处到头发花白,可是彼此交情还像新认识时一样;有的人只路途相遇,停车叙谈、车盖相接那样短暂相处,却好似多年的老朋友。"这句话揭示了我们交友过程中极普遍的问题。邹阳引此谚语指出梁孝王对自己不了解,不能与大王推心置腹。

女无美恶,入宫见妒;士无贤不肖,入朝见嫉。

【注释】《史记·鲁仲连邹阳列传》。见:被。入朝:在朝中任职。女子无论美丑,只要一入宫门,便会受人妒忌;士人无论贤与不肖,只要一进朝廷,就会遭人嫉恨。

【解析】一个人在高位上,遭人嫉妒是必然的,不管你是否贤能。邹阳借司马喜、范雎等遭妒忌受迫害之机,自鸣其入狱获罪实为冤屈,希望梁孝王能明辨是非,还自己以清白。

举世混浊而我独清,众人皆醉而我独醒。

【注释】《史记·屈原贾生列传》。

【解析】此句是屈原徘徊江边,自沉前回答一位渔翁的话,悲愤地道出了自己被放逐的原因:"整个世道混浊不堪,唯独我清白;众人都昏醉,唯独我清醒。"其中包含着对楚国国破的伤痛,对昏君、佞臣的愤恨,以及对楚国政治清醒的认识。以屈原为代表的联齐抗秦派,遭靳尚、令尹子兰及郑袖嫉恨、谗害,终被放逐江南。面对风雨飘摇的楚国,屈原已无力挽救,作《怀沙》自沉江中。

新沐者必弹冠,新浴者必振衣。

【注释】《史记·屈原贾生列传》。刚洗过头的人必定要弹一弹帽子再戴,刚洗过澡的人一定会抖一抖衣服再穿。

【解析】这句话极形象地表现了屈原不与污浊世俗同流合污,正直高洁的品质。当屈原独自徘徊江边,一位渔翁对他说:"圣人不拘泥于事物,应能随世道转变。世道混浊,你又何不推波助澜?众人皆醉,你又何不一同沉醉?为什么要守身如玉而弄得被放逐?"屈原以此语回答,表示自己宁愿投身长流的江水,也不愿让自己高洁的品质蒙辱。这种"宁为玉碎,不为瓦全"的高风亮节,体现了屈原的人格魅力。

祸兮福所倚,福兮祸所伏。

【注释】《史记·屈原贾生列传》。

【解析】一切事物都向自己的对立面转化,这是哲学上的一条根本规律。贾谊在《鹏鸟赋》中根据这一规律揭示了“福”与“祸”之间的关系,指出“祸兮福所倚,福兮祸所伏”(灾祸傍依着福,幸福隐藏着祸)。但贾谊后来把这一颇具发展思想的理论绝对化了,借鹏鸟之口慨叹世事无常,天道深奥难测,以感怀自伤。

贪夫徇财兮,烈士徇名。

【注释】《史记·屈原贾生列传》。贪财的人为钱死,节烈之士为名亡。

【解析】大千世界,芸芸众生,人生的追求各不相同。一生困于名利贫贱,终日奔走显然不是贾谊的追求。他所向往的是投身改革,有所作为,做一位徇名的烈士。

奇货可居。

【注释】《史记·吕不韦列传》。奇货:稀有的物品。可居:可以囤居,积存。

【解析】吕不韦原是阳翟(今河南禹县)的一位大投机商,他周游列国,以敏锐的政治眼光洞察时势。当时秦孝王(安国君)排行中间的儿子子楚在赵国做人质,极不得意,吕不韦却在子楚身上寻到了机缘,他看出子楚是“可以囤居的稀有的物品”,于是说动子楚,并出资让子楚西入咸阳,游说安国君宠爱的华阳夫人,立子楚为嫡嗣。在吕不韦的努力下,子楚终于归秦嗣位,做庄襄王,庄襄王即位,任吕不韦为秦相国。从此吕不韦开始在政治上一试身手,为秦的统一事业立下了大功。吕不韦不愧为一位洞察力很深的杰出政治家、冒险家、投机家。

以色事人者,色衰而爱弛。

【注释】《史记·吕不韦列传》。

【解析】这句话尖锐地指出了众多妃嫔岌岌可危的地位,一下子打动了华阳夫人。吕不韦为使子楚被立为嫡嗣,不惜重金,搬出华阳夫人的姐姐帮自己说话,劝华阳夫人说:“凭借姿色侍奉人的,容颜衰老后宠爱便会减退。你无子,何不趁早从诸王子中物色一位贤能孝顺的认作自己的儿子呢?丈夫健在权重位尊,若丈夫过世,有儿子为王,也终生不会丧失权势。”为了自己的将来,华阳夫人听了姐姐的劝说,凭甜言蜜语和眼泪,终于使安国君把子楚立为嫡嗣。

士为知己者死，女为说己者容。

【注释】《史记·刺客列传》。说：通“悦”。容：修饰容貌。

【解析】这句流传千古的名句揭示出人类一种普遍的报恩心理。但“刺客”的报恩，却加入了过多的悲壮色彩。豫让初事范中行氏，不得重用，后做知伯家臣，知伯对他很尊崇。知伯被赵襄子所灭，豫让逃到山中，发誓说：“壮士应当为了解自己的人献出生命，女子应当为爱慕自己的人修饰打扮，我定要为知伯报仇而死。”于是豫让改名换姓扮作被判服役的人，挟匕首刺襄子，不成功。又漆身毁声，在桥下伺机行刺，后被襄子抓获，他愿就死，但请求得襄子的衣服刺击，以报知伯知遇之恩，虽死无恨。襄子满足了他的要求，豫让呼天击衣后伏剑而死。

得时无怠。

【注释】《史记·李斯列传》。

【解析】“得时无怠”，就是要抓住时机，懂得时机的重要。李斯是个善于把握机遇的人。李斯所处的时代，战乱纷争，游说之人掌握事态，李斯看到六国的衰弱，决意入秦大显身手。初入秦，他做吕不韦的舍人，深得吕不韦的好感，被任命为侍卫，因此有机会向秦王进言。并抓住进谏之机向秦王游说，乘六国王室衰微，征服他们。

诟莫大于卑贱，而悲莫甚于穷困。

【注释】《史记·李斯列传》。诟(gòu)：耻辱。

【解析】“人最大的耻辱莫过于地位卑贱，最大的悲哀莫过于生活贫困”，这是李斯辞别老师荀况时说的一席话，也是李斯的处世观、人生哲学。李斯年轻时，身为小吏，看到厕所的老鼠吃粪便，近人犬，经常担惊受怕；而粮仓的老鼠，吃粮粟，又没有人和犬的惊扰，于是发出感叹，决意要改变自己的地位。他一生的追求就是实现一人之下，万人之上的梦想，一生的努力都是为了荣华富贵的生活。正因为这样，后来他才被赵高牵着鼻子走，参与了废扶苏立胡亥的阴谋，结果断送了秦的天下，也断送了自己的身家性命。

泰山不让土壤，故能成其大；河海不择细流，故能就其深。

【注释】《史记·李斯列传》。让：辞让，拒绝。择：选择，挑剔。引申为拒绝。

【解析】这句话出自李斯《谏逐客书》。面对宗室大臣逐客的呼声，李斯上书表达了不同的看法。他认为，国家的昌盛在于人才的引进，有良臣在朝，事业才能兴旺，逐客无异自断贤路。秦国若要“跨海内，制诸侯”统一天下，就必须广纳贤才，就像“泰山不拒绝土壤，所以能成就它的高大；河海不拣择细流，所以能成就它的深广”。这一观点说明了广泛吸收各方面的人才，为己所用，国家才能立于不败之地的道理。

物禁太盛。

【注释】《史记·李斯列传》。物：事物。禁：禁忌、忌讳。意思是富贵权势不宜享受过分。

【解析】李斯贵极一时，子女皆与皇族联姻，连儿子告假回家探望，祝贺之人车马都以千计。面对盛极一时的景象，李斯不禁想到老师荀况的话：“事物禁忌太过分。”他为自己如今的大富大贵患得患失起来。盛极则衰，这是亘古不变的道理。

时乎时乎，间不及谋。

【注释】《史记·李斯列传》。间(jiàn)：间隙，空隙。

【解析】“时间啊，时间，短暂得来不及谋算！”这是赵高与秦二世胡亥密谋篡权，计划已定，赵高发出的慨叹，表现出了赵高在实施阴谋之前的那种紧张、急迫的心情。

安可危也，危可安也。

【注释】《史记·李斯列传》。安全可以转化为危险，危险可以转化为安全。

【解析】与“祸兮福所倚，福兮祸所伏”同理，都指出了事物向对立面转化的规律。赵高此言暗示李斯，若扶苏继位，李斯相位必不保，况且秦历代被罢黜的丞相或功臣，结局多被诛杀；若助二世胡亥篡位，乍看危险，实则安全。拥立胡亥后，李斯可以大权独揽，依然荣华富贵不尽。

秋霜降者草花落，水摇动者万物作，此必然之效也。

【注释】《史记·李斯列传》。水摇动：指春暖冰解而水动。

【解析】“秋霜一降，花草就凋落，春暖冰解，水流荡漾，万物便萌生，这是必然结果。”赵高借大自然四季更替，比喻人的行为和取舍应根据客观形势，当机立断，以劝李斯不要在秦二世篡位问题上犹豫不决。

慈母有败子，而严家无格虏。

【注释】《史记·李斯列传》。格虏：桀骜不驯的奴婢。

【解析】秦二世胡亥篡位之后，李斯权力日益削弱，为赵高所制。他不思悔改仍竭力揣摩二世心意，为秦二世的昏庸无道、暴虐无度找理论依据，以求得宽容。此语出自李斯的《上督责书》。“慈祥的母亲会养败家的儿子，而严厉的家主却没有桀骜不驯的奴婢”，旨在鼓励秦二世以残暴刑罚、苛酷法令控驭百官，鱼肉人民。

轻虑者不可以治国，独智者不可以存君。

【注释】《史记·蒙恬列传》。轻虑：考虑事情轻率。独智：独断专行，自以为是。

【解析】蒙氏家族是秦朝开国功臣集团的重要成员，深得秦始皇的信任。秦始皇死后，赵高与李斯合谋政变，因畏惧蒙恬、记恨蒙毅而用谗，秦二世昏庸不察，准备处死蒙氏兄弟。子婴以“考虑事情轻率的人不能治理国家，自以为是的人不能保全君位”来劝秦二世不要草率从事，诛杀忠臣，因而丧失民众信任，涣散军队斗志。但二世不听，终杀蒙氏兄弟。

天下昏乱，忠臣乃见。

【注释】《史记·魏豹彭越列传》。此语出自《老子》“天下昏乱有忠臣”一语。见(xiàn)：通“现”。天下昏乱的时候，忠臣才显现。

【解析】常言道，危难之时见真心。敢于在危难之时挺身而出的人，是一个国家、一个民族的脊梁。

陷之死地而后生，置之亡地而后存。

【注释】《史记·淮阴侯列传》。这句话出自《孙子·九地篇》：“投之亡地然后存，陷之死地然后生，夫众陷于害，然后能胜数。”意思是，必须把士兵置于生死关头，才能使他们拼死作战，然后死中求生，获得胜利。

【解析】韩信破赵之战，指导思想就是必须把士兵置于生死关头，使人人都为自己拼死作战，以获得战争的胜利。因此，韩信一反平常的布阵方法，背水陈兵，把士兵置于死地以激发他们求生、抗争的欲望，最终取胜，留下“背水一战”的著名战例。指导思想的正确与否，直接影响到优势劣势和主动被动的变化。从强大之军打败仗、弱小之旅打胜仗的历史事实来看，确实如此。

智者千虑，必有一失；愚者千虑，必有一得。

【注释】《史记·淮阴侯列传》。这四句是当时的成语。《晏子春秋·杂篇》“圣人千虑，必有一失；愚人千虑，必有一得”。

【解析】这是广武君(李左军)的自谦之词。韩信背水一战大获全胜，俘虏了广武君。他明白当初如果武安君(陈余)听从了广武君出奇兵劫自己粮草的计策，就不会有破赵之战的胜利，也许被俘的就是自己。所以对广武君恭敬有加,并向他恳切询问伐燕攻齐的可行性。广武君说:“智者千虑,必有一失;愚者千虑,必有一得。”表示愿意献出自己的看法。

狂夫之言,圣人择焉。

【注释】《史记·淮阴侯列传》。狂夫:没有见识的妄人,与圣人相对。没有见识的狂妄之人的话,圣人也可以选择采纳。

【解析】这话是广武君的自谦之语。意谓我的看法虽然卑陋,但还可供韩信参考。说明决策之人,应当广泛地听取别人的意见,认真对待每一条建议。

善用兵者不以短击长,而以长击短。

【注释】《史记·淮阴侯列传》。

【解析】善用兵的人用自己的长处攻击别人的短处,这是尽人皆知的道理。在伐燕攻齐的问题上,广武君分析了韩信的长处——攻城拔寨,威震天下,民心顺从;也指出了韩信的短处——士兵疲敝,粮草尽竭,敌国坚守。因此他建议韩信采取“先声后实”战略:按兵不动休整士卒,摆出向北进攻的态势,而后派使者到燕国把自己的绝对优势显示给燕国看,这样燕国不敢不听,齐国也必然从风而服。韩信依计而行,果然顺利地征服两国。

天与弗取,反受其咎;时至不行,反受其殃。

【注释】《史记·淮阴侯列传》。这四句是当时流行的谚语。《国语·越语》范蠡有云:“得时无怠,时不再来。天与不取,反为人灾”。与此意同。与:赐予。咎:追究罪责。

【解析】韩信投奔刘邦做了大将后,一系列成功的征战使得他名声大振,并完成了对项羽的战略包围之势。项王(羽)心知韩信已成为决定天下胜负的关键人物,便派武涉、蒯通劝韩信叛汉。蒯通以相术说韩信,要韩信与刘邦和项羽三分天下,鼎足而立,认为这是上天对韩信的惠顾,并恫吓韩信:“上天赐予的不接受,反而会受到惩罚;时机来了不行动,反而遭受灾殃。”

乘人之车者载人之患,衣人之衣者怀人之忧,食人之食者死人之事。

【注释】《史记·淮阴侯列传》。载:乘载,分担。

【解析】面对蒯通的劝诱说辞,韩信不为所动。他恪守“乘人家车子,就要分担人家的祸患,穿人家衣服,就要关注人家的忧虑,吃人家食物,要死在人家的事情上”。这样的报恩观点,是封建社会君臣的信义。它维系着封建社会的运转。

患生于多欲，而人心难测也。

【注释】《史记·淮阴侯列传》。

【解析】针对韩信表达的忠于汉王之情，蒯通指出，当初张耳、陈余还是百姓的时候，两人结为生死之交，后来因救钜鹿之围等事发生争执，两人结下怨仇。张耳背叛项王，提项婴的头逃跑，降了汉王，汉王借了他的军队杀死陈余。这两人的交情可谓深厚，为何反目成仇？祸患产生于两人争夺权势时贪得无厌，而又各怀鬼胎。他暗示韩信拜立为齐王，是自己贪功重名之心作祟，终会引起汉王的不满，威胁自己的地位。

勇略震主者身危，而功盖天下者不赏。

【注释】《史记·淮阴侯列传》。

【解析】封建统治者多容不得出类拔萃的人在自己身边。韩信破魏取代、攻赵、收燕、平齐、败楚，军功卓著，才智过人，无人能比。蒯通指出："勇敢和谋略超过君主的人就有危险，功劳超过天下人的人无法封赏。"结果，韩信由于功勋赫赫使汉王的忌疑与日俱增，至拜韩信为齐王，汉王已露出了杀机。韩信的勇略、功勋、地位以及韩信离心倾向构成了对刘邦的潜在威胁。

随厮养之役者，失万乘之权；守儋石之禄者，阙卿相之位。

【注释】《史记·淮阴侯列传》。随：顺从，引申为安心于。厮养之役：指劈柴养马之类杂役性的事。万乘：指天子帝王。古代称天子地方千里，兵车万乘；诸侯地方百里，兵车百乘。守：留恋。儋(dàn)石：儋通"担"。古代百斤为一担，百二十斤为一石。阙：通"缺"，失去之意。

【解析】"安于做杂役的人就会失去争取君权的机会，留恋于微薄俸禄的人就得不到公卿宰相的席位。"这句话旨在告诉人们应当树立远大的理想，并要不懈地去努力追求，切不可庸庸碌碌，安于现状。人们常说的"不想当元帅的士兵不是好士兵"也是此意。蒯通说这些是想打动韩信，不要安于现状，应树立自己的旗帜。

智者决之断也，疑者事之害也。

【注释】《史记·淮阴侯列传》。

【解析】人常说"该断不断，必有后患"。果断是一种良好的心理品质，优柔寡断终会坏事，这个道理是蒯通说给韩信听的，告诫他聪明人应当机立断。

骐骥之跼躅，不如驽马之安步。

【注释】《史记·淮阴侯列传》。跼躅(jú zhú)：徘徊不前。驽马：劣马。安步:稳步向前。

【解析】这句话用对比的手法,把骏马徘徊不前与劣马稳步向前的不同结果说得非常明白。果断决策,努力向前者,即使自身条件不好也会有所收获;临事而迷,左顾右盼,徘徊不前者,自身条件再好也不会成功。所有人应引以为戒。

功者难成而易败,时者难得而易失也,时乎时,不再来。

【注释】《史记·淮阴侯列传》。时:时机,机会。

【解析】蒯通劝韩信反叛汉王,反复强调莫错失良机。以韩信当时的情形,蒯通认为只要抓住时机,就会大功告成。他感叹说:"功业难成而易失败,时机难遇而易失去,机不可失,时不再来。"

居马上得之,宁可以马上治之乎?

【注释】《史记·郦生陆贾列传》。

【解析】汉朝天下初定,陆贾时常向高祖进言称颂《诗》《书》。高祖骂道:"老子是骑在马上得天下的,哪里用得着《诗》《书》呢?"陆贾说:"骑在马上得天下,难道也可以骑在马上治天下吗?"夺天下和治天下,无论目标和方法都有很大的不同,陆贾以商汤、周武用武力夺天下,却文武并用治天下,使国家长治久安,吴王夫差、智伯穷兵黩武,国家败亡,秦严刑苛法失天下为例,来开导高祖。

天下安,注意相;天下危,注意将。

【注释】《史记·郦生陆贾列传》。

【解析】吕后专政时,分封诸吕为王,吕氏家族独揽重权,想要加害少主,篡夺刘氏天下。当时丞相陈平很担忧,感到无力抗争,在家忧思。他和当时的太尉绛侯周勃关系疏远,两人虽都忠于汉室,有挽救局势之心,但形不成统一的意志和力量。陆贾看到这一点,便从中牵线搭桥,去拜见陈平,对他说:"天下安定,重视丞相;天下危急,重视武将,如果将相和睦,士大夫就会来亲附,士大夫亲附,团结在一起,即便发生变乱,大权也不会旁落。为国家社稷考虑,现在就看你们两位怎么掌握了。"陈平听了陆贾的话,拿五百金为绛侯祝寿,绛侯也厚加回报,此后两人互相接纳,成为扼制吕氏势力发展的重要力量。最终在以两人为首的大臣宗室联合之下,铲除了诸吕,保住了汉室江山。陆贾"天下安,注意相;天下危,注意将"的话,还表现在国家危难动乱关头,掌握军队的将领便成为关键之所在,因此他劝权势和声望都列第一位的陈平,要主动去联络周勃。

千金之裘，非一狐之腋也；台榭之榱，非一木之枝也；三代之际，非一士之智也。

【注释】《史记·刘敬叔孙通列传》。裘(qiú)：毛皮衣。腋：腋窝，特指兽腋下的毛皮。榭：建在台上的高屋。榱(cuī)：椽子。意思是：价值千金的狐皮衣，不是一只狐狸的腋皮制成的；楼台亭榭的椽木，不是一棵树上的枝条能建成的；夏、商、周三代的功业，不是靠一个人的智慧能完成的。

【解析】一场伟大的斗争，一项伟大的事业，需要多方面人才的共同努力，需要集中群众的智慧。司马迁说："夫高祖起微细，定海内，谋计用兵，可谓尽之矣。然而刘敬脱挽辂一说(指进定都的建议)，建万世之安，智岂可专邪！"总结了刘邦建立汉朝是集中群雄的智慧。

大直若诎，道固委蛇。

【注释】《史记·刘敬叔孙通列传》。此语本于《老子》。诎(qū)：通"屈"，弯曲。委蛇(wēi yí)：同"逶迤"，曲曲折折的样子。意思是说：最正直的东西，看来像是弯的；万事万物的道理，本来就是曲曲折折的。

【解析】这是司马迁在论赞中称道叔孙通的话。叔孙通先做秦博士，后为项羽部属，最终归顺刘邦，阿世取容，似乎不合封建礼教中的"正"与"忠"。司马迁在这里却敢为叔孙通叫好，称赞他洞察时势变化，在曲折中求发展，为巩固西汉政权立下了汗马功劳。

得黄金百斤，不如得季布一诺。

【注释】《史记·季布栾布列传》。

【解析】"得到百斤黄金，不如得到季布的一声允诺"。这是当时楚地的谚语，是对季布"其言必信，其行必果，已诺必诚，不爱其躯，赴士之阨困"侠义品格的衷心赞叹。成语"一诺千金"源出于此。

廷尉，天下之平也，一倾而天下用法皆为轻重，民安所措其手足。

【注释】《史记·张释之冯唐列传》。廷尉：官名，在汉代是最高执法官。天下之平也：是天下公平的象征。《汉书·百官公卿表》云："廷尉，秦官"。廷，平也，治狱贵平，古以为号。倾：不平。措：放置。

【解析】常说天子犯法与庶民同罪，做起来其实很难。顶住压力，公平执法，需要莫大的勇气。张释之身体力行地做到了这一点。一次汉文帝出行经过渭桥，一个人突然从桥下跑出，惊了文帝的马，文帝抓住此人交给张释之处置，廷尉罚了这人的款。文帝很不高兴，张释之说："法律之所以称之为法律，是要天子和百姓共同遵守。此案按照法律应当这样判，若加重处罚，法律就在百姓心中失去了信用。”他又说：“廷尉是天下公平的象征，一有偏斜，天下执法官吏就会随之任意轻重，老百姓的手脚还往哪里放呢?”张释之在这里指出法律要公平，不能为任何人(哪怕天子)所左右，法律要求天子和百姓共同遵守，这在古代是极为宝贵的，闪耀着民主思想的光辉，张释之是真正懂得法的价值、维护法的尊严的法官。

不知其君，视其所使；不知其子，视其所友。

【注释】《史记·田叔列传》。

【解析】了解、认识一个人，方法很多，可观其行，看他做什么；可听其言，看他说什么；也可看他重用哪些人，与哪些人交往。正如文中所言“不了解人君，可以看他重用什么人；不了解那人的儿子，就看他交接的朋友”，颇有道理。

舐糠及米。

【注释】《史记·吴王濞列传》。像狗吃食物，吃完了糠还要吃米。舐(shì)：舔。

【解析】吴王刘濞势力不断扩大，日益骄横，对汉朝的统治构成了威胁，在晁错的力谏下孝文帝决定削减吴王土地。吴王害怕削减土地没止境，欲发动反叛，于是派应高挑唆胶西王反汉。应高指出汉削减诸王土地就如“舐糠及米”，是想自外而内逐渐蚕食诸侯王的土地，这样终有一天自己要被全部吃掉。胶西王听信应高的话，与吴王共同发起了“七王之乱”。

为善者，天报之以福；为非者，天报之以殃。

【注释】《史记·吴王濞列传》。

【解析】“善有善报，恶有恶报”这种因果报应之说充满了天命论的观点。当吴王的军队被击败逃散时，汉孝文帝颁布制诏给将军们，说：“行善之人，上天以福报答他，作恶之人，上天用灾祸报偿他。”

毋为权首，反受其咎。

【注释】《史记·吴王濞列传》。毋：勿。权首：主谋或首先起事的人。咎：灾祸，灾殃。

【解析】司马迁对晁错尽忠受祸深表同情和愤慨，但他从晁错之死中获得的只是“不要做主谋，否则会受到惩罚”的结论。他没看到汉景帝听信袁盎谗言，采取舍车(舍晁错)保帅(保自己)的错误态度才是晁错遭祸的真正原因，景帝才是晁错之死的罪魁祸首。

治天下，终不以私乱公。

【注释】《史记·韩长孺列传》。治理天下，终究不能因私情而损害公事。

【解析】公孙诡、羊胜游说梁孝王，并派人行刺朝廷谋臣，事情败露后，景帝下令搜捕二人。由于两人藏匿在梁孝王家，始终没有抓到，韩长孺去见梁孝王，以太上皇和临江王的际遇让梁孝王明白，明智的君主绝不会徇私而误国，劝梁孝王交出公孙诡、羊胜两人。

强弩之极，矢不能穿鲁缟；冲风之末，力不能漂鸿毛。

【注释】《史记·韩长孺列传》。鲁缟(gǎo)：鲁国出产的一种白色生绢，十分轻薄。冲风：猛烈的风。漂：通“飘”，飘扬，吹动。

【解析】在对待匈奴问题上，韩长孺力主和亲。他指出，汉军深入匈奴腹地作战，劳师远征，定会人疲马乏，这就如同强弩发射的箭飞到末程，连鲁国的白绢也射不穿；猛烈的风吹到最后，连飘起鸿毛的力量都没有了。这形象地指出了出兵匈奴劳师远征的不利因素。

其身正，不令而行；其身不正，虽令不从。

【注释】《史记·李将军列传》。

【解析】作为领导者要以身作则，率先垂范。领导者身为表率，方能令行禁止。否则，虽有法令，不能推行。

地者，国之本也。

【注释】《史记·匈奴列传》。

【解析】任何时候，国土都是一个国家主权的神圣象征，绝不允许外族侵犯。冒顿杀父自立为王，当时东胡强盛，就派使者向冒顿索要匈奴的千里马，冒顿询问群臣，左右都认为不应给，冒顿说：“跟人家是邻居怎么能吝啬一匹宝马呢?”于是把千里马给了东胡。东胡王以为冒顿软弱，又大胆向冒顿要单于的阏氏(后妃)。群臣大怒，要攻打东胡，冒顿说：“跟人家是邻居怎么能吝啬一个女子呢?”于是把单于的一位阏氏送给了东胡。东胡王越发骄横向西入侵，要求把东胡和匈奴两国间的大片荒地划给他们。冒顿问左右大臣，大臣认为给也可不给也可。冒顿大怒，说：“土地是国家的根本，怎么能送给他们呢?”于是杀掉主张送土地的人，出兵攻打东胡。冒顿的眼光比臣子要远得多，千里马、美女远比不上土地的重要。

尧虽贤，兴事业不成，得禹而九州宁。

【注释】《史记·匈奴列传》。

【解析】“唐尧虽然贤能，但好多事业想办没能办成，只有得到大禹，依靠大禹治理洪水之后，九州方得安宁。”司马迁用这段历史，说明再贤能的君主，也需要大臣的辅助，事业才能成功。以此讥刺汉武帝不能任人择贤，而采纳小人浮说，攻伐匈奴，动摇国之根本。

且欲兴圣统，唯在择任将相哉！

【注释】《史记·匈奴列传》。如果想要弘扬圣王之德，统一天下，唯在选择任用将相啊。

【解析】司马迁在这里大声疾呼，安邦定国，最重要的是要选贤用能！自古以来，得人者得天下。周文王因为有了姜太公，所以能败商纣而兴八百年周室；刘邦因为有张良、韩信等相、帅的辅佐，所以创汉朝四百年江山；刘备也是因为有诸葛亮和关羽等的辅佐，才得以三分天下有其一。历史上这样的例子真可谓不胜枚举。帝王的建功立业说到底不能仅凭个人的智慧，而更重要的是自己能够选贤任能。司马迁在此处提出这个问题是针对汉室当时任人唯亲的政治现实提出来的，意在警醒统治者，注意选贤任能，以促进国家的发展。

匈奴未平，无以家为也。

【注释】《史记·卫将军骠骑列传》。

【解析】卫青是汉朝打击匈奴的主将，立有赫赫战功。他为打击匈奴呕心沥血，天子曾为他兴建府第，并让他前去视察，卫青说：“匈奴没有消灭，哪有心思顾家呢？”表达了卫青誓把匈奴逐出中原，使汉朝边塞永保安宁的爱国情怀。

力行近乎仁，好问近乎智，知耻近乎勇。

【注释】《史记·平津侯主父列传》。此三句话出自《礼记·中庸》。

【解析】“努力实践就接近于仁，勤学好问就接近于智，知道羞耻就接近于勇。”仁、智、勇是儒家崇奉的道德标准，被公孙弘视为自治其身的三大法宝。力行就近乎仁，好问就近乎智，知耻就近乎勇，指出了走向仁、智、勇的起步之路。

国虽大，好战必亡；天下虽平，忘战必危。

【注释】《史记·平津侯主父列传》。此语出自《司马法·仁本》。

【解析】这句话极透彻地阐发了战争在和平时代的地位。“国家即使强大，好战必定会灭亡；天下虽然太平，若忘记战争一定会危险。”为了取胜逞威而穷兵黩武的人，必将被战争吞灭，而一味高奏凯歌，以为战争离我远去的人，不知道战争的危机就在面前。

治国之道,富民为始;富民之要,在于节俭。

【注释】《史记·平津侯主父列传》。这句话出自汉平帝王元后的诏书,元后附录在《史记·平津侯列传》后。

【解析】"治国的方法首先是使老百姓富足,使百姓富足的关键在于节俭。"这种说法有一定的道理。使国家安定,首先民众要富足,老百姓富足了才能知礼节,政令才能通行。

世必有非常之人,然后有非常之事,有非常之事,然后有非常之功。

【注释】《史记·司马相如列传》。此句出自司马相如《难蜀父老》一文。

【解析】汉武帝时期,不但北征匈奴,对西南的少数民族地区也进行经营,武帝决定开挖修筑通往西蜀的道路,劳师动众两年,却不见成效,引起许多人不满。司马相如作《难蜀父老》,一方面宣扬汉廷通西南夷的意义,一方面又为蜀地人民的沉重负担代言。这几句话为汉武帝开发西南夷的行动做有力的辩护:大凡世上一定要有不同寻常的人,才能有不同寻常的事;有不同寻常的事,才能建立不同寻常的功业。因为不同一般,因为常常是第一人,第一事,所以会遭到非议,引起疑惧;也因为不同一般,才会有超出平常的成效。所以"非常"之举,并不一定是坏事。

祸固多藏于隐微而发于人之所忽者也。

【注释】《史记·司马相如列传》。此语出自司马相如《上书谏猎》。

【解析】这句话本是用来劝告皇帝不要打猎的。因为"祸患本来大多隐藏在隐微之处而发生于人们疏忽的时候"。揭示了祸患的到来往往非常突然、非常隐蔽,常常在人觉察不到或有所忽略的地方发生。

家累千金,坐不垂堂。

【注释】《史记·司马相如列传》。此句出自司马相如《上书谏猎》。垂堂:近屋檐处。

【解析】这是两句俗语,意思是说:"家里有千金的人,坐的时候不靠近屋檐之下。"为什么呢?原因是以防万一瓦片掉下来伤人。富人尚且自爱,何况万乘之尊呢?这是劝说皇上禁猎以防不测。

兴必虑衰,安必思危。

【注释】《史记·司马相如列传》。语出司马相如《封禅文》。

【解析】居安思危,国家才能永处不败之地。两千年前司马相如阐发了这样的道理。"兴盛时一定要考虑到衰败,平安时一定要想到危险。"只有有了这种危机感，才能催人奋进，兴国强邦。

陛下内多欲而外施仁义，奈何欲效唐虞之治乎？

【注释】《史记·汲郑列传》。内多欲而外施仁义：内心充满着各种欲望，而外表作出好施仁义的样子。武帝既好声色犬马，想成仙求长生不老，又想内兴功业、外事征伐、臣服周边国家，故谓之多欲。唐虞之治：唐、虞指唐尧和虞舜，儒家称他们都以“揖让有天下”得太平盛世。

【解析】这是汲黯对汉武帝的批评。它揭掉了武帝把政治“饰以儒术”的外衣，帮人认清了他以儒法杂霸而用之的实质。

天下谓刀笔吏不可以为公卿，果然。

【注释】《史记·汲郑列传》。刀笔吏：主办文案的小吏。古时用笔写字在竹简之上，有错误，用刀削去另写。

【解析】张汤这类人，专门“文深小苛”“深文巧诋”（“专在法律条文上下工夫，曲加解释，苛求小节”“玩弄法律条文，巧妙地陷人于罪”）而不识大体，他们掌握了大权，往往要坏国家大事。汉武帝宠信和依靠像张汤这样的一批“酷吏”，果然导致政治危机，到晚年不得不改弦更张。

陛下用群臣如积薪耳，后来者居上。

【注释】《史记·汲郑列传》。

【解析】汲黯曾位列九卿，而公孙弘、张汤还都是小官。后来公孙弘官至丞相，并被封侯，张汤官至御史大夫，从前汲黯管辖的丞、史等助手也都升到跟汲黯同等地位，有的竟超过他。汲黯不服，内心不平衡，所以向武帝发牢骚：“陛下用群臣如积薪耳，后来者居上。”

一死一生，乃知交情。一贫一富，乃知交态。一贵一贱，交情乃见。

【注释】《史记·汲郑列传》。

【解析】俗话说患难见真情，世风日薄，世态炎凉，常常引起一些仁人志士的叹息。汉武帝时代的第一直臣汲黯，有权势的时候宾客是平时的十倍。到了没权势时，情况立刻就变了。翟公开始做廷尉（掌刑狱之官）时，宾客盈门，等到被罢官，家门外冷落到可以张网捕雀。等到翟公又做了廷尉，许多宾客又跃跃欲试想去拜见，翟公对此颇为愤恨，于是在门上写下了以上的话，意思是：看看生前怎样，死后怎样，才能知道交情真相。看看贫富怎样，才能知道交情真相。一时尊贵，一时卑贱，结交的真情于是显现。

为治者不在多言，顾力行何如耳。

【注释】《史记·儒林列传》。顾：但，只。力行：实际干。

【解析】汉武帝当政之后想有所作为，儒家学派的大臣王臧、赵绾把自己的老师，传诗的申公介绍给武帝。武帝向他问治道，申公回答说："施政的人不在于多说话，只看你实际干得怎样。"武帝醉心于文辞夸饰，对此很失望，以致他晚年走上好大喜功、穷兵黩武的道路。

冠虽敝，必加于首；履虽新，必关于足。

【注释】《史记·儒林外传》。帽子虽然破旧，一定得戴在头上；鞋子即使是新的，一定要穿在脚上。

【解析】帽子也好，鞋子也罢，其用途不同，只能各司其职。但是腐儒黄生，却以此为譬喻，为残暴反动的帝王做辩护，说什么夏桀、商纣虽然无道，然而总归是君上；商汤、周武王虽然圣明，总归是臣下。君主有过错，臣下不能用正直的话匡正他们的过失以树立他的权威，反而利用他的过错诛杀他，取而代之自己称王，这不是弑君造反又是什么呢？显然歪曲了此句本意。

法令者治之具，而非制治清浊之源也。

【注释】《史记·酷吏列传》。具：工具。清浊：喻指国家政治的好坏。

【解析】司马迁指出法令只是治理国家的一种工具，而不是决定国家政治是清明还是混乱的本源。

上德不德，是以有德；下德不失德，是以无德。

【注释】《史记·酷吏列传》。

【解析】语出《老子》。这段话的意思是：最高的道德境界（"上德"）用不着向人们提出什么具体的道德要求，而是让人们自觉地按应有的做人标准行事（所以叫"不德"），这样，社会也就有了道德。低标准的道德（"下德"）只满足于不违背道德（所谓"不失德"），结果连最低的道德标准也维持不了，最终就没有道德。这话含有辩证思想。

其言必信，其行必果，已诺必诚。

【注释】《史记·游侠列传》。言必信：说话讲信用。行必果：做事果断。已诺必诚：对于许下的诺言必定忠诚地履行。

【解析】这是司马迁对于游侠品格的精辟概括。游侠的行动在社会上获得了广泛的欢迎和爱戴。这种侠义精神及做人的品格，是值得肯定的。

力田不如逢年，善仕不如遇合。

【注释】《史记·佞幸列传》。力田：努力耕种。逢年：碰上好年成。善仕：会做官。遇合：得到君王的赏识。

【解析】命运常常捉弄人，机遇在人命运中所起的作用是不容忽视的，以至人们发出“努力耕田，不如遇上丰年；善于做官，不如和皇帝老子交攀”的感叹。汉代有一种被称作“佞幸”的人物，他们根本没有什么才能，只是因为善于取媚和讨好皇帝，因而得以和皇帝亲近，并且红得发紫，以至公卿大臣们办事都要通过他们打通关节。

谈言微中，亦可以解纷。

【注释】《史记·滑稽列传》。在谈笑中含蓄微妙的说中的至理，也可以排解那些难以解开的纠纷。

【解析】俳优作为滑稽人物，地位卑微，常被认为只会卖弄一些雕虫小技，供人笑乐而已。殊不知那些有见识、有骨气的滑稽人物，常常能以他们特殊的身份对某些很难冒犯的当权者进行巧妙的讽谏，往往还能起到正经、严肃的直言极谏所起不到的作用。有鉴于此，司马迁在他的巨著《史记》里，专门为滑稽人物立传，并用这两句评语对他们所特有的贡献作出了令人心折的评价。

酒极则乱，乐极则悲；万事尽然，言不可极，极之而衰。

【注释】《史记·滑稽列传》。酒喝得过多就容易出乱子，快乐到了极点就会发生悲哀的事。一切事情都是如此，这说的是什么事情都不要走上极端，如果到了极端，就必然走向反面而转为衰亡。

【解析】著名的大滑稽家淳于髡，是一位深谙世故人情的通人。他给齐威王所进的这几句谏言，成为较早的戒酒戒乐（无度之乐）的箴言之一，齐威王听了立刻“罢长夜之饮”。

鸟之将死，其鸣也哀；人之将死，其言也善。

【注释】《史记·滑稽列传》。鸟将死时，它的叫声是悲哀的；人要死时，他说的话是善良的。

【解析】从孔夫子以来，人们都这么说。这是世人对禽情人性的长期观察和总结，它符合人类的某种普遍心理——在将要离开人世的时候，出于对人生的珍惜和眷恋，总是愿意将自己内心最美好的东西留下或奉献出来。

骐骥不能与罢驴为驷，而凤凰不与燕雀为群，而贤者亦不与不肖者同列。

【注释】《史记·日者列传》。骐骥：骏马。罢驴：劣驴。“罢”同“疲”。驷：

同驾一辆车的四匹马。

【解析】骏马不能与疲驴同驾一辆车,凤凰不能和燕雀同群,而志行高洁的贤人当然也不能和不三不四的不肖者为伍。这是一切洁身自好的人们的处世原则。屈原在《离骚》中就曾说:“鸷鸟之不群兮,自前世而固然。何方圆之能兮,夫孰异道而相安!”(猛禽不与凡鸟同群,这在前代早已如此。方和圆怎么能够相全?不同道的人又怎能安然相处!)

道高益安,势高益危。

【注释】《史记·日者列传》。

【解析】“道德越高越平安,权势越高越危险。”这是宋忠、贾谊自身经验的总结。

暴得者必暴亡,强取者必后无功。

【注释】《史记·龟策列传》。

【解析】这里引的是宋元王的两句话,说的是依靠凶暴手段获得的东西必定突然丧失。强索横夺的东西,后来必定会失去。宋元王用“桀、纣暴强,身死国亡”(桀和纣暴戾强横,结果身死国亡)来做例证。

巧者有余,拙者不足。

【注释】《史记·货殖列传》。

【解析】这里讲贫富的法则是天然存在的,不是别人可以赐予或可以剥夺的。巧慧聪明的人财富有余,笨拙愚昧的人衣食不足。为了证明这个道理,司马迁举太公望吕尚的例子。太公望被封在营丘(今山东淄博),那里本来土地盐碱、人烟稀少,但太公鼓励当地妇女从事纺织、刺绣,并使技巧达到精妙;又组织人们贩运渔产和海盐,结果齐国很快富裕和发展起来。

贵上极则反贱,贱下极则反贵。贵出如粪土,贱取如珠玉。

【注释】《史记·货殖列传》。反:返回。

【解析】前两句是春秋时期越国大商人、大谋略家计然总结的物价涨落规律:货物涨到最高的极限就会下跌,返归于贱,跌到极限就会上涨,返归于贵。后两句是针对这一规律所制定的经营策略:当物价涨到一定极限之时,就要把货物看作粪土一样毫不可惜地抛售出去,当价跌到一定极限之时,就要把货物视同珠宝一样,毫不犹豫地收购进来。

趋时若猛兽挚鸟之发。

【注释】《史记·货殖列传》。趋时:抓紧时机。挚鸟:凶猛的鸟。挚:通“鸷”。发:指猛禽猛兽看到猎物时猛扑上去的动作。

【解析】这里讲经商必须看准时机,而且要不失时机的采取行动。必须有像猛兽鸷鸟看到猎物便不顾一切扑上去的那种劲头!

百里不贩樵,千里不贩籴。

【注释】《史记·货殖列传》。樵:柴。籴:买粮为籴,卖粮为粜,此处作粮解。这两句话的意思是,不到百里之外去贩运薪柴,不到千里之外去贩运粮食。

【解析】这是商业上有名的两句谚语,也是多少年来人们经商经验的结晶。

神大用则竭,形大劳则敝。

【注释】《史记·太史公自序》。神:指人的精神、声气。形:指人的形体。

【解析】这是《太史公自序》所引司马谈《论六家要旨》中讲形神关系的两句话。意思是:凡人活着,依靠的是他的精神,而精神是寄托于形体的。精神过度使用便会衰竭,形体过度劳累便会病倒。形、神分离就会死亡。所以精神是人活着的根本,形体是人生命的载体,二者不可分离。这里既讲了形神之间的相互关系,又从根本上指出养生之道。

国有贤相良将,民之师表也。

【注释】《史记·太史公自序》。

【解析】这是司马迁在《汉兴以来将相名臣年表》小序上所下的一个考语,意思是说国家的贤相良将,不但是国家的栋梁,而且是老百姓的师表,老百姓的楷模。

非兵不强,非德不昌,黄帝、汤、武以兴,桀、纣、二世以崩,可不慎欤?

【注释】《史记·太史公自序》。兵:是军队、战争的总称。德:是礼义、仁德以及政治的总称。

【解析】“非兵不强,非德不昌”,是司马迁战争观的理论核心。兵,即战争;德指政治,两者相辅相成。国家缺少战争手段就不能强大,但只注重战争而缺少礼义,政治搞不好,国家也不能昌盛。军队战争决定一个国家能否强大;而礼义,政治决定一个国家能否昌盛。黄帝有阪泉、涿鹿之战,商汤有鸣条之战,周武王有牧野之战,才得以强大和兴盛。所以战争既可以兴邦,也可以丧邦。

《汉书》名句

人不患其不知，患其为诈也；
不患其不勇，患其为暴也；
不患其不富，患其亡厌也。

——《汉书·景帝纪》

嗟乎，大丈夫当如此矣！

【注释】《汉书·高帝纪上》。

【解析】刘邦当亭长的时候，曾经被征发到咸阳服徭役，适逢秦始皇出巡，他被秦始皇那威武雄壮的仪仗队伍和气吞万里的盛大场面惊呆了。刘邦羡慕之余，发出了“大丈夫当如此矣”的感叹。反映了刘邦胸怀大志，一心想干一番经天纬地的大事业心态。

人已服降，杀之不祥。

【注释】《汉书·高帝纪上》。

【解析】敌人已经投降了，如果再杀了他们，那是不吉祥的。刘邦进军关中，驻军霸上，秦国王子子婴素马白车，在道旁献上玉玺，表示投降。刘邦军中有人建议把子婴杀掉，而刘邦却不这样认为，赦免了子婴。正是刘邦这种宽大为怀不杀降敌的做法，使他在策略上胜项羽一筹，最终成就了霸业。

足下必欲诛无道秦，不宜踞见长者。

【注释】《汉书·高帝纪上》。

【解析】郦食其听说刘邦有雄韬伟略，就打算去辅佐他。可当他见到刘邦时，却看见刘邦正坐在床上让两个美女擦脚。郦食其立而不跪，从侧面提醒刘邦，想要推翻暴秦，建立伟业，就应礼贤下士，不应倨傲地接见长者。刘邦幡然醒悟，立即请郦食其上座，并赔礼道歉。二人开怀畅谈。郦食其为刘邦谋取了战略要地陈留，刘邦也加封郦食其为广野君。

顺德者昌，逆德者亡。

【注释】《汉书·高帝纪上》。

【解析】顺应道德的人才会昌盛，忤逆道德的人必然败亡。刘邦在公元前205年，进入关中，建立了巩固的根据地，势力不断壮大。这年3月，董公向刘邦献策，让他依靠宣传与舆论的力量孤立项羽，以成霸业。刘邦听取了董公的意见，立即为义帝发丧，并亲自脱袖痛哭，以示哀悼。他还让全军也哭丧三天。刘邦同时派人联络各路诸侯，指出义帝对诸侯恩重如山，而项羽却把他流放江南，又派人谋杀他，真是罪不容诛。刘邦从此与诸侯结盟，孤立了项羽，拉开了楚汉相争的序幕。

兵出无名，事故不成。

【注释】《汉书·高帝纪上》。

【解析】指出兵没有正当理由，所以不能成功。此句乃董公引用古训向刘邦进策时所说。说明了只有正义的战争才会获胜的道理。董公奉劝刘邦要重视舆论宣传在策略中的运用,要以此来赢得人心,获得最广泛的支持,从而最大限度地孤立敌人,方能成就帝王之业。

仁不以勇,义不以力。

【注释】《汉书·高帝纪上》。

【解析】仁义之师,绝不依仗勇猛之势;道义之师,绝不凭借力量强大。董公以此来向刘邦说明,战争最深厚的伟力在于赢得人心,而不只是凭借强大的军事力量。战争的性质往往是决定战争胜败的根本原因。故为正义而战,战无不胜,即"顺德者昌"。

壮士行,何畏!

【注释】《汉书·高帝纪上》。

【解析】刘邦在沛县作亭长时,曾经押送囚徒到骊山。途中逃掉很多囚徒,刘邦干脆全放了他们,但其中有十多人愿意跟从刘邦。夜晚刘邦等人在大泽中行走,有大蛇当道,众人都请求绕道而行,独有刘邦说:"壮士行,何畏!"他拔剑斩蛇,率众行路。众人都叹服刘邦英勇无畏的气概。从此,高祖斩蛇的故事就传为美谈。

命乃在天,虽扁鹊何益!

【注释】《汉书·高帝纪下》。

【解析】人寿命的长短,是由自然法则决定的,如果病入膏肓,虽神医扁鹊再生,也不能妙手回春。刘邦在平定淮南王黥布叛乱的时候,被流箭射中。归途中病发,而且愈来愈厉害。吕后遍请名医,然病情沉笃,终未济事。刘邦认为自己的寿数已尽,就是神医扁鹊也无能为力,就说了上面的话。刘邦戎马一生,以布衣君临天下,可谓平步青云,风光至极。然而他在中矢病重期间,仍能如此豁达大度,自信有加,显示了一代英主的非凡城府与见地。

大风起兮云飞扬,威加海内兮归故乡,安得猛士兮守四方!

【注释】《汉书·高帝纪下》。

【解析】此三句出自刘邦的《大风歌》。汉高祖十一年七月,淮南王黥布反叛,刘邦亲自带兵平叛。在归途中刘邦正好路过家乡沛郡,就在那里住了几天。他把亲朋故友都请来,大摆酒宴,庆祝自己荣归故里。席间,刘邦兴致高昂,亲自击筑,高唱《大风歌》,以抒发自己的情怀,动情之处,不禁热泪横流。刘邦以一介布衣而威加海内,以天子的身份衣锦还乡,他的心情是豪迈欢悦的。《大风歌》正体现了他这种慷慨有加的心情，成为文学史上不朽的名篇。

虽日不暇给，规摹弘远矣。

【注释】《汉书·高帝纪下》。

【解析】时不我待，而为万民立制垂范却没有止境。创业艰难，守成更难。刘邦作为汉朝的开国之君，为汉室江山以及我国封建社会制度的建立与完善作出了大量的奠基工作。他艰苦备尝，夜以继日，立万世之基业，开百代之规范。此句体现了刘邦惜时如金，以江山社稷为重的精神。

今天下贤者智能岂特古之人乎？患在人主不交故也，士奚由进！

【注释】《汉书·高帝纪下》。

【解析】天下圣贤之人，不只是出在古代。只是因为君主不能礼贤下士，故贤能之人不被重用。刘邦在晚年，平定了陈豨叛乱，杀了淮阴侯韩信，又斩了韩王信。他感到政权亟待巩固，国家正缺人才，于是，他减免赋税，休养生息，招贤纳士，唯才是举，并责成相国府推荐贤能之士，不积极举贤的郡守与诸侯一旦被发觉，立即免官。刘邦在垂老之年尚能有此觉悟，显示了他积极进步的人生观。

大臣内畔，诸将外反，亡可跷足待也。

【注释】《汉书·高帝纪下》。畔：通“叛”。

【解析】内有臣子叛乱，外有诸将谋反，国家之亡，跷足可待。公元前195年，刘邦病死。吕后与审食其密谋诛杀异党与政敌，迟迟不为刘邦发丧。曲周侯郦商得知后就对审食其说：各地诸侯在外面各拥重兵，如果他们听说皇帝驾崩，诸将被杀，必然会兵临城下，杀进关中，这样就会出现内有叛乱、外有谋反的局面，刘姓江山就有丧失的危险。审食其听了，连忙报知吕后，吕后知道事关重大，才为刘邦发丧，并且取消了诛杀众将的计划。郦商力挽狂澜，避免了一场宫廷内部的血腥屠杀，显示了他审时度势、当机立断的超人见地。

为吕氏右袒，为刘氏左袒。

【注释】《汉书·高后纪下》。

【解析】孝惠帝病死后，吕后临朝称制，重用吕氏家族。但吕后死后，朝中分为两派，分别拥护刘氏江山与吕姓权位。公元前180年8月，太尉周勃迫使上将军吕禄交出了兵权，并下令全体官兵，拥护刘氏的脱去左边衣袖，支持吕姓的脱去右边衣袖。结果全体官兵都脱去了左边衣袖，表示拥护刘姓江山。于是吕禄被斩，吕后的妹妹被杖杀，并且株连九族。周勃与丞相陈平通过宫廷政变，铲除了吕姓家族，保全了刘氏江山。从此“为吕氏右袒，为刘氏左袒”的说法也就成为了著名的历史典故。

死者天地之理，物之自然，奚可甚哀？当今之世，咸生而恶死，厚葬以破业，重服以伤生，吾甚不取！

【注释】《汉书·文帝纪》。

【解析】此语出自汉文帝的遗诏中，着实难能可贵。文帝认为，生死之事是天经地义的事，是自然界共有的规律与法则，没有必要为之悲哀。那种贪生怕死、主张厚葬与长年服重孝的做法，是不值得赞成的。文帝是中国历史上一位难得的明君，他在位23年，一直执行清静无为、与民休养生息的政策。他本人及宫廷人员也崇尚节俭，因此吏治清廉，生产得到了恢复和发展，社会财富增加，出现了一段相对安定清明的太平盛世，史称“文景之治”。

农，天下之大本也，民所恃以生也。

【注释】《汉书·文帝纪》。

【解析】农业生产是各个行业的根本与基础，是老百姓得以生存的衣食来源。此句出自汉文帝前元二年九月的诏书。汉文帝一直主张重本抑末，发展农业生产，抑制工商业。他认为弃本逐末是造成农民贫困的一个重要原因，而且他本人也亲耕陇亩，为万民作表率。这都反映了汉初最高统治者对于发展经济、恢复农业生产的高度重视。

道民之路，在于务本。

【注释】《汉书·文帝纪》。道：同“导”。

【解析】指导百姓的正确之路，在于发展农业生产。汉文帝三令五申，大抓农业生产，但成效甚微。汉文帝十二年，他再次下诏强调了农业的重要性。他认为十年来之所以没有成效，和各级官吏有重大关系，官吏没有勤勉奉职，官府没有认真贯彻政府的农业政策。另外，农业生产的人力还不够多，鼓励耕作的措施也不够完善，所以不见起色。基于以上认识，文帝又在当年减免了一半租税。从中可见汉文帝励精图治的决心。

孝悌，天下之大顺也。力田，为生之本也。三老，众民之师也。廉吏，民之表也。

【注释】《汉书·文帝纪》。

【解析】孝敬父母，尊重兄长，这是天下百姓的基本行为准则。重视农业生产，这是国计民生之根本。掌管教化的基层乡官是民众的师表。廉洁清明的官吏是人民的榜样。这四句分别反映了汉文帝刘恒对于封建伦理、经济基础、基层教化以及政府形象的高度重视。他把经济、政治、伦理、教化看作一体，看作是社会长治久安的保证。这也成为中国古代文明的内容之一。

有可以佐百姓者，率意远思，无有所隐。

【注释】《汉书·文帝纪》。

【解析】只要是有能够帮助老百姓富足的意见，各人都可依照自己的思路大胆想象，提供建议，不要缄默不言。这是汉文帝后元元年一道诏书中对大臣们的要求。他相信群策群力，劝臣下应各抒己见，知无不言，言无不尽，为治理国家献策献计。体现了文帝广开言路、虚心纳谏的明君风范。

俱弃细过，偕之大道，结兄弟之义，以全天下元元之民。

【注释】《汉书·文帝纪》。

【解析】此语出自汉文帝后元二年，与匈奴和亲的诏书中。胡汉相争，给人民带来了无尽的苦难，生产力也遭到破坏。文帝以黎元为念，从国家安宁着眼，决定与匈奴和亲。他希望汉胡两家尽弃前嫌，既往不咎，以大局为重，结金兰之好，以图保全天下黎元，为万民造福。汉文帝计社稷之安、便万民之利的民族团结思想在当时是十分难能可贵的。

古之治天下，朝有进善之旌，诽谤之木，所以通治道而来谏者也。

【注释】《汉书·文帝纪》。

【解析】古代圣贤之君治理天下，都喜闻己过，虚心纳谏。尧在朝中设进善之旌，舜在朝中立诽谤之木。所以能够听到大臣们的真实汇报，从而国泰民安。汉文帝刘恒称帝后，废除了先帝留下的“诽谤妖言”之罪，鼓励大臣与民间人士大胆进谏，知无不言，言无不尽。他认为古人尚能虚心纳谏，而称帝却设“诽谤妖言”罪，这使得贤良之士不敢直言，皇帝无从知道自己的过失，从而给国家带来祸患。刘恒的这种观点与举措，在中国封建君主中是极为难得的，体现了一代明君的风范。

百金，中人十家之产也。吾奉先帝宫室，常恐羞之，何以台为？

【注释】《汉书·文帝纪》。

【解析】汉文帝刘恒在位 23 年间，一直崇尚俭朴，弃绝奢靡。一次有人建议他建一座“露台”。工匠一计算，需要花掉百金。刘恒听了就取消了这个计划。他认为百金相当于十户中等人家的财产，如果建造了露台，就会使先帝蒙羞，被百姓唾骂，自己也无地自容。刘恒身为皇帝，却能体恤民情，厉行节俭，值得百姓拥戴。

夫吏者，民之师也，车驾衣服宜称。

【注释】《汉书·景帝纪》。

【解析】大小官吏应该为万民师表，作百姓榜样。因此，他们的衣食住行都应该有一定标准，与自己的职位相称。西汉初年，官吏大多来自民间，以战功封官。文景之后，封建国家制度得到完善。因此景帝就制定了明确的等级划分制度，完善官僚体制。这是正常统治秩序的要求与反映，也是社会进步与人类文明的一种体现，它强调了官吏的形象与责任，但同时也助长了等级划分的风气。

人不患其不知，患其为诈也；不患其不勇，患其为暴也；不患其不富，患其亡厌也。其唯廉士，寡欲易定。

【注释】《汉书·景帝纪》。

【解析】这段话出自景帝后元二年的诏书中。它体现了封建统治者在任用官吏时所遇到的棘手问题。对于官吏，不怕他不聪明，就怕他奸诈狡猾；不怕他不勇猛，就怕他暴虐待民；不怕他不富有，就怕他贪得无厌。只有两袖青风，一生廉洁的贤士，才是易于知足的。景帝把官吏的廉与贪仅仅看作是个人的品质问题，却没有揭示官僚制度下腐败的社会根源与阶级根源，显示了他的局限性。但他从自己江山社稷的利益与人民的苦痛着眼，选取廉洁之士的做法，是有进步意义的。

法令度量，所以禁暴止邪也。狱，人之大命，死者不可复生。

【注释】《汉书·景帝纪》。

【解析】国家建立法令和制定度量标准是用来禁止暴戾，去除邪恶的。而刑狱之事，又事关人的生死存亡，稍不留心，错杀了人，死而不能复生，追悔莫及。汉景帝中元五年九月，景帝刘启下诏，阐明国家法令与度量的根本目的是禁暴正邪，但执行时又要格外谨慎 ，以免殃及无辜。景帝关于慎刑的主张具有进步意义，体现了他作为一个封建皇帝比较人道的法制思想。

歌者，所以发德也；舞者，所以明功也。

【注释】《汉书·景帝纪》。

【解析】歌是用来体现祖宗之德的；舞是用来反映祖宗业绩的。这是我国古代君主对歌舞的理解。从中可见当时歌舞与信仰祭祀的密切关系以及古人对歌舞的严肃态度。汉文帝时，巩固了国家的统一，宽缓了刑罚，减轻了人民负担，遣送了大量后宫美人。文帝本人也例行节俭，克己复礼，可谓德侔天地，泽施四海。景帝以父亲文帝功高盖世，下诏制定庙乐，并规定了《昭德》之舞，以颂扬文帝的业绩与美德。

雕文刻镂，伤农事者也；锦绣纂组，害女工者也。农事伤则饥之本也，女红害则寒之本也。夫饥寒并至，而能亡为非者寡矣。

【注释】《汉书·景帝纪》。

【解析】在建筑上雕刻花纹，在织物上刺绣各种花色的彩带，都要浪费劳动力。这就会影响农业生产和正常的女红工作，而这恰恰成为饥荒和寒冷的根源。这段话出自汉景帝的诏书中，它体现了景帝的农本思想。汉初，由于长期的战乱，民不聊生，经济后退。汉景帝的这种主张，对恢复和发展经济起了巨大的推动作用。

强毋攘弱，众毋暴寡，老耆以寿终，幼孤得遂长。

【注释】《汉书·景帝纪》。

【解析】此语出自汉景帝后元二年的诏书中。景帝刘启针对当时农业欠收、百姓贫病、官吏贪暴的现实，提出了自己的施政理想，设计了一个强不凌弱、众不欺寡、老有善终、幼有所养的理想社会。并希望通过治理达到这一目标。但是这种纯粹乌托邦式的社会根本无法在封建社会中得以实现。

农，天下之本也。黄金珠玉，饥不可食，寒不可衣，以为币用，不识其终始。

【注释】《汉书·景帝纪》。

【解析】农业是国家的根本。黄金珠玉，既不能充饥，又不能御寒。把它们作为货币来流通，不知是从什么时候开始的。这种观点体现了汉景帝的农本思想。作为封建社会的最高统治者，景帝自始至终重视农业生产在巩固统治、安定社会方面举足轻重的作用。在这一点上，景帝的主张是有其历史合理性与积极作用的。

夙兴以求，夜寐以思，若涉渊水，未知所济。猗与伟与！

【注释】《汉书·武帝纪》。

【解析】汉武帝继位以来，胸怀大志，一心想治理好国家。他夙兴夜寐，苦思冥想，朝乾夕惕，如临深渊。他一方面继承了祖先的美德宏业，同时也仿效尧舜明君的统治经验，摒弃黄老学说，推崇儒学治国。但他仍然担心达不到治理国家的目的，心中既有矛盾，又充满了豪情壮志，于是发出了“猗与伟与”的感叹，体现了一位励精图治的明君复杂的心情。

君者心也，民犹支体，支体伤则心憯怛。

【注释】《汉书·武帝纪》。憯（cǎn）：同“惨”。怛（dá）：忧伤，畏惧。

【解析】君主如果是心脏，百姓就是肢体，肢体受到伤害，心脏也一定痛苦、忧虑。故百姓有祸，殃及人君。这是汉武帝元狩元年四月在诏书中的名句。汉武帝作为封建皇帝能够把君与民视作整体，是难能可贵的，其中包含了民本主义的成分。

知人则哲，惟帝难之。

【注释】《汉书·武帝纪》。

【解析】作为君主，准确地了解臣下的优点与缺点是再聪明不过的了，但这一要求对于圣君尧来说，也是极难的事。这是汉武帝元狩元年的一道诏书里的名句，它体现了武帝的行政思想与用人思想。知人方能善任，只有了解了臣下的长处与短处，才能正确地任用他们，使之各得其所，人尽其才。然而知人历来是统治者很难拥有的品质，故更显难能可贵。

盖有非常之功，必待非常之人，故马或奔踶而致千里，士或负俗之累而立功名。

【注释】《汉书·武帝纪》。

【解析】非同寻常的事业，需要有非同寻常的人来完成。所以，那种奔腾不息、快如闪电的马，自然能日行千里；那些特立独行，不同凡响的人很容易建功立业。这表明了汉武帝刘彻的人才观。他认为一般的人虽然也可以任用，但毕竟不堪重任，只有才华横溢、智堪栋梁的人才可以委以经国之大任。

仁行而从善，义立则俗易。

【注释】《汉书·武帝纪》。

【解析】君主仁及四海，万民则从善有加；君主义贯九州，百姓则民风淳朴。这是汉武帝元狩六年六月诏书中的话。武帝以为，国家虽然颁布了法令，但人民不能遵守执行，这应归咎于官吏在宣传上的疏忽，和他们的乘势扰民。因而武帝要求官吏以身作则，仁爱待民，这样才可以使百姓不教自化。

仁不异远，义不辞难。

【注释】《汉书·武帝纪》。

【解析】仁者爱人，不避山高路远，义者施义，不畏困难重重。汉武帝元鼎二年（前 115 年）九月，因江南暴发水灾，又时近严冬，百姓饥寒交迫，无以聊生。因此武帝下令，调巴蜀之粟到江南救灾，体现了一种惠泽天下、恩满九州的帝王风范。同时，仁不异远，义不辞难，成为武帝追求的一种伟大而高尚的思想境界。

有功不赏，有罪不诛，虽唐虞犹不能以化天下。

【注释】《汉书·宣帝纪》。

【解析】自古赏罚分明，才能去浊扬清，惩恶扬善。有功不赏，有罪不罚，即使是尧舜这样的明君也不能教化天下。此语出自汉宣帝地节三年的诏书中。诏书中说胶东相王成孜孜砣砣，夜以继日地工作，抚慰八万流民，使他们安居乐业，这是卓著的政绩，应该予以重赏。汉宣帝给胶东相王成加官晋爵的事实，正体现了他赏功罚过的治国思想，这对于保证王权的公正与威严有着很大的作用。

狱者，万民之命，所以禁暴止邪，养育群生也。能使生者不怨，死者不恨，则可谓文吏矣。

【注释】《汉书·宣帝纪》。

【解析】刑狱之事，关系着黎民的性命。它是用来打击邪恶残暴势力的武器，同时也是保障百姓正常生活的坚强后盾。掌管刑狱的人，如果在执行法令时，能使因罪受罚的人没有怨恨情绪，使被判死刑的人死而无恨，那就是难得的好官了。此语出自汉宣帝元康二年的诏书之中，体现了他对于刑狱法律作为国家机器的认识，阐明了自己的法律思想。

吏不廉平则治道衰。

【注释】《汉书·宣帝纪》。

【解析】官吏们不能廉洁自律，国家就不可能长治久安。此语出自汉宣帝神爵三年（前59年）八月的诏书中。宣帝刘洵认为官吏的廉洁公正与否，将直接影响到政府的形象与口碑，从而影响到民心的向背，最终与政权的巩固、国家的治理挂钩。故官吏须以清正廉洁自律，不得鱼肉侵食百姓，以求国泰民安。

或以不禁奸邪为宽大，纵释有罪为不苛，或以酷恶为贤，皆失其中。

【注释】《汉书·宣帝纪》。

【解析】那种认为不禁奸邪是仁厚宽大，纵容罪犯为不苛，以及把残酷凶恶当做贤能的说法，都是不正确的。汉宣帝年间，吏治松弛，风气不正。宣帝指示官吏们要务行宽大，仁爱待民，关心民间疾苦。但是有些官吏故意曲解上旨，以“宽大”“顺民”为借口，放纵奸邪之人。同样，也有人心怀叵测，以残暴为贤能。这两种极端的做法，引起了汉宣帝的警惕，于是他下诏企图纠正是非颠倒、宽猛失中、害国害民的不正之风。尽管后来收效不大，但从中可见汉宣帝敏锐的洞察力。

或擅兴徭役，饰厨传，称过使客，越职逾法，以取名誉，譬犹践薄冰以待白日，岂不殆哉！

【注释】《汉书·宣帝纪》。

【解析】那种擅自征发徭役，以精美的饮食招待过往的驿使与宾客，以及越职违法、邀功请赏的做法，犹如脚履薄冰而等待白日来消融一样危险。汉宣帝在元康二年的诏书中指出官吏的腐败堕落，犹如自掘坟墓，葬送前程。从中可见宣帝的危机意识，他以形象的比喻对自取灭亡的官员发出警告。

盖闻上古之治，君臣同心，举措曲直，各得其所。是以上下和洽，海内康平，其德弗可及也。

【注释】《汉书·宣帝纪》。

【解析】圣贤之君治理天下，君臣能够戮力同心，政令都能得到切实的贯彻执行。因此才有上下和睦融洽，国泰民安，这种以德治国的境界是很难企及的。此句出自汉宣帝刘洵黄龙元年的诏书之中，体现了他以德治国的主张，以及他对于“上下和洽，海内康平”局面的向往。

安土重迁，黎民之性；骨肉相附，人情所愿。

【注释】《汉书·元帝纪》。

【解析】百姓乐于在故土安居，不轻易迁移，这是他们的本性；骨肉亲情相依为命，这是人民的愿望与要求。此句出自汉元帝永光四年的诏书中，阐明了他对农民安土重迁与国家治理关系的认识。在封建宗法制社会中，农业占主导地位，因此，农民十分看重能否在故土安居乐业，而害怕流离失所。对于统治者来说，农民离开故土流浪，会给农业造成重大损失，同时也会影响社会治安，增加不稳定因素。汉元帝正是出于这种初衷而颁布此诏的。

壬人在位，而吉士雍蔽。

【注释】《汉书·元帝纪》。

【解析】小人之福，君子之祸。奸险小人当道，贤能君子就会引退，使君主闭视塞听，听不到忠直之言。汉元帝永光元年三月下诏，赞美了古代君王“任贤使能”的美德，同时感慨自己“无以知贤”的不足。元帝有此认识，表明了他对于任用贤才的渴望以及通过任贤治国达到国泰民安的美好愿望。

国之将兴，尊师而重傅。

【注释】《汉书·元帝纪》。

【解析】只有尊师重教的国家，才是最有希望富强的国家。国富民强需要人才辈出，人才辈出需要尊师重教。自古以来，尊师重教与尊师重道是中华民族的优良传统。历代统治者也从教育中看到了国家的希望，大力提倡尊师之礼。汉元帝初元二年，下诏表彰了自己的老师萧望之，并给他加爵进禄，赐予特权，以谢八年传道授业之恩。本句正是出自这道诏书中的话，显示了汉元帝对于师道的重视。

明王在上，忠贤布职，则群生和乐，方外蒙泽。

【注释】《汉书·元帝纪》。

【解析】国有明主贤君，臣下就会恪守己职，戮力为国，天下苍生也能安居乐业，就连境外的民族，也能受到恩泽。汉元帝继位以来，政绩一直不佳，又加上灾异连年，国家始终不能振兴，相反，汉朝由盛而衰，渐趋式微。汉元帝深刻感受到了这种趋势，因而感叹万千。这种“忠贤布职，群生和乐，方外蒙泽”的局面成为他的政治理想。但是，由于他本人既非明君，又乏“忠贤”，终未能挽狂澜于既倒，使汉朝复兴。

明王之治国也，明好恶而定去就，崇敬让而民兴行，故法设而民不犯，令施而民从。

【注释】《汉书·元帝纪》。

【解析】明主贤君治国，摒弃什么，遵循什么，都有正确的是非好恶标准。使百姓能够尊老敬贤，礼让成风。因此，法令设立了，百姓绝不去触犯，命令下达了，百姓却能去执行。汉元帝一生无所作为，政绩平平。但他对于上行下效、君民同享盛世之乐的理想表示了由衷的憧憬，体现了他的施政理想。

崇宽大，长和睦，凡事恕己，毋行苛刻。

【注释】《汉书·成帝纪》。

【解析】崇尚仁爱和睦之风，遇事严于律己，宽以待人，不行残暴刻毒之事。这是汉成帝建始元年诏书中的一句话。汉成帝崇尚仁爱，反对暴政，从中可见儒家思想对于汉代皇帝的影响。但是到汉成帝当权时，西汉王朝已行将就木，他本人也政绩平平。他的这些话在汉朝走向衰亡的暮鼓晨钟声中显得空洞乏味，只是一种口号与标榜而已。

惇任仁人，退远残贼。

【注释】《汉书·成帝纪》。惇(dūn)：敦厚，笃厚。

【解析】重视并任用有仁爱之心的人，斥退并远离凶残暴虐的人。此语出自汉成帝河平元年四月的诏书中。成帝刘骜下诏要求群臣戮力辅佐他的江山社稷，并希望群臣能够各修其职，重用仁者，远离小人，以使天下归仁，国泰民安。这既是成帝的理想，也是天下黎元的愿望与要求，具有一定的积极意义。它体现了汉成帝所遵从的儒家治国思想的指导原则。

古之选贤，傅纳以言，明试以功，故官无废事，下无逸民，教化流行，风雨和时，百谷用成，众庶乐业，咸以康宁。

【注释】《汉书·成帝纪》。

【解析】古代君王选拔贤能之士，先要听他的政见主张，然后再看他推行这些主张所取得的成绩。故官无废事，民无失所，德教流行，风调雨顺，五谷丰登，百姓乐业，天下太平。汉成帝年间，连年水旱瘟疫，百姓困顿，帝王之道日衰。他在感慨之余不禁反省自己的得失。他认为政绩不佳的原因是自己和臣下不能够任贤使能。因而在诏书中提出古人的选贤举措，作为自己学习的榜样，以图大业。

古之立太学，将以传先王之业，流化于天下也。儒林之官，四海渊原，宜皆明于古今，温故知新，通达国体，故谓之博士。

【注释】《汉书·成帝纪》。

【解析】古人设立太学的目的是为了继承与传播先代君主的功绩，以此来感化天下的臣民。儒林设立的官职，是要探明万物源流和古今变化的承接关系。从而可以温故知新，认识国家的体制、政务。那些能通晓古今、遍识天下的人，被称为博士。此语出自汉成帝阳朔二年九月的诏书中，从中可见古代对“博士”的要求之高。他需要博古通今，以为时政服务。

过而不改，是谓过矣。

【注释】《汉书·成帝纪》。

【解析】汉成帝年间，曾命解万年督造昌陵，费时五年，还未完成准备工作，主体工程尚未动工。而此时已劳民伤财，怨声载道。汉成帝眼看这无休止的耗费难以维持下去了，就下诏停工。并引用《论语》里的话，标榜自己“过而能改”，当然，以此推理，这次劳民伤财的工程也就不成其过错了。从中可见成帝作为封建帝王的虚伪。但就此句话本身而言是具有积极意义的。

上义而下利。

【注释】《汉书·成帝纪》。

【解析】君子喻于义，小人喻于利。君子舍生取义，小人见利忘义。儒家思想是主张以义为上，以利为下的。汉成帝十分羡慕古代的“礼治”社会，希望自己统治的国家也能尚礼成风，明尊卑之序，去奢侈僭越。而事实上这种儒家的政治理想与道德标准，在封建私有制社会中很难实现，只是一种空想而已。但这种弃利就义、上义下利的精神特质，逐渐成为中华民族传统美德中不可分割的一部分。

吾翁即汝翁。必欲亨乃翁，幸分我一杯羹。

【注释】《汉书·项籍传》。亨(pēng)：即“烹”，煮。

【解析】楚汉相争，汉在成皋大胜楚军，项羽闻风赶到，刘邦却跑到险处据守，不与项羽作战。项羽大怒，就抓来刘邦的父亲，捆在阵前并派人向刘邦喊话说：“你要是不马上率军出来交战，我就把你的父亲烹掉！”刘邦听了就传话说：“我和你同在怀王那里称臣，且相约为兄弟，我的父亲就是你的父亲，如果你一定要烹你的父亲，那就到时候分给我一杯羹吧！”刘邦置父亲性命于不顾，而且谈笑风生，使项羽的计划落空，历来被人们看作是痞子习性。但是刘邦为了不被敌人左右，没有感情用事，从而牢牢地把握着战争的主动权，成就了帝业。瞻前顾后，难成大器，所谓“为天下者不顾家”，即为此理。

先发制人，后发制于人。

【注释】《汉书·项籍传》。

【解析】主动出击就能制服敌人，被动应战就会被敌人控制。故克敌制胜，讲究抢占先机。公元前209年，陈胜、吴广领导的起义风起云涌，波及全国。项梁看到天下亡秦的大势，就同项羽密谋起义，先发制人。于是叔侄二人先杀掉了会稽郡的代理太守，收纳了吴中的士兵，从而开始了轰轰烈烈的举义活动。

战胜而将骄卒惰者败。

【注释】《汉书·项籍传》。

【解析】一打了胜仗，将官就骄傲了，士兵也懈怠了，这样的军队必败无疑。骄兵必败这是极其浅显的道理，但在具体作战过程中，却很少有人能深刻理解它的涵义。项梁与项羽起义后，连连获胜，势如破竹，于是项梁就有了骄傲情绪，开始轻敌了。宋义十分担心，几次劝说项梁不可懈怠，但项梁充耳不闻，终于在大战中被章邯击败，项梁本人也命丧黄泉。

军未战先见败征，可谓知兵矣。

【注释】《汉书·项籍传》。

【解析】还没有交战就能看出失败的征兆，这样的人可谓熟谙战争之道了。杰出的军事家，不但能够布置、指挥战争，而且能通盘考虑，周密考察综合分析，这样才能做到知彼知己,百战不殆。齐使者对于宋义准确预言了项梁的失败十分赞赏,所以就在楚怀王面前推举宋义善于知兵。怀王听后,召见了宋义,并拜他为上将军。

书足记姓名而已;剑一人敌,不足学;学万人敌耳!

【注释】《汉书·项籍传》。

【解析】读书读到能书写自己的姓名就足够了;学剑术只能应对一个敌人,故不值一学;要学就学挥师破万敌的兵法。项羽少年时,读书不用功,学剑也不上劲,都半途而废,未果而终。项梁很生气,就责备了项羽。项羽就以上面的话应对。项梁听了,十分惊奇,认为项羽有大将之才,就传授他兵法。项羽的豪言壮语,充分体现了他当时血气方刚,胸怀远大抱负,立志干一番大事业的心情。

彼可取而代也。

【注释】《汉书·项籍传》。

【解析】秦始皇东游会稽时,项羽与项梁都观看了皇帝出巡的盛大场面与威严气势。项羽看后说:"彼可取而代也。"意即这家伙是可以取代的。项羽出言爽直,仅仅一句话就表明了他的不凡抱负与伟大气魄。因为他敢于藐视至高无上、万人景仰的秦始皇,而不迷信皇权。惟其如此,才使他有决心也有信心起义反秦,并逐渐壮大。

富贵不归故乡,如衣锦夜行。

【注释】《汉书·项籍传》。

【解析】人得了富贵不回故乡夸耀一番,就如同身着锦绣,走夜路一样,毫无乐趣。项羽攻进咸阳后,杀了秦国降王子婴,火烧秦宫,收罗宝物,尽俘宫中妇女,然后就打道回江东。谋士韩生劝他驻扎关中,以图帝王之业,项羽就说了上面的话。项羽的言行暴露了他自私狭隘、鼠目寸光的缺点,这也注定了他在楚汉战争中终将败北的命运。

纵江东父老怜而王我,我何面目见之哉?纵彼不言,籍独不愧于心乎!

【注释】《汉书·项籍传》。

【解析】项羽兵败,逃至乌江。乌江亭长要求项羽急渡脱身,以图东山再起。但项羽认为天亡项羽,谢绝了渡江。他认为即使江东父老同情他并拥戴他为王,自己也没有脸面见到他们。即使不指责自己的失误,自己难道就不感到有愧于心吗?从中可见项羽宁为玉碎、不为瓦全的耿直性格。

人谓楚人沐猴而冠，果然。

【注释】《汉书·项籍传》。

【解析】项羽攻入咸阳后，韩生劝他定都咸阳，以图霸业，而项羽却坚持衣锦还乡。项羽的浅薄短见使韩生大失所望，所以他气愤地说楚人是玩把戏中的猴子，虽然戴着人的帽子，但毕竟是猴子。韩生以“沐猴而冠”来讥讽项羽胸无大志，不可理喻。项羽听了大怒，把韩生杀掉了。但韩生预言的项羽的结局却完全应验了。

力拔山兮气盖世，时不利兮骓不逝。骓不逝兮可奈何！虞兮虞兮奈若何！

【注释】《汉书·项籍传》。

【解析】汉军十面埋伏、四面楚歌，项羽已走到穷途末路。他在帐中大饮闷酒，回想起过去自己拔山扛鼎、豪情盖世的业绩，回想起自己勇冠三军的胆识，如今竟落得这般天地，不禁悲从中来。自己的生死早已置之度外，但自己宠爱的虞姬与多年乘坐的乌骓马却怎么也割舍不下。项羽思前想后，禁不住慷慨悲歌，泪下沾衣。所选即为项羽当时所吟的《垓下歌》，体现了一种英雄末路的悲壮情怀。《垓下歌》也成为文学史上的奇葩，为人们千古传诵。

苟富贵，无相忘！

【注释】《汉书·陈胜传》。

【解析】陈胜在年轻时曾给人当雇工，躬耕于陇亩。陈胜对自己被压迫被剥削的地位万分不满，一天，他对伙伴们说，假如有一天我们中间谁富贵了，可别忘了其他弟兄们啊！大家都笑他白日做梦。陈胜说“燕雀安知鸿鹄之志哉”，语气中透着自信与豪气。显示了他胸怀大志、不甘平凡的性格。后来，陈胜在吴广的协助下，揭竿起义，建立了张楚政权，成就了一番事业。

势利之交，古人羞之。

【注释】《汉书·张耳陈馀传》。

【解析】势利之交，难以经远，为古人所不齿。君子之交，经寒暑而不变，历坦险而益固。小人之交，以权势与利益为事，势利存则交情在，势利亡则交情去。张耳与陈馀二人在贫贱时互相倾慕，结为刎颈之交，但有了权势以后，却钩心斗角，争得你死我活，不共戴天。陈馀要求刘邦杀掉张耳，张耳又与韩信杀掉了陈馀。这样的交情古人羞之，今人亦唾之。

自立然诺。

【注释】《汉书·张耳陈馀传》。

【解析】古人讲信用,重然诺,言必行,行必果,能兑现自己答应的事。贯高与赵王都被以谋反罪酷刑拷问。贯高一口咬定自己谋反,与赵王无干。中大夫泄公认为贯高体现了赵国的风尚,崇尚信义,自立然诺。刘邦也为贯高的精神所折服,赞扬他为“壮士”,并赦免了他。贯高为赵王洗清冤屈后,自己感到没有愧对朋友,尽到了责任。他自己却自杀身亡,没有接受刘邦的赦免。贯高的高风亮节,为后人所称道。

今俱死,如以肉馁虎,何益?

【注释】《汉书·张耳陈馀传》。

【解析】秦国大将章邯与王离,兵临巨鹿城下。张耳与赵王张敖被围城中。在巨鹿城北的陈馀虽有几万兵马,但害怕敌不过秦兵,就没有出兵解巨鹿之困。张耳派人来责备陈馀按兵不动,坐观成败。陈馀认为,自己出兵只不过是一同去送死,如同把肉投给老虎一样,于事无补。巨鹿之围考验了张陈二人终日称道的刎颈之交,二人从此决裂,反目成仇。但陈馀不做无谓牺牲的做法也自有道理。

专死不勇,专生不任。

【注释】《汉书·韩王信传》。

【解析】誓死力拼不能称作勇敢,苟且偷生者不能委以重任。故期死非勇,必生非任。楚汉相争时,韩王信追随刘邦,被封为韩王。但韩王不久便兵败降楚,之后又去楚归汉,并参与了刘邦对项羽的战略决战。刘邦称帝后仍尊其为韩王,但为备不虞,把他派到边疆防范匈奴入侵。韩王信到任后又与匈奴暗中勾结求和,按兵不战。刘邦写信责备了韩王,说他“专生不任”。刘邦深知韩王出尔反尔,故有意不重用他,可谓有知人之智。后来,韩王信终又投降了匈奴。

天下昏乱,忠臣乃见。

【注释】《汉书·魏豹传》。

【解析】疾风知劲草,版荡显忠臣。在国家混乱、生灵涂炭时,最容易显出忠臣的高贵品质。陈胜因魏人周市平魏有功,就封他为魏王;而周市提出应由魏国宗室魏咎当魏王更合适。周市自以为作为魏国臣民拥戴魏咎称王,是自己忠君的表现,就用上面的话来标榜。但魏咎无功受禄,不久降秦后自杀,周市也为章邯所杀。周市的愚忠不值一提,魏咎也死不足惜,但“天下昏乱,忠臣乃现”却是至理。

人生一世间，如白驹过隙。

【注释】《汉书·魏豹传》。

【解析】人的一生，如飞奔的白马经过一条缝隙，转瞬即逝。此语如果作为劝人惜时的金玉良言，有积极意义。但因其出自魏豹之口，故其含义大变。魏咎被杀后，其弟魏豹靠楚怀王的支持，又占领了魏地。项羽也封魏豹为西魏王。但魏豹出尔反尔背信弃义，在楚汉之间常常见风使舵，没有立场。魏豹以白驹过隙来评论人生的短暂，正是基于他三心二意，朝秦暮楚的做人原则。因此对于他来说，是非荣辱都无所谓，人生短暂，能过一天就为一己之私利活一天，至于人格与道德、理想与追求都无足轻重。正是魏豹的这种人生观，最终使他因背信弃义而受戮。

亡国之大夫不可以图存，败军之将不可以语勇。

【注释】《汉书·韩信传》。

【解析】亡国的大夫没有救亡图存的能力，败军之将没有夸耀豪勇的资格，韩信大破赵军，不仅是因为韩信的才能过人，同时也因为陈馀的不可理喻，不去采纳李左车的计谋。假如赵国用了李左车的方案，韩信的军队不但不能势如破竹，甚至会失败。所以，韩信十分佩服李左车的大将之才，在俘虏了李左车后不但放了他，而且把他当做师长一样敬重。韩信在平定了别的诸侯后，即将攻燕伐齐时，虚心向李左车求计。李左车就说：像我这样的亡国大夫、败军之将哪有资格谈论军国大事。韩信再三恳请，李左车感韩信知遇之恩，才参与谋划。

陛下不能将兵，而善将将。

【注释】《汉书·韩信传》。

【解析】刘邦与韩信闲聊，韩信说刘邦不过能统领十万人马，而自己带兵却多多益善。刘邦反唇相讥说，既然你带兵比我多，为什么反被我擒住呢？韩信就说，你带兵的能力虽然不大，但你善于统领大将。这虽是韩信灵机一动给刘邦戴高帽时说的话，但也自有道理。人的才能大小不同，专长也不同。各人应取长补短，方能成就大业。

狡兔死，良狗亨。

【注释】《汉书·韩信传》。亨：同“烹”。

【解析】韩信辅佐刘邦，屡建奇功，如日中天，成为统领百万大军的头领。而且有较大的独立性。在平定齐以后，韩信还逼刘邦封他为齐王。从此，楚、汉、齐成为三支独立的军事势力。韩信势力的壮大，威胁着刘邦的霸业。于是，刘邦在项羽死后，夺取了韩信的军权，封他为楚王。之后，刘邦又借人弹劾韩信谋反而逮捕了他。韩信在囚车里反省了自己与刘邦的利用与被利用关系，发出兔死狗烹的感叹。反映了统治阶级内部为争夺权力而互相倾轧的现实。

百里奚居虞而虞亡，之秦而秦伯。

【注释】《汉书·韩信传》。伯：同“霸”。

【解析】百里奚在虞国时虞国灭亡了；而他到了秦国，秦国却能称霸于诸侯。此语出自韩信对李左车的谈话中。韩信认为，百里奚作为虞国大夫在身遭亡国之变后又当了晋国的俘虏，之后又辗转被当做奴隶陪嫁到秦国。后来百里奚却帮助秦穆公成就了霸业。这不是因为百里奚本人在虞愚而在秦智，而是百里奚在秦国能被当做人才重用，他的谋略能被采用。韩信以此来说明客观环境对于人才的重大意义，从而说服李左车为自己出谋划策。

陷之死地而后生，投之亡地而后存乎。

【注释】《汉书·韩信传》。

【解析】兵法上常说，置之死地而后生，投之亡境而后存。这是因为破釜沉舟、背水而战更能激发士兵们求生的愿望，从而奋勇杀敌，一举下敌。韩信背水列阵，从表面上看犯了兵家大忌。但是，韩信深知汉军大部分是收编俘虏的乌合之众，对于这样的军队，如果不置之死地，激发他们为生存而战，他们就会畏缩不前，甚至临阵逃脱。故须对症下药，灵活运用，才能驱市人而战，取得胜利。

兵故有先声而后实者。

【注释】《汉书·韩信传》。

【解析】军事行动中常常使用先虚后实，先从心理上动摇敌人，扰乱其军心，然后再以实力为后盾，打败敌人的方法。韩信准备攻燕伐齐，向李左车请教策略。李左车准确地分析了敌我双方的军事、心理态势，建议韩信以实力作后盾，先招降燕国，孤立齐国，然后再做打算。韩信依计而行，果然收到了奇效。

义兵不用诈谋奇计。

【注释】《汉书·韩信传》。

【解析】此语出自成安君陈馀之口。陈馀虽然也是以战起家，但并不懂的用兵之道。所谓兵不厌诈，出奇才能制胜，而陈馀却认为正义的军队是用不着采取战略战术上的诈术，反映了他的迂腐可笑。陈馀不用李左车的计策，固执陈腐之见，最终为韩信所灭。

同恶相助，同好相留，同情相求，同欲相趋，同利相死。

【注释】《汉书·吴王濞传》。

【解析】人们有时为了共同的目标，共同的爱恨情仇，共同的欲望与利益，常常可以结成同呼吸、共命运的死党或同盟。吴王刘濞蓄意反叛，就派说客应高去游说诸侯共同叛乱。应高抓住诸侯王许多共同的利害，强调了反叛的必然性与可能性。应高的话虽然是鼓动叛乱时说的，但他抓住了阶级社会中人们在集团利益面前目标一致性的特点，自有精辟、独到之处。

为善者天报以福，为非者天报以殃。

【注释】《汉书·吴王濞传》。

【解析】善有善报，恶有恶报，这一直是善良人们的一种愿望。吴王刘濞组织诸侯王发动了“七国之乱”，汉景帝出兵平叛，仅一个月就瓦解了叛军。参与叛乱的七国诸侯也都死于非命。景帝为证明叛乱的不合理性，就下诏说“为非老天报以殃”，不得好死。当然其中包含了景帝为自己政权的合理性辩护的成分。

夫执狐疑之心者，来谗贼之口；持不断之意者，开群枉之门。谗邪进则众贤退，群枉盛则正士消。

【注释】《汉书·楚元王传》。

【解析】疑虑重重的人，就会招来奸佞小人对忠臣的攻击陷害。优柔寡断、举而未决就会被坏人乘虚而入。奸邪之人得宠，正人君子就会引退；城狐社鼠之辈兴风作浪，廉直之臣就会受到打击与排挤。这就是小人道长，君子道消，小人之幸，君子之不幸的道理。小人与君子历来代表着两种截然相反的人格形象，二者不能同朝共事。因此，作为当政的君主或权臣，在任用官员时一定要选贤授能，回避、摒弃奸险小人，这样才能治理好国家。

安不忘危，存不忘亡，是以身安而国家可保也。

【注释】《汉书·楚元王传》。

【解析】《易》曰：“君子终日乾乾，夕惕若厉，无咎。”作为君主，更应该居安思危，谦虚谨慎，如蹈虎尾、履春冰，时刻警惕。汉成帝刘骜年间，大兴土木，营造昌陵，国家政权也流入外戚王凤手中。刘向有鉴于此，上疏劝谏成帝要崇尚节俭，居安思危，不要奢侈成风，纵欲无度，从而保全身家性命与国运昌平。然而成帝对此充耳不闻，终于大权旁落，使汉走向衰亡。

世之长短，以德为效，故常战栗，不敢讳亡。

【注释】《汉书·楚元王传》。

【解析】自古至今，未有不亡之国。刘向对汉成帝上疏时说，一个王朝的长短兴衰，取决于统治者的德行。行德政则兴，行暴政则亡。故当权者应当安不忘危，恭行德俭，朝乾夕惕，防止腐化堕落，以求国泰民安。这是对历代统治经验的一种概括，也是对统治者的一种规劝与警示。德政思想成为中国古代政治思想的重要组成部分。

夫死者无终极，而国家有废兴。

【注释】《汉书·楚元王传》。

【解析】尽管年年月月、朝朝代代的人在不断死去，而国家有兴有亡，绝不会总是一姓统江山。刘向以此向汉成帝说明国家有废兴，朝代有更替，当权者不应安不思危，背德忘俭，而当常思己过，仁爱施于天下，德泽布于四海，方可求黎元乐业，国步龙腾。刘向的劝谏无疑是至理名言，但汉成帝拒不纳谏的毛病，使得这些金玉良言一钱不值。

明者起福于无形，销患于未然。

【注释】《汉书·楚元王传》。

【解析】洞明世事、通达事理的贤能之人，往往能够在无形中去祸就福，销患得福。也就是说，在全面了解形势，深入把握具体情况的前提下，人们可以作出明智的判断，从而避患得福。刘向以此建议汉成帝亲宗室，远外戚，以保全刘姓江山，这样可以起福销患。刘向言辞痛切，表明了他对外戚专权甚至篡权大祸的担心。

吾而不言，孰当言之？

【注释】《汉书·楚元王传》。

【解析】汉成帝刘骜死后，他的大舅王凤大将军把持着朝政。刘向对此情形十分忧虑。他看到刘氏江山衰微，王氏势力日盛，认为自己作为三朝元老，刘氏宗室，累蒙皇恩，理当挺身而出，向成帝阐明历代外戚把持国政的危害，以续刘姓江山。因此刘向发出“吾而不言，孰当言之”的呐喊，表达了他在国运危亡面前的一种主人翁责任感与舍我其谁的可贵精神。

知几其神乎！几者动之微，吉凶之先见者也。君子见几而作，不俟终日。

【注释】《汉书·楚元王传》。

【解析】几者，机也。就是事物发生变化之前的细微征兆，它可以表现出事态发展的趋势，吉凶祸福都可以从这里看出。君子往往能够相机而动，如锥处囊中，脱颖而出，绝不消极等待。穆生觉察到楚王刘戊对他“醴酒不设”的迹象后，便判断出楚王已经疏远了自己，如果不速离楚国，将受制于人。但是申公等人不听穆生的劝告，认为楚王只是偶失礼节，不足为怪。而结果证明，穆生的预见是完全正确的。从中可见穆生审时度势、相机而作的才能。

直谅多闻，古之益友。

【注释】《汉书·楚元王传》。

【解析】论语曰："友直、友谅、友多闻，益矣。"意即与忠诚耿直、博古通今的人做朋友，可以受益无穷。而刘向正是这样的人，他对汉室江山忠贞有加，屡次上书，直言相谏，劝成帝收回王权，以免大权旁落外姓手中。刘向见多识广，博闻强记，他的论证引用大量史实中的经验与教训，雄辩滔滔，有策士风范。只是汉成帝未能认识到刘向进谏内容的重要性，没有把他当做益友来对待。

正臣进者，治之表也；正臣陷者，乱之机也。

【注释】《汉书·楚元王传》。

【解析】自古能用贤者可以王天下。廉洁忠直之臣能被任用，这是国家治理的表现。相反，正人君子被陷害贬谪，就是国家动乱的征兆。刘向鉴于西汉末年外戚专权的现实，劝谏成帝要选贤授能，亲忠臣，远佞人，以兴王权。因为奸佞之人会使皇帝迷惑不清，使上意不得下宣，下情不能上达。而上壅下闭，会出现百怨沸腾，会招来普遍地反抗，那样，王朝覆灭之日就不远了。刘向言词恳切，一针见血地指出了国家利害攸关之所在，表达了他戮力报国的一片赤诚之情。

在上则引其类，在下则推其类。

【注释】《汉书·楚元王传》。

【解析】物以类聚，人以群分。君子与小人都有自己的同伴。但君子绝不结党营私，他们发达时就寻找同类的贤能之人共图大业，潦倒时就与志同道合的朋友互相勉励，共同上进。刘向认为，贤德之人，戮力上国，毫无邪心，故不结朋党，讲团结但不勾结；而小人恰恰相反。这就是孔子所说的"君子周而不比，小人比而不周"的道理。

德弥厚者葬弥薄，知愈深者葬愈微。无德寡知，其葬愈厚，丘陇弥高，宫庙甚丽，发掘必速。

【注释】《汉书·楚元王传》。

【解析】德行越高尚的人，他的葬礼仪式越俭朴；智慧越高深的人，越不在乎死后葬礼的轻重。相反，那些无知寡德的人倒是十分看重厚葬，他们必修筑巨大的坟墓或陵园,必陪葬无数的金银珠宝,而其无知贪婪,最终引来掘墓偷坟的人。刘向想以此来劝谏汉成帝要以身作则,养德慎行,崇尚俭朴,切不可如历代暴君昏主,大起陵园,劳民伤财,遗患于国家。

失火之家,岂暇先言丈人后救火乎?

【注释】《汉书·楚元王传》。

【解析】失了火的人家,哪里会有时间先去告诉他父亲,然后再去救火呢?齐哀王刘襄阴谋篡位,就以两个弟弟刘章与刘兴在京师做内应,以魏勃为将军,假意发兵西征诸吕。诛杀了诸吕后,大臣们迎立代王刘恒为帝,使刘襄的计划落空。汉大将灌婴质问魏勃为什么怂恿齐王刘襄擅自起兵,魏勃自知理亏,就以此语作为回答,搪塞了过去。后来,此句成为一个典故,成为事关十万火急,无暇报告,只能越权办事的代用语。

可与乐成,难与虑始,此乃众庶之所为耳,非所望士君子也。

【注释】《汉书·楚元王传》。

【解析】只愿意坐享其成,共庆胜利,不愿意参与艰苦创业,这就是一般老百姓的特点,但这并不是德高望重的君子作风。刘歆按照汉哀帝的要求,给《五经》博士们讲习《左氏春秋》《古文尚书》等,但遭到博士们的反对。刘歆就写信给太常博士,阐明了研究《左氏春秋》的学术与政治意义。并把博士们与平民百姓对比,说明博士们应该肩起自己的历史责任。

摧刚为柔。

【注释】《汉书·季布传》。

【解析】以柔克刚是季布处世的方式与特点。季布是项羽的旧臣,刘邦称帝后,悬赏捉拿季布。侠士朱家就让汝阴侯夏侯婴去说服刘邦,赦免季布。向刘邦说明季布为人德高望重,许多名士都推崇他,而且季布的优点是办事能以柔克刚,常收到预期外的效果。刘邦听了,就赦免了季布,并封他为郎中。以柔克刚,是中国传统文化中的宝贵思想,它包含了朴素辩证法的原理,反映了中华民族坚忍不拔、顽强拼搏、机智敏锐的美德。

贤者诚重其死。

【注释】《汉书·季布传》。

【解析】贤能的人都十分珍爱生命,即使是身临绝境也不会轻生。季布身为大将,在遭到捉拿时宁愿削发为奴,也不去以死保重大将风范。因为他自负其才,受辱含羞,欲有所作为。他要存活下来,等待时机重新发挥才智,施展抱负。季布忍辱负重，十分谨慎地选择了屈辱的生存，是对自己的理想和未竟的事业高度负责的表现，这和那些动辄寻死上吊的妇人不可同日而语。

得黄金百，不如得季布诺。

【注释】《汉书·季布传》。

【解析】得到黄金百两，也不如得到季布一诺。季布以忠信闻名，言出必行，一诺千金。但同时季布的名声也同曹丘生的鼓吹有关。曹丘生以辩才闻名，凭三寸舌捞取钱财，颇为季布所不齿。曹丘生就劝季布说，既然你季布以一诺千金闻名，还不是因为你待人忠信宽厚，恩爱有加，为什么唯独讨厌我呢。我如今可以让你名扬四海，你可以让我囊中充足，我们何乐不为呢。季布听信了曹丘生的话，就招之为上客，并给了他很多钱，最后，曹丘生果真大肆为季布宣传，使季布声名远扬。

运筹策帷幄中，决胜千里外，子房功也。

【注释】《汉书·张良传》。

【解析】汉高祖刘邦初定天下，加封功臣。功臣中大多是跟随刘邦出生入死、驰骋疆场的战将，而张良独以其奇策妙计被封为留侯。众将都认为张良没有战功却位及侯是不合理的。刘邦就说，张良虽未冲锋陷阵，但照样功高盖世，因为他运筹于帷幄之中，决胜于千里之外。在他的指挥下，汉军能够出奇制胜，一举下敌。单从刘邦对张良的评价就可以看出，张良杰出的军事才能与战略眼光是汉家天下得以存在的重要前提。

人生一世间，如白驹之过隙，何自苦如此？

【注释】《汉书·张良传》。

【解析】张良在晚年时，看破红尘，愿弃人间事，欲从仙人游。为了学道求仙，他开始减食、绝食。刘邦死后，吕后为了感谢张良保护太子刘盈，就劝张良人生易逝，应及时行乐，并给张良进食。“白驹过隙”语出《庄子》，盛行于秦汉，这一形象的比喻说明了人生的短暂，短得如飞奔的白马经过一条细缝，如红炉焰上片雪飞，转瞬即逝。它常常引起人们对于人生终极走向的深切关怀。

孺子可教矣。

【注释】《汉书·张良传》。

【解析】“孺子可教”常用来赞扬有为的年轻人，表明此人前途无量，可成栋梁之才。张良在下邳时，曾遇一老者，故意把鞋子扔到桥下，让张良去捡回。张良强忍愤怒，捡回鞋子，并给老者穿上。老者看张良很有耐心与修养就说：“孺子可教矣。”并给了张良一本《太公兵法》。张良从此研习，终成大器，辅佐刘邦建立了帝业。

忠言逆耳利于行，毒药苦口利于病。

【注释】《汉书·张良传》。

【解析】忠言尽管刺耳难听却有利于立身行事，猛毒的药剂尽管苦口难咽却有利于祛病。此语家喻户晓，妇孺皆知。刘邦攻入咸阳后，看到“宫室帷帐、狗马、重宝、妇女以千数”，就准备留在宫中享乐。大将樊哙劝刘邦不可贪恋咸阳，久留宫中，但刘邦充耳不闻。张良就给刘邦分析了秦亡的原因，指出如果刘邦贪图享乐，就会蹈秦亡之辙。劝他听取樊哙的忠直之言，以成霸业。刘邦这才有所醒悟，听取了樊、张二人的忠告。

天下安，注意相；天下危，注意将。将相和，则士豫附；士豫附，天下虽有变，则权不分。

【注释】《汉书·陆贾传》。

【解析】天下太平时，要依靠丞相的治理才能；天下危亡时，要依靠将军的孔武有力。将相和睦，群僚就有了主心骨，能够归附，这样上下团结一致，戮力同心，即使天下有变，政权也不会被篡夺。陈平苦于吕后专权，诸吕称王，为了保全刘姓江山，他就向陆贾问计，陆贾就说了上面的话，群臣团结就不会使大权旁落。陈平依计而行，形成以自己与周勃为中心的战斗堡垒，终于在吕后死后，消灭了诸吕，保卫了刘氏江山。

与人斗，不搤其亢，拊其背，未能全胜。

【注释】《汉书·刘敬传》。搤，通“扼”。亢(háng)：喉咙、颈项。

【解析】与人打斗时，如果不能扼其喉，捺其背，就不能获胜。刘邦在建都问题上征求群臣的意见，大部分人认为应定都洛阳，而刘敬则认为关中有山阻隔，又有水行舟，金城险固，可谓“天府之国”。如果定都关中，就能够扼天下之亢而拊天下之背，制胜海内。刘邦从其计，终成霸业。后来，人们就以“扼其亢，拊其背”为喻，说明办事只要抓住利害之关键，矛盾就会迎刃而解的道理。

两雄不俱立。

【注释】《汉书·郦食其传》。

【解析】两个强大的军事集团是不能共存的，在激烈的斗争中，终究有一方要败北。楚汉相争初期，刘邦节节失利，灰心丧气，他打算采取退守自保的策略，郦食其得知后，指出退却的后果就是灭亡，只有积极进取，才可能转败为胜，变被动为主动，最终赢得战争。因为“两雄不俱立”，项羽虽然势如破竹，但同时受到韩信、彭越的牵制，只要刘邦坚持把战争进行到底，一定会消灭项羽。郦食其的思想是符合辩证法的。

廊庙之材非一木之枝，帝王之功非一士之略。

【注释】《汉书·郦陆朱刘叔孙传·赞语》。

【解析】一棵树不足以建廊庙，一位贤士的智慧谋略成就不了帝王的大业，这是一个普遍的真理。伟大的事业，绝不是几个人所能成就的，它是集体智慧与才能的结晶，所谓众志成城，就是强调这种集体主义的伟力。刘邦之所以能够消灭项羽并最终称帝，正是他善于用贤的结果。

功少而最完，势疏而最忠。

【注释】《汉书·贾谊传》。

【解析】功劳少的人最易于保全自己，地位低、势力小的臣子对君主最忠心。所谓“高位多灾祸，荣名秽人身”即为此理。韩信、彭越因权倾天下，危及王权而被诛，樊哙、周勃因势单权疏而得以远祸全身。贾谊基于以上事实，总结了西汉诸侯王同中央政权的利害关系后，得出了“功少而最完，势疏而最忠”的结论。他认为韩信等并非天生有反叛之心，只是因为他权及人主的显赫地位，才招来杀身之祸。

前车覆，后车诫。

【注释】《汉书·贾谊传》。

【解析】前面的车子翻了，后面的车子就要警惕。贾谊在他的《陈政事疏》中引用了这一谚语，以强调统治者应从历史中吸取教训，以免重蹈覆辙。他认为秦朝其兴亦速也，其亡亦忽矣。它灭亡的“辙迹”是清楚的，教训是深刻的。汉代统治者只有以史为鉴，时刻警诫，保持清醒的头脑，才不会步秦之后尘。这显示了贾谊敏锐的洞察力与危机意识。

礼者，禁于将然之前，而法者，禁于已然之后。是故法之所用易见，而礼之所为难知也。

【注释】《汉书·贾谊传》。

【解析】礼的作用在于让人明白道理而不去做坏事；法的作用是用来惩罚已经犯罪的人，并以此警戒人们不去为非作歹。因此，法在禁止人们越轨为非上的作用就十分明显，礼在教导人们知耻自爱上的作用就比较含蓄隐蔽，不太明显。这是贾谊关于礼与法不同作用的论断。在礼与法中，贾谊更看重礼的作用,但实际上礼与法是任何社会中都必须凭借的统治方式。文武之道,一张一弛,偏废任何一方都是不对的。

以礼义治之者,积礼义;以刑罚治之者,积刑罚。刑罚积而民怨背,礼义积而民和亲。

【注释】《汉书·贾谊传》。

【解析】这是贾谊对礼与刑两种统治手段不同作用的论述。体现了他明显地重礼轻刑的倾向。他认为以礼义治国,就积累了礼义,国家就会成礼仪之邦。用刑罚来统治百姓,就积累了刑罚,必然残暴成风。崇礼成习,百姓就能和睦亲附,乐业安居。尚刑成风,就会招致民怨沸腾。贾谊总结了秦亡的教训,得出"安者非一日而安也,危者非一日而危也;皆以积渐然"的结论。这一结论自有其道理,但贾谊片面地看待礼义与刑罚的作用,不免有失偏颇。

道之以德教者,德教洽而民气乐;驱之以法令者,法令极而民风哀。

【注释】《汉书·贾谊传》。

【解析】以德育来引导教化百姓,则德泽广布,民风和乐;用法令来强制百姓就范,虽然用尽机关,但民风哀惧。贾谊认为,商汤、周武"广大其德行",所以他们的王朝也"六七百岁弗失";而秦王却"十余岁则大败"。关键在于他们对于礼与刑、德与法的取舍不同。一个王朝如果在刑法上殚精竭虑,用尽机关,那它一定会引起反抗,最终衰败。

履虽鲜不加于枕,冠虽敝不以苴履。

【注释】《汉书·贾谊传》。苴(jū):鞋底的草垫。

【解析】鞋子再新,也不能把它放在枕头上;帽子即使破旧不堪了,也不把它当鞋垫儿用。如果就事论事,此语不差。但贾谊以此来宣扬等级制度的必要性,就不免加入了可怀疑的成分。贾谊认为,等级不可逾越,否则统治秩序将受到威胁。大臣们位及贵宠,皇帝要礼遇他们,吏民要敬畏他们。不能因为有过而把他们捆绑起来,交给下级官吏去任意打骂。从中可见贾谊严重的阶级偏见和为封建统治卫道的本质。

夫多诵而不知其说,所谓劳苦而不为功。

【注释】《汉书·晁错传》。

【解析】读书多而不化,是谓劳而无功。晁错认为,读书是为了致用,作为统治者更应是这样。但是,当时的皇太子尽管读了不少书,但没有真正领略其中的精义,因而也就不懂临制天下、安抚黎元的道理。文帝刘恒接受晁错的建议,并任命晁错为太子家令,帮助太子读书识理。

言者不狂,而择者不明,国之大患,故在于此。使夫不明择于不狂,是以万听而万不当也。

【注释】《汉书·晁错传》。

【解析】发表意见的人并不狂妄无知,而听取建议的人却不明事理。这就是国家灾难的根源。如果让不明事理的人去听取并非狂妄无知者的意见,那就会万听而万不当。狂夫遇明主,明主可以听其言而去粗取精,去伪存真,有则改之,无则加勉。而贤士谏昏君,昏君虽听而不纳,即使是万听也纯属徒劳。晁错以此向文帝刘恒说明进谏的人往往没有纳谏的人更为重要,进谏者可以是贤士,也可以是狂夫,但纳谏者必须是明辨是非、心胸宽广的人。这样才会使近者献其明,远者通厥聪,比善戮力,报效国家。

取人以己,内恕及人。

【注释】《汉书·晁错传》。

【解析】以自己的切身感受来推测别人的心愿,原谅自己的同时也要原谅别人。这就是"己所不欲,勿施于人"的道理。情之所欲,不以禁民;情之所恶,不以强人。君主只有推己及人,天下才会乐其政,归其德,望之若父母,从之若流水。且只有这样,百姓才能和睦乐业,社稷才会永固。

乌鸢之卵不毁,而后凤凰集;诽谤之罪不诛,而后良言进。

【注释】《汉书·路温舒传》。

【解析】乌鸦和老鹰的卵不被毁掉,凤凰才会飞来筑巢;诽谤私议的小罪不被追究,才会有直言进谏。路温舒认为宽松开明的政治环境和不究小过的氛围是纳谏用人之根本。惟其如此,才能广开言路,听取到有益于治国的建议、意见。他以为秦王朝动辄以诽谤治罪于百姓,甚至族株连坐,故正直的臣下都提心吊胆,哑口无言,上壅下闭,终至灭亡。如果统治者不能以史为鉴,将可能步亡秦之后尘。

白头如新,倾盖如故。

【注释】《汉书·邹阳传》。

【解析】从相识到白头,因互相不沟通情感,不交流思想,所以到最后也还是形同陌路。相反,有时偶然的相逢、短暂的相识却能使彼此成为一见如故的老朋友。所以,人与人的交往,重要的不是彼此相识,而是相知。相识不相知,虽白头而如新,相识且相知,可成莫逆。

偏听生奸，独任成乱。

【注释】《汉书·邹阳传》。

【解析】兼听则明，偏听则乱；独断专行会萌生祸乱。邹阳认为君臣应该感于心，合于心，志同道合，坚如胶漆。建立彼此间的信任，上下无猜，虽昆弟不能离间的牢固情感。如果君主偏听偏信、独断专行，就会给奸佞之人造成可乘之机，终至祸乱国家。邹阳的主张包含了许多民主的成分，这在封建专制社会中实属不易。当然邹阳是站在统治阶级立场上提出他的观点。但邹阳所提到的那种坚如磐石的君臣情谊，在等级森严的社会中是很难实现的。

众口铄金，积毁销骨。

【注释】《汉书·邹阳传》。

【解析】大家都来一致诋毁，连金子都会熔化；如果积累起那些诽谤之辞；连骨头都会被销蚀。流言与毁谤是人类劣根性的一种体现，它往往起于嫉贤妒能与世俗偏见。作为统治者一定要广开言路，兼听众议，明察秋毫。

泰山之溜穿石，单极之绠断干。水非石之钻，索非木之锯，渐靡使之然也。

【注释】《汉书·枚乘传》。溜(liù)：滴下的水，绠(gěng)：即"绠"，汲水桶上的绳子。

【解析】泰山上滴下的水可以穿透石头，汲水用的绳子可以锯断井架上的木干。水不是钻石的工具，绳子不是锯木的工具，它们之所以能穿石断木，这是长期积累的结果。这就是水滴石穿、绳锯木断的道理。枚乘对吴王刘濞讲了这个道理。以向他说明摒弃自己日常生活中恶习的重要性，强调从小事做起，克服不良行为，以免养痈遗患。

得全者全昌，失全者全亡。

【注释】《汉书·枚乘传》。

【解析】事物皆有其完整性。如果在事物发展过程中能保全这种完整性，它就能够发展壮大下去，如果破坏了这种完整性，事物就会因其缺陷而衰亡。吴王刘濞企图谋反，作为郎中的枚乘上书劝止，本句就是片首之辞。在枚乘看来，吴王刘濞的存在是由多种因素共同决定的，诸如政治、经济、军事、伦理、道德等。丧失其中任何一种，都将使这一整体遭到破坏，吴王便不是吴王了。因而，吴王只要起兵反叛，就只有死路一条，万一兵败，想保存以前的部分势力都是不可能的。

以一缕之任系千钧之重，上县无极之高，下垂不测之渊，虽甚愚之人，犹知哀其将绝也。

【注释】《汉书·枚乘传》。县：同“悬”。

【解析】用一根细丝系千钧重物，上面悬挂得极高，下面垂得极深。即使是最愚蠢的人，也能看出形势的紧迫。枚乘以千钧一发的比喻来形容刘濞反叛事态的险恶与形势的严峻，用夸张的手法暗示了刘濞必然败亡的结局。

欲人勿闻，莫若勿言；欲人勿知，莫若勿为。

【注释】《汉书·枚乘传》。

【解析】要想人不闻，不如己勿言；要想人不知，除非己莫为。枚乘劝谏吴王，赶快放弃谋反的念头和计划，否则，只要有谋反的言行，就会被别人知道，从而败露阴谋。这一句名言具有普通意义。

福生有基，祸生有胎；纳其基，绝其胎，祸何自来。

【注释】《汉书·枚乘传》。

【解析】福与祸都有其根本来源，如果能绝祸之根，掘福之源，何愁福不至、祸不除。枚乘规谏吴王刘濞，与其终日担心福去祸来，不如查找福祸之根，从而断祸根，开福源，去祸纳福。枚乘的观点符合唯物主义因果关系理论。有因必有果，只有根除原因，才能消灭结果。

譬犹蝇蚋之附群牛，腐肉之齿利剑，锋接必无事矣。

【注释】《汉书·枚乘传》。

【解析】枚乘上书力谏刘濞切勿反叛，刘濞充耳不闻，视同儿戏。枚乘就又晓以利害，指出与中央政权抗衡就好比牛蝇附群牛，腐肉挡利剑，可谓螳臂挡车，自不量力。二者力量悬殊，结局不言自明。随着事态的发展，枚乘的话得到了验证。

地之硗者，虽有善种，不能生焉；江皋河濒，虽有恶种，无不猥大。

【注释】《汉书·贾山传》。

【解析】在贫瘠的土地里，即使撒下优良的种子，也不能生根发芽；而在江河岸边，纵然是几粒品质极差的种子，也能茂盛地生长。贾山以《至言》上书汉文帝刘恒，以土地与种子为喻劝他开明理政，创造一个宽松的环境，广开言路，使臣下以切直之言力谏君主。相反，如果环境严峻，臣子皆缄口不言，会致使上壅下闭，危及王朝统治。这就是地之美者善养禾、君之仁者善养士的道理。

桃李不言，下自成蹊。

【注释】《汉书·李广传赞》。

【解析】桃与李并不会说话招呼行人，但因其华而能实，吸引了众多的人经过，以至树下踩出了道路。正如唐代颜师古所说："言桃李以其华实之故，非有所招呼，而人争归趣，来往不绝，其下自然成径。比喻人怀诚信之心，故能潜有所感也。"李广为人踏实诚信，从不张扬自己，甚至很少说话。但他被迫自杀后，天下人为之痛哭流涕。因为他一生以德感人，他的高风亮节博得了人们的爱戴。

小材虽累日，不离于小官；贤材虽未久，不害为辅佐。

【注释】《汉书·董仲舒传》。

【解析】才能小的人尽管在职多时，但仍只能是一个小官。贤能之士虽然刚刚赴任，却可以辅佐君主治理天下。这体现了董仲舒在用人原则上的观点。他认为只有这样，才能使官员们"竭力尽智，务治其业"。董仲舒之所以提出这样的看法，是因为他不满于当时"累日以取贵，积久以致官"的情形。他以为任官只讲年龄资历，不论才能德行，必然会使行政效率低下，官吏腐败无能。董仲舒的这种行政思想，至今仍有着重要的现实意义。

毋以日月为功，实试贤能为上，量材而授官，录德而定位，则廉耻殊路，贤不肖异处。

【注释】《汉书·董仲舒传》。

【解析】授人以官时，不要根据他当官时间的长短来衡量他功劳的大小。而应以德行才能为考察对象，量才而授官，录德而定位。这样就能崇清廉而绝无耻，尚贤德而黜不肖。这句话体现了董仲舒选贤授能的思想主张。

众少成多，积小致钜。

【注释】《汉书·董仲舒传》。

【解析】九层之台，起于垒土；狐白之裘，绝非一腋。这就是积少成多、累微起高的道理。董仲舒在对汉武帝的册诏中，以此阐明了事物发展由渐变到突变，由量变到质变的道理。从而说服武帝勿以善小而不为，勿以恶小而为之。

言出于己，不可塞也；行发于身，不可掩也。

【注释】《汉书·董仲舒传》。

【解析】君子言必行，行必果，知行合一，绝不掩饰自己的言行。董仲舒认为，言行乃治之大者，君子之所以动天地也。故君子出言警惕，行事谨慎，以求以德配天。

积善在身，犹长日加益，而人不知也；积恶在身，犹火之销膏，而人不见也。

【注释】《汉书·董仲舒传》。

【解析】积善在身，就好像白昼的时间在加长，尽管白昼在加长但人们却不易察觉；同样，积恶在身，就好像用火来销蚀油膏，尽管油膏在减少，人们却不易发现。这就是说，积善与行恶所带来的不同后果，并非一日之功，而是长期积累所致。董仲舒以尧舜与桀纣为例，向武帝说明“善恶之相从，如影响之应形声”的道理。

家徒四壁立。

【注释】《汉书·司马相如传》。

【解析】家中空空如也，只有四周的墙壁。此语是常用来形容家境贫寒，更无资产。卓文君倾慕于司马相如的才华，就与他私奔。回到成都，司马相如一贫如洗，家徒四壁。于是他们只能自力更生，艰苦创业。就连卓文君这样的大家千金也得当垆卖酒。

明者远见于未萌，而知者避危于无形。

【注释】《汉书·司马相如传》。

【解析】明了形势，聪慧有识的人能够预见尚未发生的事情，从而趋利避祸。汉武帝刘彻好游猎，常常自击熊豕，驰逐野兽。司马相如就上书劝谏，认为刘彻这种“轻万乘之重不以为安，乐出万有一危之深以为娱”是不郑重、不对国家负责的态度。刘彻欣然接受了司马相如的谏议。

家累千金，坐不垂堂。

【注释】《汉书·司马相如传》。

【解析】家有千金之富，不在厅堂外沿上就座，以免发生意外。这是司马相如疏谏武帝保重身体时所引用的古谚，意在劝人自爱免祸，以图大业。

天下一致而百虑，同归而殊涂。

【注释】《汉书·司马迁传》。涂：即“途”。

【解析】尽管大家分析与解决问题的方式不一样，但目标却是一致的；尽管道路不同，但归宿却是共同的。天下大事，概莫能外。司马迁在他的《论六家之要指》中指出，阴阳家、儒家、墨家、道家、法家、名家虽有不同的学说与主张，但那仅仅是不同的途径而已，它们共同的目的却在于治理好国家。

《后汉书》名句

人情得足，
苦于放纵，
快须臾之欲，
忘慎罚之义。

——《后汉书·光武帝纪上》

时不可留,众不可逆。

【注释】《后汉书·光武帝纪上》。

【解析】时光飞逝,不会停滞不前。人民的意愿不可拂逆。刘秀羽翼丰满后,臣下都劝他抓住时机即位称帝,但都被他推辞了。部下耿纯认为,如果刘秀不听众人的劝谏,就会使大家丧失信心,一哄而散,到那时再想聚拢这些人就不那么容易了。刘秀听了,只得依允并称帝。后来,这句话常被用来劝导人们顺应时代潮流和人民意志,以及抓住机遇,果断行事。

刑罚不中,则民无所措手足。

【注释】《后汉书·光武帝纪上》。

【解析】如果刑罚不公正,那么人民就会手足无措。这本是《论语·子路》中的一句话,这里被刘秀引用。刘秀建立东汉政权后,大赦天下,并下诏减轻刑罚,以改变当时刑罚苛刻、冤狱百出的现状。刘邦的这一举措,体现了儒家“仁政”“爱民”的思想。

天地之性人为贵。

【注释】《后汉书·光武帝纪下》。

【解析】天地之间人是最宝贵的。东汉初年,人口锐减,奴婢、仆人等由于社会地位低下,动辄惨遭杀戮。刘秀基于这种情况颁布诏书,禁止残杀奴婢,并解放了许多奴婢。刘秀的举措体现了他的人本主义思想,大大解放了生产力,推动了社会经济的发展。

人情得足,苦于放纵,快须臾之欲,忘慎罚之义。

【注释】《后汉书·光武帝纪上》。

【解析】人们往往苦于不能自制,一旦在某方面得到满足,就会变本加厉地提出更高的要求,犯骄纵的毛病,这就是所谓的欲壑难填。这些人只顾贪图一时的快乐,而忽视甚至践踏国家的法律制度。刘秀临朝称制,分封功臣之后,生怕官员们不能守节,腐化堕落,就颁布了诏书,劝勉大臣们要戒骄戒侈,克己复礼,遵纪守法。

宜如临深渊,如履薄冰,战战栗栗,日慎一日。

【注释】《后汉书·光武帝纪上》。

【解析】这是刘秀临朝践祚之后劝勉臣下时所说的话。他劝谏臣下不可居功自傲,放纵自己,应该时刻警惕,如蹈虎尾、履春冰、临深渊,兢兢业业,惴惴不安。正如《易》之所曰:“君子终日乾乾,夕惕若厉,无咎。”只有具备了这样的做人准则与生存态度，事业才能昌盛，人生才会闪光。

反水不收，后悔无及。

【注释】《后汉书·光武帝上》。

【解析】泼出的水收不起来，过去的事情后悔也没用。刘秀平定了河北，重挫了铜马、尤来诸军，势力日盛，众将都希望他即位称帝。大将马武认为，天下没有君主，即使让孔子作宰相、孙子作将帅，也不会有什么建树。马武以此劝刘秀不要错过称帝良机，过后即使后悔也没用。后来，这句话常用来劝导人们抓住时机，不要坐失良机，造成难以挽回的形势。

政失于上，人受其咎。

【注释】《后汉书·孝明帝纪》。

【解析】统治者政治上的腐败与失误势必会给人民带来普遍而惨重的灾难。作为当权者，应该谨慎行事，以免因为政不当而造成黎元的苦难。这是永平三年，明帝诏书中的一句话，说明当权者为政不可不慎，应监督各级官吏劝勉农桑，慎重刑罚，兢兢业业，不可懈怠。

危心恭德，政察奸胜。

【注释】《后汉书·孝明帝纪》。

【解析】明帝临朝称制后，常常害怕自己不能承担汉家王朝宏伟基业的重担，所以养德修行，克己复礼，兢兢业业。同时明察秋毫，任贤使能，摒弃奸小，以求有功于国家，使先帝之业绩“光于四海”，使刑平政清，奸无所匿，社会秩序井然。“危心恭德，政察奸胜”语出《明帝纪》后的赞语，从中可见明帝奋勉有为、励精图治的精神风貌。

应门失守，《关雎》刺世。

【注释】《后汉书·孝明帝纪》。

【解析】应门，是谈论国家大事的地方。此句意为由于应门失守、政务废弛、官场腐败，诗人们就以乐而不淫的《关雎》来讽谏为政者。永平八年冬，出现日食，人们都认为这是上天的警诫。孝帝也引咎自责，反思自我，并让群臣进谏，勿有所隐。于是大臣们知无不言，言无不尽，纷纷进谏。明帝看后，下诏自责说：“群僚所言，皆朕之过。”同时把当时的情况比做是“应门失守，《关雎》刺世”。明帝巧妙地利用日食反省自己，广开言路，取信于民，不失为纳谏明君。

无德不报，无言不酬。

【注释】《后汉书·孝明帝纪》。

【解析】有恩德就要报答，提出金玉良言就应该给予酬报。此语出自《诗经·大雅》，劝导人们要知恩必报，有德须赏。孝明帝常常问事于三老：李躬、桓荣、五更。桓荣曾经给孝明帝讲过《尚书》，为了答谢师恩，孝明帝于永平二年重赏了桓荣与李躬。并在诏书中引用了《诗经·大雅》上的这句话，表明自己赏德报恩的作风。

王者八政，以食为本。

【注释】《后汉书·章帝纪》。

【解析】国以民为本，民以食为天。故为政者，虽有多种方略，但必须以粮食生产为本中之本。我国古代历来以农业立国，历代统治者也特别重视农业生产，把它作为为政之本来抓。汉章帝年间，耕牛因牛疫而大批死亡，粮食连年减产。为了确保粮食生产，章帝下诏允许百姓迁徙到土地肥沃、人稀地广的地区，并赐之以公田，发给他们粮种与农具，免收五年租，三年赋。章帝的措施，鼓励了农民的生产积极性，对恢复和发展粮食生产起了很大作用。

气调时豫，宪平人富。

【注释】《后汉书·章帝纪》。

【解析】风调雨顺，时和年丰，刑法公正，黎元富庶。这是一幅太平盛世歌舞升平、人民安居乐业的景象。章帝在位期间，废除了残酷的刑罚，减租免赋，提倡儒学礼乐，国家出现了安定平和的局面。范晔在《章帝纪》的赞语中给予了章帝高度评价。以“气调时豫、宪平人富”这种理想社会的景象来形容当时的社会。

死者不可复生，来者犹可救也。

【注释】《后汉书·和帝纪》。

【解析】汉和帝时，南海每年派人进贡龙眼、荔枝等名贵水果。为了水果的新鲜，送果人须乘驿马昼夜传送，许多人在路上或暴病而亡，或遭猛兽荼毒。当时临武县县长唐羌看到这种劳民扰民的情况，就上书和帝，劝止这种行为。唐羌就用“死者不可复生，来者犹可救也”的话来说服和帝亡羊补牢，防止一错再错。

损上益下，人悦无疆。

【注释】《后汉书·顺帝纪》。

【解析】做官的人吃些苦、受些罪没有什么，只要能给百姓带来好处，百姓就会感到无限欢欣。顺帝永建四年，冀州发生水灾，顺帝就下诏免除当地的租税，诏书中引用了《周易》上的这句话，以说明这种做法很必要。体现了顺帝能体恤下情的可贵之处。

古之人君，离幽放而反国祚者有矣，莫不矫鉴前违，审识情伪，无忘在外之忧，故能中兴其业。

【注释】《后汉书·顺帝纪》。

【解析】古代的君主，有很多皇帝是被流放之后又临朝称制的。他们往往都能够从前车之鉴中纠正自己的过失，审时度势，去伪存真，不忘被流放在外的忧患，所以能够使国家复兴。顺帝刘保被安帝立为太子，但因遭到王圣与秋江京的诬陷而被废为济阴王，所以安帝死后，顺帝没能继位，政权被外戚与宦官夺取。后来黄门、孙程等人发动宫廷政变，重新拥立顺帝。然而顺帝即位后，未能发奋图强，振兴国家，反而江河日下，腐败成风。《后汉书》作者范晔对此表示惋惜，发表议论，批评了顺帝，并以此来警戒后人，让他们做到以史为鉴。

饱食终日，无所用心，难矣哉。

【注释】《后汉书·皇后纪上》。

【解析】如果一个人终日只知道吃饱喝足，不用心于学业与道义，而想有所作为，那简直势比登天。汉炀帝、汉安帝时，因皇帝年幼，邓太后主持朝政。她十分重视贵族子弟的教育。她认为贵族子弟过惯了饱食终日、养尊处优的生活，易流于无所事事，不学无术。这样发展下去，灾祸就离他们不远了。于是邓太后就设置学院，选派老师，教授他们经书，并亲自主持考试。邓太后引用了《论语·阳货》中的这句话，以激励贵族子弟们发愤学习，报效朝廷。

大行受大名，小行受小名。

【注释】《后汉书·皇后纪下·论曰》。

【解析】德高望重者享受大的名誉，德薄望轻者享受小的名誉。汉代皇后原无谥号，自东汉明帝开始建立光烈之号，如光烈郭皇后、光烈阴皇后等。后来便在帝号后配以“德”字为号，如明德马皇后、章德窦皇后等，都以德为号，使优劣良莠不分，无辨贤愚。至和帝以后才一改旧制，实行“大行受大名，小行受小名”的制度，以说明加封谥号的真正意义在于褒善贬恶，名实相符。

任重道悠，利深祸速。

【注释】《后汉书·皇后纪序》。

【解析】担负着重大使命的人,所要经历的苦难与路程也就越大越远。利禄官爵越突出的人,他所招致的祸患也就越快。《后汉书》作者范晔在《皇后纪序》中,对东汉中期以后外戚专权的情况作了总结性评价,并发而为叹,道出了上面的话,阐明了任重而道远、利重而祸速、位高而灾多的道理。从而使争权夺利者有所收敛与警戒。

咎集骄满,福协贞信。

【注释】《后汉书·皇后纪下·赞曰》。

【解析】祸患起源于骄傲自满,幸福来自于忠贞信义。范晔在撰写完东汉历代皇后的事迹后,对皇后的福祸荣辱作总结性评论。他认为皇后的权势依附于皇权,皇后的品德容貌影响着皇帝的态度。皇后或以德进或以幸升,各有不同。但"咎集骄满,福协贞信"却是她们须共同引以为鉴的良言,具有普通意义。

车如流水,马似游龙。

【注释】《后汉书·马皇后纪》。

【解析】车水马龙用来形容车马来来往往,络绎不绝。明帝马皇后为人贤明,章帝登基后尊之为皇太后,并要分封诸舅。马太后担心她的哥哥们会因此而骄奢,招灾惹祸,故坚决不许。一次她去看马家子弟,见他们车如流水,马似游龙,连仆人都奢华异常。马太后从此停发了诸兄的年俸,以告诫他们勤劳节俭,忧国忧家。马太后深明大义,堪称贤后。

再实之木根必伤,掘藏之家后必殃。

【注释】《后汉书·马皇后纪》。

【解析】一年结两次果实的树,它的根一定会被损坏。掘墓偷坟的人家也一定会遭殃。章帝要封诸舅为侯,而马太后认为马家兄弟无功受禄已属反常,如再加封他们,就如再实之木,只会给马家带来灾祸。此语出自《文子》与《淮南子》,马太后在这里引用的主要是前一句。

物之兴衰,情之起伏,理有固然矣。

【注释】《后汉书·郭皇后纪》。

【解析】物有兴衰,理有起伏,这是自然规律。皇后尽管位尊至极,但必须依赖于皇帝对她的好恶,所以地位很不稳固,随时都可能有变。得宠则尊贵无比,泽被父兄;失宠则自身难保,甚至祸及家人。范晔基于这种情况,以"物之兴衰"一句叹息皇后命运的易变,从而启发人们居安思安,防患于未然。

苍蝇之飞,不过数步,即托骥尾,得以绝群。

【注释】《后汉书·隗嚣传》。

【解析】苍蝇一飞,不过数步之远,但因为它们附在千里马的尾上,因而能够走得极远。隗嚣在陇西拥兵自重,实力雄厚。他几次出兵帮助刘秀,却始终不肯归降他。刘秀很钦佩隗嚣的品格,写信劝他归顺自己。信中把自己比做苍蝇,把隗嚣比作千里马,以阐明自己之所以有今天这样的地位,全靠像隗嚣这样的人鼎力相助。

智者睹危思变,贤者泥而不滓。

【注释】《后汉书·隗嚣传》。

【解析】智慧之人看到形势危急就能想到改变这种处境;贤明的人身在污浊之中而不为所染。隗嚣的大将王遵投降刘秀后,就劝他的朋友牛邯也归服刘秀。王尊知道牛邯早有降刘之意,但不敢轻举妄动,于是王尊就致信牛邯,讲明利害,劝他效法管仲与黥布归降明主,去愚就贤。并用"智者睹危思变"的话语来消除牛邯的心理障碍。

鱼不可脱于渊,神龙失势,即还与蚯蚓同。

【注释】《后汉书·隗嚣传》。

【解析】鱼儿离不开水,神龙如失去云雾的托付,就如同蚯蚓一样。刘秀称帝后,地方割据势力仍然存在。占据着陇西的隗嚣不肯降刘,尽管刘秀对他屡次劝降。在刘秀铲除了刘永、彭宠等势力后,隗嚣略有动摇,打算与刘秀合作。隗嚣的部下王元挺身而出,指出如果隗嚣离开陇西,就好比鱼儿离开了水,神龙失去了云雾一样。因为陇西是隗嚣能够拥兵自重的根本,失去了它,刘秀也不会这么看重隗嚣。

功全则誉显,业谢则衅生。

【注释】《后汉书·隗嚣传·论曰》。

【解析】功成名就就会声名鹊起,功凋业谢就会是非百出。隗嚣在陇西拥兵自重,曾创下一番事业,但后来由于与刘秀对抗,归于失败。范晔在评价他一生事业时认为,隗嚣如果在与刘秀的斗争中获胜,绝不会留下今天这样的笑柄。但是隗嚣失败了,于是毁谤就接踵而至。是为胜者无过,败者有咎。范晔以此来为失败的英雄隗嚣鸣不平。

舍近谋远者,劳而无功;舍远谋近者,逸而有终。

【注释】《后汉书·臧宫传》。

【解析】舍近求远，劳而无功；舍远求近，安逸且易有成果。建武二十七年，北匈奴发生了严重的旱灾与蝗灾，草木尽亡，又加瘟疫流行，人大批死亡。汉左中郎将臧宫建议刘秀乘机起兵攻打匈奴。刘秀却认为东汉建国伊始，须休养生息，不可舍近求远，做徒劳无益的事，遂不发兵。

疾风知劲草。

【注释】《后汉书·王霸传》。

【解析】疾风之下方显强劲之草。王霸在颍阳投奔刘秀时，其部下有几十人也同时愿意跟从刘秀。可是等到刘秀渡过黄河发展势力时，这些人却先后离去，作鸟兽散了。只有王霸一人仍一心事主，跟从着刘秀。刘秀就以“疾风知劲草”来赞扬王霸。

兢兢自危，犹惧不终，而况沛然自足，可以成功者乎？

【注释】《后汉书·耿纯传》。

【解析】处处小心谨慎，时时居安思危，还担心不能善终，更何况自高其能，傲气凌人，怎么能够成功呢？李轶与李通兄弟二人同为王侯，大权在握，很多人都去拜见他们。耿纯也去求见二人，但很久都得不到通报。几经周折，耿纯终于见到二人，并借机对李轶说了“兢兢自危”的话，劝谏李轶应当时刻警惕，保持谨慎的心态，不可夜郎自大，自取灭亡。

一言可以兴邦。

【注释】《后汉书·邳彤传》。

【解析】此语出自《论语·子路》，谓金玉之言虽少，却可以兴邦济国。刘秀初到河北时，燕赵之地大都被王郎占领，自己只占有信都、和成二郡。这时，大多数人劝刘秀放弃河北，另谋出路，只有和成太守邳彤坚决反对。他认为刘秀虽占地少，但天下人心归汉，若起兵讨敌，四方无不响应；若放弃河北，百姓就会大失所望，到那时想另谋出路都不可能了。刘秀深然之，任命邳彤为大将军，出兵讨敌，几经奋战终于拿下了河北，成为刘秀进攻与退守的根据地，为以后的胜利奠定了基础。范晔对邳彤的建议给予了高度评价，用“一言可以兴邦”来形容他当时力挽狂澜的才智。

势疑则隙生，力侔则乱起。

【注释】《后汉书·朱景王杜马刘傅坚马列传·论》。

【解析】臣下的势力太大，会招来君主的猜忌，这样君臣之间就会产生矛盾。同样，臣下威及君主，权过帝王，则必然出现祸乱。光武帝平定天下，建立东汉政权后，对功臣只给予优厚俸禄，不委以重任，不下放实权，以免臣下权过人主，乱自下作。范晔认为刘秀的这种做法既不损害君臣关系，又能保全功臣的声誉，是两重之策。从中可见封建社会君臣关系的复杂与微妙。

凡殖货财产，贵其能施赈也，否则守钱虏耳。

【注释】《后汉书·马援传》。

【解析】家资万贯富比王侯的人，贵在能仗义疏财，赈济于人，否则不过是一个守财奴罢了。马援率众屯田放牧，有牲畜数千，谷物万斛。他面对成群的牛羊与堆积如山的粮食喟然而叹，说了上面的话。他把全部财产都分给了亲朋好友。马援的言行体现了他胸怀旷迈、仗义疏财的高贵品质。

言君臣邪，固当谏诤；语朋友邪，应有切磋。

【注释】《后汉书·马援传》。

【解析】臣对君言，理当直言相谏；朋友对朋友提建议，应当互相切磋。隗嚣归附了刘秀后不久，又改变了主意与公孙过联合反汉。马援数次规劝都无济于事。后来马援又写信给隗嚣的部下杨广，用这句话来说明杨广无论是作为臣子还是朋友，都有义务劝谏隗嚣知返。

闻人过失，如闻父母之名，耳可得闻，口不得言。

【注释】《后汉书·马援传》。

【解析】听到别人的过失，就好像听到自己父母的名字一样，耳可以听，但绝对不可以说。俗话说祸从口出，马援的两个侄子都有议论别人的习惯，马援对他们这一缺点很不放心，就写信告诫他们努力改掉这个坏习惯。体现了马援不揭人短，严以律己的品质。

丈夫为志，穷当益坚，老当益壮。

【注释】《后汉书·马援传》。

【解析】大丈夫立志，当成高远之势，穷更坚毅，老更雄壮。宁知白首之心，不坠青云之志。马援在任郡督邮时，曾押送犯人到洛阳，马援同情那些死囚犯，就都放跑了他们，自己也逃亡至北地郡。后来皇帝大赦天下才免除了马援的罪行。马援就在当地放牧，先后有数百家宾客归附他。马援带领他们游牧于陇汉之间，时常用这句话来激励宾客们，以图共勉。

男儿要当死于边野，以马革裹尸还葬耳。

【注释】《后汉书·马援传》。

【解析】好男儿当死于保卫边疆的沙场,用马革裹尸还葬故土。马援因平定交阯有功被封为新息侯,食邑三千户。第二年,马援收兵回到洛阳,刘秀又赏了他兵车一辆,给予他朝见时位居九卿的礼遇。马援深感功德浅薄而位高俸厚,故愿再立新功,主动要求带兵出征匈奴、乌桓。临行时他对好友孟冀说了这句箴言。显示了马援当时壮志凌云、豪情满怀的心境。

效伯高不得,犹为谨敕之士,所谓刻鹄不成尚类鹜者也。

【注释】《后汉书·马援传》。

【解析】龙伯高是东汉初年人,为人厚道,谦虚谨慎,廉政清俭,很有威望。马援十分敬重他,于是在教育他的两个侄子时说了上面的话,希望两个侄子向龙伯高学习,即使是不能完全成为伯高,但至少也可以成为一个勤勉谨慎的人。这就是人们常说的刻鹄不成尚类鹜,即刻鹄类鹜的成语。常用来形容仿效虽不能逼真,但可以达到相似的效果。

效季良不得,陷为天下轻薄子,所谓画虎不成反类狗者也。

【注释】《后汉书·马援传》。

【解析】杜季良也是东汉初年人,他为人豪爽刚毅,仗义疏财,急人所急,乐人所乐,可谓德高望重。马援虽然也十分敬佩季良,但反对两个侄子效法季良,并在劝诫他们时用了“画虎不成反类狗”的话语来说明原因。后来,画虎类狗成为典故,用来比喻那些好高骛远却一事无成,最终贻笑天下的人。

难者必明其据,说者务立其义,浮华无用之言不陈于前,故精思不劳而道术愈章。

【注释】《后汉书·鲁恭传》。

【解析】驳论时必须有明确的论据,立论时必须有充分的道理,不说浮华而没有价值的话。这样,别人用不着殚精竭虑就可以接受深刻的道理。汉和帝永元十一年,中散大夫鲁丕与侍中贾逵、尚书令黄香等人在朝堂上相互争论问题。和帝十分赞赏鲁丕的观点。鲁丕散朝之后对和帝说了上面的话,建议和帝要广开言路,听取各派意见,不能因为发表不同观点与意见而加罪于臣下。

人之所以贵于禽兽,以有仁爱,知相敬事也。

【注释】《后汉书·卓茂传》。

【解析】要比奔跑,人不如猎豹;要比飞翔,人不如雄鹰。人之所以比禽兽要高贵,是因为人有仁爱之心,知书识礼,懂得互相尊重。卓茂是洛州密县县令,为人忠直,勤政爱民。有一次,有人状告亭长收了他送的米与肉。卓茂就问:“你既然送了亭长米肉,为什么又要告他?”那人说:“我怕官所以送礼;他收了礼,所以告他。”卓茂认为来人寡廉鲜耻,就给那人讲了做人的道理与准则,指出做人要有仁爱之心,相互尊重。

贫贱之知不可忘,糟糠之妻不下堂。

【注释】《后汉书·宋弘传》。

【解析】在贫贱时结交的朋友是绝不能忘掉的;同甘苦,共患难的结发妻子是不能休掉的。刘秀的姐姐湖阳公主死了丈夫之后,想改嫁朝臣宋弘。刘秀得知后就把宋弘找来谈话。刘秀试探性地问宋弘,人尊贵后换朋友,人富有后换妻子是否合乎人情,宋弘便说了“贫贱之知不可忘”之类的话。光武帝一听,觉得没有希望说服宋弘,只好作罢。后来,这句话成为传世格言,以赞扬那种不忘故旧、忠诚不渝的感情。

夫无功而赏,劳者不劝,上忝下辱,乱象干度。

【注释】《后汉书·赵典传》。

【解析】臣下无功而乱加赏赐,即使是勤恳上进的人也会懈怠无为;君主无道,臣下就会受辱,这样就会扰乱天象,破坏礼法。汉桓帝时乱封侯,滥赏赐,使不少无能无功之人平步青云,尸位素餐。群臣敢怒而不敢言,只有大鸿胪赵典直言进谏,指出无功而赏的弊端,以期通过晓以利害来禁止滥赏乱封。

大丈夫当雄飞,安能雌伏。

【注释】《后汉书·赵典传》。

【解析】大丈夫应当像雄鹰一样翱翔于天空,怎么能像雌鸭一样趴在地上不动。赵温在任京北郡丞时,时常感到自己抱才而困,不被重用,就感叹地说“大丈夫当雄飞,安能雌伏”,然后罢官而去。后来,赵温在一次饥荒中,赈济了数万饥民,得到了广泛的拥护。汉献帝迁都后,一再提拔赵温,官至司徒,录尚书事。从中可见赵温的远大志向与宏伟气魄。

人情挫辱,则义节之风损;法防繁多,则苟免之行兴。

【注释】《后汉书·杜林传》。

【解析】人情受到挫折与侮辱,讲正义、重气节的风气就会受到损害;法律条文太多,那种企图侥幸逃避惩罚的行为就会泛滥。光武帝年间,大臣们曾向刘秀建议严罚峻典,以震慑作奸犯科之人。大臣杜林极力反对,他认为因为很小的过错而重罚于人,就会伤害人民的感情,使忠义之风衰退,因此现行法律不能轻易变动。杜林的言论阐明了人情与义节、行为与法律的辩证关系,不能偏向任何一面,要有一个适当的度。

刑罚不能加无罪,邪恶不能胜正人。

【注释】《后汉书·桓谭传》。

【解析】刑罚不能加于无罪的人,邪恶的势力不能战胜具有正义的人。汉哀帝宠幸高安侯董贤,就立他的妹妹为昭仪,并疏远了傅皇后。傅皇后的父亲傅晏对此很担心,就向桓谭请教该怎么办。桓谭就以“刑罚不能加无罪”这句话来安慰傅晏,说明邪不压正的道理。

兵久则力屈,人愁则变生。

【注释】《后汉书·冯衍传》。

【解析】连年战祸会使社会财力物力衰退;百姓忧患过度就会起义反抗。鲍永镇抚北方时,冯衍向他献策,希望他发展生产,安抚黎元,以求地方人民乐业,社会稳定。鲍永认为冯衍言之有理,就缮甲养士,屯田积粮,并收到了长治久安的效果。

明君不恶切悫之言,以测幽明之论;忠臣不顾争引之患,以达万机之变。

【注释】《后汉书·冯衍传》。悫(què):诚实。

【解析】贤明的君主不厌恶切中时弊的实话,从而懂得深刻的道理;忠臣不顾直言犯上招致灾祸,以此来明白万物变化的原因。更始皇帝刘玄任尚书仆射鲍永为大将军,镇抚北方。冯衍为鲍永出谋划策,劝他忠直从政,完成更始皇帝交给的任务。此句就是冯衍对鲍永所讲的第一句话,阐明了明君与忠臣对于谏言的正确态度。

穷则变,变则通,通则久,是以自天祐之,吉,无不利。

【注释】《后汉书·冯衍传》。

【解析】事物发展到了极致和尽头就要发生变化,唯有变化的事物才能继续发展,因而能够长盛不衰。而且变化的事物因符合自然规律而能吉祥顺利地发展。这是冯衍在劝说廉丹时引用《周易·系辞下》中的话。冯衍让廉丹改变思想观念与做事方法,以求立于不败之地。廉丹不听,与赤眉军决一死战,兵败身亡。从中可见思想僵化的恶果。

君不授骥以重任,骥亦俯首裹足而去耳。

【注释】《后汉书·郅恽传》。

【解析】君主不重用有才能的臣下,臣下肯定会另觅明主,抱才而去。汉末天下大乱，群雄逐鹿中原。有志之士希图投奔明主，建功立业，一展雄才大略。郅恽去投奔逯并，但逯并只封了他很小一个官。郅恽就以千里马为喻说明奇才须明主重用，才能脱颖而出，为国之栋梁的道理。

专己者孤，拒谏者塞，孤塞之政，亡国之风也。

【注释】《后汉书·申屠刚传》。

【解析】独断专行的君主会被孤立，拒绝纳谏的君主会耳塞目闭，不通下情。这种为政方式是亡国的前兆。光武帝刘秀于建武七年下诏召见申屠刚，申屠刚在临行前给隗嚣写了一封信，信中以此句开篇，以劝隗嚣不可执迷不悟，一意孤行。并指出孤塞之政的恶果，以警醒隗嚣。申屠刚一针见血地道出了历代专制政权覆亡的重要原因。

王者之法，譬犹江河，当使易避而难犯也。

【注释】《后汉书·郎𫖮传》。

【解析】国家立法，须像江河之水，使人们容易避开而且很难触犯。这是郎𫖮向顺帝论及法律问题时所谈的话。郎𫖮认为法律制度的目的是惩罚犯罪，并以其威慑力防罪于未然。因而，国家在立法上应该以“易避而难犯”为基本原则。郎𫖮的主张有利于使封建立法向简约易行的方向发展，在当时具有一定可取之处。

天网恢恢，疏而不失。

【注释】《后汉书·郎𫖮传》。

【解析】法网广大无边，即使再宽松稀疏也不会使坏人逍遥法外。郎𫖮向顺帝推荐黄琼、李固时，顺便在上书中引了老子《道德经》中的话。目的是向顺帝说明重大国策要适时进退调整，及时纠正其中的不当之处与过失，用法律惩戒贪官污吏，规范百姓行为，以图政权的稳固。如今“天网恢恢，疏而不漏（失）”成为日常使用的成语，警示着人们不可以身试法，自取灭亡。

夫救奢必于俭约，拯薄无若敦厚，安上理人，莫善于礼。修礼遵约，盖唯上兴，革文变薄，事不在下。

【注释】《后汉书·郎𫖮传》。

【解析】欲去奢靡之风，必须崇尚俭省节约；欲救浅薄之风，必须倡导敦厚博大之习。定国安民，莫过于修礼。遵礼守法要自上而下做起；移风易俗，变奢为俭，关键不在老百姓身上。顺帝年间，奢侈的风气十分浓厚，官员们孤陋寡闻，浅薄无能。郎𫖮针对这种情况上书顺帝，指出改变这种风气的必要性。郎顗认为,改变世风的关键不在下层百姓,而在上层统治阶层。统治阶级必须以身作则,身体力行,最终才能达到移风易俗的目的。所谓“其身不正,虽令不行,其身正,不令而行”,即为此理。

良医不能救无命,强梁不能与天争。

【注释】《后汉书·苏竟传》。

【解析】即使是神医扁鹊也救不活该死的病人;哪怕是力能扛鼎的项羽也不能与天抗争。西汉末年邓仲况在南阳拥兵自重,图谋称帝,并让刘龚为他出谋划策。苏竟得知后就写信给刘龚,劝他和邓仲况不要逆反时代潮流,劳而无功,应当判明时势,顺潮流而动,归降刘秀才可能有所作为。

知者顺时而谋,愚者逆理而动。

【注释】《后汉书·朱浮传》。

【解析】智者相时而作,能够顺应时代潮流;愚人却违反历史潮流而动。东汉初年,幽州牧朱浮发放仓库储粮,起用王莽时的旧官故吏,以收买人心,图谋帝业。渔阳太守彭宠认为天下未定,不宜多置官吏,因而拒不服从朱浮的命令,并且计划兴兵讨伐朱浮 。朱浮盛怒之下修书指责彭宠不识时务,逆理而动。最后,彭宠伐朱,朱浮战败。朱浮的行为固然不代表时代潮流,但是他能指出时代潮流的不可拂逆性无疑是诛心之论。

中于道则易以兴政,乖于务则难乎御物。

【注释】《后汉书·梁统列传》。

【解析】遵循事物发展的规律就易于治理国家,违背社会潮流就难以控制局势。顺帝时,梁商与梁冀同朝称臣,但梁商忠心事主,而梁冀却作奸犯科,最终被处死。从二人的对比中可以得知,按照客观规律办事可以兴邦,违背事物发展的规律则会亡身。顺道者昌,逆道者亡,即为此理。

刑罚在衷,无取于轻。

【注释】《后汉书·梁统传》。

【解析】刑罚在于公正无私,不能重罪轻罚,因人废律。梁统执政,主张严刑峻法。他屡次上书刘秀,鼓吹为政要苛猛,立法要严厉,这样才可以威震奸佞,使他们不敢胡作非为。梁统主张刑罚公正是有一定进步意义的,但他过分强调严刑峻典,用残酷的刑罚建立政府威望的主张却有失偏颇,不值效法。

正其本，万事理。

【注释】《后汉书·范升传》。

【解析】凡事只要正本清源，问题就可以迎刃而解。刘秀曾经召集群臣，就设立《费氏易》《左氏春秋》博士一事征求大臣们的意见。范升与尚书令韩歆的观点相反，认为不应设立这两科博士。范升与韩歆相互辩论争执不下。散朝后，范升直谏光武帝，力陈自己的观点，指出办事要正本清源，抓住主要矛盾，不能事无巨细，一概而论。刘秀深表赞同，采纳了范升的意见。范升的言论极有哲理性，它指出了主要矛盾在问题中所占的位置，以及解决的切实途径。

师臣者帝，宾臣者霸。

【注释】《后汉书·陈元传》。

【解析】以臣下为师的人能够南面称帝，把臣下当宾客的人能够成就霸业。光武帝年间，大司农江冯建议刘秀用司隶校尉来监督三公。经学大师陈元极力反对。陈元认为"师臣者帝，宾臣者霸"。周武王以姜尚为师，齐桓公以管仲为仲父皆成就了霸业。江冯的建议说明了对群臣的猜忌与怀疑，这样会损害臣下的事主之情。夺公辅之职，损宰相之感，于国不利，故不宜监督三公。刘秀听了陈元的建议。自古用人不疑，疑人不用，君主只有信任臣下，尊重人才，才能成就帝业。

人君患在自骄，不患骄人；失在自任，不在任人。

【注释】《后汉书·陈元传》。

【解析】君主不怕臣下骄傲，就怕自傲；君主的过错不在信任他人，而在于自以为是。东汉初年，大司农江冯建议光武帝用司隶校尉督察三公。陈元极力反对，他认为君主首先应该信任臣下，虚心接受辅佐大臣的意见。如果建立监督制度就会闭塞言路，使自己成为孤家寡人。陈元的话说明为政者不可自骄，不可独断，要大胆任用贤能，才会建功立业的道理。

日中则移，月满则亏。

【注释】《后汉书·张霸传》。

【解析】太阳当空，不久就会偏移。月亮圆满，迟早会亏缺。和帝永元年间，会稽太守兼颍川太守张霸治政有方，他擢用贤才，教化百姓，发展生产，使自己统治的地方富甲一方，士民殷实。老百姓也衷心拥戴张霸，当时颇为流行的"弃我戟，捐我矛，盗贼尽，吏皆休"的民谣，就表明了张霸的政绩卓著。张霸为政三年，功成后称病辞官，归家养老。因为他认为事物发展到巅峰就会走下坡路，与其坐观式微，不如见好就收。体现了张霸谦虚谨慎的性格。

夫坏崖破岩之水，源自涓涓；干云蔽日之木，起于葱青。禁微则易，救末者难，人莫不忽于微细，以致其大。

【注释】《后汉书·丁鸿传》。

【解析】冲破山崖的大水，由涓涓细流汇成；遮天蔽日的大树，由葱青小树长成。禁微容易，救末却难，人们常常忽略了事物细微的积累，以致祸患突发而束手无策。和帝年间，经学大师丁鸿向和帝指出窦太后临朝与窦家擅权，有可能危及刘姓江山，是朝野之大患，应当给予铲除。丁鸿以破岩之水与蔽日之木为喻，说明祸多藏于隐微，而发于人之所忽，要想防患于未然，就得防微杜渐，以免起微累高，一发而不可收拾。丁鸿的建议，最终被和帝采纳，公元92年，和帝诛灭了窦氏势力。

一卒毕力，百人不当；万夫致死，可以横行。

【注释】《后汉书·张宗传》。

【解析】一个人竭力拼搏，一百个人抵挡不住；一万人冒死奋战，可以横行天下。邓禹的大军在攻打栒邑城之前，为了防止农民义军的追赶，打算派一员大将断后，但是没有一员大将愿意断后。张宗得知后毛遂自荐，主动要求断后拒敌。邓禹对张宗说："将军军中也有自己的亲属与伤病人员，怎么不为他们着想呢？"张宗就说了上面的话，他认为只要大家戮力同心，拼死拒敌，一定会打败敌人。最后，张宗率众断后，终于出色地完成了拒敌任务。张宗的言行体现了他辞易就难、勇冠三军的大将风范。

势得容奸，伯夷可疑，苟曰无猜，盗跖可信。

【注释】《后汉书·冯绲传》。

【解析】如果客观形势可行奸邪，即使是伯夷这样的圣贤之人也值得怀疑。如果心无猜忌，即使是盗跖这样的奸恶之人也可以信赖。东汉末年，土地兼并严重，农民流离失所，国家财政收入锐减。所以每次出兵打仗都得从公卿的俸禄中筹备军费。但是前线的将领与后方的宦官又经常克扣军资。于是诬告将帅挪用军费成为打击别人的方法，使皇帝难辨真伪。车骑将军冯绲为官廉洁清正，他出征武陵前为了防止别人诬告，便在给皇帝的信中说了"势得容奸……"的话，并请求皇帝派人监督军费开支，以免授人以柄。后来，尚书朱穆果真状告冯绲贪污军资，但由于冯绲有言在先，故桓帝未加怪罪。冯绲的话表明对别人的评价不能建立在主观好恶上，信与疑一定要建立在客观事实与理性思考的基础上。

浊其源而望流清，曲其形而欲景直，不可得也。

【注释】《后汉书·刘般传》。

【解析】希望从污浊的源头流出清澈的泉水，希望扭曲的形体有笔直的影子，这都是荒谬的企图。后汉王朝重视以孝治国，邓太后执政后规定长吏以下不为亲人守孝三年，则不得典城选举。人们认为此法不妥，刘恺则上书阐明：官吏是百姓的榜样，在宣扬美好风俗方面理应为万民作表率。水源污浊了支流不会清澈，形体弯曲了影子不可能笔直。因此，官员重视孝道，百姓才会效法。邓太后对刘恺的观点深表赞同，采纳了他的建议。刘恺的言论，说明了正人先正己，上梁不正下梁歪的道理。

其身不正，虽令不从。以身教者从，以言教者讼。

【注释】《后汉书·第五伦传》。

【解析】统治者自身品行不正，即使是三令五申地号召，别人也不会听从。用自己的实际行动教育别人，大家就会心悦诚服，如果只用语言来空泛说教，大家则会充耳不闻。肃宗年间王公贵族骄奢淫逸，贪污腐化，世风日下。司空第五伦对此痛心疾首，深表忧虑。他认为王公贵族、大臣官吏应当以身作则，勤政爱民，为万民表率，方能达到不教自化的境界。第五伦位及三公，德高望重，他多次上书倡导领导者要言传身教，以化民风，从而促成皇帝的勤廉政治。

《春秋》之义，选人所长，弃其所短，录其小善，除其大过。

【注释】《后汉书·第五钟传》。

【解析】《春秋》笔法，微言大义，取人之长，弃人之短，记录他很小的善举，而去除较大的过错。第五伦之子第五钟，疾恶如仇，公正不阿，在任兖州刺史时，除贪官，平贼寇，屡建奇功。但最终遭贪官陷害，只得出逃在外，以至隐匿多年不敢露面。徐州从事藏旻知道第五钟品行高洁，义薄云天，就替他向皇帝求情，劝皇帝念及第五钟的善举，赦免他的隐匿之过，顺帝最终赦免了第五钟。藏旻的话表明，人无完人，金无足赤，评价一个人要全面地看待他的功过，不能因一时小过而否定其全部功绩与长处。

爱而不教，终至凶戾。

【注释】《后汉书·何敞传》。

【解析】对于子女，父母如果只一味溺爱而不教诲，最终将陷子女于灾难之中。汉和帝时，窦宪专权，尚书何敞上书窦太后，请求抑制窦氏兄弟的气焰，并以郑武公溺爱少子叔段、卫庄公溺爱庶子州吁的事例，说明“爱而不教，终至凶戾”的道理。但何敞的建议未被采纳，反招致窦宪的报复。但最终事实证明了何敞的正确性，窦宪兄弟的嚣张气焰最终被刘姓所灭。

覆人之过者，敦之道也；救人之失者，厚之行也。

【注释】《后汉书·朱穆传》。

【解析】帮助别人改正错误是笃厚的原则；能补救别人的过失是忠厚之举。朱穆对笃实之学很有研究，他年过五十还拜学者赵康为师，学习典籍。赵康死后，他厚葬了老师，并作《崇厚论》，倡导敦厚民风。此文所选就是其中的一句。

虚华盛而忠信微，刻薄稠而纯笃稀。

【注释】《后汉书·朱穆传》。

【解析】虚荣浮华之风日盛，忠诚信义就会衰微，奸诈刻薄风行，纯朴笃实的作风就少了。这是朱穆在《崇厚论》中的一句话。当时世风日下，人们记短则兼折其长，贬恶则并伐其善，人情淡泊。朱穆作《崇厚论》以针砭时弊，提倡朴实作风，劝人多忠信，少浮华；存笃厚，去刻薄，从而改善人际关系与社会风气。朱穆的观点，即使在今天，仍有其教育意义，值得人们去借鉴。

言行，君子之枢机；赏罚，理国之纲纪。

【注释】《后汉书·袁安传》。

【解析】言行一致是君子的立身之本，赏罚分明是治理国家的纲纪。和帝年间窦氏权盛。车骑大将军窦宪为了邀功请赏，北击匈奴。劳师远征，损耗国库，使得袁安等德高望重的大臣们忧心忡忡。袁安上书和帝，劝他要守先帝们的信用，不要进攻匈奴，失信于天下。并以“言行君子之枢机”一句为喻，道出治国安邦与为人处世的原则，供和帝借鉴。但是窦氏家族权震人主，谏言始终未被采用。袁安的一片苦心付之东流，但他的凿凿之言却值得后人借鉴。

为政犹张琴瑟，大弦急者小弦断。

【注释】《后汉书·陈宠传》。

【解析】治理国家好比弹琴鼓瑟，大弦弹得过于急切，小弦就会因此而断裂。章帝年间，尚书令陈宠就光武帝、明帝之后的严酷刑法上书章帝，建议他改变酷烈刑罚，宽松为政。否则，可能使犯人屈打成招，造成冤假错案；执法的官吏也会假公济私，作威作福。陈宠以弹琴鼓瑟为喻，生动地说明为政之道，贵在人道的道理。

轻者重之端，小者大之源，故堤溃蚁孔，气泄针芒。是以明者慎微，智者识几。

【注释】《后汉书·陈宠传》。

【解析】轻是重的开端，小是大的根源。故有千里之堤溃于蚁穴，一室之气泄于针孔的名言。所以明智的人善于注意细小的情节，识别变化的征兆，从而防微杜渐，将祸患消灭在起始阶段。安帝在位期间，政治腐败，朝纲废弛，百姓失所，盗贼四起。然而地方官却粉饰太平，谎报政绩。廷尉陈忠对此深表忧虑，提醒安帝要杜渐防微，谨慎行事。陈忠形象地阐述了累微起高、积小成大的道理，其中贯穿了发展的观点，自有精辟之处。

水清无大鱼，察政不得下和。宜荡佚简易，宽小过，总大纲而已。

【注释】《后汉书·班超传》。

【解析】水至清则无大鱼，政至察则下不和。为政之道，理当平易近人，宽恕小的过失，把握大的原则。任尚接替了班超的职位后，就治理西域一事向班超请教方法。班超认为，塞外诸国，常怀二心，在处理与他们的关系时，不可过于苛刻认真，应当宽简疏荡，恕小过而总大纲。任尚不以为然，后来，在他治理西域时因为政无方导致西域诸国降而叛乱。等再想起班超的话，为时已晚。班超的话说明，统治者为政应当总揽大局，不拘泥于细枝末节，这样才能纲举目张，游刃有余。

不入虎穴，不得虎子。

【注释】《后汉书·班超传》。

【解析】不入虎穴，就得不到虎子。公元 73 年，班超奉命出使西域。他率众来到鄯善国，受到国王的热情接待，但后来国王却疏远了他们，原来是匈奴使者也来到鄯善国，国王惧怕匈奴，所以不敢亲近汉朝使者。班超得知实情后连忙召集随从，给他们讲明利害关系。班超认为，自己如果不主动杀掉匈奴使者，他们一定会被鄯善国的国王交给匈奴人，死无葬身之地。并以“不入虎穴，不得虎子”的话来激励部下。当夜，班超率众杀掉了匈奴使团，赢得了主动权，使鄯善国归附了汉室。班超的话掷地有声，表现了一个全节使者的大无畏精神。

王者赏人必酬其功，爵人心甄其德。善人同处，则日闻嘉训，恶人从游，则日生邪情。

【注释】《后汉书·爰延传》。

【解析】君主赏赐臣下必须论功行赏，封爵必须以德为鉴。与德行完满的人相处，可以天天受益，日有所进；与邪恶的人相处，则会心生恶念。爰延以此来劝谏桓帝为政要奖惩分明，任人须听言观行，分辨忠邪，择善而从，以防奸邪惑主，乱臣危国。体现了他作为股肱之臣的良苦用心。

君子任职则思利人，达上则思进贤，故居上而下不怨，在前而后不恨也。

【注释】《后汉书·王符传》。

【解析】君子任职就应该为别人谋福利，事主就须举荐贤能，这样，他身居高位而不被下级报怨，官至极尊而不为百姓唾骂。此语出自王符的《贵忠篇》。它指出了做官的基本品质应当在于“思利人”“思进贤”，搞好上下级关系。

德不称，其祸必酷；能不称，其殃必大。

【注释】《后汉书·王符传》。

【解析】为官者如果德不称职，能不符实，就会招来巨大的灾祸。此语出自东汉经学大师王符的《贵忠篇》。王符尽管不入世俗，远离官场，但十分关心政治，写下了大量治国安邦的文章。《贵忠篇》就是其中的一篇。此两处体现了王符对于官员基本素质的要求，德与能相辅相成，缺一不可。

国以贤兴，以谄衰；君以忠安，以佞危。

【注释】《后汉书·王符传》。

【解析】国家因贤才兴盛，因谄臣衰败，君主因忠臣而安，因佞臣而危。此语出自王符的《实质篇》一文。精辟地指出了国家的兴衰、君主的安危与用人的重要关系，对历代统治者都有借鉴意义。

夫养稂莠者伤禾稼，惠奸宄者贼良民。

【注释】《后汉书·王符传》。

【解析】养植野草就会危害禾苗的生长，施惠于奸邪就会加害于良民。此语出自王符《爱日篇》。王符以为，小人之幸，君子之不幸。任用奸小，就会使贤臣引退，国无忠臣。因此君主应亲贤臣，远小人，才会使政治清明，国家平安。它体现了王符的用人思想。

鸷鸟累百，不如一鹗。

【注释】《后汉书·庞参传》。

【解析】一百只凶猛的鸷鸟，不如一只鹗雕。邓太后执政期间，派大将军邓骘平定西北叛乱。御史中丞樊准得知庞参文武全才，就向邓太后举荐他参与征西。樊准用“鸷鸟累百，不如一鹗”来形容庞参的才干，向邓太后说明“千军易得，一将难求”的道理。

交浅而言深者，愚也；在贱而望贵者，惑也；未信而纳忠者，谤也。

【注释】《后汉书·崔骃传》。

【解析】交往很浅却倾吐知心的话，是愚蠢的行为；身为下贱却觍颜事贵是迷惑不明智的做法；本来不相信却当做忠言听取，这是诽谤的态度。崔骃学富五车，文章冠盖当时。因章帝的推荐，成为窦宪的座上客。窦太后执政后，窦宪把持着朝政大权，崔骃献书劝谏窦宪，本句就是文章开头一句。崔骃以此自谦，表明自己本来不具备上书的条件与资格，只是因为窦宪的宽宏大量才得以进言。指出自己与窦宪交情虽浅，但想说些知心话的心情，委婉而易于接受。

高树靡阴，独木不林，随时之宜，道贵从凡。

【注释】《后汉书·崔骃传》。

【解析】高耸入云的大树没有树荫，一棵树成不了树林。做事应顺应形势，治国之道正在于能顺应民众之心。崔骃博览群书，是东汉著名经学大师。他酷爱读学，不事功名，屡为时人嘲笑。崔骃模仿扬雄的《解嘲》作《达旨》来回答嘲笑他的人。所选即为其中一句。它强调了集体力量的伟大，指出出类拔萃的人固然令人敬仰，但伟大的事业不是单靠杰出者就可以成就的，而是大家共同奋斗才能成就的。

政以得贤为本，理以去秽为务。

【注释】《后汉书·杨震传》。

【解析】为政以得贤为本，理国以去秽为务。汉安帝年间，其乳母王圣权倾朝野，就连王圣的女儿也敢在宫中胡作非为。安帝耽于声色，对此熟视无睹，充耳不闻。司徒杨震针对奸小当权的时弊，抗颜上书，其中引用了《墨子》中“夫尚贤者，政本也”与《左传》中“为国者如农夫之务去草焉”的话，劝谏安帝选贤授能，铲除奸小，以求国泰民安。

义使士死，敢惮摧折。

【注释】《后汉书·杨震传》。

【解析】汉桓帝在一次私自出游中适逢大风拔木，群臣认为这是上天对皇帝的警告。杨秉上书指出，王者至尊，出入须有规矩，不可因一时兴起而乱了尊卑等级的次序，如有意外，追悔莫及。杨秉以“义使士死，敢惮摧折”说明自己冒死力谏的决心与赤诚，表达了忠臣义士不计个人安危、奋力为国的豪迈情怀。

祸福无门，唯人所召。

【注释】《后汉书·杨震传》。

【解析】灾祸与幸福不是无故降临的，都是人自己的行为招来的。汉桓帝经常以私访为名出游，杨震的儿子杨秉以尚书的名义力谏，劝桓帝不可扰乱尊卑次序，或以一己之私欲而使国家无主，朝政废弛。杨秉以“祸福无门，唯人所召”来劝桓帝不可咎由自取，甘蹈覆亡。

豺狼当路，安问狐狸。

【注释】《后汉书·张皓传》。

【解析】豺狼当道，哪里还用得着去查问狐狸。汉顺帝时，外戚梁冀专权。梁冀结党营私，残害忠良。汉安元年间，顺帝派出八名使者到各地视察社情民意，对地方官实行监督，如有贪赃枉法者，上报朝廷。八名使者中唯有张纲按兵不动，决心不去巡察，并且说了“豺狼当路，安问狐狸”的话，指出朝廷不去追查梁冀这样的国家大敌，却去追查一些鸡毛蒜皮的事，可谓舍本而逐末。

化人在德，不在用刑。

【注释】《后汉书·王龚传》。

【解析】教化的关键在于以德服人，而非用刑罚来恐吓人。南朝太守王畅在惩治豪族时常诉诸严刑峻典。功曹张敞劝谏他用刑不如施惠，严罚不如德教。后者更容易被人接受而且利于社会矛盾的缓和，有利于社会稳定。王畅听取了建议，开始简化刑罚，崇尚仁义，以德化人，收到了良好的效果。

危非仁不扶，乱非智不救。

【注释】《后汉书·刘陶传》。

【解析】没有仁义之士，不能挽狂澜于既倒；没有智能之人，无法救泰山于将崩。桓帝时，大将军梁冀大权独揽，飞扬跋扈。灾异连年爆发，人民流离失所。而桓帝对此不闻不问。刘陶上疏陈述了时弊，指出国家危难之时更应选贤授能，这样才能救危扶亡。表明了刘陶的危机意识与用人思想。

好尚或殊，富贵不求合；情趣苟同，贫贱不易意。

【注释】《后汉书·刘陶传》。

【解析】如果爱好不同，即使是与富贵者相交也不愿意同流合污；如果志趣相投，即使与贫贱者相交也不会改变自己的意愿。刘陶为人耿直，不拘于小节，交友唯求志同道合之人，深恶阿谀奉承之辈，不喜随波逐流，只好特立独行。这种“富贵不求合，贫贱不易意”的做法，正体现了他的交友与做人准则。

譬犹画工，恶图犬马而好作鬼魅。诚以实事难形，而虚伪不穷也。

【注释】《后汉书·张衡传》。

【解析】画工历来都是愿意画鬼怪而回避画狗马，实在是因为狗马是实实在在的东西，难以画得形象逼真，而鬼怪是虚假不实的东西，使人无法考究证实。东汉光武帝以及明帝、章帝都热衷于谶纬迷信之说。张衡上书阐明这种学说不可信，指出图谶纬书都是些欺世盗名的学说，是牵强附会与故弄玄虚的产物。他认为人们之所以舍弃天文、历法等实实在在的学问而热衷于虚妄的谶纬之说，恰恰是因为后者无法验证，易于骗人。他以画工为喻揭露了迷信活动欺世罔俗的实质。

君子不患位之不尊，而患德之不崇，不耻禄之不夥，而耻智之不博。

【注释】《后汉书·张衡传》。

【解析】君子不担心地位的底下，而害怕德行的浅薄；不以钱财的紧缺为耻辱，却因才智的贫乏而羞愧。这句话出自张衡的《应闲》一文。它阐明了君子看重德行与智慧，轻视钱财与地位的道理。从中可见张衡尚德轻财的人格。

执狐疑之计者，开群枉之门；养不断之虑者，来谗邪之口。

【注释】《后汉书·蔡邕传》。

【解析】狐疑不决容易给奸邪之人大开方便之门；踌躇不定常常会招致谗言与诽谤。建宁五年，灵帝派八使巡察各地，考察人民疾苦与地方官吏政绩。当时奉公者欣然得志，作奸者惊魂不定，百姓欢呼雀跃。可是后来这一措施突然中止不再执行了。蔡邕就此事上书灵帝，希望他坚持善政，不要狐疑不决，出尔反尔。并指出巡察制度可以使君主了解下情，褒善惩恶，赏功罚过，利国利民。

往车虽折，而来轸方遒。

【注释】《后汉书·左周黄列传》。

【解析】前面的车虽然已经折断，而后来的车却正在急速前进。东汉中期以后宦官专政，政治腐败，但是由于一大批忠臣贤将能够力挽狂澜，匡扶社稷，补救时弊，所以尽管国家遭受了一些磨难，而汉家王朝却始终倾而未颠，决而未溃，没有彻底垮台。“沉舟侧畔千帆过，病树前头万木春”，正是这些股肱之臣前仆后继、戮力为国的壮举，才保全了刘姓江山。

阳春之曲，和者必寡，盛名之下，其实难副。

【注释】《后汉书·黄琼传》。

【解析】像阳春白雪这样高雅的乐曲，能够随之唱和的人也一定极少；在声名鹊起、显赫一时的表面下，人的实际才干往往平庸无奇。东汉时的士大夫，多尚虚名，而无实学，黄琼就是这样的人。他为了抬高自己的身价，故意在皇帝召见自己后称病回家，等待再召。如此三番，声望渐涨，人们都以为他才高盖世，故能被五次三番召见而不出。他的朋友李固知其为人，就劝他别把调子唱得太高，名声吹得太大，以免令天下人失望而引祸上身。黄琼接受了李固的意见，应召入京，做了尚书仆射。这句话揭露了东汉时士大夫沽名钓誉的丑态，可谓入木三分。

风霜以别草木之性，危乱而见贞良之节。

【注释】《后汉书·卢植传》。

【解析】历经风霜，才能见出草木的生命力，国君危难，方能显出忠臣的贞良之节。卢植为人耿直忠义，为国操劳。他曾告劝窦武，力谏灵帝，均告失败。后董卓擅权，目无朝纲，群臣慑服，独有卢植敢怒敢言，直斥王前。曹操曾称赞他为“士之楷模，国之桢干”。“风霜以别草木之性，危乱而见贞良之节”一句，形象地说明了卢植为国而计的高度责任感以及他无私无畏的精神。

兵无强弱，而将有能否。

【注释】《后汉书·皇甫规传》。

【解析】兵士没有强弱，将领却分能否高下。皇甫规在任度辽将军时，发现副手中郎将张奂才能出众，谋略过人，便向皇帝上书推荐张奂接替自己的职务，自己担任张奂的副手。在上书中他用了“兵无强弱，将有能否”的话，以说明千军易得，一将难求的道理。

君者舟也，人者水也。

【注释】《后汉书·皇甫规传》。

【解析】君主是船，人民是水。水能载船，亦可覆船。冲帝、质帝时，梁太后临朝，其兄梁冀辅政，天下大乱，群小得志，人民失所。皇甫规上书梁太后，指出人民是国家的根本，不可拂逆人民的意志，无视人民的疾苦。如果那样，自下而上的反抗会使任何王朝顷刻覆灭。皇甫规的言论正确阐述了君主与人民的关系，包含了辩证思想。

农夫去草，嘉谷必茂；忠臣除奸，王道以清。

【注释】《后汉书·范滂传》。

【解析】农夫锄去田间杂草，庄稼必然长势丰茂；忠臣铲除奸邪，国家政治才会清明。汉桓帝时，范滂收集民间批评官吏的歌谣上报中央，有人指责范滂列举的人太多，公报私仇。范滂据理力争，说了上面的话，指出这是人民的意志，列举的人也都是罪大恶极者，必须予以铲除。从中可见范滂公正严明、疾恶如仇的性格与铲除奸邪的决心。

渭以泾浊，玉以砾贞。

【注释】《后汉书·党锢列传》。

【解析】渭河由于泾水的污浊才显出它的清澈；美玉与砾石相比才更显其纯贞。范晔以此来说明以李膺为代表的党人，与宦官等邪恶势力相比，才更显其忠直高洁。

兵有奇变，不在众寡。

【注释】《后汉书·皇甫嵩传》。

【解析】行军布阵在于出奇制胜，而不在于军队人数的多少。黄巾大起义爆发后，朝廷命皇甫嵩带兵镇压。在鏖战中黄甫嵩退至长社县城，农民军包围了长社。皇甫嵩力薄势单，军心大乱。他为了稳定军心，就对部下说，兵不在多，贵在善于出奇制胜。后来皇甫嵩果真用火攻大获全胜，解了兵临城下之围。

扬汤止沸，莫若去薪。

【注释】《后汉书·董卓传》。

【解析】扬汤止沸，莫若釜底抽薪。何进与袁绍策划诛杀朝中宦官，就秘令董卓率兵进京协助。董卓为了迎合何进，就说了上面的话，表示彻底铲除宦官的决心。“扬汤止沸，莫若去薪”，形象地说明了干事要抓住根本与关键的道理。

盖救乱诛暴，谓之义兵；恃众凭强，谓之骄兵。义者无敌，骄者先灭。

【注释】《后汉书·袁绍传》。

【解析】扶危救乱，铲除暴虐的军队，称之为义师；以众欺少，以强凌弱的军队，称之为骄兵。献帝建安四年，袁绍大败公孙瓒，统一北方。他依仗兵多地广，企图以精兵十万攻打在许都挟天子以令诸侯的曹操。军师沮授认为，袁绍连年征战，府库空虚，百姓疲敝，应当先休养生息，养精蓄锐。再加上袁绍师出无名，士兵骄横，必然会失败。沮授客观地分析了曹操与公孙瓒作为袁绍对手的不同，指出骄兵必败、义兵必胜的道理。

文籍虽满腹，不如一囊钱。

【注释】《后汉书·文苑赵壹传》。

【解析】赵壹怀才不遇，特立独行。著《刺世疾邪赋》以抨击奸邪得势、富贵称贤的世态，为抱才而困的贤才鸣不平。在重钱不重才的社会里，赵壹深感文籍满腹，不如一袋金钱，于是发而为叹，体现了他的不满与无奈。

志士不饮盗泉之水，廉者不受嗟来之食。

【注释】《后汉书·列女传》。

【解析】志士再渴也不饮盗泉之水，廉者再饿也不吃嗟来之食。乐羊子的妻子是一个有气节有操守的女子，一次，乐羊子拾到一块金子，回家交给了妻子。他妻子就以上面的话批评、激励乐羊子专心求学，不可心存妄想，受人不义之财。体现了乐羊子妻子的高风亮节。

《三国志》名句

夫有行之士未必能进取，

进取之士未必能有行也。

——《三国志·武帝纪第一》

自古受命及中兴之君，曷尝不得贤人君子与之共治天下乎！

【注释】《三国志·武帝纪第一》。曷：难道。

【解析】自古以来接受天命而担负起振兴国家的君主，难道不是求得贤人君子与他共同治理天下的吗？这是曹操作于铜雀台的名言。它精辟地指出，一个国家若要强盛繁荣，除了国君自身的励精图治之外，还要礼贤下士，广开言路，要有一个智囊团为其出谋划策，发挥集体的智慧，这样才能成就大业。

吾预知当尔，非圣也，但更事多耳。

【注释】《三国志·武帝纪第一》。

【解析】曹操在处理与羌、胡的民族关系时，注重先有来才有往，而不是主动迎合，这种策略被以后的事实证明是正确的。但他本人很谦虚地说："我事先知道事情会这样，并不是因为我是先知先觉的圣人，只不过经历的事情多罢了。"确实，从实践中我们能总结经验，吸取教训，不断积累、丰富知识技能，从而形成洞察世事的能力。所以，我们要注意从实践中学习。

有行之士未必能进取，进取之士未必能有行也。

【注释】《三国志·武帝纪第一》。

【解析】魏武帝曹操精明地认识到：有高尚品德的人不一定能有进取之心，而有进取心的人不一定有高尚的品德。尺有所短，寸有所长，每个人都有自己的优点和缺点。作为君主，任用人才时应看重他的长处，发挥他的优势，不能因为他的某个缺点而忽视他的优点，要全面地看问题，否则就会犯"一叶障目，不见泰山"的一点论错误。

妇人与政，乱之本也。

【注释】《三国志·文帝纪第二》。

【解析】古代时的妇女社会地位低下，没有政治权利，只能遵守三从四德，做贤妻良母，不能参与政事。魏文帝认为妇女参政是国家祸乱的根本原因。所以下诏曰："群臣不能奏事太后，后族之家不得当辅政之任。"但他并没有认识到问题的实质。历史也表明了有才有识有德的妇女只要不被外戚、宦官控制利用，不仅可以参与政事，而且还能辅佐君主治理好国家。

文帝天资文藻，下笔成章，博闻强识，才艺兼该，若加之旷大之度，励以公平之诚，迈志存道，克广德心，则古之贤王，何远之有哉！

【注释】《三国志·文帝纪第二》。该：具备，完备。迈：超越。克：能够。

【解析】这是《三国志》的作者陈寿对魏文帝曹丕比较客观全面的评价。文帝在文学上的成就众所周知，他与其父曹操、其弟曹植并称为“建安三杰”。如果他再具有开阔的心胸、豁达大度的品德，用不褊狭的诚意来奖勉人才，并不断超越自我，收揽民心，那么离古代的贤王明君也就不远了。这说明一个君主不仅要有才，而且还要有德，德才兼备才能称得上真正的贤君。

世之质文，随教而变。

【注释】《三国志·明帝纪第三》。质：朴实。文：有文采。

【解析】这是明帝曹睿继位后，看到国家兵荒马乱、经学废弛而下的诏书。他说：天下的文风或朴实或华美是随着教化的变化而变化的，言外之意是治理国家必须要控制人民的思想，用礼教、风俗来约束人们，所以儒教成为封建社会统治人民的工具。

善为国者必先治其身，治其身者慎其所习。

【注释】《三国志·三少帝纪第四》。

【解析】尚书何晏进谏齐王曹芳，原文为：善为国者必先治其身，治其身者慎其所习。所习正则其身正，其身正则不令而行；所习不正则其身不正，其身不正则虽令不行。他用层层递进和对比的方法指出，要想治理好国家，君主必须首先修正自身，提高自己的品德修养，而且必须谨慎，不能受习惯的影响，造成习非成是。还告诉我们要防微杜渐，在点点滴滴的小事上也不能放纵自己，否则必致后患。

古者以天下为公，唯贤是与。

【注释】《三国志·三少帝纪第四》。与：给予，授予。

【解析】陈寿说：古代的人以天下为公，把治理国家的大事授给贤德的人。如尧舜禹时代实行禅让制。后来，夏朝以世袭制取代了禅让制，也就打破了唯贤是举的状况，并在中国沿袭了几千年，严重地束缚了人才的选拔任用。

怒不变容，喜不失节，故是最为难。

【注释】《三国志·后妃传第五》。

【解析】这是曹操赞赏卞皇后的话：怒不形于色，喜时做事不失分寸，所以这是最难的。确实，遇事不惊、处变不乱、镇定自如、从容大度不仅是一种素质，也是一种涵养和能力。然而这只有少数人才能做到，所以曹操特别欣赏卞皇后。

孝治天下者不绝人之亲，仁施四海者不乏人之祀。

【注释】《三国志·吕布臧洪传第七》。

【解析】太祖曹操擒得陈宫后，问他是否想让母亲及女儿活下去，陈宫说：我听说以孝治理天下的人不灭绝别人的亲人，仁义施于四海的人不能缺少别人的祭祀之礼，我母亲及女儿的生与死在于你，不取决于我。陈宫认为曹操是个明君，所以临死进言。而曹操也确实用实际行动证明了他的为人，“太祖召养其母终其身，嫁其女”。中国封建礼教中以“孝”为先，行孝道是明君的必要条件之一。

仁义岂有常，蹈之则君子，背之则小人。

【注释】《三国志·吕布臧洪传第七》。蹈：遵循、实行。背：违反，违背。

【解析】袁绍攻城围臧洪，臧洪失败，其邑人陈容钦佩臧洪，在臧洪被杀之际，陈容对袁绍说：仁义并没有固定不变的定义，遵循它就是君子，违背它就是小人。我愿意与臧洪同死，也不愿与你共生。陈容把仁义和大丈夫诠释到了极致，也正因为仁义的“无常”，才显出君子的高尚情操和可贵品质。

为将当有怯弱时，不可但恃勇也。将当以勇为本，行之以智计，但知任勇，一匹夫敌耳。

【注释】《三国志·诸夏侯曹传第九》。但：只。

【解析】曹操的大将夏侯渊打了几个胜仗后，太祖经常劝诫他：作将领也有怯懦的时候，不可以只依仗勇猛。但将士应当以勇猛为本，并要有计谋，有勇无谋，就是一个普通人也能抵挡。只有智勇双全才可谓真正的将军。曹操劝诫夏侯渊戒骄戒躁，并希望他在英勇的基础上注重作战的谋略。

人心定而事理得，庶可以静风俗而审官才矣。

【注释】《三国志·诸夏侯曹传第九》。

【解析】司马宣王向夏侯玄询问时事，夏侯玄对曰：人心安定才能使事情有条理，才能稳定净化风俗，才能审察官吏的才能。三国时期，人民颠沛流离，饱受战争之苦，使人民安居乐业是国家的当务之急，否则其他都无从谈起。所以，有识之士都注重安定民心、稳定社会秩序以巩固统治。

绍貌外宽而内忌，任人而疑其心，公明达不拘，唯才所宜。

【注释】《三国志·荀彧荀攸贾诩传第十》。

【解析】曹操与袁绍争天下，荀彧对此评论到：袁绍表面上宽容而内心忌妒别人，任用人才却猜忌他；曹公豁达大度、不拘小节、唯才是举。这是袁、曹的最大不同,也是导致袁绍失败、曹操成功的重要因素。袁绍以小人之心度君子之腹,必然众叛亲离,而曹操用人不疑,使其智囊力量不断壮大,最终成就一番大业,因而,我们要从袁绍身上吸取教训,从曹操身上总结经验。

古之成败者,诚有其才,虽弱必强,苟非其人,虽强易弱,刘、项之存亡,足以观矣。

【注释】《三国志·荀彧荀攸贾诩传第十》。

【解析】荀彧对袁绍和曹操的形势作了分析,他说:"古代有所成就的人,确实有才能,即使弱小也一定会变得强大起来,如果不是有才能的人,即使强大也会变得弱小,刘邦和项羽的胜利、败亡,足以验证了这个道理。"袁绍表面上很强大,但他气量小,猜忌心重,做事犹豫不决,法度松弛。曹操气度恢弘,知人善任,办事果断,法令严明,使许多贤士辅佐他,最后在官渡之战中一举击败袁绍。

兵者,凶器也,不得已而用之。

【注释】《三国志·袁张凉国田王邴管传第十一》。

【解析】这是袁涣对太祖的进谏,他说:兵士,也是一种凶器,不得已时才用。实行休养生息,发展社会经济,使国家呈现太平盛世的繁荣景象是每个统治者所希望的。凡事动之兵戎,对双方都没有好处,而且受灾难最深的是百姓。所以,遇事用谈判的、非武力的手段协商解决最好,尽量避免刀戈相见。

人各有志,出处异趣,勉卒雅尚,义不相屈。

【注释】《三国志·袁张凉国田王邴管传第十一》。

【解析】太祖以胡绍为司空丞相,胡绍自陈一介草民,对国家没有太大的贡献,请求辞官,于是太祖说:人各有志,出身和兴趣爱好不同,勉为其难便索然无味了。胡绍隐归陆浑山,躬耕乐道,以经籍自娱。太祖虽唯才是举,但也尊重他人的个人意愿。若勉强行之,则事与愿违。

天之所助者顺,人之所助者信。

【注释】《三国志·崔毛徐何邢鲍司马传第十二》。

【解析】有传言说袁术的军队混乱不堪,太祖询问何夔(kuí),何夔说:得到上天的帮助就会顺利,得到人民的帮助让人信服。这与孟子的天时、地利、人和一脉相承。一个人若想取得成功,不仅要占天时,更重要的是占人和,而袁术无天时无人和,"不可得志于天下"。

为国失贤则亡。

【注释】《三国志·崔毛徐何刑鲍司马传第十二》。

【解析】太祖与袁术争战时,时传袁术军乱,太祖说:治理国家失去贤德,国家一定走向灭亡。因此推断袁术军乱是必然的。太祖不仅认识到以贤为国,而且在争天下、治天下的具体行动中,轻徭薄赋,与民休息。所以他在位时,国家井井有条,繁荣昌盛。而秦始皇大兴土木,劳民伤财,失贤于民,致使国家很快灭亡。

夫乐,上通神明,下和人理,隆治致化,万邦咸乂,移风易俗,莫善于乐。

【注释】《三国志·崔毛徐何刑鲍司马传第十二》。乂(yì):治理,安定。

【解析】文帝继位后,热衷于游猎,鲍勋进谏说:礼乐,可以安定国家,移风易俗。而游猎残害生灵,并只是一个人得到快乐,于国家无益。礼乐向来被作为治理国家的一个重要工具,以此来陶冶情操,稳定民心。所以,统治者都注重礼乐,也就是现在所说的精神文明建设,它与物质文明建设相得益彰,相互促进。

王者之治,崇本抑末,务农重谷。

【注释】《三国志·崔毛徐何刑鲍司马传第十二》。本:农业。末:商业。

【解析】大司农司马芝上奏太祖曰:国君治理国家应该重视农业,抑制商业。农业是社会存在、发展的根本。农业不稳定,不发达,则民心不稳定,国家岌岌可危。这种重视农业的政策是正确的,但也不能抑制商业,否则只是闭塞保守的。因而,在发展农业的基础上,适当地发展商业,促进流通,才能更快地发展社会经济。

不下殿堂之上,而决胜千里之外。

【注释】《三国志·钟繇华歆王朗传第十三》。

【解析】诸葛亮围攻祁山,明帝欲西征,钟繇的儿子钟毓上书明帝:国君您应该不下殿堂指挥作战,而能决胜于千里之外。亲征,费力耗资,没有好处。最后明帝采纳了钟毓的意见并提拔了他。其实,真正的指挥家不必凡事躬亲,应足不出户而胸有成竹。譬如诸葛亮就做到了运筹于帷幄之中,而决胜于千里之外。

见可而进,知难而退,盖自古之政。

【注释】《三国志·钟繇华歆王朗传第十三》。

【解析】钟毓进言明帝说:可以去做的事情就要努力去做,如果不可以去做的就要另想办法，这是自古为政的原则。凡事不能一味强求，应根据不同的情况采取不同的措施，制定不同的策略。否则，明知山有虎，偏向虎山行，勇气固然可嘉，但自不量力的后果可想而知。

为国者以民为基，民以衣食为本。

【注释】《三国志·钟繇华歆王朗传第十三》。

【解析】明帝伐蜀，华歆上疏曰："治理国家，应该以人民为基本，而人民以衣食为根本。"华歆用这种递进的方式说明了应尽量减少战争。人民饱受战争之苦，生产废弛，百姓衣食无着是无法治理好国家的。只有人民解决了温饱，生活安定，国家才能繁荣昌盛。

智者审于量主，故百举百全而功名可立也。

【注释】《三国志·程郭董刘蒋刘传第十四》。

【解析】郭嘉跟随袁绍时，对袁绍的谋臣辛评、郭图说："睿智的人慎重地选择君主，所以他的进谏、策略才能被采纳，才能建立功名。"所谓"良将择主而侍，良驹择主而骑"，没有伯乐的赏识与重用，千里马无法发挥才能。郭嘉看出袁绍"多端寡要，好谋无决"，无法与之成就大业，于是归随曹操。

凡有天下者，莫不贵尚敦朴忠信之士，深疾虚伪不真之人，以其毁教乱治，败俗伤化也。

【注释】《三国志·程郭董刘蒋刘传第十四》。尚：尊重，崇尚。疾：憎恨。

【解析】这是董昭给明帝的上疏，他说：凡是取得天下的人，没有不尊重敦厚朴实忠诚之士，而深深地憎恨虚伪之人，因为他们毁坏教化，伤风败俗。"亲贤臣，远小人"才是国家的兴盛之道。秦二世宠信赵高指鹿为马，唐玄宗重用杨国忠祸国殃民，历史反复证明了这一真理。

学者，治乱之轨仪，圣人之大教也。

【注释】《三国志·刘司马梁张温贾传第十五》。

【解析】刘馥之子刘靖上疏说：有学问的人，是治世和乱世的法度，是圣人教化的结果。当时连年兵荒马乱，读书人失去了做学问的环境，并且国家重视武道，经学疏弛，社会风气败坏。所以，无论何时也不能忽视教育，忽视知识分子。

一日纵敌，患在数世。

【注释】《三国志·刘司马梁张温贾传第十五》。

【解析】曹操的大将张既击败胡军后，诸将都说："士卒疲倦，而胡军气势旺盛，不可与之争锋。"张既说："如果胡军看到我们松懈，一定会反击，那时我们进退维谷。可谓一日纵敌，患在数世。"意即要把握时机，乘胜追击，斩草除根，否则会贻害无穷。这虽是兵家战略，但也同样适用于生活中。

古人有言，患名之不立，不患年之不长。

【注释】《三国志·刘司马梁张温贾第十五》。

【解析】曹操大将贾逵死后，曹操为其立祠，见其碑像，怆然叹道："古人说，担忧不立名于世，而不患年龄的大小。"贾逵死后多年仍被人们怀念，可谓流芳百世。这是对贾逵的褒奖，也透着对他英年早逝的遗憾。轰轰烈烈地活过，做出一些成就，追求生命的质量，而不看重生命的数量，相信这是古今有志之士所追求的生活方式。

丰财者，务本而节用也。

【注释】《三国志·任苏杜郑仓传第十六》。

【解析】杜几的儿子杜恕上疏说：国家安定，应该以百姓安定为前提，而让百姓安定莫过于使他们衣食富足，但衣食无忧了，也不能放松生产，更不能奢侈浪费，还要重视勤俭节约。以此进谏君主既要促进生产，又要行节俭之道，两者相辅相成，国家才能繁荣昌盛。

官得其人，则政平讼理；政平故民富实，讼理则囹圄空虚。

【注释】《三国志·任苏杜郑仓传第十六》。

【解析】杜几之子杜恕说：如果官职由称职的人担任，那么政治就会清明，案件就会得到公正的判决。政治清明则人民生活富裕，案件公判则罪犯减少，监狱空虚。意即选拔官吏要德为先行，任用品德高尚、正直、清廉为公的人才，否则政不平、理不讼，导致国家政治黑暗，腐败成风，政权岌岌可危。

世有乱人而无乱法。

【注释】《三国志·任苏杜郑仓传第十六》。

【解析】杜恕上疏曰：世上只有作乱的人而没有混乱的法令。所以无论何时，法令一定要严明，且要全面贯彻执行，这样才能约束那些作奸犯科的"乱人"。他如此进谏是想要曹操立法度，辟公府，整顿吏治，建立一个法治的社会，这在以"人治"为统治方式的封建社会无疑是具有进步意义的。

古之帝王之所以能辅世长民者，莫不远得百姓之欢心，近尽群臣之智力。

【注释】《三国志·任苏杜郑仓传第十六》。

【解析】杜恕上疏说：古代帝王使国家安定、人民长寿没有不是得到百姓的拥护，并且使群臣效忠竭力的。帝王要坐稳江山，一方面要发挥集体的智慧，群策群力，使仁臣献计献策，另一方面还要取悦于民，因为“水可载舟，亦可覆舟”。杜恕是希望曹操把两方面有机结合，得到自上而下为一体的官民衷心拥护，以达到国家长治久安，辅世长民。

忠臣不必亲，亲臣不必忠。

【注释】《三国志·任苏杜郑仓传第十六》。

【解析】杜恕说：忠臣不一定亲近你，而亲近你的人不一定是忠臣。忠臣大多性格耿直，不会阿谀奉承，而终日投其所好的人必有私欲，只想着为自己谋利益。杜恕一句话简明扼要地概括出“忠”与“亲”的对立关系。所以，作为君主，要有一双慧眼能识别忠臣与小人，不能被表面的假象所迷惑。

良将不怯死以苟免，烈士不毁节以求生。

【注释】《三国志·二李臧文吕许典二庞阎传第十八》。

【解析】庞德率军与关羽作战不利，对督将成何说：“优秀的将领不会胆小怕死来苟且偷生，烈士不会毁坏名节而苟活。”纵死不降，慷慨就义，可谓虽死犹荣。这种宁为玉碎、不为瓦全的豪迈气概令世人赞叹和钦佩。庞德即是一位宁死不屈的“良将”。

论德而授官者，成功之君也；量能而受爵者，毕命之臣也。

【注释】《三国志·任城陈萧王传第十九》。

【解析】曹植上疏文帝：以品行授予官职，是成功的君主，衡量自己的才干而接受爵位的人是能完成使命的臣子。君和臣都要从自身的实际情况出发，实事求是，量才而用，量力而行。曹植的这番上疏怀着深深的忧愤，表达出自己怀才不遇的苦闷，希望曹丕心胸旷达，不计前嫌，给予他一个施展才华和能力的机会。

能成功于千载者，必以近察远，智周于独断者，不耻于下问，亦欲博采必尽于众也。

【注释】《三国志·王卫二刘傅传第二十一》。

【解析】刘广上疏曹操：能成就千秋功业之人，一定能以近察远，不耻下问，博采众长，人尽其才。有所作为的人，能够管中窥豹，广泛采纳别人的意见，不断增加自身的信息量。其实,作为一个普通人也要广泛地从别人身上吸取其精华为我所用,而以近察远、以古推今则是在此基础上的提高和升华。

举事而不本于义,未有不败者也。

【注释】《三国志·桓二陈徐卫卢传经二十二》。

【解析】官渡之战中,刘表支持袁绍,桓阶对刘表的太守张羡说:做事不本着义,没有不失败的。意即刘表支持袁绍的不义行为,一定会失败。义,是做事的出发点。如果违背它必遭灭亡。如秦始皇为修建阿房宫大兴土木,劳民伤财,背仁弃义,最终自取灭亡。

天下想望至治,惟有以崇德布化,惠恤黎庶,则兆民幸甚。

【注释】《三国志·桓二陈徐卫卢传经二十二》。

【解析】曹操当政之初,陈群上疏:天下想要达到治世,只有推崇德政和节俭之道,体恤黎民百姓,则人民无比幸运。赤壁之战后魏、蜀、吴三分天下,战事减少,这时最重要的是安抚百姓,与民休息,发展生产。例如楚汉战争后,刘邦实行黄老政策,既收揽了民心,巩固了统治,又恢复和发展了生产,为西汉的经济繁荣奠定了基础。

帝王用人,度世授才,争夺之时,以策略为先,分定之后,以忠义为首。

【注释】《三国志·桓二陈徐卫卢传第二十二》。

【解析】明帝继位后,桓范说:帝王用人,应根据时局的不同需要提拔人才。争夺天下时,应以策略为重,谁的策略能打败对方就应提拔谁,而天下安定后,应以忠义为首,把品质忠良放在第一位。不同的历史时期,不同的情况,用人原则也要随之改变,做到因时制宜,这样才能制定出符合国计民生的策略方针。

治定之化,以礼为首。拨乱之政,以刑为先。

【注释】《三国志·韩崔高孙王传第二十四》。

【解析】高柔任丞相理曹掾时,下令:治理安定的社会,以礼教化民众,治理混乱的社会,以刑罚统治民众。不同的社会状况应采用不同的统治政策。纵观各朝各代的发展历史,无不是在安定之时重礼教,行宽舒政策;在混乱之时重刑律,行高压统治。高柔是建议曹操在定天下后,“以礼为首”统治国家。

善治者,务俭约,重民力也;恶政者,从心恣欲,触情而发也。

【注释】《三国志·辛毗杨阜高堂隆传第二十五》。

【解析】杨阜上疏曹操说:贤君一定勤俭节约,爱惜民力,而昏君恣意妄为,毫无顾忌。作为国君，凡事要三思而后行，除了群臣的进谏和监督，最重要的是自身做事要有一定的准则，不可随心所欲，放松自己。这在唐玄宗身上表现得尤为明显。他执政前期，励精图治，国家繁荣昌盛；统治后期，宠爱杨贵妃，纵情享乐，不理朝政，重用外戚奸臣，导致“安史之乱”，加速了唐王朝的灭亡。

圣王乐闻其缺，故有箴规之道；忠臣愿竭其节，故有匪躬之义也。

【注释】《三国志·辛毗杨阜高堂隆传第二十五》。箴：规劝。

【解析】高堂隆进谏曹操说：圣明的君主乐于知道他的缺点，所以才有规劝之道。忠臣愿意殚精竭虑，所以有呕心沥血之义。凡事都有两方面，君明则臣直。这样的君臣关系才能有益于国家。高堂隆是希望曹操虚怀若谷，广开言路，使臣尽其言，竭其节。

亡国之主自谓不亡，然后至于亡；贤圣之君自谓将亡，然后至于不亡。

【注释】《三国志·辛毗杨阜高堂隆传第二十五》。

【解析】亡国之君骄奢淫逸，意识不到国家将亡，然而适得其反；贤圣之君有忧患意识，励精图治，所以国家才不会灭亡。秦始皇建立秦朝后，沉赋重役，焚书坑儒，虽自称“始皇”，但已埋下了灭亡的祸根。刘邦取得天下后，吸取秦亡教训，立法度，轻徭赋，使国家蒸蒸日上。人无远虑，必有近忧，我们要时刻有忧患意识，并化这种压力为动力，鞭策自己不断进步。

患人知进而不知退，知欲而不知足，故有困辱之累，悔吝之咎。

【注释】《三国志·徐胡二王传第二十七》。咎：罪过，过失。

【解析】王昶说：担心人们只知进不知退，只知索取不知满足，所以会有受辱的困境，会后悔莫及。凡事都要适可而止，不能无限制地索求，若超过一定的“度”，只会使自己陷于困境。但知足并不是安于现状，而是在现状的基础上不断进取。

物速成则疾亡，晚就则善终。

【注释】《三国志·徐胡二王传第二十七》。

【解析】凡事欲速则不达，事物有其内在的客观规律，不以人的意志为转移，循序渐进才有好的结果。所以“大雅君子恶速成”。我们做事只有尊重事物的规律，才能达到预期效果，贸然行事只会事与愿违。

救寒莫如重裘，止谤莫如自修。

【注释】《三国志·徐胡二玉传第二十七》。裘：皮衣。

【解析】王昶进言说：挽救寒冻的人没有比得上皮大衣的，终止诽谤没有比得上加强自身修养的。身正不怕影斜，自身没有错误，诽谤是无用的。面对别人的诋毁，关键是不断完善自己，不给别人可责之处。所以，欲立身行事必须不断提高完善自己，努力做到尽善尽美，自然别人就无可指责了。

文为世范，行为士则。

【注释】《三国志·王毋丘诸葛邓钟传第二十八》。

【解析】邓艾读到陈寔的碑文：文章是君子的典范，行为是君子的准则。邓艾大受感触，于是改名邓范，字士则。应该说，这是士大夫的追求。他人把自己当做模范、榜样，即使身体化为乌有，其文章、精神依然被人传颂、效仿，可谓死而不朽。司马迁就是典型的一例。他的《史记》被后人称为“史家之绝唱，无韵之离骚”，他坚忍不拔的精神仍激励着无数人去战胜困苦。

明者见危于无形，智者见祸于未萌。

【注释】《三国志·王毋丘诸葛邓钟第二十八》。

【解析】钟会在牧蜀时说：聪明的人在危险还没有形成时就能发现，睿智的人在祸患尚未萌芽时就能觉察。意即人要有先见之明。凡事，尤其是坏事应及早发现，防患于未然。如果等到事情已经发展得很明朗时才发现，则为时已晚。钟会的用意是：文钦、唐咨是魏国的叛臣，应在其行为败露之前就扼杀掉，否则后悔不迭。

立爱自亲始，教民孝也；立敬自长始，教民顺也。

【注释】《三国志·二主妃子传第四》。

【解析】这是诸葛亮在甘皇后死时对后主的进言，树立仁爱从亲近的人开始，来教化百姓孝顺，树立尊敬从身边的长辈开始，以教民顺服。上行下效，皇帝是一国之尊，他对亲人的慈爱，对长辈的恭敬必然会影响全国的风化。修身齐家才能治国平天下。从自身做起，从身边做起，才能为天下楷模。

孤之有孔明，犹鱼之得水也。

【注释】《三国志·诸葛亮传第五》。

【解析】刘备三顾茅庐请出诸葛亮，共议天下大事，两人情投意合，关系甚密，引起关羽、张飞等不悦。刘备解释道：我有诸葛孔明，就像鱼儿得到了水一样。正是诸葛亮的得力辅佐，才使刘备成就了大业。当我们说得到一个志同道合、相得益彰的人才时也可以引用此句。

不宜妄自菲薄，引喻失义，以塞忠谏之路。

【注释】《三国志·诸葛亮传第五》。

【解析】这是诸葛亮率众南征之前，在给后主《出师表》中的话：不应该毫无根据地看轻自己，说话办事不当而阻塞了忠臣进谏的途径。他深知后主的缺点，提出中肯的建议和殷切的希望，充分体现了诸葛亮的贤德和对蜀国的拳拳赤诚。

亲贤臣，远小人，此先汉所以兴隆也；亲小人，远贤臣，此后汉所以倾颓也。

【注释】《三国志·诸葛亮传第五》。

【解析】这是诸葛亮在《出师表》中的话，他用简洁的对比揭示了天下兴亡的一个根本原因，对待贤臣与小人的不同态度会影响到国家的兴亡。如唐朝贞观之治和安史之乱，就是很好的历史例证。这个上书切中要害，指出了国家兴亡的实质。寥寥数语，表现了诸葛亮洞察世事能力之强，也为后代帝王指出了治国用人之道。

先帝不以臣卑鄙，猥自枉屈，三顾臣于草庐之中，咨臣以当世之事。

【注释】《三国志·诸葛亮传第五》。卑鄙：卑贱低下。猥：表示谦卑。

【解析】诸葛亮在南阳耕地以待时而出，刘备不嫌弃他的地位卑微而三顾茅庐，终于感动了诸葛亮。诸葛亮不仅辅佐刘备去取得天下，而且为兴蜀事业鞠躬尽瘁。此句表达了诸葛亮对刘备知遇之恩的感激。“三顾茅庐”也成为广为传颂的美谈，给后世帝王择才用人以启迪。

以逸道使民，虽劳不怨；以生道杀人，虽死不忿。

【注释】《三国志·诸葛亮传第五》。

【解析】这是孟轲的话，书中引用是用来说明诸葛亮在治理蜀国时实行了与民休息的宽舒政策，这秉承了孟子的“仁政”思想。民乃国之本，得民心者得天下。诸葛亮作为一代杰出的政治家，不仅深深认识到这一点，并且付诸实践，蜀国人民大受其益。

诸葛亮之为相国也，以其用心平而劝戒明。

【注释】《三国志·诸葛亮传第五》。

【解析】诸葛亮任蜀国丞相时，真正做到了廉洁公正，殚精竭虑，并制订了严明的律法，使“尽忠益时者虽仇必赏，犯法怠慢者虽亲必罚，服罪输情者虽重必释，游辞巧饰者虽轻必戮”。正是在他兢兢业业的治理下，蜀国“风化肃然”，经济大有发展，人民在战争的颠沛流离之后终能安居乐业。

羽善待卒伍而骄于士大夫，飞爱敬君子而不恤小人。

【注释】《三国志·关张马黄赵传第六》。

【解析】关羽善待兵士而对士大夫傲慢，张飞敬重君子却不体恤小人物。关羽的平易近人、重情重义，人所共知，而张飞对下属骄横无礼，最终被手下所杀。因此，我们从关、张二人身上可以得出结论，无论是对社会地位高或地位低的人都应一视同仁、有情有义。

羽刚而自矜，飞暴而无恩，以短取败，理数之常也。

【注释】《三国志·关张马黄赵传第六》。

【解析】陈寿不仅指出关张的优点：羽报效曹公，飞义释颜严，并有国士之风。同时也指出他们的缺点，即关羽刚烈并且矜持傲慢，张飞暴躁并且不讲恩德，这些缺点导致了他们最后的失败。陈寿对关、张的评价也为世人敲响了警钟，我们要全面地认识自己，克服性格中的弱点，避免它所带来的危害。

爵高者忧深，禄厚者责重。

【注释】《三国志·许麋孙简伊秦传第八》。

【解析】许靖对曹操说：爵位高的人忧虑深重，俸禄丰厚的人责任重大。意即在其位谋其政，官职、地位越高的人考虑的问题越多，担负的责任越大。看来为高官者并不是件轻松的事，况且封建社会，伴君如伴虎，为官者时时都要谨小慎微，唯恐有所闪失，否则不仅给自己带来杀身之祸，而且还要连累家族。

行之得道，即社稷用宁，行之失道，即四方散乱。

【注释】《三国志·许麋孙简伊秦传第八》。之：政策。

【解析】许靖对曹操说：如今您威震四海，统辖一方，制定的政策如果实行得力，则国家安宁，否则国家就会混乱。方针政策是关系国家兴亡的重要因素，正确的政策实施是否得力，都关系着国家的安危。所以，我们在执行政策时要落实有效。

苟得其人，虽仇必举；苟非其人，虽亲不授。

【注释】《三国志·许麋孙简伊秦传第八》。

【解析】许靖说：为官择人，要任人唯贤，不能任人唯亲。如果是人才，即使有仇也一定举荐，如果不是人才，即使是亲戚也不能授官。任人唯贤是许多卓越政治家的用人原则，只有这样，才能把具有真才实学的人聚拢在周围，人尽其才，而成就一番大业。

贪寻常之高而忽万仞之嵩，乐面前之饰而忘天下之誉，斯诚往古之所重慎也。

【注释】《三国志·许麋孙简伊秦传第八》。

【解析】秦宓对任定祖说：贪图寻常之高而忽视了万仞之高，只对面前的成绩满足而忘记了享天下之誉，这实在是古往今来的人们应该慎重的呀。确实，我们不能因小失大，鼠目寸光，面对一点点的成绩就沾沾自喜，乐而忘步，不能继续发展，这是很可悲的。不能让"仲永"的故事重演。

海以合流为大，君子以博识为弘。

【注释】《三国志·许麋孙简伊秦传第八》。

【解析】李权向秦宓借《战国策》时，二人对话，李权说："《战国策》会聚了许多经典而成书，就像大海包纳百川成其大，所以君子也应该博闻强识。"不积小流，无以成江海，不积跬步，无以至千里。任何事物发展壮大都是在点点滴滴中不断积累，积少成多。所以，在我们的学习生活中，应该不断积累，不断学习，为成功奠定坚实基础。

上明下直，谗慝不行也。

【注释】《三国志·刘彭廖李刘魏杨传第十》。慝(tè)：奸邪。

【解析】孟达对刘封说："皇上贤明臣子刚正不阿，奸诈小人就会走投无路。"所以，作为君子，要明辨是非、豁达大度，臣子要忠言直谏，这样奸佞之人自然无容身之所。君臣配合得恰到好处，小人则亡。

公赏不遗远，罚不阿近，爵不可以无功取，刑不可以贵势免，此贤愚之所以佥忘其身者也。

【注释】《三国志·霍王向张杨费传第十一》。佥(qiān)：全、都。

【解析】张裔称赞诸葛亮：他真正做到了一视同仁，赏罚分明，使贤者愚人都忘记了他们的身份。廉洁、公平应该是一切优秀政治家的标准。这句话充分体现了诸葛亮的高风亮节。当我们赞扬某人公正无私时也可以引用此句。

智者不为小利移目，不为意似改步，时可而后动，数合而后举。

【注释】《三国志·杜周杜许孟来尹李谯郤传第十二》。

【解析】谯周上疏后主：明智的人不为一点小利而转移方向，不为表面上相似而改步，而是等到时机合适时才有所举动，意即智者不会贸然行事，也不为一点小利而乱了方寸，而是等待各方面时机都成熟了，从全局考虑应时而发。因此，我们做事也应该考虑周全，戒骄戒躁。

存不忘亡，安必虑危，古之善教。

【注释】《三国志·吴主传第二》。

【解析】赤壁之战后，天下成三足鼎立之势。吴王孙权对诸将说：居安思危是前人留给我们的教诲，今虽天下稍安，但将士们也不可放松警惕，有懈怠之意，我们更要注重国家的防御。这种忧患意识，尤其是和平年代所必备的，切不可以以为天下太平，万事大吉。

一夫不耕，有受其饥，一妇不织，有受其寒。

【注释】《三国志·三嗣主传第三》。

【解析】孙权第六子琅琊王孙休下诏说："一个男子不耕地，就有人挨饿，一个女子不织布，就有人受冻。"吴国初定，恢复生产，发展经济乃当务之急，而且也对稳定社会起重要的作用。农业是国家的根本，满足人民的温饱，社会才能安定团结。无论何时我们都不能忽视农业。

书籍之事，患人不好，好之无伤也。

【注释】《三国志·三嗣主传第三》。

【解析】孙休与张布对话，孙休说：读书这件事，就怕人不爱好，爱好他不会有什么坏处。书永远是人类最宝贵的财富，知识永远是人类前行的力量。所以，我们要多读书，读好书，积累知识，武装头脑，尤其是在科技日新月异的今天，有丰富知识的人才是时代的弄潮儿。

有国有家者，必明嫡庶之端，异尊卑之礼，使高下有差，阶级逾邈，如此则骨肉之恩生，觊觎之望绝。

【注释】《三国志·张顾诸葛步传第七》。逾（yú）：从墙上爬过去。邈（miǎo）：远。觊觎（jì yú）：非分的希望或企图。

【解析】顾谭上疏孙休说：无论是国还是家，都必须明确长幼尊卑，制定伦理纲常，这样人们才能本分。确实如此，一个社会（尤其是封建社会）、一个家庭必须具备一定的礼法，用一些特定的规则约束人们的行为，使社会有序。然而，这也是为封建等级制的一种辩护，使人们安分守己，循规蹈矩，不得逾越等级界限。因此，对此句要辩证地看待和理解。

人君不亲小事，百官有司各任其职。

【注释】《三国志·张顾诸葛步传第七》。

【解析】诸葛瑾、陆逊、朱然、程普等十一人上疏说：国君不必凡事亲临，文武百官应该各司其职。意即治理国家时，国君不必事必躬亲，应处理关系国计民生的大事，其他社会职能部门各司其职，各尽其能。一个职权明确的社会才能有效、高速地运转。

人情惮难而趋易，好同而恶异，与治道相反。

【注释】《三国志·张严程阚薛传第八》。

【解析】吴王孙权说：人在感情方面是怕困难而趋向于易，喜欢志同道合，而讨厌别人与自己意见相左，这与治世之道恰恰相反。治世应不怕困难，迎难而上，并乐于采纳不同的意见，这样国家才会有生机和活力。一个国家如果不允许不同政见存在，只能是一潭死水；如果只求解决简单的问题，弃难于不顾，社会就会停滞不前。因此，只有广开言路，并不断迎接新的挑战，国家才能不断进步。

欲知其君，观其所使，见其下之明明，知其上之赫赫。

【注释】《三国志·虞陆张骆陆吾朱传第十二》。赫赫：声威盛大。

【解析】吴国大将军骆统说：想知道国君的为人，看看他所用之人就可知。如果他的官吏精明能干，那么国君本人也很有声威。俗语云：物以类聚，人以群分。志同道合的人会聚在一起。从诸葛亮的足智多谋、高风亮节中即可知刘备必为英明之主。因此，骆统的这句话是非常正确的。

民以君安，君以民济，不易之道也。

【注释】《三国志·虞陆张骆陆吾朱传第十二》。

【解析】骆统上疏孙权的这句话指出了君民之间相互依赖、相互促进的关系，如唐太宗所说："水能载舟，亦能覆舟。"民富则国兴，民困则国亡。夏桀的暴虐终于激起人民的反抗，被商鞅取而代之。所以，历代统治者都注重与人民的关系。

应龙以屈伸为神，凤凰以嘉鸣为贵，何必隐形于天外，潜鳞于重渊者哉？

【注释】《三国志·虞陆张骆陆吾朱传第十二》。

【解析】吾粲为太守，召谢谭为官，谢谭称病推辞，吾粲劝诫他说：龙以能屈能伸为神明，凤凰以鸣声悦耳而显贵，大丈夫为什么要把自己的才能隐藏起来呢？一个人有才能，要体现出来，对社会有所贡献，这才实现了自身价值。否则，不能造福别人，造福社会，他的才能也是没有价值的。

礼之长于刑久矣。

【注释】《三国志·陆逊传第十三》。

【解析】谢景崇尚刑罚为主、仁政为辅的观点，陆逊驳斥他说：“礼法的效果要比刑罚长久。”西方有句谚语：胡萝卜与大棒并用。意即统治国家要刚柔相济，既要有严刑厉法，也要使用怀柔政策，而从长远来讲，仁政比苛政更能使国家长治久安。

志行万里者，不中道而辍足；图四海者，匪怀细而害大。

【注释】《三国志·陆逊传第十三》。

【解析】公孙渊背弃盟约，孙权欲往亲征，陆逊劝诫说：有志之士不会半途而废，也不会因小失大。今强寇压境，亲征必劳民伤财，给敌人以可乘之机，而公孙渊日后定会不讨自服。成大事者不能因一点点挫折而放弃，要坚忍不拔，持之以恒，而且要气度恢弘，不能鼠肚鸡肠。

以天地长久，而人居其间，有白驹过隙之喻。

【注释】《三国志·吴主五子传第十四》。

【解析】孙和说：人生天地间，就像白驹过隙般短暂，光阴似箭。人与浩浩天地相比，生命是很短暂的，但我们要把握这有限的时间，多学习，多做事，为人为己创造社会财富，才不枉此生。所以，面对寸金的光阴，我们要珍惜，充分有效地利用时间，多做有意义的事。

仇雠有善，不得不举，亲戚有恶，不得不诛。

【注释】《三国志·吴主五子传第十四》。

【解析】孙权死后，诸葛恪迁升孙奋到豫章做官，奋怒，不从命。奋屡次越法度，诸葛恪进谏说：仇人有善行，一定要推举出来，亲戚做错事，也定要诛杀。意即孙奋虽贵为王子，但他有错误也要受到惩罚。赏罚分明，一视同仁，这在以“人治”为思想的封建社会是尤为可贵的。

良药苦口，惟疾者能甘之，忠言逆耳，惟达者能受之。

【注释】《三国志·吴主五子传第十四》。

【解析】“良药苦口利于病，忠言逆耳利于行”是大家广为传颂的格言，但最先表达出这个意思的是诸葛恪。凡事都有主要和次要两个方面，明达的人会抓住事物的主要方面，并利用其主要方面为己服务。如得病的人利用药能治病，贤达的人利用忠言的直爽，有益于江山社稷。所以，抓住事物的主要方面，认清其本质，使其有利于自己才是最重要的。

人当努力，非积行累勤，此不可得。

【注释】《三国志·贺全吕周钟离传第十五》。

【解析】孙权说：人应当努力进取，如果不勤奋积累，想有一番成就是不能的。凡事如果主观不努力，不积累，不由量变到质变，自然无所收获。不懈的奋斗之后才会有作为。“梅花香自苦寒来”，所以，积极争取、勤于积累是成功的条件。

有道之君，以乐乐民，无道之君，以乐乐身。乐民者，其乐弥长，乐身者，不乐而亡。

【注释】《三国志·潘濬陆凯传第十六》。

【解析】陆凯上疏说：贤明的君主，以礼乐与民同乐，昏庸的君主，只用礼乐愉悦自身。使百姓愉悦的，他的统治会长久，礼乐也将长久地存在；只知乐其身者，统治岌岌可危，自然礼崩乐坏。因此，有作为的君主会与民同乐，得到百姓的拥护，自然江山安稳，只沉溺于个人的淫乐中，失民心必亡。孟子说：“独乐乐不如与人乐乐”，有识之君必以礼乐为笼络民心的工具。

清者则心平而意直，忠者惟正道而履之。

【注释】《三国志·王楼贺韦华传第二十》。

【解析】楼玄刚直不阿，被人诬陷，华覆上疏为其求情：清廉的人心境平和而说话直爽，忠贞者只行正直之路。意即楼玄是个忠臣，性格耿直难免会得罪一些人，但不能因为直和真而惩罚他。这是许多忠臣都面临的问题，但一个国家、民族的兴盛需要忠贞不贰、敢作敢为的忠义之臣。

《晋书》名句

动人以行不以言，

应天以实不以文，

故我清静而人自正。

——《晋书·帝纪第六·元帝》

兵者诡道，善因事变。

【注释】《晋书·帝纪第一·宣帝》。用兵之道，崇尚诡诈，要善于根据形势而有所变化。

【解析】司马懿用兵，文懿向孙权求救。孙权出兵声援，对文懿说，司马公用兵如神，所向无敌，我很为你担心。司马懿却并不迅速进攻，而是安营扎寨，与之相持。陈珪说，当年攻打上庸时，八部齐头并进，昼夜不息，结果斩了孟坚，现在天降大雨，正是好时机，我们怎么迟缓了。司马懿说，当年我们兵多粮少，必须速战，现在敌众我寡，敌人粮少而我们充足，最好等到他们支撑不下去时再进攻。

始当非常之礼，终受备物之锡。

【注释】《晋书·帝纪第五·孝愍帝》。锡(cì)：通"赐"，赐给。敬畏上天，顺时而动，终会得到上天齐全完备的赏赐——统一天下。

【解析】这是干宝对司马昭平定西蜀功绩的赞颂。先是，夏侯玄、李丰想取代司马昭辅政，被诛灭；扬州刺史文钦叛乱，诸葛诞在淮南作乱，都被平定，是司马昭使许昌、洛阳安定。时机成熟，派钟会、邓艾攻克西蜀，刘禅臣服。干宝认为天符人事，能平定西蜀是因为有先前镇邦的功绩。多少人把握不好时机，以致身首异处，下场悲惨。

动人以行不以言，应天以实不以文，故我清静而人自正。

【注释】《晋书·帝纪第六·元帝》。用行动而不是言语来打动别人，用行动而不是说法来回应上天，因此我清静无为而百姓行为端正。

【解析】愍帝驾崩后，群臣在江南拥立司马睿为帝。司马睿说，宗庙废绝的时候，群臣寄予厚望，不敢推辞，于是即位。不久下诏，劝勉百官效法古代治国者的"无为而治"，希望他们对百姓管理从宽，减少劳役，与民休息。汉初经由秦末农民起义的混乱局面，实行休养生息，出现"文景之治"，元帝下诏，也想如此。

五运攸革，三微数尽，犹高秋凋候，理之自然。观其摇落，人有为之流涟者也。

【注释】《晋书·帝纪第十·恭帝》。攸：放在动词前面，组成名词性词组，相当于"所"。命运改变，气数衰微，就像秋天来了，草木凋落一样，是很自然的事情。看到草木摇落，有的人会为之叹息、洒泪。

【解析】安帝即位后，会稽王道子及其世子元显先后把持朝政，君主昏庸，臣子乱政。于是桓玄、孙恩起兵反叛，晋朝大势已去，不能控制局面。最终刘裕强大起来，平定叛军后，建立刘宋政权。盛极而衰，朝代更迭，是历史发展的必然。

杀一人而天下喜悦者，宗庙社稷之福也。

【注释】《晋书·列传第一·后妃上》。杀一个人而使天下百姓拍手称快，这是稳固国家统治的好事。

【解析】惠羊皇后在八王之乱中几经废立，河间王颙掌权后，因为惠羊皇后几次为奸人所立，矫诏赐死。刘暾等上书，说惠羊皇后不是像这句话所说的那种罪大恶极的人，杀这样一个穷途末路的人恐怕会令百姓不安。对于罪不容诛、死有余辜之人，一定要杀之以泄民愤，不要等到民怨积聚，发生变乱。

父尊尽于一家，君敬重于天下。

【注释】《晋书·列传第二·后妃下》。做父亲的至少要赢得一家人的敬重，身为国君则需赢得天下人的景仰。

【解析】穆帝即位，康献褚皇后被尊为皇太后，又因穆帝年幼不能亲政，便应群臣之请临朝摄政。太后父亲任卫将军，太常殷融提出将军在朝廷应行臣子之礼，太后归宁时可以相互当做家人来对待。太后觉得有些不合人情，庾翼、谢尚解释时说了这句话，认为按郑玄的意思，父亲是对家人而言，国君是对天下人而言。

不忘故乡，仁也；不恋本土，达也。

【注释】《晋书·列传第三·王祥》。不忘记故乡的人是仁义之士，不留恋本土的人是旷达之人。

【解析】王祥非常孝顺，曾在严冬为母亲卧冰求鱼，果然有鲤鱼跳入怀中。儿子烈、芬都早有好名声，王祥很疼爱他们，不幸他们同时亡故。死前烈表示愿回故土，芬表示愿葬京邑，王祥痛哭流涕地对二子做了上述评价。这句话很有意思，二人都有优点，真是这样的话，岂不是仁与达不可兼得啦！就像忠孝难以两全一样。

内尽其心以事其亲，外崇礼让以接天下。

【注释】《晋书·列传第三·何曾》。在家中尽心尽力地侍奉双亲，对外交往崇尚礼让来广交天下朋友。

【解析】尚书何曾严于律己，从小到大不爱声乐姬妾。年老之后，每见到妻子都正衣冠，相敬如宾。傅玄说他像周文王礼让贤人一样侍奉双亲，可与曾皙、闵子骞齐名。这句话表现出何曾的“孝”不仅是对父母的感恩、偏爱，他崇尚礼让,所以至孝,又能把对父母的孝扩展开来,作为对待天下人的态度。

居以仁顺,守以恭俭,率以忠信,行以敬让,志无盈求,事无过用,乃可济乎!

【注释】《晋书·列传第五·裴秀》。以仁厚顺从自居,恪守谦恭节俭,遵循忠义诚信,奉行恭敬礼让,从不索取太多,做事也不过分,这样总会成就一番事业吧?

【解析】何晏、阮籍崇尚玄言清谈,不守礼法,使得时俗放荡,不尊儒家。王衍声誉盛、地位高,也好此道,人们竞相效仿,风气教化有失淳厚。裴頠深表忧虑,这句话陈述了古之圣人留下的教诲,希望矫正时弊。

见裴叔则如近玉山,映照人也。

【注释】《晋书·列传第五·裴秀》。望见裴叔则如同走近玉山,光彩照人。

【解析】裴楷风神高迈,容仪俊爽,又博览群书,精通理义,人们称之为"玉人"。魏晋时期,士人好人物品藻,三言两语甚至片言只语便准确传神地刻画出一个人的性情或容貌。时人多任性自适,风度翩翩,所以"清"字和"玉"字多用于品评人物。

人有不及,可以情恕;非意相干,可以理遣,故终身不见喜愠之容。

【注释】《晋书·列传第六·卫瓘》。愠(yùn):怨恨,生气。别人的才能不如自己,情感上完全可以宽恕他;别人无意中有所冒犯,能够理智地排遣不满情绪,所以终生没有欢喜或者愠怒的表情。

【解析】卫玠风神秀异,人们誉之为"明珠"。好谈玄理,但体弱多病,母亲不许他多说话,亲友相聚,发言令人叹服。长史谢鲲雅重卫玠,王敦一见即十分欣喜,与之言论终日。玠知王敦不忠,便不愿依附于他。上面这句话说的是他的处世态度,正与此相合。

汉高八王以宠过夷灭,光武诸将由抑损克终。

【注释】《晋书·列传第六·张华》。汉高祖对诸王过于宠信,致使七国叛乱,诸王自取灭亡;光武帝诸将却由于一直受到抑制、贬损,而免遭猜忌得以善终。

【解析】善于驾车的人懂得控制缰绳、辔头的松紧,善于理政的人明白怎样控制属下。想做同一件事,仲由被孔子制止因为这件事可能会使他更冒失,冉求受到孔子鼓励因为他需要增强勇气。对一个人的抑制与提拔会使他改变很多。钟会因为才小而位置过高,才会不自量力谋反,若当初提拔他时规范操作,不会有那样的后果。

以一旦之咎，丧其积年之勋。

【注释】《晋书·列传第七·宗室》。因为偶尔的一次错误，就抹杀了多年的汗马功劳。

【解析】河间王颙当政时，功臣多难以免于灾祸，范阳康王虓上书力陈朝廷失误，这句话即是批评朝廷对功臣的一点小错误也不能容恕。历代明主都全力保护鞍前马后、出生入死的功臣，从不"以一眚而掩大德"；并且使功臣长守富贵，延及子孙，这样会激励朝臣为国效命。颙对此并不在意，最终覆亡。

自损者有余，自益者弥昏。

【注释】《晋书·列传第八·文六王》。自我贬损者做事有余力，自高自大者只会越发糊涂。

【解析】齐王攸每次参议朝政，都悉心陈述自己观点。任太子太傅时，献箴教诲太子弘道、储德，行王道来安定宗室，不要依靠施以恩惠。这句话劝太子不可自视过高，要时刻认识到自己的不足，宗室是卫护国家的屏藩，要亲之信之来巩固统治；若是自高自大，轻慢宗室，必然带来灾难性后果。"自损者"怀有忧患意识，这是成功所必需的。

处乱离之际，属交争之秋，而能远害全身，享兹介福，其愚不可及已！

【注释】《晋书·列传第八·文六王》。介：独，独特。生逢战乱频仍、百姓流离的时代，而能够远离祸害，保全自身，能够享受这种独特福佑的人，他的大智若愚是我们所不如的。

【解析】平原王是宣帝之子，在八王之乱中幸免于难，确实智慧。他性情清虚静退，不轻易接受爵禄，不轻易接见朝士，与人交往态度恭逊，绝无失误。齐王死后，他闭门不出，不见东海王越，人们说他为韬光养晦。诸王都不以他为患，于是他得以寿终，是诸王中结局最好的。

德薄而位厚，功轻而禄重，贪夫之所徇，高士之所不处也。

【注释】《晋书·列传第九·王沈》。徇(xùn)：通"殉"。为了某种目的而死。德行不足而职位很高，功劳很少但俸禄优厚，这是贪夫所冒死相求的，而高尚之士是不愿身处这种境地的。

【解析】王沈在高贵乡公朝任尚书，曾悬赏请百姓举贤才、斥奸佞，评议朝政。有人担心会有贪利而轻率举荐的，王沈这句话表示相信会得到高尚之士的。君子以立德为上、受赏为下，会量力而行的。

冰炭不言，而冷热之质自明者，以其有实也。

【注释】《晋书·列传第九·王沈》。冰炭不为自己申辩，而它们的冷热本质自然显现，是因为它们实际情况就是这样。

【解析】这里把尧、舜、周公招贤纳良的款诚之心比作冰炭，认为同样显而易见。若是爱慕忠正贤直有如冰炭一样判然分明，那么敢于直言进谏之士，将慕名而来、济济一堂；逆耳忠言将不求自来。若是德行不足，求才之心不诚，徒有重赏也招揽不到人才。

君子心竞而不力争，量能受任，思不出位。

【注释】《晋书·列传第九·荀勖》。君子做事在心中较劲而不是去强力争取，衡量自己才能之后就任，除了份内所应得，并不思谋更多。

【解析】荀勖听说冗吏被派去从事农耕，很高兴，但同时认为裁官员更好，少扰民更好，官员清心最好。为官若像上面这句话所说，就不会用心置办别的产业，也就不会有人贪赃枉法，这就是官员清心。“心竞”当然为目标付出努力，“不力争”就是不明确地谋求什么，只要付出，总会有相当的收获。

容貌质素，颓然若不足者，而知度沈邃，言必有则。

【注释】《晋书·列传第十四·李胤》。沈邃（suì）：深远。容貌素朴，精神萎靡好像资质不足，然而见识算度深远，说话很得体。

【解析】李胤祖父在海上失踪，胤的父亲日常生活遵循守丧的礼节，在哀愁的折磨下，几年后就死了。胤幼孤，母亲改嫁，他长大之后也过着守丧一样的生活。上面这句话写出了他的生活状态和过人才情，得了父亲悲哀戚楚心理的遗传，而却能超越这些去施展抱负，他是一个可敬的少年。

仕无出位之思，臣无越境之交。

【注释】《晋书·列传第十六·李重》。为官的人不去过多地考虑职责以外的事情，为人臣者不去私自结交他国君臣。

【解析】李重上疏，陈说保留魏国“任人唯贤”的九品中正制度是必要的。上古社会诸侯分治，国土和君主世袭不变，天下太平，评价君臣以德为先。这句话就是说的当时的情况。晋朝经历了三国鼎立、战乱频仍时代而来，不同于上古社会，应该更重视人才的实际才能，沿袭曹魏的严格的人才评定标准。

家足食，为子则孝，为父则慈，为兄则友，为弟则悌。

【注释】《晋书·列传第十七·傅玄》。悌（tì）：弟弟顺从兄长。家庭中衣食丰足，才能做到父慈子孝、兄弟相亲。

【解析】傅玄认为农业是天下的根本,若天下衣食丰足,仁义教化推行起来就会很容易。古代帝王贤臣都曾亲事农耕,当朝冗员也应该使他们自食其力,避免坐食百姓,致使物资匮乏。物质保障是一切行动的基础,没有了物质保障,建立在这之上的一切都是空谈,人不能超越物质状态而生存。

阮籍既方外之士,故不崇礼典。我俗中之士,故以轨仪自居。

【注释】《晋书·列传第十九·阮籍》。阮籍既然已经是游方之外的人,那他可以不崇尚礼典。而我却是世俗中人,不能不受一定法则规范的约束。

【解析】阮籍被时人看作不守礼法的人,但他“发言玄远”,不品评别人,还是受到人们的尊敬。母亲去世,阮籍悲痛欲绝,口吐鲜血。裴楷前往吊唁,阮籍醉眼直视,并不理会。有人认为阮籍礼数不周,而裴楷却深知阮籍为人,对此不以为意,时人感叹他们这种关系很难得。

气静神虚者,心不存于矜尚;体亮心达者,情不系于所欲。

【注释】《晋书·列传第十九·嵇康》。气息平静精神虚空的人,不留心于世俗之崇尚;明白聪慧心怀宽阔的人,情感不受欲望所支配。

【解析】嵇康飘逸俊迈、卓尔不群,然而恬淡寡欲,以形骸为土木。他著《养生论》,这句话表明了他的精神追求。不与世俗苟同,才能挣脱名教束缚,回归自然本性;不受欲望支配,才能真正辨明贵贱,弄通事物情理。之后可以达到不违背天道、无所谓是非的境界。

荣进之心日颓,任逸之情转笃。

【注释】《晋书·列传第十九·嵇康》。进取求荣的心思日渐消退,放任自适的追求越来越坚定。

【解析】山涛将要升迁,推荐嵇康接替自己的位置,嵇康写信谢绝,表示自己不适合为官。他说自己不读经学,喜好老庄,不了解世态人情,又不懂权术机变,面对纷繁复杂的事务,没有足够的慎重,肯定处理不好。嵇康是魏氏宗亲,不愿与司马氏合作,这种态度最终给他带来杀身之祸。孙登早就说他“难免当世”,他自己应该也很清楚。

静听不闻雷霆之声,熟视不睹泰山之形。

【注释】《晋书·列传第十九·刘伶》。对于雷霆万钧之声可以充耳不闻,面对高大巍峨的泰山可以熟视无睹。

【解析】刘伶好酒,以酒为名,每日乘鹿车、携壶酒,对仆人说:“死便埋我。”他写作《酒德颂》,大谈饮酒的好处,希望打破世上常规。这句话说饮酒后可以不受世上纷纷扰扰事务的影响，把一切淡忘，与天地交游。魏晋时期，文人在政治斗争夹缝中求生存，自我意识觉醒，刘伶寄情于酒表现了理想不能实现的无奈。

右手持酒杯，左手持蟹螯，拍浮酒船中，便足了一生矣。

【注释】《晋书·列传第十九·毕卓》。一手拿着酒杯，一手捏着螃蟹腿，任行船随波浪拍打漂浮，这也就不虚此生了。

【解析】晋人常有出人意料的言语和行动，因为当时思想较为自由，士人强调个性。毕卓好饮酒，常因此耽误处理政务。作吏部郎时，曾经在夜间醉后盗饮比舍郎的藏酒，被当场抓获，当主人认清而放开他时，他便和主人在瓮旁痛饮，大醉而去。这样痴迷于酒的人说出上面这句话就很合情合理了。

衰周之末，贵诈贱诚。

【注释】《晋书·列传第二十一·皇甫谧》。在周朝末年这种衰落的时代，以狡诈为贵而以诚实为贱。

【解析】乱世纷争，诸雄并起，难有正义与非正义之分。君主难保其位，为臣不知谁是自己真正的归属，只能出于自身利益考虑，对人施以真诚是正常的，行为有损仁义也是正常的。至于那些抛弃礼法、丧失本心的人，一味崇尚狡诈则为人所不齿。道德教化的根本可不是让人们为利益而相互欺诈，但善意的谎言有时是必要的。

寒暑渐于春秋，隆替起于得失。

【注释】《晋书·列传第二十二·郤诜》。严寒酷暑天气是由春秋佳日渐进而来的，兴隆衰废是由很小的得失引起的。

【解析】秦始年间，朝廷诏天下举贤良直言之士，郤诜上策，认为如何用人很重要。人能够光大政策、法令，国势兴隆是因为用人得当、政绩累加而形成的，并不是政策、法令一旦制订完备就会实现。用人得当则正直的人会聚拢，产生利于国家的倾向，继而有更大影响，反之亦然。所以说国家兴衰全在于用人的得失。

官得其人，则事得其序；事得其序，则物得其宜；物得其宜，则生生丰植。

【注释】《晋书·列传第二十二·郤诜》。官员人选适当，则政事处理井然有序；政事有序，则此外的人和事也会和谐；人事和谐，则物阜民丰。

【解析】西晋建立之初，面临汉末凋敝局面，百废待兴。郤诜紧紧抓住“官得其人”这最重要的一点，说明由此则“事得其序”“物得其宜”，则社会安定、百姓和乐。诚然，人是一切活动中最主要的因素，一切都要围绕人来展开。

桂林之一枝，昆山之片玉。

【注释】《晋书·列传第二十二·郤诜》。桂树林中的一根枝条，昆山上的一片碎玉。

【解析】这是郤诜在晋武帝面前对自己的评价，他有举贤良、对策第一的自信，也有不怕忤逆皇帝的勇气。这句话说得很艺术，“一枝”和“片玉”确实是在夸奖自己，而且不无骄傲，但“桂林”和“昆山”却比附了晋朝人才济济的局面，武帝当然乐意听。有人因为郤诜口气大建议武帝免其职，武帝却说“不足怪”。

时险则峻法以取平，时泰则宽网以将化。

【注释】《晋书·列传第二十二·华谭》。局势险恶时应该严格法令以维护公正，局势平稳时应该放宽尺度以提倡教化。

【解析】法令的设置应该随时代的不同而有所变化，三皇五帝的政策也是不尽相同的。有的实行禅让以弘扬政令，有的依靠干戈征讨来治理天下，但他们有着根本的共同点，那就是倡导礼乐来使百姓和乐，广施教化而使风俗淳朴。法令是可以有所不同的，但制订法令的精神必须是古今一致的。

驰名于州郡，而息誉于京邑。

【注释】《晋书·列传第二十二·华谭》。在州郡为官名声很好，而在京邑为官则不够出色。

【解析】尺有所短，寸有所长。人各有所能，而又有所不能。袁甫自称可做县令，中领军何勖问他为什么不为台阁职，他举黄霸为例说明能做好地方官的人未必能做好京官，人的各种能力并不平衡。许多道理是存在于一定范围之内的，超出这个范围就不再成立，甚至成为谬误。

豹姿未变，凤德已衰。

【注释】《晋书·列传第二十三·愍怀太子》。虎豹一样的雄姿没有改变，凤鸣之德却已衰减。

【解析】愍怀太子少而聪慧，惠帝立他为太子，选德高望重者辅佐他做广陵王。太子长大后不好学，与左右嬉戏且不敬尊长，曾在宫中设立市场，用手掂肉，斤两不差。贾后一直嫉恨太子有好名声，便诱使他不务正业，等着他自取灭亡。太子有负众望，终于失去了惠帝的支持，贾后寻机将太子废为庶人。太子美德的衰减很可惜。

安上在于悦下，为己存乎利人。

【注释】《晋书·列传第二十四·陆机》。若想安于上位必须使下属高兴，若为自己考虑则必须先对他人有利。

【解析】陆机提倡“分封建国”，但特别强调君主要处理好与宗室和臣属的关系。君主统治国家主要是借助于宗室和臣属的力量，与宗室相保，使国家固若磐石、坚如围城；对大臣设官分职，使各尽其力。君主和宗室、臣属是互相依存的，若想自己安乐，必须先使人安乐，若为自己考虑，则必须先为他人考虑。

高词迥映，如朗月之悬光；叠意回舒，若重岩之积秀。

【注释】《晋书·列传第二十四·陆云》。高妙的言辞辉映很远，像明月清朗的光辉；深远的涵义回环舒展，像秀丽的岩石重重叠叠垒积。

【解析】陆机、陆云兄弟风骨清爽，神情俊迈，文藻富丽宏阔，言论慷慨激烈，是独步当时的名士。这句话高度评价了二人的才学，文字华丽优美，设喻生动，对仗工稳，不逊二陆文章，达到内容和形式的完美统一。

兰植中涂，必无经时之翠，桂生幽壑，终保弥年之丹。

【注释】《晋书·列传第二十四·陆云》。兰花种植在道路中间，肯定不能长时间地保持翠绿；桂树生于幽谷之中，才能终年保持丹红。

【解析】兰桂是人们心目中的美好事物，屈原作品中经常以之为喻。兰桂带给人们的是纯洁高雅的审美感受，而不是它的实用价值，它应该和人有一定审美距离。生于幽谷，则人们得以观赏；长在路中，则难免受到摧折。陆机、陆云本是芝兰之人，早年兰桂齐芳、流誉海内，终因过多干预政治而身亡，未能在文学上有更多成就。

炫美非所，罕有常安，韬奇择居，故能全性。观机云之行己也，智不逮言矣。

【注释】《晋书·列传第二十四·陆云》。韬(tāo)：遮掩，隐藏。在不适当的场合炫耀自己，很少能有永久的平安；选择位置时隐藏自己的奇异，能够全身远祸。看陆机、陆云的立身行事，是智力不及言论。

【解析】君子处世，应该相时而动，不能不顾身家性命去谋取功名富贵。要观察、分析形势来确定自己入世还是出世。陆机、陆云文章华美，而智力不及，以致丧身殒命，有如龙穴崩、凤巢倾，再也看不到他们“飞翔”“跳跃”了。

正其末者端其本，善其后者慎其先。

【注释】《晋书·列传第二十五·潘岳》。想要端正末梢要先端正根本，要想有好的结果必须谨慎行事。

【解析】晋武帝曾亲自耕种,潘岳作赋赞美这件事,这句话即是说治理天下要先抓好农业。上层建筑要以经济为基础,国家安定、百姓生存以农业为基础,历代朝廷都把土地视为上天授权的象征。国家应该有足够的物资储备以应付可能发生的灾害,不能仅仅满足于当年粮食充足。如果朝臣不识农耕,百姓面有饥色,国家的根本也就动摇了。

握权,则赴者鳞集;失宠,则散者瓦解;求利,则托刎颈之欢;争路,则构刻骨之隙。

【注释】《晋书·列传第二十五·潘岳》。握权时人们向你聚拢,像鱼鳞一样排列紧密;失宠时人们离你而去,像瓦片被摔碎了;有求于你则和你结刎颈之交;有利益冲突则对你怀有刻骨仇恨。

【解析】潘尼少有清才,与潘岳一起以文章著名。他不计较仕途进退,这句话表达了他对汲汲于富贵、无所不用其极的小人的极度蔑视。崇尚道德最重要的是安身,安身必须公正无私,公正无私则只有通过清心寡欲来实现。一点儿私欲也会引起人们之间的矛盾,甚至败坏风俗。

止则立乎无私之域,行则由乎不争之涂,必将通天下之理,而济万物之性。

【注释】《晋书·列传第二十五·潘岳》。安身时停止在没有私利的位置上,进取时通过那些没有纷争的方式,这样一定能够穷通天下事理,使万物顺其自然发展。

【解析】自私有害公义,所以君子不重视自身;欲望有损修身,所以君子远离荣利;争竞容易酿成祸患,所以君子不斤斤计较;标榜自己容易招致怨怒,所以君子做了不说。世界终会因人们公正友善相处而达到和谐,你不为利益去与人交往,交情反而会深厚;你不为求名而谨慎行事,功成之后自然有美名。

未有安身而不能保国家,进德而不能处富贵,治心而不能治万物者也。

【注释】《晋书·列传第二十五·潘岳》。没有能够使自身安定而不能保存国家,加强修养而不能处于富贵,能够调理自己内心而不能治理外在事物的人。

【解析】真正懂得安身的人不是讲养生,而是避免危险;真正富贵的人不是位极人臣,而是知道退隐;真正为政者不是严刑苛政,而是防止混乱。重要的不是身处什么位置,而是心中是否存在着"道",心中有"道"则能处理一切事情。

不自贵于物而物宗焉,不自重于人而人敬焉。

【注释】《晋书·列传第二十五·潘岳》。不把自己看得更高才能驾驭外物,不把自己看得更重才会得到人们的敬仰。

【解析】人只有对危险有足够的考虑，才能获得平安；对退守有充分认识，才能更易进取。这是因为他减少索取、虚怀若谷，能够承受更多，性情有了更大弹性。神思幽旷、情致高远，依靠于一个不动点，思想游于浩浩无垠之中，这样人们感觉你平易却不可辱，思想单纯却不能使你迷惑。

高情远致，弟子早已伏膺，然一咏一吟，许将北面矣。

【注释】《晋书·列传第二十六·孙楚》。伏：通“服”。膺（yīng）：胸。论情趣高雅兴致勃发，我对他早就服气了；然而若论歌咏吟诵，许询应该臣服于我。

【解析】孙绰和许询有高尚之志，都是一时名流。有人欣赏许询高迈，有人欣赏孙绰才藻，这句话是孙绰在此比较许询与自己。孙、许被时人并举是因为他们志趣相投、情思高远，二人各有特点恰使他们相映成趣、相得益彰，各自所长是不必分出高下的。

既辞亲事君，父母复安得而子乎？

【注释】《晋书·列传第二十八·周处》。既然辞别双亲来奉事君王，父母哪里还能够把他当做自己的儿子来指使呢？

【解析】周处曾被乡人看作祸患，一旦醒悟，励志好学，言必说忠信克己。齐万年谋反，周处不顾家有老母，参加西征，这句话表达了他忠孝难以两全，愿为国死难的决心。封建社会儒家思想居统治地位，讲克制自己遵从礼法，社会秩序以君王为核心，忠君则成为最高的伦理道德观念。周处听从了陆云“朝闻夕改”的话，真的做到了“朝闻道夕死可也”。

逞其无君之志，矜其不义之强。

【注释】《晋书·列传第二十九·东海王越》。逞（chěng）：炫耀。矜（jīn）：骄傲。炫耀自己欺君罔上的志向，为自己不义之师的强大而骄傲。

【解析】西晋分封诸王，八王间连年征战，王室风雨飘摇。这句话是对河间王颙的评价，也适用于其他诸王：八王之战中没有谁是正义的，只是打着正义的旗号互相征讨。宗室本是国家的屏藩，应该与朝廷戮力同心，互相卫护。八王祸起萧墙，骨肉相残，致使所有三十六王殒身锋刃，西晋都城为少数民族攻破。

吾枕戈待旦，志枭逆虏，常恐祖生先吾著鞭。

【注释】《晋书·列传第三十二·刘琨》。枭（xiāo）：悬头示众。我头枕兵器等待天明，立志为削平叛逆之敌而努力，常常害怕祖逖比我更早起来习武。

【解析】刘琨少负志气，有纵横之才，立志收复北方失地。他与祖逖意气相投，同室而居，纵论天下，闻鸡鸣而起舞。这句话表达了他建功立业的决心，时不我待的紧迫感也很鼓舞人。刘琨、祖逖之交传为佳话，它并不像“管鲍”“羊左”那样赞颂朋友间深厚情谊，而是互相激励共创大业的象征，尤为青年人所推重。

若四海鼎沸，豪杰并起，吾与足下当相避于中原耳。

【注释】《晋书·列传第三十二·祖逖》。天下大乱，四方豪杰逐鹿中原之时，若是我和你因此遭遇，当有所退避。

【解析】乱世相逢，以意气为重。刘、关、张义结桃园，建立蜀汉；柴荣、赵匡胤七兄弟联手打天下，一统江山。祖逖、刘琨都胸怀济世之志，彼此拳拳服膺，合则夜半起来畅谈，分则各成一番事业。他们不需要互相依存，但也不会互相征讨，中原相遇，自当让开，比古之“退避三舍”有过之而无不及。

悠悠之谈，宜绝智者之口。

【注释】《晋书·列传第三十五·王导》。悠悠：众多的样子。随随便便，不负责任的说法，不应该出自智者之口。

【解析】庾亮拥兵镇外，有人说他会起兵反叛，劝王导提防他。王导虽对庾亮的地位心有不平，但还是说了这句话来平息流言。早在过江之初，诸君新亭对泣，王导就愀然变色，呼吁群臣戮力同心，辅佐王室光复神州，批评他们像楚囚一样对泣，不满他们伤感于景物变化的“悠悠之谈”。

迈达冲虚，玄鉴劭邈；夷淡以约其心，体仁以流其惠。

【注释】《晋书·列传第三十五·王导》。劭（shào）：美好。邈（miǎo）：远。性情高迈达到虚空境界，思想深奥反映出美好玄远的一面；平淡简约是为了约束内心，仁爱为本终会流芳百世。

【解析】王导辅佐晋室三朝，功高盖主。他广施教化、弘扬仁爱，支撑着晋室王朝，有如齐国有了管仲。王导去世后，成帝在朝常举哀三日，下册表彰他的功绩，这句话高度赞颂了他。王导没有过多干预政治，而名满天下，他的苦心经营换得晋朝河清海晏，在士人心中，在百姓心中，他是真正的精神领袖。

飞龙御天，故资云雨之势；帝王兴运，必俟股肱之力。

【注释】《晋书·列传第三十五·王导》。飞龙遨游天空中，是凭借云雨的气势；帝王要振兴国运，必须等待和依靠辅佐的良臣。

【解析】众人划桨开大船，众人拾柴火焰高，凡事众人齐心协力才能做得更好，治国兴邦更非一人之力所能实现。良臣思遇明主，明主更需良臣，二者合一才会国家升平。王导历仕三朝，始终一心，诚为良臣；三帝推心置腹，委以重任，亦为明主。明帝称王导为“仲父”是很适合的。

今之事势，义无旋踵，骑猛兽，安可中下哉！

【注释】《晋书·列传第三十七·温峤》。踵(zhǒng)：脚后跟。形势发展到现在，是没有办法转回身来的，就像骑在奔跑着的野兽的背上，怎么能够中途下来呢？

【解析】苏峻叛乱，陶侃、温峤统兵征讨。几战败北后陶侃泄气，温峤力陈敌之弊、我之利后说此话，表达了一决雌雄的决心。温峤素来多谋善断，行为果决，由此可见一斑。叛军当前，虽败不能后退，退必会人心浮动，溃不成军；迎而击之，即使战败身死，也是为臣分内之事。

忠臣本乎孝子，奉上资乎爱亲。

【注释】《晋书·列传第三十七·温峤》。一名忠臣一定首先是个孝子，奉事君主是因为他真心爱双亲。

【解析】温峤智虑深纯，誉满邦族。他侍奉双亲，承颜候色；为国尽忠，蹈死不顾。上面这句话是由此得出的结论。“孝”和“忠”是后天教育赋予人的伦理道德观念。忠者必孝，忠心于君主就如敬爱双亲。

寿终则蒙赠，死难则见绝，岂所以明事君之道，厉为臣之节乎！

【注释】《晋书·列传第三十九·刁协》。命大的蒙受了封赏赠赐，战死的则什么也没有，难道这样做能够明示奉事君主的道理，砥砺作为臣子的节操吗？

【解析】刁协深得元帝信任，在平定王敦叛乱中被杀。周凯等在平定后封爵受赏，而刁协因死于疆场而无所得，蔡谟为之鸣不平，同时也提请皇上注意。刁协终因勤王受到册封，但历史上此类不公平的事不可胜数，纪信在荥阳代刘邦而死，汉立后未封侯，纪母骂上京城。至于“死是征人死，功是将军功”，“一将功成万骨枯”，则更让人慨叹。

太刚则折，至察无徒，以之为政，则害于而国；用之行己，则凶于乃家。

【注释】《晋书·列传第三十九·周凯》。太坚硬的东西容易折断，太精明自私的人没有朋友，用这种极端的做法治理政事，会害了国家，处理私人事务，则会给家庭带来不幸。

【解析】凡事不可偏执一端，要综合考虑各种因素。刚直自是好品德，但太过则易触怒他人，尽可以委婉一些；明察是一种能力，但容不得人有半点缺陷则别人不乐与你交往。“以律人之心律己”，就会发现自己有很多缺点；“以恕己之心恕人”，则人人得而为尧舜。宽容一些，许多矛盾就会化解。

人心所归，惟道与义。

【注释】《晋书·列传第四十一·熊远》。人心的最终归向是道义。

【解析】元帝司马睿初定江南，国势不稳。熊远上疏陈说安天下先须得民心，道义是人心所向，朝廷应该表述道德标准，阐释忠孝礼仪，明确仁义传统，弘扬礼乐教化。历史的发展是各种合力决定的，人民群众的力量是最主要的，人民是历史的创造者，应该唯人民意愿是瞻。

招贤良于屠钓，聘耿介于丘园。

【注释】《晋书·列传第四十一·熊远》。在屠夫和打鱼者之中招纳方正贤良之士，在丘园山野之间探访光明正大之人。

【解析】过江之初，朝廷用人有一种不好的倾向：以顺从朝廷意志的人为善，对朝廷有所指斥的人被贬。熊远深表忧虑，他指出：评论人才不再以人才曲直、言行得失为标准，致使士人只以食禄为目的，朝廷缺少辩争之臣。古时尧取舜于田亩之中，秦得百里奚于集市，现在也应该向山野之中寻找有真知灼见之士。

黩武之众易动，惊弓之鸟难安。

【注释】《晋书·列传第四十一·王鉴》。黩(dú)：轻慢、亵渎。滥用武力的军队容易暴动，受过箭伤的鸟儿听到弓箭声会害怕。

【解析】铁丝被折过之处总是更易弯折，此处的承受力已经减弱了。受损之处总是薄弱，正所谓“一朝被蛇咬，十年怕井绳”。晋朝王室经五胡之乱，避祸江南，人心不定有如惊弓之鸟，王鉴此语在于提醒朝廷安抚百姓。

法令不一则人情惑，职次数改则觊觎生，官方不审则秕政作，惩劝不明则善恶浑。

【注释】《晋书·列传第四十二·郭璞》。觊觎(jì yú)：非分的希望和企图。秕(bǐ)：不良。法令不统一则人情容易迷惑，职位次序频繁变动则让人有非分之想，正统的、正确的不为人所知则会出现不良的政治，惩戒什么鼓励什么不明确则善恶混淆。

【解析】人人都以自己为中心，遵从个人意愿去行事，就会产生冲突；大家都以同一种思想为中心，遵从一些共同的标准，社会才能有序。宗教以神为中心，儒教以礼为核心，就是如此。

应之以德，则休祥臻；酬之以怠，则咎征作。

【注释】《晋书·列传第四十二·郭璞》。以恩德回应上天，则美善吉祥会降临;以轻慢回应上天,则灾祸的征兆就会出现。

【解析】郭璞认为封建统治者是代天而牧,要注意大自然所表现出来的“上天的意志”。天道和世道遥相呼应,如形与影相应,世道须配合天道,否则就会无序。统治者敬畏上天之怒,对百姓施以恩德,则天地万物和谐;若对上天的征兆置若罔闻,一意孤行,上有上天惩罚,下有臣民怨怒。

傲岸荣悴之际,颉颃龙鱼之间,进不为谄隐,退不为放言。

【注释】《晋书·列传第四十二·郭璞》。悴(cuì):劳苦、困病。颉颃(jié háng):飞而上叫颉,飞而下叫颃。无论官运亨通还是处境困苦,都傲岸不屈;无论一跃成龙还是委曲为鱼,都自在游动;出来做官则不戏谑、不隐藏,回归江湖也不随口讥评。

【解析】达则成就、弘扬儒家之道,不认为是个人荣耀;穷则修身养性不觉苦闷;得到任用则倾尽全力、不推卸责任;不被任用也无怨。这样则荣辱、利害、誉毁不能动其心。

刑之所以止刑,杀之所以止杀。

【注释】《晋书·列传第四十五·范汪》。制定刑法是为了防止滥用刑罚,实行死刑是为了制止杀戮。

【解析】有吏盗官幔将要被处死刑,他儿子愿用自己被没为官奴来免父亲一死。有人认为这样做正显示皇恩浩荡,范坚却从维护刑典权威的角度反对此事。皇帝的举止关系国运兴衰,因为小不忍而改动刑典,更需谨慎。同意此事而不作为制度,后有相同的事,若儿子不愿为奴替父受罚则又有违人伦,会引起人们不满。施一恩而招众怨不可行。

未能一观于能鄙,则贵贱之情立;非忘怀于彼我,则私己之累存。

【注释】《晋书·列传第四十五·韩伯》。不能够同等地看待有才能的人和浅陋的人,则在心中有贵贱之分;不能忘记彼此的差别,则存在偏私自己的想法。

【解析】真正超脱的人忘记了贵贱贤愚,追求真理的人大公无私,没有彼此的区别。君子立身行事,崇尚最为适当的方式,只有无私才能发现这样的方式。不能保持谦卑的态度和朴素的想法,就会因己之所长而骄傲,就会有损德行。

济一时之务,须一时之胜,何必德均古人,韵齐先达邪!

【注释】《晋书·列传第四十七·殷浩》。建立一时的功勋,只需一时的胜利,何必一定要在道德风范上赶超古人呢?

【解析】殷浩识度清远，却不肯出来为官。江东社稷托于庾、桓家族，不但不能长治久安，恐怕很快就要出乱子，庾翼劝殷浩担起重任。这句话夸奖了殷浩的才干，鼓励他建一时功业，同时也委婉地批评了他修身养性却不济苍生。这样危急的时刻，你想抱朴含贞、潜龙勿用也是难获平安的。

虽无丝竹管弦之盛，一觞一咏，亦足以畅叙幽情。

【注释】《晋书·列传第五十·王羲之》。虽然没有丝竹乐、管弦乐齐奏的盛况，但喝一觞酒，吟咏一首诗，也足以畅叙深沉的情怀。

【解析】永和九年，江左名士在会稽山阴县兰亭宴饮，群贤毕至，少长咸集，王羲之作《兰亭集序》，抒写了这次宴饮的感遇。这句话写出了江左名士别致的情怀，亭中设宴，聆听山水清音，反映了他们新的审美取向。不同于豪门张灯结彩，花天酒地，简单的形式带给人更丰富的心理感受。

乘兴而行，兴尽而反，何必见安道邪！

【注释】《晋书·列传第五十·王羲之》。乘着出游的兴致而来，兴尽就返回，何必一定要见到戴安道呢？

【解析】王子猷性情卓荦不羁，雅好修竹，居住处不能一日无竹。住在山阴时，一次夜雪初霁，月色清朗，酌酒咏左思《招隐诗》，忽然忆起戴安道，便乘船去剡溪访戴。天亮到门前却径直返回，他的兴致只在途中。魏晋名士崇尚率性而为，不愿拘于礼教，这句话是这种精神最直接的反映。

成业者系于所为，不系所藉；立功者言其所济，不言所起。

【注释】《晋书·列传第五十二·习凿齿》。对于建功立业者，我们应该看他的成就，而不是他所凭借的东西；我们应该谈他的功绩，而不是他的出身。

【解析】曹操可谓乱世枭雄，他有宏谋大略，又狡诈多变，手段狠毒，我们要看到他统一北方，使百姓免于涂炭的功绩；汉高祖出身泗水亭长，先后听命于楚怀王和项羽共同反秦，终能剑斩白蛇，建立了赫赫有汉一代。评判事物要依据其主要方面，防止以偏概全，挂一漏万。

自开辟以来，戴震主之威，挟不赏之功，以见容于阍世者而谁？

【注释】《晋书·列传第五十四·刘牢之》。自从盘古开天辟地以来，功高盖祖的人，立下君王无法赏赐的功劳之人，有谁能在政治昏暗的社会得以全身远祸呢？

【解析】桓玄作乱，朝廷命刘牢之为前锋都督，领兵征讨，这句话是桓玄用以劝说刘牢之反叛朝廷的话，颇有道理。刘牢之自以为握重兵，足以自保，对桓玄的话不以为意,后来结果真的不好。从来伴君如伴虎,与之同患难可以,同享富贵却很难。

仁义与干戈并运,德心与功业俱隆。

【注释】《晋书·列传第五十四·殷仲堪》。一面用武力征讨,一面用仁义道德实行怀柔政策,这样则德行和功业都有所成就。

【解析】殷仲堪是谢玄军中长史,谢玄待他很优厚。中原子女卖往江东的很多,骨肉分离,荼毒生灵,殷仲堪写信给谢玄,说这个问题一方面是天降丧乱以惩戒众生,另一方面以你的经略应该能够拯救他们,而现实情况令人叹息。他劝谢玄以武力建功的同时,也应该施以仁德,使逃来晋国的人怀着感恩的心。谢玄深表赞同。

铅刀有干将之志,萤烛希日月之光。

【注释】《晋书·列传第五十六·张轨》。又软又钝的铅刀也希望像宝剑干将一样发挥作用,微弱的萤火烛光也想像日月那样辉映一切。

【解析】北方十六国势力彼消此长,各国轮换称王,局势不定,人人都有反心。君主的部下、子侄奉旨执行命令很忠诚,但反心都由来已久。篡位夺权的事屡屡发生,使忠义之士也怀有背叛之心。上面这句话即是说局势使人们的野心滋长,个个不自量力,以卵击石。

观朝荣,则敬才秀之士;玩芝兰,则爱德行之臣;睹松竹,则思贞操之贤;临清流,则贵廉洁之行。

【注释】《晋书·列传第五十六·张轨》。看到早上欣欣向荣的万物则敬重有才干有文采的士人;侍弄兰花芝草,则喜爱德行高尚的朝臣;观赏青松翠竹,则思念忠贞有节操的贤人;流连清流之畔,则崇尚廉洁的品行。

【解析】用美好的事物来比附人的优秀品德,各按性质、特点,逐一归类、对应,中华传统文化中已经确定了许多约定俗成的说法。这样使品德直观可感,易于理解;人们也因喜爱这些事物而更崇尚明德。

从善如顺流,去恶如探汤。

【注释】《晋书·列传第五十七·凉武昭王李玄盛》。听从善意的劝谏顺畅如水流过,疾恶如仇、态度严厉如水沸腾。

【解析】李玄盛出兵攻打蒙逊,手令诫其诸子:说话要谨慎,不可轻易表现喜怒之情,不要自以为是,自我夸耀;要广开言路,遇事多方咨询,合理采纳众人意见。这句话与其说是两个比喻,不如说是用了通感手法,愉快接受通水流欢畅，态度严厉通沸水高温。

乾扉奄寂以重闭，天地绝津而无舟。

【注释】《晋书·列传第五十七·凉武昭王李玄盛》。多年干朽的柴门沉寂地重重掩闭，天地之间茫茫一片没有了渡口舟楫。

【解析】这句话本是说淳朴之风日减，主人闭门不与外界往来，但这种四望苍茫、回归自我的感觉使人觉得这更像是雪后独居，心神与天地相通，幽人独往还。袁安舍雪后高卧，不求邻人接济；王子猷雪夜忽生访戴幽思；渔翁于雪中天水茫茫间垂钓；芙蓉山柴门犬吠风雪夜归人。当此情景，前不见古人，后不见来者，令人泫然泪下。

枯柏以应其诚，惊雷以危其虑。

【注释】《晋书·列传第五十八·孝友》。鲜活的柏树因为他的悲伤而枯萎，令人惊骇的雷声使他为泉下父母担忧。

【解析】王裒少有节操，讲礼节。因父亲被朝廷处斩，不与朝廷合作，隐居教书。在父亲墓旁盖房居住，早晚到墓前拜跪，泪水淋到柏树上竟使柏树枯萎了。母亲生前害怕打雷，每遇这种天气，他就到墓旁陪伴母亲。“孝”是中华民族传统美德，《二十四孝图》多是讲怎么遂父母心意，父母死后仍怀有如此深情，诚为可贵。

陨节苟合其宜，义夫岂吝其没；捐躯若得其所，烈士不爱其存。

【注释】《晋书·列传第五十九·忠义》。如果为了正义事业而损害了名节，义士哪里会吝惜；如果为国捐躯、死得其所，烈士是不会爱惜生命的。

【解析】岁暮才知松柏贞心，严风中才显松柏劲节。忠烈之士心如磐石坚定不移，并有松竹般高雅节操，骤临大难，视死如归，显其英雄本色。生命和真理不可兼得，舍生命而追求真理，必当留名青史，令后人仰止。

志烈秋霜，精贯白日，足以激清风于万古，厉薄俗于当年。

【注释】《晋书·列传第五十九·忠义》。壮怀激烈胜过秋霜的肃杀，气魄宏大有如长虹贯日，足可以使清名万古流传，砥砺当时不淳厚的风俗。

【解析】罗企生、丁穆不忘旧君，为之死难；辛恭靖、吉挹不臣服于胡虏，因此殒命；王谅右臂被斩，以死砥砺名节；张祎不愿毒死皇帝而求生，自己先喝鸩酒。晋室在风雨飘摇中得以偏安江南，全赖这些忠义之士。

奉信顺而诛有罪，孰不荷戈致命！

【注释】《晋书·列传第五十九·忠义》。尊奉诚信顺天之人的命令去诛讨有罪之人，哪个不积极响应，舍生忘死。

【解析】王敦作乱，谯王想驰兵赴朝廷救援，希望虞悝兄弟暂忘母忧，助他一臂之力。虞悝表示谯王不以他二人为无能，降尊来访，定当效力；况且兄弟都受皇朝恩德，怎能不拼力相救。晋室正当中兴，人人争先为国尽忠，王敦构乱不得人心，谯王以王室宗亲振臂一呼，天下定云集响应。这句话就像一句口号，很是鼓舞人心。

口不讼直，志不苟免。

【注释】《晋书·列传第六十·良吏》。讼（sòng）：争论、争辩。并不因认为自己正确而争辩，也不期望自己能被赦免。

【解析】曹爽辅政时，引鲁芝为司马，但总不能采纳鲁芝的奇谋。司马懿起兵攻曹爽，鲁芝劝爽挟天子以传檄四方军队，爽不听，被灭。鲁芝临刑并不争辩，臣各为其主，不因为随爽而败有悔，也不期望宣帝能赏识自己。正是他这种态度让宣帝很惊奇，赦免了他并委以重任，终迁大鸿胪。

人生贵得适志，何能羁宧数千里以要名爵乎！

【注释】《晋书·列传第六十二·文苑》。羁（jī）：居住在外。人生处世贵在称心适意，哪能为了名声爵位而离家数千里为官呢？

【解析】张季鹰有清才，且任诞不羁，很像阮籍，人称“江东步兵”。齐王掌权时，季鹰就觉得天下祸乱纷纷，应该及时隐退，自谓本是山林中人，不想乘时而起。又见秋风起，想起吴中的菰菜、莼羹和鲈鱼脍，于是长叹一声，然后命驾回乡。能从纷纷扰扰的宦海中退出真是难能可贵。

时方颠沛，则显不如隐；万物思治，则默不如语。

【注释】《晋书·列传第六十二·文苑》。处于兵荒马乱之时，出仕不如归隐；百废待兴时期，沉默不如进谏。

【解析】身处乱世，人们不再崇尚贤德诚信，难得知遇。正因如此，接舆劝孔子退隐，鲁仲连失望投海，想在乱世有所作为，很大程度上是投机，相对而言，全身远祸为上。遇不到伯乐，千里马会始终被埋没，所以一旦遇到伯乐，千里马应该昂首奋蹄，以便于被发现，实现其驰骋天下之志。

遇之不能无欣，丧之何能无慨。

【注释】《晋书·列传第六十二·文苑》。得到君主的信任不可能不感到欣喜,失去它哪能不让人慨叹。

【解析】古代君子不认为弘扬教化是困难的,只是担心赶不上好时候,不能施展抱负。孟子曾多方游说,终究没有被采纳,空自嗟叹;贾谊欣逢汉初升平之世,可惜未有明君赏识他,年少气盛的他只有暗自垂泪。知遇如此之难,千载一遇,智者贤人的盛会,让人怎能不为之振奋。

令之有渐,轨之有度,宠之有节。

【注释】《晋书·列传第六十二·文苑》。实施法令要有个渐进的过程,制定法则要有一定的标准,宠信别人也不要过分。

【解析】伏滔认为古代君王治理国家遵从了这几点没有突兀之举,没有过分之举,合乎中庸之道,一切自然发展,国家得以稳固。虽然时代有盛有衰,但不会使国家灭亡,只不过是循环往复。教化像风行于天下,社会向前发展就像沿着一定轨道,无声地运转。

政以均平为首,化以仁惠为本。

【注释】《晋书·载记第六·石季龙上》。治理政事以均衡平等为最重要,教化百姓以仁惠为根本。

【解析】石季龙虽然昏聩残暴,但是喜好经学,这句话是他对古代明君治理天下的方法的总结,他认为正是这样才使得百姓团结一致,天地万物和谐安乐。他自己作为国君德行不足,时刻怀有忧患意识,总是若有所失,也想创建古人一样的功绩,他轻徭役,与民休息,下对百姓仁爱,上受上天谕示。

抗节孤危之中,建功万里之外。

【注释】《晋书·载记第十·慕容儁》。身陷危难之中而能保持节操,建立巨大功勋。

【解析】慕容廆臣服于晋室,为之多年征战,这句话是韩恒对他的评价。宋该等人认为廆建功一方,忠于晋室,责任重而职位低,不足以威服四方,建议向成帝求"燕王"封号。韩恒认为廆确有功劳,但不该急于求名,暂时整顿军队,等待时机,四海平定之后,赏赐自然会有,向君主要求名爵是臣子不应该做的,会抹杀立下的功劳。

古之王者,不以天下为荣,忧四海若荷担,然后仁让之风行。

【注释】《晋书·载记第十一·慕容暐》。古时候的帝王不认为统治天下是自己的荣耀,而是把管理四海事务看成一种负担,并为此忧心忡忡,在这种情况下王位禅让之风兴起。

【解析】慕容恪、慕容评请求解甲归田，慕容暐极力挽留，说宗庙社稷之重，全依靠你们的力量来护卫，你们应该为国平乱，敦促风化，如此谦让难道也像古人一样把治国当做负担吗？当时关西有氐族，江东有东晋，燕国并不安定，暐不才，他希望恪、评能像周公旦一样重振燕国，终于留住了他们。

进阙供国之饶，退离蚕农之要。

【注释】《晋书·载记第十一·慕容暐》。国家没有足够的物资储备，而且不顾百姓蚕桑农耕的重要性。

【解析】慕容暐朝兵革不息，太后乱政，慕容评多受贿赂，举官不贤，纲弛纪乱。申绍对此深感忧虑，认为官吏过多使政事繁乱，不重视农业，甚至还扰民。建议裁撤冗员、冗职，大力勉励农民务农桑，追求美政。邻国有好的措施，则众望所归，若我们不求美政，就等于把臣民往对方赶，正合人家心意。

兵岂在多，贵于用命。

【注释】《晋书·载记第十一·慕容暐》。军队岂在数量多少，贵在同仇敌忾。

【解析】申绍上疏慕容暐，主张严格治理军队，使军队纪律严明，作战能力提高。又因当时物资匮乏，建议把士兵编为稳定的小组，习武作战之外，让他们以组为单位耕种田地，自给自足。小组内成员有了归属感，也增强了责任感和集体荣誉感，赴汤蹈火，在所不辞。有背水一战的气势则无往不胜。

性耐刀槊，不堪鞭捶。

【注释】《晋书·载记第十二·苻生》。生来不怕死的威胁，但却不能忍受鞭打的侮辱。

【解析】苻生年幼时就很无赖，祖父洪讨厌他。一次戏弄他玩，对侍者说："我听说瞎一只眼的孩子，那只瞎眼不流泪。"苻生愤怒地用刀刺破自己一只眼，指着血说："这也是泪。"洪大吃一惊，鞭打他，又听到这句话很害怕，认为他会给家人带来灾祸，要苻健杀他。苻雄说长大就好了，救他一命。苻生后因凶残暴虐、破坏人伦而失民心，被苻坚杀掉。

文武兼才，神器秀拔，入可允厘百工，出能折冲万里。

【注释】《晋书·载记第十二·苻生》。文武兼备，神情气度高出众人，在朝确实能治理百官，出征能克敌制胜于万里之外。

【解析】苻生命阎负、梁殊去劝降凉州，凉州牧张瓘臣服晋室，不愿与苻生结交。负、殊这句话赞颂秦有众多贤才，四方都会陆续臣服，意在威慑张瓘。秦国当时确是人才济济，可惜苻生专横残暴，滥杀无辜，苻坚掌权以后，终于成就一方霸业。

弃纤介之嫌，含山岳之过。

【注释】《晋书·载记第十二·苻生》。捐弃哪怕纤毫草芥那么小的嫌隙，涵容哪怕山岳那么大的过失。

【解析】人的品性习惯多有不同，对事物的看法也不尽一致，人又容易自以为是，以挑剔的眼光看别人，自然容易生出嫌隙。消弭嫌隙的过程也是一个自我完善的过程。人非先知先觉，难免犯错误，只要肯改悔，我们都应宽容地对待他。“存在主义”说一切都是在为未来做准备，涵容别人，给人机会，也是着眼于未来。

去秋霜之威，垂三春之泽。

【注释】《晋书·载记第十二·苻生》。改变秋霜般肃杀的威严，广施三春雨露般的恩泽。

【解析】苻生即秦皇帝位后，肆无忌惮，为所欲为，曾经为祭日食而杀司空。又赶上日食、昏风、水灾、旱灾常有，强平认为这是皇帝不勤政事，上天降下灾祸。于是他劝苻生对百姓施恩泽，敬重宗庙社稷，对公卿仁爱有礼，这样皇家才会得神灵福佑，永远昌平。苻生认为这是妖言，用凿顶之刑杀了强平。

谈虚语玄，不觉日之将夕；登涉山水，不知老之将至。

【注释】《晋书·载记第十四·苻坚下》。谈论虚无玄妙之语，不觉天色已晚；登山临水以游乐，忘记了自己正在慢慢变老。

【解析】苻朗性情宏达，神气爽迈，有操守，不慕荣华富贵。苻坚很赞赏他，他不得已出来做官，身为方伯，还像寒士一样耽玩经籍，手不释卷。这句话写出了他的性情，竟与江左名士遥相呼应，毫无二致。后归降晋朝，超然自得，志凌万物，所与交谈的人不过一两个，王忱去拜访，朗都不见他。

卿母在城，不能顾之，何忠义之可望！

【注释】《晋书·载记第十五·苻丕》。母亲被困在城中，你都可以不管不顾，哪里还能指望你为国尽忠呢？

【解析】慕容骅攻打博陵王兖，城内弹尽粮绝，张猗带人叛逃出城。王兖登城指斥张猗：从来忠臣出自孝子之门，你把母亲丢在城内不管，还讲什么忠义！即使张猗建立多么卓越的功勋，人们也不会忘记他这件不忠不孝的事。对待老母亲如同丢下破鞋子，对他还能说什么呢？

国乱而立长君。

【注释】《晋书·载记第十五·苻登》。国家形势混乱时应该立长子为君。

【解析】苻登军中缺粮,每战后令兵士食人肉,大败姚苌。苻丕败亡,两个儿子懿、昶投奔苻登,苻登为丕发丧后,想立懿为主。众将都说二子年幼,不能担当重任,按《春秋》中做法,该立长君,劝苻登自立。此时应该以宗庙社稷为先,不能学曹臧、季札一味推让,苻登自立则使秦有了中兴机会。

一面交款,便若平生。

【注释】《晋书·载记第十六·姚襄》。仅有一面之交,便如同很早就相识。

【解析】姚襄雄武多才,善于安抚军士、招纳贤才,士众敬爱他。晋朝拜他为并州刺史,他曾单骑渡淮,在寿春见谢尚。尚命撤去仪仗侍卫,穿日常衣服接待他,这句话说的就是二人相见情形。姚襄博学好辩论,江东人皆以为英才,他是如此受人崇敬,以至于殷浩几次派来的刺客对他都以诚相见,说明实情。

二雄不俱立,冀天不弃德以济黎元。

【注释】《晋书·载记第十六·姚襄》。两位豪雄是不可能相容的,只希望上天能够扶持有德之人,使百姓免于水火。

【解析】姚襄深得百姓拥戴,几次战败,知道他所在的百姓都扶老携幼追随他,听说他身受重伤,被敌方俘虏的百姓没有不哭的。在关中与苻生大战,败退。苻坚追赶,沙门智通劝襄暂且收兵,以待后日,襄决心死战。战死后,苻生以王公之礼埋葬他。在北方十六国多年混战的形势下,姚襄如此深得民心简直是奇迹,说出这样的话来的也只能是他。

丧代之际,朝廷必相猜忌。

【注释】《晋书·载记第十七·姚兴上》。朝代更迭的非常时期,朝廷用人必多猜疑。

【解析】姚苌死,姚兴立,派叔父硕德镇守阴密。部将对硕德说,公向来有威名,部众又最强,一定会受到猜疑,不如守秦州观望。硕德相信姚兴志度宽明,不会有猜疑。况且苻登还是个威胁,如果同室操戈,一定会落得袁绍、袁术兄弟的下场。硕德宁可被杀,也不愿叛离。姚兴果然信任他,他们二人的这种默契在乱世之中诚为可贵。

有南面之尊,无总御之实。

【注释】《晋书·载记第十七·姚兴上》。虽有南面称王的至尊地位,而没有总体统治各方的实际权力。

【解析】京兆韦华等率襄阳流民一万人背叛晋朝，投奔姚兴。姚兴问韦华，晋朝南迁以来一直太平，现在怎么样？韦华说皇帝无实权，宰相辅国把持朝政，政令难以统一，政权落在王公贵族之手。确实，晋室朝政、兵权一直由王谢旧族和外戚控制，使得王敦、桓玄先后谋反，刘裕在征讨桓玄中势力壮大，终于灭了晋朝。

群逆冰摧，不俟朱阳之曜；若秋霜陨箨，岂待劲风之威。

【注释】《晋书·载记第十七·姚兴上》。曜(yào)：照耀。箨(tuò)：竹笋一层一层的外皮。敌人很快就会败亡，像坚冰被摧毁不必等到太阳照耀才融化，像秋霜中的竹笋，剥脱层层干皮，不必等到劲风来吹落。

【解析】这是宗敞上疏姚兴陈述凉州刺史王尚的功劳，说他在凉州的许多业绩使凉州安定，不需姚兴费心思。王尚在危难时刻受命凉州，凡事亲自参与，勤俭节用，吃穿用度和百姓一样，经济发展了，王威得以重振。姚兴轻易地免了王尚官职，又因一些误解把他治罪，宗敞上疏，姚兴看后大悦。

人情挫辱，则壮厉之心生；政教烦苛，则苟免之行立。

【注释】《晋书·载记第十九·姚泓》。人情受到压制、侮辱，就会产生强烈的报复心理；政令制度繁多苛刻，人们就会想办法避免受到惩罚。

【解析】姚泓孝友宽和，博学善论，与朝臣交往，或讲儒术，或论文章。尚书王敏等认为刑政过宽，讨论怎样使之更严厉，姚泓说了上面这句话，不赞成王敏的看法。天子教化百姓，像和风吹拂小草一样，应该多行仁恕之道，参与朝政、辅佐君王的臣子更应该直接教化百姓，一味强调严法酷刑，更难以控制百姓，稳固政权。

取乱侮亡，武之善经，不可以累征之劳而失永逸之举。

【注释】《晋书·载记第二十二·吕光》。趁乱取利，欺侮败亡对于兵家来说是大好机会，不应该因为多年征战而觉劳苦，要抓住这个实现一劳永逸的机会。

【解析】吕光部将徐炅、彭晃谋叛，东面结交康宁，西面与王穆相通。吕光想出兵征讨，群臣认为会受到夹击，吕光说如不趁他们关系不稳固时出击，将来必定会遭到围攻，出兵果然斩彭晃。不久，王穆与部将索嘏交战，吕光想进兵收渔翁之利，众人以为自身已经稳定，不可贸然出战，吕光坚持出兵，终灭王穆。乱世纷争，这句话确是真理。

陵霜不彫者松柏也，临难不移者君子也，何图松柏彫于微霜，鸡鸣已于风雨。

【注释】《晋书·载记第二十二·吕光》。

【解析】凌霜而不凋零的是松柏，身临大难而不改变志向的是君子，你的做法简直是让松柏在微霜中凋落，鸡鸣在风雨中停止。

兄弟缉穆，则贻厥万世。若内自相图，则祸不旋踵。

【注释】《晋书·载记第二十二·吕光》。缉(jí)：通“辑”，和睦。兄弟和睦相处，则可以使基业延续万代；如果内部互相图谋，那么祸乱马上就会出现。

【解析】吕光病重，立太子绍为天王，吕纂为太尉，吕弘为司徒。召见纂、弘，说太子没有治理混乱局面的才能，不过他是嫡出，按常规应该立他。周边有强敌，人心不定，希望他们能和衷共济。绍依靠两位兄长，完全信任他们，说即使他们图谋害我，我也不会反抗。终于吕弘挑拨，吕纂害绍。吕光让有势力的儿子为将，无能的儿子为主，是多么错误。

虽弘自取夷灭，亦由陛下无棠棣之义。

【注释】《晋书·载记第二十二·吕纂》。棠棣：一种树，喻兄弟友爱。虽然是吕弘自取灭亡，但陛下这么做未免太无兄弟情分。

【解析】吕弘自以为权势过重，恐不为纂所容，于是起兵反叛。吕纂击败吕弘，纵兵劫掠，弘妻也受到兵士侮辱。纂取得胜利很高兴，侍中房晷有不同看法，说吕弘心生惊疑而反叛，兄弟交战于都城，这是天降灾于凉，陛下应该为此负责任，向百姓道歉，现在的做法太过分了。吕纂神情庄重地认错，优厚地安抚了弘的妻子儿女。

立大功者不顾小节，行大仁者不念小惠。

【注释】《晋书·载记第二十三·慕容垂》。建立宏伟功业的人不必顾及小节，采取仁义的行动不要想着小的恩惠。

【解析】慕容垂受到慕容评嫉恨，投奔苻坚得到重用。苻坚淝水兵败后投奔垂，垂世子宝劝垂杀坚，说这句话让他忘记苻坚的恩惠。但垂怀有报德之心，把军队交给苻坚。他相信能够以义取天下，不愿为此忘旧恩。垂到邺祭拜陵墓，坚派兵士三千护送，并不依臣之计杀垂。氐族和鲜卑族在诸强中势力最大，坚、垂却有如此交谊，只能说是“英雄惜英雄”。

乱法者军有常刑，奉命者赏不逾日。

【注释】《晋书·载记第二十三·慕容垂》。对于违犯军纪的人定当依法处治,对于奉令行事的人重重有赏,绝不拖延。

【解析】苻坚淝水大败后,只有慕容垂军队独存。苻坚来投奔,慕容垂把军队交给苻坚,然后到河内又招募远近,得兵三万。垂对外宣称事秦,心中却在考虑兴复燕国,用这句话来号令三军效命,严明军纪;又许诺平定天下后,会论功封爵授赏。翟斌马上归附于他。慕容垂这些做法和功绩显示出他是个伟大的军事家、政治家。

违义怒邻,取亡之道。

【注释】《晋书·载记第二十五·冯跋》。违背道义和惹怒邻国,都是自取灭亡。

【解析】冯跋、高云杀慕容熙,云死跋立,仍称燕国。北魏遣使到燕,冯跋不向魏称臣,怒而不见使者,又听从冯懿意见扣留使者。适值赤气升腾,太史令张穆说这是兵气,北魏势力强大,我们与它断绝关系不对。从来没有不与邻国交好的国家。我们应放还使者,与北魏修好结盟。跋还在考虑,北魏已经打过来了。居家说"远亲不如近邻""千金买屋,万金买邻",建国更应注意睦邻友好。

三京社稷,鞠为丘墟,四祖园陵,芜而不守,岂非义夫愤叹之日,烈士忘身之秋。

【注释】《晋书·载记第二十七·慕容德》。鞠(jū):古代一种用来踢打玩耍的球。

【解析】社稷重地变成玩耍的丘墟,祖宗陵园荒芜而无人管理,真的到了义夫、烈士奋起为国效忠的时候。

德音著于柔服,威刑彰于伐叛,文教与武功并宣,俎豆与干戈俱运。

【注释】《晋书·载记第三十·赫连勃勃》。俎(zǔ):祭祀时盛牛羊等祭品的礼器。豆:古代一种盛食物的器皿。对四方实行怀柔使之臣服则显示德行,讨伐叛逆则表现出强大武力,教化与武功都要宣扬,祭祖尚德也要崇尚武力。

【解析】赫连勃勃建都统万,刻石颂其功德。碑文不过是说起兵是奉天承运,敌人败亡归降是我们"文教与武功并宣"的结果。群臣希望建都长安,有山河可守,但赫连勃勃认为这样有偏安之嫌,坚决建都统万,使江南之敌不敢渡河。他确有非凡见地。

《宋书》名句

祸福无门，

逆顺有数；

天道微于影响，

人事鉴于前图。

未有蹈义而福不延，

从恶而祸不至也。

——《宋书·列传第四》

刘裕龙行虎步，视瞻不凡，恐不为人下，宜蚤为其所。

【注释】《宋书·武帝上》。蚤：同“早”。

【解析】这是东晋末年，桓玄篡位，有人于桓玄面前评论刘裕之语。意思说刘裕有帝王之相，不会久居人下，希望桓玄及早采取措施，然而当时的桓玄也由于刚立帝位，需要暂时利用刘裕，因此他说：“我方欲平荡中原，非刘裕莫可付以大事。关陇平定，然后当别议之耳。”由此可以看出当时的各种势力，往往在彼此利用中获得生存，但也因此养虎遗患，最终桓玄被刘裕消灭了。

夕寐宵兴，援奖忠烈，潜构崎岖，险过履虎。

【注释】《宋书·武帝上》。

【解析】“夕寐宵兴”是说由于勤于政事，很少有睡得安稳的时候，“险过履虎”是指他们的危险有如履虎尾一般，常常会面临致命的打击。桓玄称帝之后，骄奢纵逸，政令无常，还经常凌辱晋废帝，刘裕等乘时起兵讨伐。元兴三年(404年)，刘裕与何无忌、刘毅等纠合徒众百余人据亲口，杀桓修，兵临城下，刘裕于是移檄亲邑，历数桓玄的罪恶，并力陈自己冒险犯难殄除桓玄的决心。由此也赢得人民的支持，为其打败桓玄营造了一定的舆论。

治乱相因，理不常泰，狡焉肆虐，或值圣明。

【注释】《宋书·武帝上》。

【解析】治与乱常常是互相更替的，没有永久的混乱，也不会有永久的太平。祸患产生，肆虐地吞噬着社会的时候，也是孕育一个圣明社会的阶段。这是高祖刘裕讨伐所谓“逆臣”桓玄的檄诏中的话，当时的社会可谓“主上播越，流幸非所，神器沉沦，七庙毁坠”。刘裕出于危难之间，担当重任，铲平祸乱，这样的檄书为他的讨战大造舆论，也就为其寻求到了一种理论支持。

去弊拯民，必存简恕，舍网修纲，虽烦易理。

【注释】《宋书·武帝中》。

【解析】去除时弊，拯救人民于水火之中，必然也会触犯一小部分人的利益，但他们的利益因妨碍全局利益，必然要弃兵保车。舍弃一部分人的利益而获得国家、社会的大治是英明的君主应该采取的明智之举。“舍网修纲，虽烦易理”是指只有抓住事物的根本，突出重点，即使有时显得烦琐，也是合乎事理的。

欲加之罪，其无辞乎！

【注释】《宋书·武帝中》。

【解析】这与“欲加之罪，何患无辞”所表达的意思是一样的。这就是说如果有人要构陷你，总要想方设法给你罗列各种罪名，从而使他的构陷成为一种合乎实际的揭露。这是韩延之责问刘裕废弃谯王时所说的话。这种强烈的语气，给人一种如临其境的感觉。

帝王者，宰物之通器；君道者，天下之至公。

【注释】《宋书·武帝中》。

【解析】帝王是统治天下的人才，君道是天下最为公允的。这种观点与后世的观点有很大的差异，后世人一般认为帝王是天之骄子，具有无上的权威，因此有那么多人为争取皇位而争得头破血流，甚至不惜牺牲自己的性命。为君之道也不再那么公允，有时甚至是随心所欲，不顾他人的利益。后世的君主缺乏上古三皇五帝的大度和公允。

役己以利天下，尧、舜之心也；利己以及万物，中主之志也；尽民命以自养，桀、纣之行也。

【注释】《宋书·孝武帝》。

【解析】役使自己，而使天下人受利，是尧、舜的心愿；有利自己的同时也能利及万物的，是一般君主的志向；剥削人民来全力为自己的，是桀、纣的行为。该句以精辟的言语概括了三种帝王的行为。受人民爱戴的君王，他们能时刻为人民着想，甚至不惜牺牲自己的利益。而那些损害人民利益的，或拔一毛可利天下而不为的，也将永远为人民记住，记住他们的丑言恶行。

法网之用，期世而行；宽惠之道，因时而布。

【注释】《宋书·明帝》。

【解析】无论是严格执法，还是宽惠待人都应根据具体的情况而定。这就是说，任何法令制度都不是一成不变的，应该根据当时的实际情况有所变通。以仁治国，宽厚待民，在和平时期尤其重要，只有这样，才能给人民创造一个和谐、宽松的社会环境，才能有助于社会的进步、生产的发展。而严格执法在动乱时期就有着其他手段无法替代的作用。不严就无法惩戒不法者，警戒世人；不严就无法保障人民生命财产的安全，也就无法促进社会的进步。

左史记言，右史记事，事则《春秋》是也，言则《尚书》是也。至于楚《书》、郑《志》、晋《乘》、楚《杌》之篇，皆所以昭述前史，俾不泯于后。

【注释】《宋书·志序》。

【解析】左史记言论，右史记行事，记行事的有《春秋》，记言论的有《尚书》。至于楚《书》、郑《志》、晋《乘》、楚《杌》篇章，都是用来记述前代历史的，从而使它能流传久远，而不至于泯灭不闻。正是这种左右史官的辛勤劳作，才为我们留下许多宝贵的资料，也为我们了解和研究古代社会提供了不可多得的资料。

声有清浊，故协以宫商；形有长短，故检以丈尺；器有大小，故定以斛斗；质有轻重，故平以钧石。

【注释】《宋书·律历上》。

【解析】声音既有清亮，又有低沉，因而以宫商使它们得以区分；形体有长有短，所以用尺寸使它们得以度量；器皿有大有小，因此用斛斗使它们得以称量；物体有轻有重，所以用钧石来使它们得以衡定。由此我们知道制定律历，并不是人们的主观愿望，而是对客观事物的一种把握。

乐有器有文，有情有官。钟鼓干戚，乐之器也；屈伸舒疾，乐之文也；论伦无患，乐之情也；欣喜欢爱，乐之官也。

【注释】《宋书·律历上》。

【解析】音乐既有器具也有文辞，既有情感也有官能。钟鼓干戚，是音乐的器具，屈伸缓疾，则是音乐的文辞；论伦无患则是音乐的情感，欣喜欢爱则是音乐的官能。正因音乐具有这样的特征，所以能够引起人们的共鸣。人们常常用乐器来奏出心声、表达感情，同时也给人以美的享受。

阴阳和则景至，律气应则灰除。

【注释】《宋书·律历上》。

【解析】阴阳调和，则好的景象就会出现；律气相应，则不洁的东西便能消除。古人认为，天地万物均有阴阳二性，而事物的成长，必须二性相协，否则，阳盛阴衰或阴盛阳衰都不利于事物的正常发展，自然也不会有好的景象出现。律令和节气相适应，便能省时省力地除去不洁的东西，这实际也是基于人们客观的观察而得出的。

天地之所贵者生也，万物之所尊者人也，役智穷神，无幽不察，是以动作云为，皆应天地之象。

【注释】《宋书·律历中》。

【解析】天地中最为宝贵的是生物，而万物中最应尊崇的则是人。人们运用智慧，殚思竭虑，没有不能体察到的，因此各种动作行为，都是与天地出现的征象一致的。当时的人们认为，尽管人是万物之灵，但他们的行为是上天的旨意，与上天表现的征兆是一致的。正是由于阴阳二气陶育了万物，使得万物得以发展、壮大，同样也陶育了人们的行为。

凡救蚀者，皆著赤帻，以助阳也。日将蚀，天子素服避正殿，内外严警，太史登灵台，伺候日变。更伐鼓于门，闻鼓音，侍臣皆赤帻，带剑入侍。三台令史以上，皆各持剑立其户前。卫尉卿驰绕宫，伺察守备，周而复始。日复常，乃皆罢。

【注释】《宋书·礼一》。

【解析】这是古代封建王朝日食的礼仪。这种伐鼓救蚀的办法与上古神话中的敲锣救蚀的方法是一致的。因为当时人们科学技术比较落后，对日食和月食现象有一种恐惧感，认为这是一种坏的征兆，会对他们产生不良的影响，于是通过敲鼓或打锣以通知上天，免除对他们的惩罚，或者希望通过制造大的声音来惊走吞噬日月的恶兽。尽管他们的方式是那么的幼稚，但也体现出他们对上天的不解和对美好生活的企盼。

一夫辍耕，饥者必及。

【注释】《宋书·礼一》。

【解析】这是南朝宋文帝令复耕籍之礼诏中的话。宋元嘉二十年，文帝将亲耕，因耕籍之礼久废，于是下诏说："国以民为本，民以食为天。一夫辍耕，饥者必及。……"由此也可看出，文帝对农耕的重视，把它提到有关国计民生的高度。

夫治化之本，在于正人伦。人伦之正，存乎设庠序。

【注释】《宋书·礼一》。庠序：学校。

【解析】治理教化的根本，在于匡正人伦。而人伦能得以匡正，则在于设庠序，实施教育。这里强调了设立庠序的重要作用。只有设立庠序，进行教育，才能使"父子兄弟夫妇长幼之序顺，而君臣之义固矣"。也只有设立庠序，进行教育，才能使人"行成德立"，才能使其"修其身以及其家，正家以及于乡，学于乡以登于朝"。通过这样的学习之后，则"以之事君则忠，用之莅下则仁"。

立人之道，曰仁与义。

【注释】《宋书·礼一》。

【解析】立人之道，也就是作为一个人最基本的品德应是"仁"与"义"，所谓"仁"就是要宽厚待人，具有仁者胸怀。所谓"义"则是要求人们言而有信，有义气，有胆识，敢作敢为。这是孝武帝太元九年，尚书谢石陈述的看法中的言语。他的目的是让人们重视礼节，重视学习，他说："立人之道，曰仁与义。翼善辅性，唯礼与学。……"只有通过学习，才能使人成为真正的"人"。

德盛而化隆者，则乐舞足以象其形容，音声足以发其哥咏。

【注释】《宋书·乐一》。

【解析】音乐与其他的艺术作品一样，同样也具有传情达义、表达理想的作用。所谓治国之音安以乐，亡国之音怨以怒，可见音乐也能揭示社会的兴衰。国家强盛，统治者就会创制音乐，以彰功德。国家衰弱，也会有亡国之音流传全国，传布它的痛楚。

德敷于内，典章必远，化覃于外，徽号宜宣。

【注释】《宋书·后妃》。

【解析】这是有司劝谏太宗皇帝的言语，当时太宗皇帝即位之后，对曾经抚养过他的崇宪太后奉养如旧，让她居住内宫，这种情况与当时的法典有所不符。因为当时的规定是：皇上即位后，皇后应居处内宫，而太后应移居别宫。这种行为虽有悖于典章，但体现了太宗的爱母之情。

崇贤旌善，王教所先；念功简劳，义深追远。

【注释】《宋书·列传第二》。

【解析】尊崇贤士，旌扬善行是王教中引以为先的，记住功臣而忽略自己的辛劳，则会义气深远，受人怀念。这里旨在劝谏天子修德养性，惩恶扬善，尊崇贤士。

大道有言，慎终如始，则无败事矣。

【注释】《宋书·列传第二》。

【解析】最高的道认为，只要自始至终能够谨慎从事，就不会有失败了。这是傅亮在《演慎》中的论述，他列举事例来证明这一观点。他说："文王小心，《大雅》咏其多福；仲由好勇，冯河贻其苦箴。"虽然他告诫人们应谨慎从事，这样可以防患于未然，也可杜绝一些不必要的麻烦，但他强调的谨慎有些过分，有时会让人缩手缩脚，不敢冒险。

昔之君子，同名爵于香饵，故倾危不及；思忧患而豫防，则针石无用。

【注释】《宋书·列传第三》。

【解析】往昔的君子们认为名誉和爵位同香喷喷的诱饵一般，会引诱他们步入危险之境，因此他们躲避它，使得倾危不能及身；经常思及忧患并加以预防，这样针石对他们也无用武之地。这也是傅亮在其《演慎》中提到的，以此来说明君子由于能远离诱惑，常思忧患，故能获得自身的安全，赢得人们的尊敬。

据图挥刃，愚夫弗为；临渊登峭，莫不惴栗。

【注释】《宋书·列传第三》。

【解析】据图挥刃，即使愚夫也不这样干（因为它太轻而易举了）。但若登上峭壁，面临深渊，没有人不紧张，不颤颤发抖。以此来揭示一个道理：面临危险就会小心谨慎，多加思索。所谓“害交故虑笃，患切而惧深”。《诗经》中也说“不敢暴虎，不敢冯河”。而句中也以“愚夫弗为”和“莫不惴栗”的对比来说明“非知之难，慎之惟艰，慎也者，言行之枢管乎”的道理。

聆蜻蛚于前庑，鉴朗月于房栊。风萧瑟以陵幌，霜皑皑而被墉。怜鸣蜩之应节，惜落景之怀东。

【注释】《宋史·列传第三》。蜻蛚：指蟋蟀。房栊：指窗户。

【解析】这是傅亮所作《感物赋》中的语句。傅亮本是一个布衣儒生，侥幸得到重用，总揽大权，但少帝失德，心中怀有忧惧，因此以此来寄托感情。这几句以一种沉重的笔触描绘一幅图景。在门前的廊檐下聆听蟋蟀的鸣叫，明亮的月光从窗口照了进来，然而屋外萧瑟的风吹动着残枝败叶在空中恣意地飞舞，白皑皑的霜雪已经覆盖了土墉，而鸣蝉那种凄哀的声音在晚秋中孤独地响着。这种令人伤感的景色与作者当时的心情相吻合，即使我们现在去品味它，也有一种浓浓的愁情。

习习飞蚋，飘飘纤蝇，缘幌求隙，望焰思陵。糜兰膏而无悔，赴朗烛而未惩。瞻前轨之既覆，忘改辙于后乘，匪微物之足悼，怅永念而拊膺。

【注释】《宋书·列传第三》。

【解析】这也是傅亮《感物赋》中的句子。那些展翅飞翔的飞蚋和纤蝇，为了求得一线缝隙，不惜失去自己的生命。这种看似微不足道的生命却令作者发出一种感慨，他们的下场也许会是自己将来的下场，作者内心的忧惧也就不言而喻，同时此句也表达了他的一种无奈和惆怅。

晦美风姿，善言笑，眉目分明，鬓发如点漆。

【注释】《宋书·列传第四》。

【解析】这是对谢晦外貌的一个描述。说他风姿绰约，擅长言谈和说笑，眉目分明，鬓发黑得就像点漆。后世也常用这样的词语来描述人们的外貌。

祸福无门，逆顺有数。天道微于影响，人事鉴于前图。未有蹈义而福不延，从恶而祸不至也。

【注释】《宋书·列传第四》。

【解析】祸福虽然无门，但逆顺自有天数，天道隐藏在迅速发生的感应中，人事都在未来得到验证。没有实行仁义而福分不能延续、作恶而祸害不降临的。认为人的一切行为都是先天注定的，是一种命运安排。并认为天是最高深莫测的，它可以洞察人世间的一切事情，同时也是最公正无私的，善有善报，恶有恶报。

智计之士，审败以立功；守正之臣，临难以全节。

【注释】《宋书·列传第四》。守正：笃守正道。

【解析】有智慧、有才能的人，能够在详审败迹中建立功勋，笃守正道的大臣能够在面临危难中保全名节。这两种人也是古代社会中最受尊崇的人，他们的行为往往给后代人以启发，他们也自然成为后人学习的榜样。

凶邪败国，先代成患；谗竖乱朝，异世齐祸。

【注释】《宋书·列传第四》。

【解析】凶邪之徒败乱国家，在先代已成为祸患，谄媚小人祸乱朝纲，在各朝都是一致的。小人得道，则国无宁日。这是谢晦上表皇帝的言语，并列举赵高、秦氏、董卓等人给国家造成的祸乱来说明，必须铲除奸邪之人，摒除谄佞之辈，才能使正义得以宣扬、忠士得以施展才华，人民才能真正过上幸福安定的生活。但谢晦的真正目的在于以此谋一种自全之道。

树文德于庭户，立操学于衡门。

【注释】《宋书·列传第四》。衡门：指横木为门，比喻一种简陋的房屋。

【解析】在庭户内修身养性，加强自己的道德修养，在简陋的屋子内刻苦攻读，提高自己的学识。这是谢晦被押赴京师，在路途上作的《悲人道》中的词句。他一开始慨叹"人道"的艰难，"悲人道兮，悲人道之灾难"。随后想象那种清闲淡雅的生活，既可修身养性、陶情娱性，同时也可增加学识，然而这一切都已随风而去，"何小子之凶放，实招祸而作愆"。那种悔恨之情跃然纸上。

若遭遇英雄主，要取万户侯，当厚相报。

【注释】《宋书·列传第五》。

【解析】这是南朝王镇恶少年时之壮语。王镇恶，北海郡人，五月五日生，家人以俗忌，认为不吉，而其祖父奇之，说："此非常儿，昔孟尝君恶月生而相齐，儿亦将振兴吾门矣。"于是改名为镇恶。13岁时，前秦败亡，关中骚乱，流亡于崤、渑之间。曾寄食于渑池人李方家，李方善待之，这句就是镇恶对李方说的话。

敷小名查，父邵小名梨，文帝戏之曰："查何如梨？"敷曰："梨为百果之宗，查何可比。"

【注释】《宋书·列传第六》。

【解析】这是典故"查何如梨"的出处。讲述张敷与其父张邵间的故事。文帝以戏谑的口吻问张敷："查何如梨？"而张敷以其敏锐的反应，无懈可击的话语答复了文帝，既解除了文帝戏谑自己的窘迫，也展示了自己的才华。

为治者固先定其内而理其外，先安其近而怀其远。

【注释】《宋书·列传第七》。

【解析】进行政治统治，一定要先使其内部安定，然后处理其外部的事情，先使周围的地方安定，然后再考虑安定边远的地方。定其内才能治外，否则，后院起火，也就不可能处理好外部的事情。这是国子博士周祇上书劝谏高祖的话，希望他能安兵息马，休养生息，"大宁治本"，而不应远赴蜀地，以疲劳之师攻击待逸之徒。即使取得胜利，也还是"计得彼利，与今行军之资，不足相补也"。

仗顺伐罪，理无不克，如其不幸，命也。

【注释】《宋书·列传第十》。

【解析】刘虔子率领府郡兵力配合檀道石、朱超石的部队去剿灭司马休之和鲁宗之等时，因其早到，所以"屯三连，立桥聚粮以待"。结果遭到鲁宗之的儿子鲁轨的突然袭击，因寡不敌众，参军孙长庸劝他退军，他非常生气，便说了这句话。虽然他的话有一定道理，但也应根据具体的情况而定，所谓"天时不如地利，地利不如人和"，只有一个有利条件不一定能取胜，还必须依赖敌我双方力量的对比。而且刘虔子最终把"如其不幸"归结为"命也"的说法也是错误的。

兵固诡道，胜在用奇。

【注释】《宋书·列传第十》。

【解析】兵法本来是一种诡诈之道，能够取胜在于运用奇兵。对于兵法是一种诡道，前人早有论述，如《孙子兵法·计篇》："兵者，诡道也。"曹操的《注》中说："兵无常形，以诡诈为道。"而能够取胜，就在于能够出奇制胜，以己之备，攻敌之不虞，这样才能有效攻击敌人，使敌人手足无措，取得胜利。

兵法屈申有时，不可苟进。

【注释】《宋书·列传第十一》。

【解析】这是临川烈武王道规劝说何无忌的话。当时道规与何无忌率领义军攻打桓玄，其时已攻破桓谧与桓蔚的军队，而无忌想乘胜攻打江陵，但道规根据当时的形势，认为“诸桓世居西楚，群小皆为竭力，振勇冠三军，难与争胜”。而无忌弗听，结果为振所败。

善谈天者，必征家于人；工言古者，先考绩于今。

【注释】《宋书·列传第十一》。

【解析】善于谈天的人，一定在人的身上寻求迹象；工于谈古的人，必先在当今考察它的业绩。这是鲍照《河清颂》中的词句，鲍照是南朝时期著名的诗人和辞赋家，这里体现了他的思想，他认为天与人之间有着紧密的关系，人的行为都是与天的旨意一致的。体现上天的意图，这样才能为谈天的人提供参考。

莅之以清心，镇之以无欲，勖之以弗倦，翼之以廉谨，舍日计之小成，期远致于莫岁，则浇薄自淳，心化有渐矣。

【注释】《宋书·列传第十二》。

【解析】这是袁豹献上的建议，他认为民以食为天，国以民为本，并列举了兴农抑商的各种建议，最后谈到了务田于人有很大乐趣，它可以使人心情宁静，安居乐道，同时也可以减少欲望，修身养性，最终使人在期待中享受大自然的恩宠，获得身心的健康。

为国之道，食不如信，立人之要，先质后文。

【注释】《宋书·列传第十三》。

【解析】治理国家的方法，给民以食物，不如给民以信义。做人的要义在于应有良好的品德，而后饰之以文。所谓国无信不立，一个国家如果失去信用，它就不会得到民众的支持，最后国家也由此而灭亡。而一个人，则必须有良好的品德，才能实现其自身的价值。正如文中所说的：“士君子当以体正为基，蹈义为本，然后饰以艺能，文以礼乐，苟或难备，不若文不足而质有余也。”

选贤于野，则治身业弘；求士于朝，则饰智风起。

【注释】《宋书·列传第十五》。

【解析】在民间选拔贤人，国君就能修身立业；在朝廷上求取士子，巧饰才智之风就会兴起。这就说明，如果君王真正为国家的长治久安、人民的和平幸福着想，就应在普通的士民中间选取真正有才学的人，而不是博取虚名。否则只会“以一人之耳目，究山川之险情，贤否臆断，万不值一”。

一夫躬稼，则余食委室；匹妇务织，则兼衣被体。

【注释】《宋书·孔琳之传》。

【解析】只有进行耕织，才能丰衣足食。而一夫不耕，则路有饥者；一妇不织，则路有冻尸。这说明农业是社会的根本。

酒虽会性，亦所以伤生。

【注释】《宋书·范泰传》。

【解析】这是范泰劝说荆州刺史王忱的话。当时"(王忱)嗜酒，醉则累旬，及醒，则俨然端肃"。酒是人们喜庆吉日、宴宾会客时不可或缺的东西，它确实有助于增加人们的兴致，活跃气氛。但饮酒也会伤身，尤其过度饮酒，会使人神志不清，反应迟钝，影响正常生活，同时古人也认为"酒"与"色、财、气"并称为"四大祸害"。可见，"酒"的负面影响也是不可低估的。

风化兴于哲王，教训表于至世。

【注释】《宋书·范泰传》。

【解析】良好的社会风气由圣明的君王振兴，而教育训导之方则应在至世中体现。这里说明，只有在君王英明、臣子贤达的治世中，才能出现良好的社会风气，也才能真正有效地实施教育。

囊漏贮中，识者不吝；反裘负薪，存毛实难。

【注释】《宋书·范泰传》。

【解析】这是范泰进谏中的话，当时朝堂中的一些言事者认为"钱货减少，国用不足，欲悉市民铜，更造五铢钱"。范泰认为这种做法犹如"反裘负薪，存毛实难"，是一种舍本逐末的荒唐行为。所谓巧妇难为无米之炊，如果国用不足，人民贫困，而试图以增加货币的方式来促进国家繁荣是不可能的。

器有要用，则贵贱同资；物有适宜，则家国共急。

【注释】《宋书·范泰传》。

【解析】器皿只要有重要的作用，那么无论是贵重的还是低贱的，都会有同样的价格；东西如果有用，那么家和国都会把它当做急需的。这里也体现了范泰的一种观点，那就是无论事物高低贵贱，只要它能够满足人们的急切需要，那么它也就是珍贵的。这也是一种实用的观点。如若体现在用人上，那就是不管你的地位、出身如何，只要你有才学，同样是国家的栋梁，是精金美玉。

坚壁清野，以俟其来；整甲缮兵，以乘其敝。

【注释】《宋书·何承天传》。缮：修整。

【解析】坚固城池，清除四野，来等待敌人的到来；整治铠甲，修缮兵器，抓住机会攻击敌人的缺陷。这是何承天《安边论》中的语句，他认为只有用这种方式治理军队，做好充分准备，才能使边境得以固守，所谓“保民全境，不出此途”。这种策略符合兵家有备而战的思想，以有备之师攻敌之不足，自然会取胜。

天下有道，庶人不议。

【注释】《宋书·王敬弘传》。

【解析】这是南朝宋王敬弘答文帝的话。王敬弘，琅琊临沂人，在朝中曾做侍中、左光禄大夫。敬弘性格恬静，喜欢山水，所居舍亭山，林涧环周，有登临之美，因此，当时的人称他为王东山。文帝曾问他为政得失，敬弘回答说：“天下有道，庶人不议。”话语虽少，但切中要害，文帝认为他的话很高明精辟。

文患其事尽于形，情急于藻，义牵其旨，韵移其意。

【注释】《宋书·范晔传》。

【解析】这是范晔在狱中给他的甥侄们信中的话。范晔是南朝宋的著名人物，他“博谋经史，善为文章，能隶书，晓音律”。曾“删众家《后汉书》为一家之作”。在这里，他揭示了时文的一些弊端，认为当时的文章被一些客观的事物、固定的模式和手法所局限，不能充分表达作者的思想感情。他认为好的文章应该能寄托情志，应“以意为主，以文传意。以意为主，则其旨必见；以文传意，则其词不流”。

函车之兽，离山必毙；绝波之鳞，宕流则枯。

【注释】《宋书·袁淑传》。函车之兽：指大兽。

【解析】能够函车的大兽，如果离开大山就会毙命；能够横绝波涛的大鳞，如果离开河流就会枯死。这是袁淑议论防御之术时上表中的话。以此来说明虽然当时索虏南侵，声势浩大，然而他们很难适应所侵之地的习性，也必然会在他逐步深入的战斗中走向溃亡，将成为离山毙命的大兽，宕流而枯的巨鳞。因此袁淑建议太祖应鼓舞士气，放弃包袱，以己之长，攻敌所短，这样才能取得胜利。

栖鸟于烈火之上，养鱼于丛棘之中。

【注释】《宋书·袁淑传》。

【解析】这也是袁淑在进献的表章中所说的话，他着重分析了索虏南侵的弊端，他们携众远行，水土难服，并且随着部队的深入，逐渐远离他们的巢穴，自然而然后备资源就会难供应，这就必然影响他的军心士气，并且他们“舍陵衍之习，竞湍沙之利”，这样已先失一招，他们的结局无异于飞蛾扑火，自投罗网。犹如“栖鸟于烈火之上，养鱼于丛棘之中”，势难存活。

夫虎狼护子，猴猨负孙，毒性薄情，亦有仁爱，故识念气类，尚均群品，况在人伦，可忘天属。

【注释】《宋书·文九王传》。

【解析】即使凶恶的虎狼也会保护他的崽子，寡恩的猴猨也会背负它的子孙，虽然它们凶狠恶毒，刻薄寡恩，也是心存仁爱，所以它们能够根据气味识别同类，合入群落，何况人呢？人更有长幼之序，仁爱之心。这些话是太宗诏中的言语，旨在说明虽然晋熙王刘旭叛乱，但他能以仁者的胸怀，不计较他家人的过失，仍然使他们名列名门，过着优裕的生活。所谓虎毒不食子，此言不虚也！

兰薰而摧，玉贞则折。物忌坚芳，人讳明洁。

【注释】《宋书·颜延之传》。

【解析】这是颜延之途经汨潭时，慨叹屈原之死而作的祭文中的话。他以兰、玉作比，说明美好的事物总受到无情的摧残，光明正大的人总受到人们的排挤和迫害。他以当年的屈原为楚国强盛四处奔波，而遭到旧贵族诬陷打击，后被楚王疏远放逐的遭遇来隐喻自身，他在赞颂屈原高尚情操的同时，也表达了他内心的感情，发出无奈的慨叹。

天下之务，当与天下共之，岂一人之智所能独了。

【注释】《宋书·颜延之传》。

【解析】元嘉三年，颜延之受到厚赏重待，他看不惯一些权豪势要把持朝政，因而发此不平之语。他认为天下事应由天下人管。只有天下人共同参与，积极作为，才能建设好国家，这与明末清初顾炎武提出的“天下兴亡，匹夫有责”有一致之处，但前者的重点在于让天下人共同参与，共同管理事务，而不是一人独断专行；而后者则要求人们为社会的发展、国家兴旺发达贡献自己的一份力量。

欲求子孝必先慈，将责弟悌务为友。虽孝不待慈，而慈固植孝；悌非期友，而友亦立悌。

【注释】《宋书·颜延之传》。

【解析】这是颜延之闲居时所作的《庭诰》中的话，旨在说明言传身教是一种较好的教育方法。只有你以真心看待别人，以慈爱的语言抚慰别人，你才能真正得到别人的理解和支持。所谓"欲求子孝必先慈，将责弟悌务为友"，只有你真正具备了这样的品质，才能有效地劝说别人，也才能使别人信服你。

性明者欲简，嗜繁者气惛。

【注释】《宋书·颜延之传》。

【解析】这里提到了导致"欲简"和"气惛"的原因。只有减少了"欲"，才能免受其害，避免"熏心智，耗真情，伤人和，犯天性"，嗜望烦多，自然就会沉溺其中，难以自拔。

禄利者受之易，易则人之所荣；蚕穑者就之艰，艰则物之所鄙。

【注释】《宋书·颜延之传》。

【解析】荣华富贵，人们可以很容易地接受，因为容易接受，所以就引以为荣；而农业生产则比较艰难，因其艰难，所以人们也就鄙弃它。这里以浅显易懂的言语总结了人们那种趋利避害、就易舍难的心理。但同时也指出，无论难易，还是荣鄙，都应统一在整个社会生产中，也正是基于此，才会使社会有各种分工，也才有丰富多彩的世界。

喜过则不重，怒过则不威，能以恬漠为体，宽愉为器，则为美矣。

【注释】《宋书·颜延之传》。

【解析】如果欢喜过分就显得不稳重，发怒太过就会失去威严，只有恬静淡然，宽怀愉悦才能算是美的。这里体现了儒家"中和"的审美思想，它强调任何事情不能太过，应该适度。同时也有道家思想的内容，要求那种"无为"。

执药随亲，非情谬于甘苦；挥斤斩毒，岂忘痛于肌肤。

【注释】《宋书·藏质传》。

【解析】这里用"执药随亲""挥斤斩毒"的事例说明人们并非对疼痛没有感觉，而是为了舍小存大。虽然用斧头割去带毒的皮肉会有疼痛，但这只是暂时的，也由此挽救了自己的生命。这里反映了一种注重全局的战略思想，如果为挽救某一些人的生命，而危害了大部分人的生命，那样会得不偿失。

违乎天者，鬼神不能使其成；会乎人者，圣哲不能令其毁。

【注释】《宋书·沈攸之传》。

【解析】(如果做事)违背天意，即使鬼神也不能使他成功；(如果做事)合乎人心，即使圣哲之人也不能使他失败。这里着重说明顺应时势、合乎民心的重要作用，这是成功的基础。并以刘濞等“七王之乱”被平定的事例来从反面加以说明，即使当世雄杰，旷世奇才，如果违背时势而动，必然会遭到失败。

生之资气，清浊异源；命之禀数，盈虚乖致。

【注释】《宋书·顾恺之》。

【解析】生命所承受的自然之气，有清浊之分；命运所承受的天数，是由于天的盈虚不同导致的。这里主要说明，人的命运是生来就注定的，后世是无法更改的。这是顾恺之在其《定命论》中宣扬的观点。“死生有命，富贵在天”，“天之所友不可坏，天之所坏不可友”等，因此他的观点是一种宿命论，否定了人的主观努力所起的作用，是应该批判的。

毁徒皆鄙，则宜擢其毁者；誉党悉庸，则宜退其誉者。

【注释】《宋书·周朗传》。

【解析】周朗以其独特的思维，高屋建瓴地把握了这一规律。他认为那些诋毁别人的人常常是目光短浅之辈，因此明君要提拔小人所诋毁的人，而那些恭维赞誉之流则较为平庸无能，因此，明君要辞退小人所赞誉的人。这样才能使“毁誉不妄，善恶分矣。”也只有这样，才能真正识别人才，唯才是举。

既谓之才，则不宜以阶级限，不应以年齿齐。

【注释】《宋书·周朗传》。

【解析】这种观点具有进步意义，周朗认为既然称得上是人才，就不应该以阶级出身、社会地位来区分限制，也不应该以年龄的大小来判断、衡量。俗语说“有志不在年高，无志空活百岁”。一个人的智慧和才情的多少、高低，纵然与年龄有关，但并非成正比，那些少年有才而老年才退的人古亦有之。

富之与贵，虽以功绩致之，必由道德守之。故善始者未足称奇，令终者乃可重耳。

【注释】《宋书·吴喜传》。

【解析】富与贵，虽然是通过建立功勋来得到它，但一定要用好的道德守护它。所以有好的开始不值得称奇，能够有好的结束才值得称道。这就说明建立功勋，成就一番事业比较难，但打天下难，守天下更难。因为人们在艰难困苦的环境中时刻会感到压力的存在，这样便能发奋图强，建立功勋。相反，如在幸福安逸的环境中，人们就容易放松警惕，放任自流，最终自己也将无所作为，甚至身败名裂。

贵高有危殆之惧，卑贱有沟壑之忧。

【注释】《宋书·王景文传》。

【解析】这里说明，无论地位是高贵的还是低贱的，他们都有身死名亡的危险。区别只在于他们面对危险的不同而已。因其高贵，所以常常忧虑自身，念及自己的高官厚禄；而低贱的人易于忘却自身，追求更加宝贵的东西。另外，因他们高低贵贱不同，自然人们对他们的态度也不同。这犹如“千仞之木，既摧于斧斤；一寸之草，亦瘁于践踏”。

夫善政之于民，犹良工之于埴也，用功寡而成器多。

【注释】《宋书·良吏传》。埴(zhí)：黏土。

【解析】好的政治对于人民就像精良的工匠对于黏土一样，用的精力少而出产的器物多。可见善政对于人民安定，对于国家的发展有着重要的作用。

身隐故称隐者，道隐故曰贤人。

【注释】《宋书·隐逸传》。

【解析】这里简要说明“隐者”和“贤人”的区别。所谓“身隐”就是指“避地”，也就是指躲开世俗的目光，而自己不为俗人所知。而“道隐”是指“避言”，也就是隐藏自己的政治主张，不为当政者所了解。不论是“隐者”还是“贤人”，他们的行为其实都是一种消极的处世行为，是不值得提倡和学习的。

好读书，不求甚解，每有会意，欣然忘食。

【注释】《宋书·隐逸传》。

【解析】这是陶渊明在其《五柳先生传》中的自况之词，他喜好读书，常常不求甚解，每当有会意的，则会欣然忘食。描写了一个读书人的乐趣。对于“不求甚解”，人们有不同的看法，认为它不是一种好的读书方法，但我认为，如果你读的书很多，而要“字字”求“甚解”，不仅办不到而且也是不可能的，有些不求甚解也未尝不可。

舟超遥以轻飏，风飘飘而吹衣，问征夫以前路，恨晨光之希微。

【注释】《宋书·隐逸传》。

【解析】这是陶潜不肯为五斗米折腰而辞官后所作《归去来》中的词句。表达了无官一身轻的畅快心情。小舟在欢快地前进，迎面的微风吹拂着飘动的衣襟，甚至嫌怨“晨光之希微”。那种脱离官场的欢乐心情，溢于言表。

《南齐书》名句

鸟之将死，其鸣也哀；
人之将死，其言也善。

——《南齐书·武十七王传》

今日悬守穷城，事已危急，若复示弱，必为所屠，惟当见强待之耳。

【注释】《南齐书·高帝上》。

【解析】这是萧录之面对强敌而实行的一种空城计。因为当时的形势很危急，萧录之率领的军队只有数百人，而当时的来犯之敌却声势浩大。这里也充分说明了"兵者，诡道也"。战争，往往是很难捉摸的，聪明而勇敢的将帅往往示敌以假象，迷惑敌人，而自己又能洞察敌人的阴谋，这样才能在战争中取得主动权，获得胜利。

英睿当乱而不移，忠贤临危而尽节。

【注释】《南齐书·高帝上》。

【解析】英勇睿智之人面对丧乱而毫不动摇，忠臣贤士面临危险而能保持他们的节操。人们常说，乱世出英雄。确实，在动乱的社会中，更容易出现有胆有识的英雄，他们能够一领风骚，建立功勋。同时，乱世也最能考验人，聪明睿智而且意志坚定的人，会变得更加聪明，所谓大浪淘沙，而真正有才学的人也最终会受到人们的重视。

褚渊能迟行缓步，便持此得宰相矣。

【注释】《南齐书·褚渊传》。

【解析】这是南朝宋明帝称赞褚渊的话。褚渊字彦四，河南阳翟人。他容貌秀美端庄，举止得当，很有风度。因此，每当上朝时，百官及外朝使臣没有不仰目注视的。因此宋明帝慨叹曰，他的那种仪态风度也是他获得高官的一种资本。

陛下不得言臣不早识龙颜。

【注释】《南齐书·褚渊传》。

【解析】这是南朝齐褚渊回答高帝之语。褚渊在宋亡后又仕于齐，做过司徒、侍中、中书监。褚渊在当时很受高帝的宠爱，当朝的机密要事都要向他询问，与他商量。他所提的意见也多被采纳。一次高帝宴请群臣，酒后对群臣说："卿等皆宋时公卿，亦当不言我应得天子。"王俭等未及回答，褚渊便严肃地答道："陛下不得言臣不早识龙颜。"这也就是"早识龙颜"这一典故的出处。

秋叶辞条，不假风飙之力；太阳跻景，无俟萤爝之晖。

【注释】《南齐书·王俭传》。

【解析】这是南朝齐王俭在给皇帝的表章中的话。意思是，秋叶离开枝条，不必借助大风的力量；太阳产生影子，不必等待萤烛的光辉。事物的发展，有其自身应有的规律，往往是不以人们的意志为转移的，就如瓜熟蒂落一样，都是自然而然的事情。王俭在这里的意思是希望能够很顺利地离官去职，不要受到阻碍。

上马横槊，下马谈论。

【注释】《南齐书·垣荣祖传》。

【解析】这是齐垣荣祖少时所追求的理想。垣荣祖，下邳人，少时学习骑马射箭，有人看见了他，说："武事可畏，何不学书？"荣祖回答说："昔曹操、曹丕上马横槊，下马谈论，此天下不可不负饮食矣。君辈无自全之技，何异犬羊乎！"

欲侜张，问桓康。

【注释】《南齐书·桓康传》。侜(zhōu)张：欺诳。

【解析】宋末，萧道成因罪诛杀了郑州刺史黄回。起初，黄回与屯骑校尉王宜兴在石头城应王粲之举，起兵反对萧道成代宋自立。事情失败之后，道成未加追究，仍付与重兵，但配以心腹。而宜兴善武，挥刀如风。道成担心宜兴会反对自己，于是把他降职，因其不服又把他杀害了，因此诸将把此事报告给萧道成，认为黄回必然拥兵自重，久后必反。桓康请独往刺之，道成说："卿等过虑，回无能为也。"于是召见黄回。黄回上车欲行，其妾见其满身红光，认为不吉，苦苦相留，但黄回不肯留下。等到召入东府，往桓康等人数其罪并把他杀死了。因此，当时称这件事为"欲侜张，问桓康"。

谁谓庾郎贫，食鲑常有二十七种。

【注释】《南齐书·庾杲之传》。鲑(guī)：这里指菜肴。

【解析】这里记述了南朝齐庾杲之生活清贫的事情。庾杲之，新野人。少年的时候很有德行，学涉文义。齐朝初年，任武帝征虏府功曹，尚书驾部郎。杲之的生活清贫，吃的只有些韭菜。因此当时有人戏称，谁说庾郎贫困，吃菜常有二十七种。意思是三九(韭)。

落水三公，堕车仆射。

【注释】《南齐书·谢超宗传》。

【解析】这是南朝齐谢超宗嘲笑褚渊、王俭等的话。谢超宗因觉得朝廷对待自己不公，心怀怨气，诮言常出。一次司徒褚渊送湘州刺史王僧虔，因阁道毁坏，不慎落入水中；而仆射王俭也曾因牛惊摔下车。于是超宗犹如顽童一般，抚掌而戏说："落水三公，堕车仆射。"后来，这一诮言传遍了朝野。

驴！汝好为之，如汝人才，皆已令仆。

【注释】《南齐书·刘祥传》。

【解析】这是南朝齐刘祥的言语，刘祥，东莞莒人，建元中，官任冠军征虏功曹。刘祥擅长文学，行事轻言肆行，往往不避高下。永明间，王奂为仆射。一次，刘祥与奂子融同车，行至中堂，看见路人正在赶驴，于是刘祥说："驴！汝好为之，如汝人才，皆已令仆。"这里表达了他对朝中一些官吏的嘲讽，可谓言词尖锐，入木三分。

民伤则离散，农伤则国贫。

【注释】《南齐书·刘悛传》。

【解析】意思是人民受到伤害就会使国家离散，而农业受到伤害，就会使国家贫困。这种思想反映了一种以民为本、以农为主的思想。旨在以此建议国家要重视人民，加强对他们的管理，而不伤害他们；重视农业生产，而不阻碍其发展。这样才能更有利于国家的稳定和发展。

千金可失，贵在人心。

【注释】《南齐书·胡谐之传》。

【解析】这是史官对胡谐之的评价。胡谐之，豫章南昌人。善于处世，曾为高帝之子萧赜所重，出任北中郎征虏司马，扶风太守。武帝继位，永明六年，欲选谐之为都官尚书，但谐之荐王俭，遂被任为太子中庶子。谐之善于处世，武帝又以旧遇相待，所以朝士多与交往。因此史臣评论他的成功之道是"千金可失，贵在人心"。

陆公，书厨也。

【注释】《南齐书·陆澄传》。

【解析】这是南朝齐王俭戏说陆澄的话。陆澄字彦渊，吴郡吴人。澄少好学，博览无所不知，行坐眠食，手不离卷。仕宋，宋亡又出仕于齐，曾任散骑常侍、秘书监、吴郡中正、光禄大夫等职。陆澄为世人称为博学之士，但读《易》三年不解文义，欲撰《宋书》也没写成。于是王俭戏称他为书厨，家中多古书，往往是人们很少见到的。

陆处无屋，舟居非水。

【注释】《南齐书·张融传》。

【解析】这是说张融行为举止诡异奇特，言语幽默且富有内涵。张融文词诡异，独与众异。行止诡越，常出人意。一次武帝问融住在何处，他回答说：

"臣陆处无屋,舟居非水。"武帝不解其意,于是问张融的堂兄张绪,张绪说:融未有居止,权牵小船,于岸上住。武帝于是大笑,深感他的诙谐幽默。

丈夫当删《诗》《书》,制礼乐,何至因循寄人篱下。

【注释】《南齐书·张融传》。

【解析】这是南朝齐张融《〈门律〉自序》中的话,认为文章著述不应因袭别人,而应有所创新,从旧有的事物中发掘出新的内涵,达到化腐朽为神奇的目的。同时他还认为,文章著述没有固定的文体去遵循,但又离不开具体的文体去承载文章,体现了他辩证的思想。后来人们把"寄人篱下"转喻为依附别人生活,而不能独立自主。

鸟之将死,其鸣也哀;人之将死,其言也善。

【注释】《南齐书·武十七王传》。

【解析】这是南朝齐巴陵王萧子伦对杀己者所说的话。巴陵王萧子伦为武帝第十三子。永明七年为侍节,都督南豫司二州军事。永明十年,迁任北中郎将,南琅玡、鼓城二郡太守。郁林王即位以后,因为南彭城禄力优厚,于是夺去了子伦的太守之职。延兴元年,明帝派遣舍人茹法亮来杀子伦。子伦正衣冠出来接受诏书,并说出了这番话。意思是一个人不管他过去怎样,但在他临死之时也会一吐真言。

尺蠖之屈,以求伸也。

【注释】《南齐书·孔稚珪传》。

【解析】这是南齐孔稚珪所上表中的话。意思是尺蠖这样的小虫,是以屈身来爬行前进的。典出《周易·系辞下》:"尺蠖之屈,以求信也。"后来以此语比喻为达到目的,往往要先屈后伸,以屈求伸。这也是为人处世中的一条重要原则。

一人守隘,万夫趑趄。

【注释】《南齐书·裴叔业传》。

【解析】这是南朝齐裴叔业上疏中的话。意思是一个人守住关口,即使万人的军队也很难通过。语出《淮南子·兵略训》:"一人守隘,而千人弗敢过也。"比喻地势险要,易守难攻。此语也作"一夫当关,万夫莫开"。但英明的将帅不应以此为本,有恃无恐,而应加强内部建设,只有上下一心,团结一致,才能真正成为不开的雄关。也就是孟子所说的"天时不如地利,地利不如人和"。

力扛周鼎，而有立锥之叹。

【注释】《南齐书·崔慧景传》。

【解析】这是南朝齐末崔觉被杀前给他妹妹的信中所说的话。崔觉，平西将军崔慧景之子。南齐末年，官任直阁将军。东昏时，慧景起兵叛乱，兵败被杀。崔觉扮成道人逃命，被擒将伏法，临刑前给他妹妹的信中说了这句话。这里慨叹了他有才而不被赏识，终无立锥之地的情怀。

宁饮建业水，不食武昌鱼。

【注释】《南齐书·文学》。

【解析】这是说南朝齐初丘巨源不愿为武昌太守的事情。丘巨源，兰陵人。齐建元元年为尚书主客郎、领军司马、越骑校尉。后被任为武昌太守，接旨后却不愿外行，武帝问他原因时他以此句作答。

有文事者，必有武备。

【注释】《南齐书·良政》。

【解析】这是南朝齐初高帝敕刘怀尉的话。齐朝开始建都的时候，高帝想要在京邑建造齐郡，那些持异议者认为江右土地肥沃，流民易于归附，不如建在江右。后令怀慰为齐郡太守。意思是进行建设时，必须有军队的保证，才能在和平安定的环境中搞好建设。

《梁书》名句

以言取士，士饰其言；

以行取人，人竭其行。

——《梁书·武帝上》

以言取士，士饰其言；以行取人，人竭其行。

【注释】《梁书·武帝上》。

【解析】根据言语来选取士人，士人必将夸饰他们的言辞；根据行为来选取士人，士人必将竭力而行。这里说明用不同的标准选士，最终选取的结果也不同。因此贤明的君王总是能根据人的言行举止、为人处世来决定他是否被任用，而不是根据其言辞来决定。

居之如执朽索，去之若捐重负。

【注释】《梁书·武帝上》。

【解析】留下来就像抓着腐朽欲断的绳索摇摇欲坠；离开它就像掀去身上的重负。

屋漏在上，知之在下。

【注释】《梁书·武帝下》。

【解析】这里是在说明，君王所犯的错误，他们本身不一定察觉，但是那些接受统治的臣子百姓们必然能够清楚。这就要求臣子们应该敢于言事，匡正君王的错误，弥补他的不足，从而有益于国家的健康发展。

为国在于多士，宁下寄于得人。

【注释】《梁书·武帝下》。

【解析】治理国家在于多用士人，安定社会在于能够得到贤人的扶助。这是武帝在其诏书中的言辞，并声称自己要任人唯贤，希望各级官吏都能尽心尽职，共同整治社会。他的这种重视人才的观点，有益于国家的治理，社会的进步。

性宽和容众，喜愠不形于色。

【注释】《梁书·昭明太子》。

【解析】这是形容昭明太子的言词。他性格宽和而能够容人，常常喜怒不形于色。昭明太子也是梁朝有名的才子，由他编选的《昭明文选》具有极高的文学价值。

大弘经略，询纳群言，军主以下至于匹夫，皆令献其所见，尽其所怀，择善而从，选能而用，不以人废言，不以多罔寡。

【注释】《梁书·夏侯详传》。

【解析】这是高祖围困郾城而没有攻下时，夏侯详提的建议。他认为面对顿甲坚城,如果强攻,必然伤亡惨重,那样必将大伤元气,因此建议应该群策群力,尽可能调动一切积极因素,共同谋划攻城妙计。他认为应"择善而从,选能而用,不以人废言,不以多罔寡"。这一观点,对于选取精兵良将,确定正确策略具有重要作用。

贼已至城下,方复求军,临难铸兵,岂及马腹。

【注释】《梁书·韦睿传》。

【解析】意思是事情很危急了,再去求取救兵,必然很难奏效,所谓远水不解近渴。

路将殚而弥峭,情薄暮而逾广。

【注释】《梁书·沈约传》。

【解析】道路将到尽头时,会更加陡峭;感情越到年老时就显得越深广。这是沈约在其《郊居赋》中所阐述的。它说事物越到其结束时,越有情结。

淹少以文章显,晚节才思微退,时人皆谓之才尽。

【注释】《梁书·江淹传》。

【解析】这里记述了"江郎才尽"的故事,但最早关于"江郎才尽"的故事是记载在钟嵘的《诗品》中,说江淹罢郡还都途中,寄宿野寺,梦见一人自称郭璞,对他说:"吾有笔在卿处多年矣,可以见还。"江淹从怀中掏出一支五色笔给他,从此写诗无佳篇。这一故事本身近于荒谬,但江淹到建武时代已写不出好作品来,这是事实,探究其"才尽"的原因,这与他晚年仕途得意、无意精心创作以及他的诗作已不合当时的新兴文体"永明体"不无关系。我们可以说,江淹的晚年是安富尊荣的,但作为文学家的江淹来说,他晚年的"才尽"未免不是一个悲剧。

草虫鸣则阜螽跃,雕虎啸而清风起。

【注释】《梁书·任昉传》。阜螽:蝗的幼虫。雕虎:兽名,因其身有花纹,如同雕画,故名。

【解析】草虫鸣叫的时候,阜螽便会跃起;雕虎咆哮的时候,清风便会兴起。这与人们常说的"龙行雨,虎行风"是一致的。任何事物的运动都表现出一些特征,有的是事物本身发生的变化,有的是与周围事物发生的感应。正是这种事物间的联系、变化、运动构成了大千世界,也正因此使得世界丰富多彩、千姿百态。

穷则独善，达以兼济。虽出处之道，其揆不同，用舍惟时，贤哲是蹈。

【注释】《梁书·谢朏传》。

【解析】这里体现了儒家的思想，所谓“穷则独善其身，达则兼济天下”。也就是说，仕途上不得志时，就要照顾好自己，所谓明哲保身；若仕途顺达，得到任用就应该兼顾天下百姓，应以仁者胸怀，去关爱天下的每一个人。这也是古代士子们所追求的最高人生目标，他们日习经史，陶以礼乐，就是希望能够代圣人立言，辅助君王治国。如若生逢其时，幸逢明君，自然能够发挥自己的才能，达到兼济天下的目的；如若不幸，恰逢乱世，而不为所识，就应善待自己，独善其身。这种观点自然有其局限性。

丈夫为时所知，当进不求名，退不逃罪，乃平生愿也。

【注释】《梁书·马仙琕传》。

【解析】马仙琕本侍奉齐明帝，后因战败，建康失陷，于是解兵归罪于梁高祖，然而梁高祖没有怪罪他，反而劝慰他，并待之以礼，遇之甚厚。因此马仙琕认为“蒙大造之恩”，受到梁高祖的赏识，虽屡建战功，但未尝言功，当别人问他时，他才谈出了自己的真实想法。确实，一个人如能真正被了解，被赏识，是很不易的，而他能知恩善报也尤为可贵。这里也体现了古人的“士为知己者死”的思想。

圆行方止，器之异也；金刚水柔，性之别也。善御性者，不违金水之质；善为器者，不易方圆之用。

【注释】《梁书·张充传》。

【解析】圆的器物容易滚动，而方的器物则易于停止，这是器物的差异；金属刚硬而水则柔弱，这是它们的物性不同。因此那些善于御物的人，能够不违背金、水的质地而用；而善于制造器皿的人，能不改变方与圆的用途。也就是任何事物都有其内在的特性，都有区别于其他事物的内在本质。因此，我们利用事物时，就应依据其本身的特性，使其适得其所，这样才能发挥出它的优势和特长，实现其最大的价值。

立天之道，曰阴与阳；立人之道，曰仁与义。

【注释】《梁书·徐勉传》。

【解析】这里反映了古代的一种哲学思想。认为天是由于阴阳的气形成的，阴气浊而下沉为地，阳气轻而上升为天。而其间的万事万物也正是这种阴阳二气结合的结果。可见，阴与阳是天的本源，显然这是一种朴素的唯物主义思想。同时他们还认为，生长在其间的人，应是万物之灵长，应该通过“仁”与

“义”使其真正成为人。因此制定各种礼仪使其真正成为人。

礼所以安上治民，弘风训俗，经国家，利后嗣者也。

【注释】《梁书·徐勉传》。

【解析】这里说明了“礼”的重要作用。它可以安定社会，弘扬风范，训导习俗，同时还有治理国家、造福后代的功效。确实“礼”具有其他任何制度都无法替代的功能。因此“唐虞三代，咸必由之”。然而，“礼”的有效实施，也必须建立在人们的生活安定、无饥馁之忧的基础上，所谓“仓廪实然后知礼节”。

遗子黄金满籯，不如一经。

【注释】《梁书·徐勉传》。籯(yíng)：筐笼一类的盛物竹器。

【解析】这句话最早出自《汉书·韦贤传》。意思是留给子孙很多的金钱财富，不如留给他一部经书。因为金钱满籯，虽然宝贵，但它毕竟是身外之物，只有知识才能给人以力量，才能使人掌握为人处世的方法。俗话说“子孙自有子孙福”。如果子孙会赚钱，给他留以钱财也无用；如果子孙不懂克勤克俭，给他留以钱财也自然无用。只有经书，给子孙以知识才能使子孙终身受益。

丈夫生世，如轻尘栖弱草，白驹之过隙。

【注释】《梁书·夏侯亶传》。

【解析】这是鱼弘慨叹人生的短暂，时光之易逝。然而人并非是为了吃喝玩乐才来到这个世上的，应该还有追求和理想，应该在世上做一点事，为社会尽一点力，才能无愧于一生。正因为时光短暂，人们更应珍惜光阴，抓住一分一秒去干自己值得干的事情，而不应在庸庸碌碌的生活中虚度年华。

士无贤不肖，在朝见嫉；女无美恶，入宫见妒。

【注释】《梁书·王僧孺》。

【解析】士无论是贤还是不肖，在朝堂为官就会遭人嫉妒；女子无论美丑，只要她入宫就会遭人嫉妒。这里反映了一些积淀在人们心里的恶习。有些人，他们并不考虑别人是如何获得某一位置，而是注重别人是否拥有这一位置，一旦别人获得，而自己没有，便会妒火中烧。这种心态是极不正常的。

览所示诗，实为丽则，声和被纸，光影盈字。

【注释】《梁书·王筠传》。

【解析】这是王筠把所写的诗呈递给沈约之后，沈约看后写的批语，他给予了高度评价，认为“声和被纸，光影盈字”，写出诗的那种极强的表达功能，能在简短的言词中蕴含丰富的思想，并能给人以整体的美的感受，一个“盈”字给我们很多的想象和启示。

人之寓于宇宙也，何异夫栖蜗之争战，附蚋之游禽。

【注释】《梁书·张缅传》。

【解析】这是张缅在其《南征赋》中的慨叹之辞。人生于天地间，相对于浩瀚无垠的宇宙，可谓九牛之一毛，沧海之一粟，与那些“栖蜗”“附蚋”有何差别呢？确实，人在宇宙中是渺小的，但人不因其渺小而忽视自己的作用，应该把握这有限的时光有所作为。

金山万丈，缘陟未登；玉海千寻，窥映不测。

【注释】《梁书·朱异传》。

【解析】这是《五经》博士明山宝在他的推荐表中对朱异的称赞。认为朱异博学多才，犹如没有开采的宝藏一样，有着无数的珍品奇玩，而且他用“金山”“玉海”作比，给人们以直观感受。因此他认为若使其“负重遥途，必有千里之用”。最后他得到了梁高祖的肯定，受到了重用。这也应了朱异外祖父在他年少时说的一句话：“此儿非常器，当成卿门户。”

慈父不爱无益之子，明君不畜无益之臣。

【注释】《梁书·贺琛传》。

【解析】仁慈的父亲不喜欢没有好处的孩子，英明的君主不供养没有用的大臣。这是贺琛在给皇帝的奏表中引用的话，意在说明，为人臣者就应恪尽职守，尽心尽力，为君分忧，为民办事。因此，当他看到奸臣蒙蔽圣听的时候，就起来申诉自己的意见，以求启达圣听，来达到清除奸邪的目的。

爱之如父母，仰之如日月，敬之如鬼神，畏之如雷霆。

【注释】《梁书·贺琛传》。

【解析】像父母一样地爱戴他，像日月一样地敬仰他，像对待鬼神一样敬重他，像看待雷霆一样畏惧他。这也是贺琛在其奏表中列举的一种不良现象。他认为当时的州郡之官没有“恤民之志”，而造成这种现象的原因就是由于当时的社会风气恶化，人们争侈竟靡。因此他主张应“严为禁制，道之以节俭，贬黜雕饰，纠奏浮华，使众兼知，变其耳目，改其好恶”。

但务吹毛求疵,擘肌分理,运挈瓶之智,徼分外之求,以深刻为能,以绳逐为务,迹虽似于奉公,事更成其威福。

【注释】《梁书、贺琛传》。吹毛求疵:喻故意挑剔。擘肌分理:擘(bò),指剖析。比喻剖析精细。

【解析】这也是贺琛在给皇帝的上书中提到的弊端之一。他指出当时的皇帝可谓废寝忘食,日理万机,然而却由此给下官以可乘之机。当时的一些官员乘机兴风作浪,借执行公务之名,来排除异己,打击同类,虽然他们能尽心尽力,剖析精细,但却给下层人民造成了无尽的灾难,也由此而树立了他们的淫威。针对这些丑恶现象,贺琛认为应"责其公平之效,黜其残余之心",这样才能使官员恪尽职守,而无"侥幸之患"。

国弊则省其事而息其费,事省则养民,费息则财聚。

【注释】《梁书·贺琛传》。

【解析】国家破败的时候,应该减省事情,减少花费,事情减省了就会滋养人民,花费减少了,就会使财物积聚。这同样是贺琛进表中的言语,他认为国家困难的时候,就应精简机构,减少一些不必要的开支,这样才能聚敛财富,但他的主张也有一定的局限性。只有充分发展生产,增加社会的物质财富,才能使国家真正富强,人民的生活才能真正得到改善提高。

专听生奸,独任成乱。

【注释】《梁书·贺琛传》。

【解析】如果皇帝专听,就会生出奸邪之事;如若独信,就会使国家出现祸乱。这是梁高祖不满贺琛的言论而对他进行的驳斥。并列举秦二世委赵高以重任,出现指鹿为马的叛逆行为。

少俊爽,能属文,举止风流,雅有巧思,妙达音乐,兼善丹青。

【注释】《梁书·太宗十一王传》。

【解析】这里描述了南郡王大连年轻时的风采。他英俊潇洒,善于写文章,举止得体,风流绰约,并且很有才思。同时兼通音乐,善描丹青,可谓是一个多才多艺之人。后人也常用"举止风流""雅有巧思"来形容一个人有才学。

人之生譬如一树花,同发一枝,俱开一蒂,随风而堕,自有拂帘幌坠于茵席之上,自有关篱墙落于粪溷之侧。

【注释】《梁书·儒林传》。

【解析】这是范缜驳斥萧子良的"因果"论而打的比方。他说人生就像一树花，同生在一枝上，同开在一蒂上，有些花瓣被风吹到厅堂上，飘落在席上、坐垫上，而有些花瓣则被吹落在厕所里。他认为这只是一种自然的现象，偶然的机会，没有什么因果关系。

神即形也，形即神也，是以形存则神存，形谢则神灭也。

【注释】《梁书·儒林传》。

【解析】这是范缜在其《神灭论》中提出的著名观点，即形神一元论。他认为精神与形体不可分离，它们不是各自独立的。它们只是"名殊而体一"，是既有区别而又有联系的统一体。同时他还认为人的精神存在是以人的形体存在为前提的。可见，在形神不可分的统一体中，又是以形体为第一性的，精神是第二性的，天地间根本没有脱离形体而存在的精神，这是一种唯物主义的形神论。范缜正是以此为基础，驳斥了佛教"形神相异"的二元论。

形者神之质，神者形之用，是则形称其质，神言其用，形之与神，不得相异也。

【注释】《梁书·儒林传》。

【解析】所谓"质"就是指主体、本体；所谓"用"是作用、派生的意思。范缜以"质"和"用"的关系说明形体和精神的特点以及它们的关系。他认为，人的精神现象，只是物体的一种作用，从而深刻地论证了精神现象的特点及其对于物质的从属关系。既然只有物质是主体，精神现象处于从属地位，那么物质消灭，精神现象也就失去了依赖的基础，自然也消灭了。这就更进一步说明，形与神不是两个不同东西的结合，只是一个统一体的两个方面罢了。他的这种"形神相即，不得相异"的观点沉重地打击了佛教的"形神相异"说。

是非之虑，心器所主。

【注释】《梁书·儒林传》。

【解析】这同样是范缜在其《神灭论》中坚持的观点。他认为任何一种精神活动，都有与之相适应的生理器官为基础，而"是非之虑"，即人的思维是以心器为其基础的。如果"心"生了病，就会思维混乱，这就具体说明了形是神之"质"，神是形之"用"。精神必须依赖于生理器官，绝不能分离，从而论证了精神依赖物质的形神一元论，反驳了佛教"虑体无本"，把精神和物质分离的神学观点。尽管范缜在这里把"心器"看做是思维的器官，还不懂得脑是思维的器官，但这并不影响他观点的正确性和对佛教徒的有力驳斥。

圭撮涉于贫友，吝情动于颜色；千钟委于富僧，欢意畅于容发。

【注释】《梁书·儒林传》。

【解析】送穷朋友一把米，吝惜的情绪就流露在脸上；捐赠富有的和尚上千石的粮食，反而从内心到汗毛都感到欢畅。范缜尖锐地批判了那些虔诚的佛教徒。正是由于在佛教迷信的宣传影响下，人们宁可倾家荡产去求僧拜佛，却不肯照顾亲戚，不怜惜穷困。造成这种现象的原因是人们太愚昧，他们的心愿寄托在来世，也相信那些佛教徒虚无缥缈的谎言。

握瑜怀玉之士，瞻郑邦而知退；章甫翠履之人，望闽乡而叹息。

【注释】《梁书·文学上》。

【解析】意思是拥有真才实学的人，如若不被理解、重用，那么只能是叹息感伤。正如阳春白雪不被人欣赏一样，最后自身只能有一种"高处不胜寒"的感觉。

气之动物，物之感人，故摇荡性情，形诸舞咏，欲以照烛三才，辉丽万有，灵祇待之以致飨，幽微藉之以昭告，动天地，感鬼神，莫近于诗。

【注释】《梁书·文学上》。

【解析】这是钟嵘《诗品》中的语句，《诗品》是我国最早的一部诗话作品。在这里着重谈了两个方面的内容：一是作家创作动机的激发来源于外界事物的感召，正是有了这种感召，作家才真正有了创作的欲望，并把它"形诸舞咏"。二是提到诗的巨大作用，它能够"动天地，感鬼神"。

四言文约意广，取效风骚，便可多得，再苦文烦而意少，故世罕习焉。

【注释】《梁书·文学上》。

【解析】这是钟嵘《诗品》中的话。他评价了四言诗，指出它"文约意广"，同时也说明其"文烦而意少"的弊病，这也正是世人很少学习它的原因。钟嵘在此指出四言的缺陷，目的是与五言作比，更突出强调五言诗的优点和意义。

五言居文辞之要，是众作之有滋味者也。

【注释】《梁书·文学上》。

【解析】这里强调了五言诗的地位，并就诗歌的创作问题提出了"滋味说"。钟嵘认为好的诗歌必须是有"滋味"的。所谓诗的"滋味"，就是指诗歌在创作上要描写深刻，注重赋比兴的综合运用，同时诗歌必有文采，应该形象鲜明，而反对"理过其辞"的诗作。他的滋味说也就是主要强调诗歌的形象性。他的这一主张，对后世的诗话有很大影响。

弘斯三义，酌而用之，干之以风力，润之以丹采，使味之者无极，闻之者动心，是诗之至也。

【注释】《梁书·文学上》。

【解析】这里钟嵘提出了诗歌的最高境界，那就是“赋”“比”“兴”的并重和“酌而用之”，同时夹杂以“风力”和“丹采”。他认为，只有赋、比、兴三者互相配合运用，才能达到诗歌要有的“滋味”，若专用比、兴，就会让人产生深奥的感觉，晦涩难懂，最终影响言词的运用；若单用赋体，就会使文章显得空浮，这样，整篇文章就会显得零散而缺乏整体感。

唯文章之用，实经典枝条，五礼资之以成，六典因之致用，君臣所以炳焕，军国所以昭明，详其本源，莫非经典。

【注释】《梁书·文学下》。

【解析】唯有文章的作用，可谓经典著作的分枝，五种礼仪要凭借它来完成，六种法典要靠它来发挥作用。朝廷君臣的功业之所以能够显赫于世，国家军政大事之所以能够天下晓明，翔实地追溯其本源，全部是从经典著作中衍化而来的。这是刘勰在其《文心雕龙·序志》中提出的，他认为文章是经典的枝条，对于军国之治、君臣之礼，关系极为重大。

各照隅隙，鲜观衢路。

【注释】《梁书·文学下》。隅隙：角落、缝隙，喻指偏僻、细微之处。衢路：四通八达的大道，喻指整体、全面或主要方面。

【解析】这是刘勰在其《文心雕龙·序志》中批评前代人的文章中所存在的弊病。他认为他们的文章都是从某一局部、某一细微之处加以阐述，而很少看到文章写作的整体。正是存在这些弊病，没有从根本上全面、系统地解决文章的写作问题。因此，刘勰认为，他有责任挑起这份历史的重担，完成前人未完的事业，这里也说明他写作《文心雕龙》的缘起。

同之与异，不屑古今，擘肌分理，唯务折衷。

【注释】《梁书·文学下》。

【解析】无论是相同或相异，均不在乎它是古人的还是今人的，都要像剖解肌肉纹理那样，进行有条有理的论述，力求做到公允、恰当。这里说明了刘勰品评文章的态度。他绝不会因人废言，而是根据文章自身的价值，进行较为客观、公正的评价。这种态度是应当取法、借鉴的。后人对其评价也很高，认为是“作者之章程、艺林之准的也”。

股肱体合，则四海和平；上下猜贰，则封疆幅裂。

【注释】《梁书·侯景传》。股肱：指大腿和胳膊。常用来比喻辅佐君主的重臣。

【解析】意思是，如若辅佐君王的大臣之间能和睦共处，共同为国出力，那么全国便会安定太平；如若君臣互相猜疑，互不信任，就会出现混乱，最终国家会四分五裂。因此，英明的君主善于驾驭群臣，择人而用，并时常施以恩惠，使臣子们能够团结和睦，而不会因不被任用而产生嫌怨，君臣也不会互相猜忌。

“书不尽言，言不尽意。”然则意非言不宣，言非笔不尽。

【注释】《梁书·侯景传》。

【解析】意思是，书写创作不能充分表达言语的意思，而言语又不能充分表达人的思想。然而，人们的思想，如果没有语言就得不到表达，而语言不通过写作也不能呈现。这里阐述了“言”与“意”之间的矛盾性。确实，人们在想象某些事物的时候，可谓才思泉涌，但若下笔去描述时，就显得捉襟见肘，往往不能尽其一二。然而明知有这样的弊端，人们仍然不得不依靠“言”和“笔”来表达思想。只有这样，人们之间的思想才能得以交流。

《陈书》名句

举善从谏，在上之明规；

进贤竭言，为臣之令范。

——《陈书·宣帝》

古者春夏二气，不决重罪。

【注释】《陈书·世祖》。

【解析】古代的君王，在春夏两个季节，不处决重罪之人。这虽是先王制定的制度，但我们探究其依据时，就可发现它反映了一种哲学思想，因为古人认为，春夏之季正是阴阳配合协调，泽被万物的时候，所有的事物都体现出一种宽宏大量，对于重刑之人也只能暂停处决。

举善从谏，在上之明规；进贤竭言，为臣之令范。

【注释】《陈书·宣帝》。

【解析】任用善士，接受进谏，这是为君的规范；举荐贤人，忠心进言，这是为臣的本职。这是孝宣帝在其诏书中提出的，意在吸引贤人，广纳才子，以促进国家的建设，增强国力，达到国泰民安的目的。

唯使俭而合礼，勿得奢而乖度。

【注释】《陈书·宣帝》。

【解析】这是孝宣帝在其遗诏中的言语。意思是为他修墓治丧要节俭，而不能由于奢侈违反法度。这里告诫他的儿子应该勤俭节约，合乎礼仪即可，不必大操大办，违反先王的规定。这与那些大修坟墓的君王相比是一种进步。

宾礼诸公，唯寄情于文酒，昵近群小，皆委之以衡轴。

【注释】《陈书·后主》。宾礼：接待宾客之礼，此谓以宾客之礼相待。衡轴：本指观测天体仪器上可以旋转的横管，也比喻中枢要职。

【解析】这里描述了陈后主的醉生梦死的生活，他以对待宾客的礼节对待诸公，不是为社稷大业着想，而是寄情于文章美酒之中。常常接近小人，并把国家的一些中枢要职委任给他们，这样的结果，使得国无可用之才，朝无忠君之臣。最后自己也沦落为阶下囚，只能凄凉而无奈地吟出“春花秋月何时了，往事知多少”的诗句。

不爱其亲，岂能及物。

【注释】《陈书·虞荔》。

【解析】这是虞荔之弟虞寄劝谏明将军的言辞，可谓言至意切。他列举各种举事的不利条件，并说，一个连父母双亲都不爱惜的人，怎么能爱惜他物呢？

常谓择官而仕，非曰孝家，择事而趋，非云忠国。

【注释】《陈书·徐陵》。

【解析】人们常说挑选好官职后再去做官,不算是尽孝于家,挑选好事去干,就不算是忠于国家。这是徐陵给仆射扬遵彦的信中的话。意思是说他们为官办事,并不是为国家的利益,为人民的命运前途着想,而纯粹是为一己私利,只要有利可图,他们才去干。可谓言简意赅,一针见血,切中要害。

朝千悲而掩泣,夜万绪而回肠,不自知其为生,不自知其为死也。

【注释】《陈书·徐陵》。

【解析】这是徐陵给仆射杨遵彦的信中的言语,诉说了他受拘留的那种感受。每天唯有以泪洗面,"朝千悲而掩泣",可谓悲痛之极,晚上也由此而愁绪万千,如鲠在喉,不能畅言。那种生活简直令人难以忍受,每日处在一种生死不能自辨的境地。悲痛欲绝,而又无可奈何之情溢于言表,令人倍感悲惨。

善恶不能偕,而未曾离善恶;生死不能至,亦终然在生死。故得永离而任放焉。

【注释】《陈书·傅滓》。

【解析】这是《无诤论》中的言辞。意思是善与恶虽然不能同时到达,但事情从未离开过善、恶;生死不能同时出现,但任何人都离不开生死。因此他认为人们不应该太苛求自己,而应该顺其自然,无意而为,是道家思想的一种体现。

兵家称客主异势,客贵速战,主贵持重。

【注释】《陈书·樊毅》。

【解析】兵家认为客、主的形势不同,客贵在速战速决,主贵在稳重老成,稳扎稳打。这种思想符合兵家的主张,有其合理性,因为客兵必然是远离根据地而深入敌军内部,因此他的后备供应相对于主军而言就显得紧张,而且也较为困难,因此贵在速战速决。而主军则有充分的物质保障,稳重老成地去与敌斗争,就易于取胜。但这不能绝对化,还要根据具体的情况来定。

砥身励行,必先经术,树国崇家,率由兹道,故王政因之而至治,人伦得之而攸序。

【注释】《陈书·儒林》。

【解析】这里强调了"经术"的重要作用,它既可使人修身养性,培养良好的品德,还可以安邦治国。因此王政由此而得到大治,人伦也由之而有序可循。这里反映了儒家的思想,他们崇尚经术,一切的社会秩序、人伦之序皆由经术的教导而得以确定。因此经术也就成为立国的必要工具。

《魏书》名句

圣不独明而治，

鼎不单足而立，

是以荧火之光，

犹增日月之曜。

——《魏书·安同列传》

历观古今,不义而求非望者,徒丧其保家之道,而伏刀锯之诛。

【注释】《魏书·太祖纪》。义:道义。非望:非分之希望。徒:白白地。保家之道:保卫国家的方法。刀锯:泛指刑法。诛:杀。

【解析】为人君者,当以仁义之道来治理天下。刘邦能够统一天下,在于他能够实行仁政。秦二世而亡,则是因为残暴不仁。周之代商,唐之代隋无不同出一理。因此,不实行仁义之道却想获得非分的希望,只能是幻想。

人心离阻,攻之易克。

【注释】《魏书·太祖纪》。离阻:相离相阻,比喻有隔阂。克:攻克,占领。

【解析】人心齐,泰山移。率兵打仗,贵在上下一心,万夫一力,这样才能天下无敌。反之,纵有千军万马,亦如同散沙一般。

故量己者,令终而义全;昧利者,身陷而名灭。

【注释】《魏书·太祖纪》。量:衡量。义:适宜的道德、行为。昧:贪图。

【解析】做人应该遵守原则。不是我的东西,纵使金山亦视之无物。只有能够正确衡量自己,约束自己的人,才能够保全清誉。贪得无厌者,只会落得身败名裂,呜呼哀哉。

衣食足,知荣辱。

【注释】《魏书·太宗纪》。

【解析】这种提法在《管子·牧民》篇中已有。原句为"仓禀实则知礼节,衣食足则知荣辱",这两句话是广为传诵的名言。它反映了物质生产与精神文明之间的关系。生存需要是人的第一需要,只有在衣食问题解决的基础上才能对人民进行教化,提高人们的道德修养。抛开物质生产来讲精神文明是不切合实际的。

百姓足则君有余,未有民富而国贫者也。

【注释】《魏书·太宗纪》。足:富足。

【解析】民乃国之本,本固则邦宁。百姓的生活水平提高则国家经济也将得到发展。北魏神瑞二年,霜旱灾异不断,百姓衣食无着,不能自保者甚多。因此,太宗明元皇帝拓跋嗣下诏开仓赈灾。此语实际是体现君主体恤百姓、关心人民疾苦之意。

名不正则事不成,此之谓矣。

【注释】《魏书·世祖纪》。名:名分。

【解析】此语始出《论语·子路》:“名不正,则言不顺;言不顺,则事不成。”意为名分不正,讲起话来就不顺当,不合理。说话不顺当、不合理,事情就办不成。魏世祖拓跋焘执政初期造字千余,此语是他在下诏颁行新字时所言。目的是为“示轨于来世,永为楷式”。

士之为行,在家必孝,处朝必忠,然后身荣于时,名扬后世矣。

【注释】《魏书·世祖纪》。

【解析】这是封建社会世大夫处世立身的普遍原则:讲究至孝至忠,生时荣华富贵,死后万世流芳。因此帝王往往也以此来评判和笼络臣下。

阴阳有往复,四时有代谢。

【注释】《魏书·世祖纪》。

【解析】阴阳交替,四时变换,这是自然界的规律。社会也在不断交替变化,强大代替弱小,先进代替落后,这也是不可避免的客观规律。时年世祖在位二十年,又将北伐,此时将大权转给了皇太子。

功者赏不遗贼,罪者刑不避亲。

【注释】《魏书·世祖纪》。赏:奖赏。刑:刑罚。遗:遗漏。

【解析】为政者赏罚必须分明,有功必赏,即使是盗贼也不应遗漏;有过必罚,不因其身份、背景以及与自己的关系而有所偏袒。正所谓王子犯法与庶民同罪。

褒赏必于有功,刑罚审于有罪。

【注释】《魏书·高宗纪》。审:明白,清楚,引申为确实。

【解析】赏功罚过,自古已然。但执法者首先应明确统一的赏罚原则:有功者赏,有罪者罚;赏有主次,罚有轻重。切不可学商之纣王,否则只会法而无法,人心叛离。

编户之家,困于冻馁;豪富之门,日有兼积。

【注释】《魏书·高宗纪》。编户:指编入户口的平民。馁(něi),饥饿。积:积蓄,积累。

【解析】朱门酒肉臭,路有冻死骨。贫富差距,无论在盛唐还是在北魏都是普遍存在的。北魏兴光二年春,针对官吏富商利用高利贷盘剥百姓的严重状况,魏高宗下诏取缔这一行为,并作出“犯者十疋以上皆死”的决定。

帝业至重，非广询无以致治；王务至繁，非博采无以兴功。

【注释】《魏书·高祖纪》。询：征求意见，请教。致：达到。治：太平。博采：广泛采纳意见。

【解析】治国安邦非一人之力所能及。先秦即有采诗以谏政事之举，因而有《诗三百》流传于世。太和八年八月魏高祖拓跋宏仿效古代贤君下诏广纳直谏，以求巩固北魏的统治。此举有利于统治者辨明视听，了解到下层的实际情况，是励精图治的一项好措施。

虚己以求过，明恕以思咎。

【注释】《魏书·高祖纪》。虚：虚心。恕：用自己的心推想别人的心。咎：过失。

【解析】虚己以听，谦虚求过；有则改之，无则加勉，是做君主的立身之术。人无完人，君主亦然，能够容纳不同意见，勤于自省方能成就大业。汉高祖刘邦、唐太宗李世民、明太祖朱元璋都是这方面的典范。

知世事之要，使言之者无罪，闻之者足以为戒。

【注释】《魏书·高祖纪》。要：要领、关键。戒：告诫，警告。

【解析】闻善言则拜，告有过则喜。齐王纳谏，则门庭若市。夏桀残暴，则道路以目。所以了解世事的关键在于善于听取不同意见。提意见的人只要是善意的，即使说得不正确，也是无罪的；听意见的人即使没有告之者所指出的不足和观点，也是值得注意和戒备的。

为治者，因宜以设官，举贤以任职。

【注释】《魏书·高宗纪》。宜：合适、适宜。

【解析】君主治国，在任免官吏方面必须谨慎，要做到知人善任，要任用有能力有才干的合适人选。这样才能使官吏各尽其责，才能更广泛地延揽到各种人才，为国服务。

夫赋敛烦则民财匮，课调轻则用不足。

【注释】《魏书·显祖纪》。烦：多。匮：缺乏。课：征收。调：征调。

【解析】税收是一个国家的重要问题。赋税繁重则百姓贫穷，赋税过轻则国家的开支就会不足。因而税收要适当，既要能让百姓有所收获，又要能支付国家开支。只有这样才能使国家得到稳步的发展。

文武之道，自古并行；威福之施，必也相藉。

【注释】《魏书·高祖纪》。藉：同“借”，凭借。

【解析】治国安邦，当居安思危，不可乐而忘忧。三皇五帝之时尚有征伐之事，夏、殷明主也不忘兵甲之备。所以天下虽然太平，也不能放弃军事训练，要防患于未然。古时君主大都怀着“崇文以怀九服，修武以宁八荒”的治国之策，可谓高明之见。

农惟政首，稷实民先，澍雨丰洽，所宜敦励。

【注释】《魏书·高祖记》。惟：只。稷：谷类，澍雨：澍(shù)，及时的雨。敦励：督促，鼓励。

【解析】中国历来为农业大国，鼓励农业生产是历朝历代统治者一向的治国方针，民富则国有余。尤其是在雨水充足之季，更要顺应天时，鼓励生产。

听览政事，莫不从善如流。

【注释】《魏书·高祖纪》。

【解析】善于纳谏，是衡量一个帝王是否英明的重要标准。好的君主能够主动接受别人的好意见，像水从高处流到低处一样自然。

哀贫恤老，王者所先，鳏寡六疾，尤宜矜愍。

【注释】《魏书·高祖纪》。哀：怜悯、同情。恤：体恤，救济。鳏：老而无妻之人。寡：老而无夫之人。矜愍(jīn mǐn)：怜惜、怜悯。

【解析】怜贫爱老是中华民族的传统美德。好的君主往往能够认识到体恤百姓的重要性。延兴二十一年七月，魏高祖拓跋宏下诏颁布了一系列关于尊老扶贫、帮助无钱治病的百姓的命令，取到了一定的效果。

治尚简静，任贵应事。

【注释】《魏书·世宗纪》。

【解析】政事繁复，弊漏甚多。所以办事机构不必过多，能够简捷快速地执行上级下达的命令而不出现徇私舞弊的现象是最理想的。对于官吏的任命和考核不在于爵位的高下，而在于他是否能够有效快捷地完成上级的任务。

酷吏为祸，绵古同患。

【注释】《魏书·世宗纪》。患：忧患，灾祸。

【解析】汉有张汤，唐有周兴，历朝历代都曾出现过一些依仗权势草菅人命的酷吏。不仅有损于国家政策法规的执行，而且给人民带来无法言喻的灾难，所以扫清酷吏，是每一位执政者即位之后首先要解决的事情之一。

安不忘危，古人所戒。

【注释】《魏书·世宗纪》。

【解析】居安思危，思则有备，有备无患。安居的时候，要随时想到可能发生的危难。要随时保持警惕有所准备，事先有了准备，才能避免突然的祸患发生。

察讼理冤，实维政首，躬亲听览，民信所由。

【注释】《魏书·肃宗纪》。讼：争讼，官司。躬：亲自。

【解析】调查案件，审理冤屈，是执法者的首要大事。办这一类事情时，要求执法者必须亲自调查取证，不得偏听偏信，这样才能使百姓信服。

攘灾招应，修政为本，民乃神主，实宜率先。

【注释】《魏书·肃宗纪》。攘：排斥，排除。应：顺应，适应。修：整理，治理。

【解析】关于民本思想古已有之，这是历代帝王治理国家的首要之术。唐太宗把人民比喻成水，而魏肃宗则进一步把人民作为供奉的对象，当然，这只不过是为了突出民本思想而已。不过他能够认识到这一点，并在大灾之年减免税赋，已经可嘉了。

否泰相沿，废兴互有，玄天无所隐，精灵弗能谕。

【注释】《魏书·废出三帝纪》。否：坏，恶。泰：平安，安宁。谕：了解，明白。

【解析】世间万物都是有规律可循的，社会的发展也是靠好与坏，废与兴，进步与倒退，互相促进、互相转化来推动的。而这种规律是无法用神、鬼来解释的，只有经过长期的观察研究才能够了解它，并且顺应历史发展的规律去把握它，利用它。

理有一准，则民无觊觎；法启二门，则吏多威福。

【注释】《魏书·废出三帝纪》。觊觎(jì yú)：希望得到不应该得到的东西。

【解析】制定和执行法律制度，关键应该平等，无论身份地位，对犯法者应一视同仁。只有平等才能使百姓信服，民无怨言。而在封建社会中，往往有一种错误的思想就是“刑不上大夫”。这样就纵容了一些贪官污吏，借手中职权而大肆搜刮百姓，进而导致民不聊生，社会动荡。

五行之气，偏有所不入；六合之间，亦何事不有。

【注释】《魏书·神元平文诸帝子孙列传》。五行：金、木、水、火、土五种物质。六合：上下和东西南北四方，泛指天下或宇宙。

【解析】世界博大，什么事情都有可能发生。所以面对任何突发性事件都不要吃惊，要沉着面对。

臣哉邻哉，邻哉臣哉，君则亡逸于上，臣则履冰于下。

【注释】《魏书·神元平文诸帝子孙列传》。邻：古代的一种居民组织。亡：通"无"，没有。逸：放纵，放荡。履：践踏，踩。

【解析】大臣就好比君王的邻居，而君王则应时刻注意自己的仪态举动。上行下效，君王从自己臣下的举动就可以看见自己的影子。君王无道，则朝纲不整。如果君王没有任何荒淫放荡的举动，那当臣下的也会如履薄冰，尽心尽责。

露枝霜条，故多劲节，非鸾则凤，其在本枝也。

【注释】《魏书·神元平文诸帝子孙列传》。

【解析】这是典型的血统论观点，对于植物自然无可厚非，然而人的成长重要的是后天的培养。"龙生龙，凤生凤"的观点是唯心的，是应该遭到批判的。

百姓不足，君孰与足。

【注释】《魏书·昭成子孙列传》。足：富足。孰：谁。

【解析】民为邦本，民富则国有余。只有当百姓生活达到一定水平时，国家才能富强。如果百姓食不果腹，那么君王又能富足到哪里呢？

吾不负人，人何以叛。

【注释】《魏书·昭成子孙列传》。负：背弃。叛：背叛。

【解析】待人接物，贵在以诚，这是中华的传统美德。我不辜负别人，别人怎么会背叛我呢？

治人之本，实委牧守之官。得其才则政平物理，失其人则讼兴怨结。

【注释】《魏书·昭成子孙列传》。委：托付，委托。

【解析】基层官吏是直接与百姓接触的统治者，因此选拔优秀的基层官吏是十分重要的。如果官吏选拔得当，那么就会政治平和，事物条理分明，反之就会讼诉不断，怨声载道。

乃可死作恶鬼，不能坐为叛臣。

【注释】《魏书·景穆十二王列传》。

【解析】生有轻于鸿毛，死有重于泰山。卖国求荣，虽生犹死；为国捐躯，永垂不朽。

夫贵于朝，妻荣于室。

【注释】《魏书·景穆十二王列传》。贵：地位尊贵。荣：荣耀。

【解析】在中国的封建社会，妇女是没有地位的。妇女在社会中的地位，完全取决于丈夫的社会地位。这就是通常所说的“子凭父贵，妻随夫荣”。丈夫如果地位显赫，妻子自然养尊处优。这也就形成了中国男子“建功立业，封妻荫子”的思想。

指鹿为马，移天徙日。

【注释】《魏书·景穆二十王列传》。

【解析】这句话是由两个成语组成，前一个成语是取自秦末的典故，讲的是宦官赵高借指鹿为马排除异己的故事。后者与前者同意，都是比喻故意混淆黑白，颠倒是非，图谋不轨的行为。

大同之后，便以道化之。

【注释】《魏书·景穆十二王列传》。大同：统一天下。道：仁、义、礼等治国之道。

【解析】建国之初，往往百废待兴。这一阶段许多社会问题都要靠国家强制解决。只有在大的社会问题得到解决之后，才能够从各个细小的方面逐渐潜移默化地加以引导，来贯彻执政者的思想主张。

不可纵奢以忘俭，自安以忘危。

【注释】《魏书·景穆十二王列传》。纵：放纵。奢：奢侈，浪费。

【解析】勤以持家，俭以养德，历代帝王在建国之初都大力提倡勤俭，曾一度出现了诸如文景之治、贞观之治等盛世。但到了末代君主，往往忘记前代的训诫，贪图享乐，导致国家腐败，民不聊生，商纣王每日酒池肉林，终至国灭。

营国之本，礼教为先。

【注释】《魏书·景穆十二王列传》。营：经营，料理。本：根本。

【解析】中国古代的统治者不仅重视以武力征服天下，更重视从思想上来统治人民，他们统治人民的思想武器就是所谓的“礼教”。礼教指的是传统的束缚人思想行动的礼节和道德。其核心为“三纲五常”。几千年来“三纲五常”一直成为束缚人民思想的桎梏。

毫厘之差，正之宜速；谬若千里，驷马弗追。

【注释】《魏书·景穆十二王列传》。正：纠正。驷马：同拉一辆车的四匹马。

【解析】千里之堤，溃于蚁穴。社稷大业更应防患于未然。发现有疏漏之处要及时补正，否则便会愈演愈烈，无力回天。因此，治国安邦不仅要着眼大处，更要谨小慎微，尽力避免船到江心补漏迟的悲剧发生。

赏必以道，用防淫人之奸；罚之滥及，以戒良士之困。

【注释】《魏书·景穆十二王列传》。

【解析】关于赏罚，在许多典籍中都有论述，但总的思想只有一个，就是要赏罚分明，要有一定的标准。这样才能防止不法之徒投机取巧，而给予正直忠良有功之人以应得的奖赏。

财者，非天不生，非地不长，非时不成，非人不聚。

【注释】《魏书·景穆十二王列传》。

【解析】发展经济与带兵打仗一样，讲究天时、地利、人和。由于中国一向是以农为本的国家，所以对于天时与地利的依赖性较大。但仅仅有了天时地利还是不够的，还需要有一个稳定的社会环境，这就要求统治者能够认识到人的重要作用，顺应民意，达到“人和”。

天生地养，各有所亲。兽必依地，鸟亦凭云。

【注释】《魏书·景穆十二王列传》。

【解析】走兽离不开大地，鸟儿离不开蓝天，这是自然界的规律。无论什么事物都有自己的特定范围，不应该凭着主观的好恶而不顾事物发展的规律行事，那样只会造成无谓的损失。

人言恶者未必是恶，言善者不必是善。

【注释】《魏书·献文六王列传》。

【解析】耳听为虚，眼见为实。许多传闻都是以讹传讹，已经失去了本来的真实性。所以，从别人口中听到的坏事不一定真的就是坏事，好事也不一定是好事，要想了解事情的真相，还需要亲自调查研究，掌握第一手资料。

为法者施而观之，不便则改。

【注释】《魏书·献文六王列传》。

【解析】无论是什么法律制度，在刚刚制定的时候都是不完备的，都有待于完善。英明君主在法律实施初期往往边实施边观察，发现有不符合实际的地方立即改掉。这样经过不断地完善修改，才能使一项法律更好地发挥出它的效力。

其身正不令而行，其身不正虽令不从。

【注释】《魏书·献文六王列传》。

【解析】为官的人，贵在以身作则。用自己的行动来影响身边或手下的人。如果能够做到品行端正，那么在属下心目中自然会树立起崇高的威信。使下属做到令行禁止。反之，纵使下属迫于上司的威势去执行命令，也不会使他们心悦诚服，达不到预期的效果。

人生须自放，不可终朝读书。

【注释】《魏书·孝文王列传》。放：释放。

【解析】读万卷书不如行万里路。应在刻苦读书的同时适当地释放自己。不可死读书，成为一个满腹经纶而没有一点实际能力的人。

王者治天下，以安民为本。

【注释】《魏书·崔玄伯列传》。本：根本。

【解析】“民为本，社稷次之，君为轻。”民本思想一直是统治者奉为典常的重要思想。从“水能载舟，亦能覆舟”这句谚语不难看出人民的重要性。所以每个朝代开国之初，统治者们几乎都把是否能够得到民心视为是否能够稳固政权的关键。

琴瑟不调，必改而更张；法度不平，亦须荡而更制。

【注释】《魏书·崔玄伯列传》。琴瑟：琴和瑟两种乐器一起合奏，声音和谐。调：和谐。荡：涤除，洗掉。

【解析】任何法律制度都只是在一定的时期内起推动作用。随着时代的发展，从前的法律会逐渐显露出各种弊端，这时就需要对原有的法律进行修改或者干脆废之重建。

天地至公，故万物咸育；帝王无私，而黎民戴赖。

【注释】《魏书·古弼列传》。咸：都。育：孕育。戴赖：爱戴，依赖。

【解析】自然界是十分公平的，它孕育万物，无偏无私。如果君王能够做到公正无私，就一定能够得到百姓的爱戴和拥护。

为国之道，存不忘亡。

【注释】《魏书·叔孙建列传》。为：治理。

【解析】一个国家的统治阶级应具有高度的忧患意识，俗语说："人无远虑，必有近忧。"居安思危，未雨绸缪是任何一个君主都必须具备的政治素养。只有这样才能够防患于未然，把一切危险扼杀在酝酿的初期。

衽席不遗，簪履弗弃。

【注释】《魏书·于栗磾列传》。衽（rèn）席：席子。遗：丢弃。簪：别住发髻的工具。履：鞋。

【解析】成由勤俭，败由奢。勤俭是达到富足最可靠的办法。而要做到勤俭往往就是从小事做起，积少成多，集腋成裘。

尧舜之教，化民如子；三王任贤，天下怀服。

【注释】《魏书·李先》。尧舜：尧和舜，传说是上古的贤明君主。化：教化。

【解析】这句话反映了以民为本，举贤任能的思想。君主要想治理好国家，必须爱民如子，处理好与人民的关系。同时必须举贤任能，让身居高位者都是有德有才之人。只有解决好这两个问题，才能达到君主治国平天下的目的。

见瓶水之冻，知天下之寒；尝肉一脔，识镬中之味。

【注释】《魏书·崔浩列传》。脔（luán）：切成小块的肉称"脔"。镬（huò）：锅。

【解析】身为国家的统治者，要能够从一些细小的事件中嗅到更多的信息，要能够见微知著，就好比看见瓶里的水结了冰，就知道天气已经冷了；尝锅里的一块肉，就知道全锅食物的滋味，能够从现象推知其本质。

劲躁之人，不顾后患。

【注释】《魏书·崔浩列传》。

【解析】处于困境中的焦躁之人，是不会顾及后果的。任何事情的发展都不能超过"度"，物极必反，好事也会向相反的方向转化。崔浩以此句告诉太宗，不可在自己力弱时，追敌太紧，否则敌人很可能狗急跳墙，拼死一搏。

暂劳永逸，长久之利，时不可失。

【注释】《魏书·崔浩列传》。逸：安逸。

【解析】暂时劳苦,就可以得到长久的安逸,这种机会是不能轻易失掉的。在与敌作战中,不仅要讲实力,而且要善于把握住机遇。用短暂的辛苦换来长久的利益,这才是一名优秀将领的过人之处。

兴国之君,先修人事,次尽地利,后观天时,故万举而万全,国安而身盛。

【注释】《魏书·崔浩列传》。

【解析】想要治理好国家的君主,应该首先处理好人才任免之事,然后充分发挥地理优势,顺天应人,这样才能政平人和。这三者是治国大计中非常重要的问题,在处理好三者之间的主次关系后,才能国家繁荣昌盛,个人声名显达。

击蛇之法,当须破头,头破则尾岂能复动。

【注释】《魏书·崔浩列传》。

【解析】做事情要抓住主要矛盾。在战争中,一定要善于找到敌人的要害所在。“射人先射马,擒贼先擒王。”只有抓住要害,才能给敌以致命的打击。

恃德者昌,恃力者亡。

【注释】《魏书·李顺列传》。恃(shì):倚仗。

【解析】凭借仁德治理国家,他的国家就会昌盛;倚仗武力治理国家,他的国家就会灭亡。“天下,马上得之,不能马上治之。”得民心者得天下,民心是无法靠武力强迫得到的。齐桓公推行仁政,取得霸主之位;秦二世残暴滥罚,终究短命而亡。

礼者身之舆,敬者行之本。

【注释】《魏书·李顺列传》。

【解析】对于一个人来说,礼、敬是他为人处世的根本。儒家强调以仁礼服天下,这也是处理好人际关系的基础。吾以礼待人,人终以礼还我。没有对他人不礼不敬而能够长久享受福禄的。

民劳既久,未获宁息,不可频动,以增劳悴。

【注释】《魏书·李顺列传》。悴:劳苦。

【解析】百姓辛劳已久,未曾获得休息,不可以频繁役使百姓,徒增他们的痛苦。劳役在古代一直是人民的一项重要负担,百姓不但要交纳各种赋税,还要服兵役、劳役。沉重的劳役往往是一个朝代灭亡的重要原因。因而与民休息不给人民增添额外的负担,是一个国家得以长治久安的重要因素。

人生会有一死，死所难遇耳。今遭知己，视死如归。

【注释】《魏书·刁雍列传》。

【解析】天下虽云大，同声有几人。一个人的一生，要找到一个与自己志趣主张相同的人的确很难，而一旦得到，就是死了也不觉可惜。伯牙因子期之死而不复鼓琴就是这方面的例子。

安上治民，莫善于礼；易俗移风，莫善于乐。

【注释】《魏书·刁雍列传》。

【解析】治国安民，没有比礼更好的了；移风易俗，没有比乐更好的了。儒家思想注重礼乐教化，让礼乐逐渐感化人民，改变风俗，从而起到潜移默化的作用。

无礼之人，难为其上。

【注释】《魏书·陆俟列传》。

【解析】“礼”是中国古代儒家最推崇的道德之一。诸如“礼尚往来”“礼贤下士”“礼让三先”等等成语都是为突出这个“礼”字。在封建社会，一个无礼之人，是很难在社会上立足的。

身先士卒，勇冠三军。

【注释】《魏书·房法寿列传》。

【解析】这是率兵打仗时对将领的基本要求。作战时将领应该奋勇当先，以身作则。只有这样，士兵们才会充满斗志，甘愿去赴汤蹈火。

夫君臣体合，则功业可兴；上下猜惧，则治道替矣。

【注释】《魏书·薛野賭列传》。

【解析】君臣团结一致，国家才能昌盛富强；如果上下互相猜忌，则国家将会混乱不堪。只有上下一体同心，国家才能繁荣，就好比人的五根手指只有在紧紧攥在一起时，才能够发出有力的一击。

为人君者，必审于择人。

【注释】《魏书·高允列传》。审：慎重。

【解析】作为一个国家的君主，必须善于精心挑选人才，为我所用。这就要求君主首先要重视人才，并且了解人才。这样才能够量材录用，使他们各尽其事，充分发挥作用，为国家服务。

知人则哲。

【注释】《魏书·高允列传》。哲:智慧。

【解析】能够充分了解别人的人是有卓越智慧的人。人是最复杂最难了解的动物,不同的人在不同的场合具有不同的人格面具。因此要想真正了解一个人,必然要透过各种面具,用深邃的眼光去探求其本质。所以了解他人是一门富有智慧的学问,而能够了解他人的人则是有高超智慧的人。

文以会友,友由知己;诗以明言,言以通理。

【注释】《魏书·宗钦列传》。

【解析】文章可用来结交朋友,通过朋友我们可以了解到自己,进一步认识自己。诗歌是可以用来表达思想和言语的,而言语又可以使人通晓事理。

诗以言志,志以表丹。

【注释】《魏书·宗钦列传》。丹:忠心。

【解析】诗歌是用来抒发人的思想感情的,思想感情是用来表现忠心的。这只是对于诗歌作用的片面理解,诗歌的作用除表达忠心之外,还可表达许多其他的思想感情。

行至德者不议于俗,成大功者不谋于众,非常之人乃能建非常之事。

【注释】《魏书·李冲列传》。

【解析】行大德之人不与俗人商讨事情,建大功的人不与众人相谋。凡胸怀大略的贤德之人都有自己独特的主张,并非人云亦云,而能独出心裁,大胆创新。只有这样,才能建立别人所不能建的大业,成别人所不能成之功。

虽鞭之长,不及马腹。

【注释】《魏书·李冲列传》。及:到。

【解析】虽然鞭子很长,但总打不到马的肚子上,比喻力所不能及。当时李冲上书劝君主不要攻打南郑,南郑离国很远,如果孤军作战,恐怕粮草不济,很难得胜,故有此言。

德高者则位尊,任广者则禄重。

【注释】《魏书·高闾列传》。任:能力。

【解析】施以仁义之道的人,他的地位就受人尊敬,人民也爱戴他。能力强的人所得的报酬也就多,这是天经地义的事情。

为国之道,其要有五:一曰文德,二曰武功,三曰法度,四曰防国,五曰刑赏。

【注释】《魏书·高闾列传》。

【解析】治理国家,最重要的有五点:文德、武功、法度、防国、刑赏。以文德广施天下,可治民心;以武力威镇内外,可保社稷;以法度正民品行,则可得太平;防国、刑赏又可使外不敢侵,内不敢乱。处理好这五个问题,则天下治矣。

不患贫而患不安。

【注释】《魏书·高闾列传》。

【解析】不害怕贫穷,害怕不安于贫穷。"安贫乐道"是儒家所提倡的立身处世的态度。提倡处于贫困境地,仍要以守道为乐,行不逾方,进退履绳。这其实是封建统治阶级的一种愚民政策,目的是让人民永远安于现状,那社会就安定太平了。

去者既不可追,来者犹或宜改。

【注释】《魏书·萧宝夤列传》。

【解析】逝去的日子无法追回,未来的日子尚可改过。"人非圣贤,孰能无过。"人的一生总要犯这样那样的错误,知过而能改,就是最大的优点。逝去的日子已无法弥补,可未来的日子还长。"亡羊补牢,为时未晚"。只要幡然悔悟,仍然会有光明的未来。

当断不断,其祸更生。

【注释】《魏书·韩麒麟列传》。

【解析】应该决断的时候犹豫不决,就会把事情搞坏。一个有所作为的人,必然是一个果断的人。一个人若是遇事犹犹豫豫,顾虑太多,必然会一事无成,坐失良机。在作战中,一个将领如果优柔寡断,更会贻误战机,导致失败。所谓"猛虎之犹豫,不若蜂虿之致螫"。强大者如果犹豫不定,还不如弱小者坚定行动。可见,当机立断有多么重要。

为社稷之计者,莫不先于守本。

【注释】《魏书·韩麒麟列传》。

【解析】为社稷考虑的人,没有不以农业为本的。以农为本的思想是我国封建社会一种重要思想。农业是立国之本,只有解决了人民的衣食问题才能解决其他问题。只有农业搞好了,国家才能有足够的粮食储备以预防灾荒和战争,国家才能安定富强。

言之者无罪,闻之者足以诫。

【注释】《魏书·韩麒麟列传》。

【解析】提意见的人只要是善意的,即使说得不正确,也是无罪的;听取意见的人,即使没有批评者提出的缺点错误,也应引以为鉴。

差之毫厘,千里之倍。

【注释】《魏书·韩麒麟列传》。

【解析】开头错一点,结果就会造成很大的错误。因而要得到圆满结果一开始就应谨慎从事。而治理国家的人做事时更应一开始就谨慎,否则就会造成不能收拾的后果。

尚俭者开福之源,好奢者起贫之兆。

【注释】《魏书·李彪列传》。

【解析】古人云,成由勤俭败由奢。勤俭治国,勤俭治家,才能开福禄的源头。而奢侈淫逸,则是开始贫穷的征兆。一个人只有勤勤恳恳,厉行节俭,才能让自己的生活更加好起来。反之,铺张浪费终有挥霍一空的一天。

休咎相躡,祸福相生。

【注释】《魏书·邢峦李平列传》。休:吉。咎:凶。躡:追踪。

【解析】吉和凶总是相随,福与祸总是相连的。古人云:"祸兮,福之所倚;福兮,祸之所伏。"所以更要求人们在得意时不要忘形,失落时亦不要绝望。要防止"乐极生悲,福过灾生"的情况发生。

众怒如水火焉。

【注释】《魏书·李崇崔亮列传》。

【解析】民众在被激怒的时候,就如同水火一样势不可挡。以此来比喻民众力量的强大。古人言:水能载舟,亦能覆舟。有道之君都能重视民众的力量,认识到"民为贵,君为轻"的道理。

坐谈则理高,行之则事阙。

【注释】《魏书·甄琛高聪列传》。阙:过错。

【解析】空谈则理论高妙,一实践就出现过错。比喻空谈理论,而不能解决实际问题。赵国名将赵奢的儿子赵括,善于谈兵,后赵王让他代廉颇去打仗,结果在长平之战中只知照搬兵书,不知灵活处理,为秦军射死。这即是"纸上谈兵"的由来,与本句意同。

善藏者藏于民，不善藏者藏于府。

【注释】《魏书·甄琛高聪列传》。

【解析】民富则国强，如果把钱财用于百姓身上，则百姓富足，国家也会富足。如果把钱财藏于府库中，则国家贫穷而百姓也会穷困。有许多国君或官吏不施仁义，只知一味贪取，不顾百姓死活，不施恩惠而引来灾祸。

迷而知反，得道未远。

【注释】《魏书·宋翻列传》。反：返。

【解析】走错了路而知道改正，那么离走上正确的道路就不远了。一个人生在世上，难免会犯错误，会做错事、说错话或走错路。然而错了不怕，只要能及时改正，悬崖勒马，迷途知返，那么一切都还来得及。“亡羊补牢，犹未为晚”，怕的是一错再错，不懂自省，直至败亡。

见灾修德，灾变成善。

【注释】《魏书·张绍张普惠列传》。修德：修明德行。

【解析】此句意为遇见灾害而修身养德做善事，那么灾害就变成善了。古代水旱灾害频繁，人民往往流离失所，苦不堪言。而有德之君，开仓赈灾，使民有所依，则灾害就变成了做好事的机会。

君子使人器之义，无求备德，有数德优劣不同，刚而能克，亦为德焉。

【注释】《魏书·列传第七十七·酷吏》。君子重德重义，但并不苛责具备完备的道德。每个人的德行又不尽相同，有优劣高下之分。如果性格刚烈而又最终能获得成功，也可以称得上是有德之士。

【解析】人无完人，金无足赤。不要苛求做到十全十美，但要力求做到“尽善尽美”。对待每一件事情，都要充分重视并发挥自己的长处，凭借自身优势获取成功。

青成蓝，蓝谢青，师何常，在明经。

【注释】《魏书·列传第七十八·逸士》。

【解析】圣人无常师。孔子曰：“三人行，必有我师。”“是故弟子不必不如师，师不必贤于弟子，闻道有先后，术业有专攻。”“道之所存，师之所存也。”当“青出于蓝而胜于蓝”时，蓝亦可师从于青，君子当“敏而好学，不耻下问”，可见师并不是固定不变的，关键在于深明大义，懂得其中的道理。

论事辨物，当取正于经典之真文；援证定疑，必有验于周孔之遗训，然后可以称准的矣。

【注释】《魏书·列传第七十八·逸士》。援：引。

【解析】要言之有理，言之有据，不可做虚妄之说。此论以“经典之真文，周孔之遗训”为准的，这是与当时的统治思想不可分的。无论哪个朝代，论事辨物都要有一定的准则，这是确保其言论真实确凿的前提，但若讲求“无一字无来历，无一句无出处”，就是过犹不及了。

是古非今，俗间之常情；爱远恶近，世中之恒事。

【注释】《魏书·列传第七十八·逸士》。

【解析】厚古薄今，爱远恶近，这种“复古主义”的思想倾向通常是大家所共有的，然而，并非一切习以为常的事情都是合情合理的。对待悠久的历史文化遗产，我们要“取其精华，去其糟粕”，批判地继承和吸收，因为它毕竟不是出土文物，越久远越好。所以，纵观古今，需要用历史的、发展的、辩证的观点，正确地分析并加以评判，不要从个人的好恶出发。

丈夫拥书万卷，何假南面百城。

【注释】《魏书·列传第七十八·校勘记》。

【解析】万般皆下品，唯有读书高。大丈夫胸怀磊落，心思澄静，坐拥书城，傲视天下，不为声名所累，不为权利所诱，四海之内，有几人矣？

古之所谓隐逸者，非伏其身而不见也，非闭其言而不出也，非藏其智而不发也。盖以恬淡为心，不皦不昧，安时处顺，与物无私者也。

【注释】《魏书·列传第七十八·校勘记》。

【解析】古代的隐逸者有两种：其一是以“隐”求“显”，故作清高，沽名钓誉，走终南捷径重新入世；其二大概就是真隐者，他们大都性情恬淡，与世无争，悄然隐退，寄情山水，与万物合一。无论真隐假隐，都是一种人生态度，出世入世，都是世人所走的途径，孰是孰非，未可定论。

文字者六艺之宗，王教之始，前人所以垂今，今人所以识古，故曰“本立而道生”。

【注释】《魏书·列传第七十九·术艺》。宗：本。垂：垂范。本：根本的东西。

【解析】万物皆有源，所谓正本清源，即是抓住事物的根本，使“本”正，使“源”清，“道”也就相应而生了。“皮之不存，毛将焉附？”所以，切勿舍本逐末，做无用之功。这里给了人类文明之源的文字很高的评价。

为治之要，其略有五：一者慎刑罚，二者任贤能，三者亲忠信，四者远谗佞，五者行黜陟。

【注释】《魏书·列传第八十一·恩倖》。黜（chù）：罢免，革除。陟（zhì）：提拔。王叡在上疏中谈到的这五点治国之要，是有其根据的：刑罚明则奸邪息，贤能用则功绩著，亲忠信则视听审，远谗佞则疑闻绝，黜陟行则任得人。由此可见，他的观点对于王者为政是有一定借鉴意义的。

【解析】以上五点实际上是从两个方面出发的：一个是在用人方面，要任人唯贤，亲贤臣，远小人；另一方面是从"法治"出发的，即刑罚分明，黜陟有方。试想一个国家法律严明，政治清明，一国之君清正廉洁，善于用人，那么，国家之兴盛，指日可待。

与其杀不辜，宁赦有罪。

【注释】《魏书·列传第八十一·恩倖》。

【解析】此论与"宁可枉杀千人，不可使一人漏网"的说法背道而驰。前者是以"仁爱"为怀，而后者则以"严酷"著称。二者虽相去万里，但从本质上讲，都是统治者为巩固自己统治所采取的政策，可谓殊途同归。实际上，法律是无情的，也是公正的，在一个法治国家里，根本不可能也不允许出现这两种情况，因为事实只有一个，守法的公民与违法的犯罪者是不在同一个天平上的。

凡为治者，动不逆天机，作不破地德。

【注释】《魏书·列传第八十七·张文寔》。

【解析】"天行有常，不为尧存，不为纣亡。"背天道而驰者，自取灭亡。正如人类破坏生态平衡，违背自然规律，大自然也会无情地惩罚人类。既然规律是客观存在的，我们就应该尊重客观规律，并充分发挥主观能动性，创造有利条件，去利用客观规律，而不是人为地、盲目地破坏它。历代统治者都应引以为鉴。

不可以疑似之事，以生必然之过。

【注释】《魏书·列传第八十八·匀吉》。

【解析】智子疑邻虽然是大家所熟悉的讽刺故事，但这样的"故事"在现实生活中仍屡见不鲜，是何原因呢？多疑是人性中固有的疟疾，因而，在"事实"尚未成既定事实之前，要多方寻求确凿证据，"三思而后行"，慎重从事，以免无事生非，疑似生过。

单者易折，众则难摧，戮力一心，然后社稷可固。

【注释】《魏书·列传第八十九·吐谷浑》。

【解析】俗话说"孤掌难鸣"，"孤燕难成行"，个人离开集体，无论力量多么强大，也是势单力薄无济于事。所谓"众人拾柴火焰高"，"众志成城"，大家团结一致共同奋斗，才能成就功业。团结就是力量，团结就是胜利，集体的凝聚力是无比强大的，融入集体中，才能充分实现自身的价值。

在天莫明于日月，在人莫明于礼仪。

【注释】《魏书·礼志四》。礼仪：礼节。

【解析】中国自古以来就注重礼仪，从远古开始历朝历代都设有专管礼仪的官吏。

人生在勤，勤则不匮。

【注释】《魏书·食货志》。匮：匮乏。

【解析】一日之计在于晨，一年之计在于春，一生之计在于勤。勤劳是立身之本，能够付出辛勤的劳作，才会获得收获的喜悦，中华民族几千年的延续已经证明了这句话的真谛。

有无通则民财不匮，劳逸均则人乐其业。

【注释】《魏书·食货志》。

【解析】我国封建时代的某些统治者就已经认识到了商业的重要性，与从前的重农抑商政策不同，拓跋宏开始重视发展商业，以通有无。同时他还注意到了劳逸不均的问题。于是制定了一系列新的税收政策，目的是使人们能够安居乐业，维护国家的长治久安。

《北齐书》名句

圣人虚其心而实其腹。

——北朝·北齐·徐之才

讨贼，大顺也；拯时，大业也。

【注释】《北齐书·帝纪第一》。

【解析】齐神武帝高欢杀牛给士卒吃，准备讨伐尒朱氏。封隆之进谏说：“千年才有这样一个机会，普天下人都觉得幸运。”神武帝说：“讨伐逆贼，是顺应时代发展；拯救时政，是丰功伟业。我虽然没有武力，但用死去成就这件事，又怎么能受责备呢？”此言表明了神武帝讨伐逆贼，建立丰功伟业的决心。

顷者风俗流宕，浮竞日滋，家有吉凶，务求胜异。

【注释】《北齐书·帝纪第四》。顷(qǐng)：倾覆。流宕：败坏的样子。

【解析】齐显祖高洋天保元年登基后，革除北魏时奢侈的世风。他下诏说：“倾覆的国家风俗败坏，浮夸竞胜之风滋长，家中吉凶祸难，都归于鬼神胜异。……现在到了新朝，要考虑革除以前的弊端，让人民返璞归真，并订立各种条例，节俭治国。”这句话说明齐显祖看到了前朝的弊端，并把它作为本朝的经验教训，以防重蹈覆辙。

鸷鸟舍巢，必有探卵之患。

【注释】《北齐书·帝纪第六》。探：掏。

【解析】文宣帝驾崩后，幼主即位，齐孝昭帝当时在禁宫中服丧。除太傅、录尚书，朝政都由孝昭帝决定.一个多月后，他仍住在藩邸，诏书多与他无关。他的门客对他说：“鸷鸟离开巢穴，就一定有被掏取卵的忧患，现在这个地方，怎么能经常出去呢？”于是孝昭帝就跟着废帝到邺，住在了领军府。

天命未改，一得一失，自古皆然。

【注释】《北齐书·帝纪第八》。

【解析】齐后主率军与周武帝在晋州城南大战。兵败后，他弃军先回来，不久到了晋阳，忧虑、恐惧让他不知怎么办才好。他对朝臣们说：“周朝的军队太盛了，该怎么办？”群臣说：“天命还没有改，有得就有失，自古以来都是这样。应安慰朝野上下，收拾残兵，背城死战，保存国家。”

天道深远，或未易谈，吉凶由人，抑可扬榷。

【注释】《北齐书·帝纪第八》。榷(què)：商讨。

【解析】唐太宗的谋臣郑文贞公魏征曾总结北齐兴亡的经验教训。他指出，天道深远广大，有的地方可能不容易谈论到，吉凶却可由人事来决定，高低上下是可以商量的。这句话表明魏征从客观角度看问题，认为国家兴衰盛败主要由人事来决定。

所谓火既炽矣，更负薪以足之，数既穷矣，又为恶以促之，欲求大厦不燔，延期过历，不亦难乎！

【注释】《北齐书·帝纪第八》。燔(fán)：焚烧。

【解析】北齐一朝到了末世，也同其他朝代一样，进入了不可逆转的土崩瓦解之势，即使有摧枯拉朽的力量也无法挽回即将倾倒的大厦。因而魏征感叹道：火已经很旺，还往上加柴，天数已尽，又作恶加速灭亡，这样想求得国家不灭亡，拖延期限，不也很难吗？这句话以柴与火的关系，比喻作恶会加速国家灭亡，通俗易懂。

凡人唯论才具何如，岂必动夸笔迹。

【注释】《北齐书·列传第二》。

【解析】博士韩毅教神武帝第五子彭城景思王高浟读书。他看到高笔迹不工整，就说："五郎像这样写字，不重视常侍开国，今后应该用心些才是。"高浟正色回答："从前甘罗年少的时候做秦相，也没听说擅长写字。评论人的才能怎么样，难道一定要动不动就浟奖他的笔迹吗？"这句话表明高浟少年时便是旷达、胸襟宽广之人，他有远大的志向，不在乎小的细节。

遭难流离，以至大辱，志操寡薄，不能自尽。

【注释】《北齐书·列传第二》。

【解析】文宣帝想命令冯文洛杀上党刚肃王高涣，就把妃子李氏送给他做妻子。乾明元年，高涣的余骨被收，谥号为刚肃。有人劝李氏回到文宣帝身边。文洛因为从前的恩义，修饰一番后去见李氏。李氏把文洛领到阶下，数落他说："遭逢祸难，流离失所，已经是大耻辱，而志向节操不高尚，所以没有自尽，幸好得到恩诏，才能返回宫闱之内。"

入阵太深，失利悔无所及。

【注释】《北齐书·列传第三》。

【解析】兰陵武王长恭在芒山之役中大捷，武士们作《兰陵王入阵曲》歌唱他。齐后主想和他谈论军事，就说："进入战阵太深，失利了还遗憾没有到的地方。"长恭却与他谈论家事。长恭的属下尉相顾明白他的心事，指出："您从前就有功，现在又芒山大捷，威望太重，应该称病在家，不要再参与政事了。"

龙子作事，固自不似凡人。

【注释】《北齐书·列传第四》。

【解析】齐后主急召斛律光，斛律光听说后主杀了大臣和士开，拍着巴掌，哈哈笑着说:“龙子做事情,本来就不同于凡人。”

欲求长世,未之有也。

【注释】《北齐书·列传第四》。

【解析】《北齐书》作者记载了诸王的行为,看到了他们成败的过程。他们指出,想要求得永恒存在,没有这样的事情。著史者总是历史地、客观地看待问题,他们相信每个朝代都有其自身发展代谢的过程,这个过程不可逆转,并非个别君王和大臣可以改变。

沉静自居,必不招物议。

【注释】《北齐书·列传第六》。

【解析】武成帝高湛向元海咨询自安之策。元海请求考虑一晚上。他整夜不眠,绕着床慢慢踱步,天还没亮,武成帝问他想得怎么样,他说夜间得到三个计策。中策为:向孝昭帝上表,说自己威权太盛,恐怕遭到众人的议论,请求做青、齐二州的刺史。这样安静地居于一隅,一定不会招到别人的议论。这个计策吸取了老庄思想的精华,全身远祸,以静制动。

老人去死近,何忍煎迫至此。

【注释】《北齐书·列传第七》。

【解析】尉景的妻子常山君是齐神武帝的姐姐。尉景贪利,神武帝在大臣多次请求下,罢黜他为骠骑大将军,开府仪同三司。神武拜访他时,他愤怒地躺着不动,说:“快杀了我吧!”常山君对神武帝说:“一个快死的老人,你又何必这样煎迫他呢?”又说:“我给你打水手都生出了老茧。”并给他看手掌。于是,神武帝拍着尉景,给他屈膝。

彼劳我逸,破之必矣。

【注释】《北齐书·列传第八》。

【解析】大宁二年十二月,周武帝派大将率领羌夷与突厥共同逼近晋阳,齐世祖从邺赶去救援。当时大雪之后,周人用步卒为先锋,从西山下来,离城只有二里。诸将想追出去攻打他们。段韶不同意,他说:“步兵的气势有限,现在积雪这么厚,逆战不便利,不如我们严阵以待。敌人疲惫,我军有精力,一定能胜了他们。”

女若有宠,诸贵人妒;女若无宠,天子嫌之。

【注释】《北齐书·列传第九》。

【解析】斛律金一家，因有一个皇后，两个太子妃，三个公主，所以尊宠极盛，当时没有人能比。斛律金常常对儿子斛律光说："我虽然不读书，但听说古来外戚像梁冀等人没有不倾灭的。女儿若是得宠，诸权贵就会妒忌你；女儿若不受宠幸，连天子也会嫌弃你。我家一直都是通过立功和对国家的忠诚得到富贵，难道要凭借女子吗？"此言真实地反映了封建时代外戚所处的地位。

事贵应机，兵不厌诈。

【注释】《北齐书·列传第十》。厌：嫌。

【解析】尒朱荣被诛杀后，司马子如知道情况有变化，自己就从宫中突围出去，到了尒朱荣的宅院，他抛弃家室带着尒朱荣的妻子、儿女和尒朱世隆等人逃出了京城。尒朱世隆想回到北边。司马子如说："办事贵在顺应时机，用兵打仗不嫌使用欺骗手段……"这句话表明司马子如精通兵法，善于发现并利用战机，以欺诈手段取得胜利。

天下恼恼，唯强是视，于此际会，不可以弱示人。

【注释】《北齐书·列传第十》。恼(xiōng)：骚扰不安的样子。

【解析】司马子如给尒朱世隆分析天下大势，出欺诈之策。他说："现在天下扰乱不安，大家都盯着强者，在这种情况下，不可以以弱示人。如果你一定要向北，恐怕变故会随之而起，不如分兵守住河桥，回军向京城，出其不意，或者可以远离溃败。假如不能称心，也可以向他们显示我们有余力，使天下人看到、听到后，惧怕我们的威势。"此言表明司马子如对天下形势有细致入的微观察，并深入进行分析。

凡人官爵，莫若处中。

【注释】《北齐书·列传第十二》。

【解析】张琼的儿子张忻官除驸马都尉、大将军、开府仪同三司、建州刺史、南郑县伯。张琼担心他的权势太盛，常常对亲信说："大凡人做官受爵，不如处在中位，张忻的位置太高了，真替他担心啊！"此言说明张琼为人谨慎，做官也求自保。

天下扰扰，人怀觊觎，正是智士用策之秋。

【注释】《北齐书·列传第十二》。觊觎(jì yú)：非分的希望和企图。

【解析】纥豆陵步藩逼近晋阳，尒朱兆攻打他，屡次被他攻破。于是尒朱兆想联合齐高祖共同图谋纥豆陵步藩。慕容绍宗进谏说："现在天下扰攘，人们各怀不可告人的希望和企图，恰是智士用策之际。高欢才雄气猛，英略盖世，就像蛟龙,怎么可以借助他的兵力?”慕容绍宗以此言劝告尒朱兆要注意齐高祖的企图,以防引狼入室。

主忧臣辱,主辱臣死。

【注释】《北齐书·列传第十三》。

【解析】北魏时高翼为冀州刺史,加官镇东将军、乐城县侯。等到尒朱兆弑魏庄帝后,高翼保境自守。他对诸子说:“君主忧虑,人臣受辱,君主耻辱,人臣死命。现在国家危急,人神都愤怒怨望,破家报国,就在这个时候。”这句话表明高翼深刻理解了君主和人臣的关系内涵。

先人有夺人之心,时不可失也。

【注释】《北齐书·列传第十三》。

【解析】高翼认为尒朱兄弟性情多疑,善猜忌。因而教导他的儿子们早做打算。他说:“先于别人可以夺得人心,时机不能失去啊!”此处高翼鼓励儿子们把握时机,先下手为强。这句话对后世有极深的借鉴作用,教导人们要敢为天下先。

我与国义同安危,岂有见贼不讨之理。

【注释】《北齐书·列传第十三》。

【解析】天平中年,季式出任济州刺史,多次追捕督察贼盗。有人对他说:“濮阳、阳平是京城的管辖范围,你既不奉命,又不在你的辖区内,为什么还要急着派自己的军队远战?万一有什么差错,不是招罪吗?”季式说:“你的话太不忠了。我和国家同安危共命运,哪有见贼不讨的道理。”这句话表明了季式对国家的忠诚,以为国效力为己任。

若社稷颠覆,当背城死战,安能区区偷生苟活。

【注释】《北齐书·列传第十三》。

【解析】元象中年,齐高祖亲率三军与西寇战于邙,大败,死伤不计其数。当时人情骚动不安,季式的亲信劝他带着二百骑精兵奔梁,既能避祸,又能得到富贵。季式说:“我受国家厚恩,与高王共定天下,国家倾亡,逃走不义。如果国家真的倾覆,就应当背城死战,怎么能偷偷活着呢?”这句话表现了季式非凡慷慨的气概和为国捐躯的勇气。

国耻家怨,痛入骨髓,乘机而动,今实其时。

【注释】《北齐书·列传第十三》。

【解析】封隆之的父亲遇害，他想报仇雪恨，就持节东归，图谋义举。这时高干对隆之说：“尒朱氏暴逆，加害皇帝。我们怎么能不献身为主报仇雪恨？”封隆之说：“国家的耻辱，自家的怨恨，痛入骨髓，乘着这个机会行动，现在的确到时候了。”这句话表明封隆之报仇雪恨的决心和大无畏的精神。

板则紫柏，杵则木瓜，何斯材而斯用也。

【注释】《北齐书·列传第十四》。杵(chǔ)：捣物的棒槌。

【解析】天保末年，卢询祖出任筑长城子使。他自负其才，穿着贱役的服饰去见杨愔。杨愔说：“故旧都有所縻，只有你未加处分。”询祖厉声说：“这是谁的责任？”于是到役所，作了《筑长城赋》，说：“紫柏木可以做板材，木瓜木可以做棒槌，为什么这种材质就可以有这种用途？”此言表明了询祖怀才不遇，郁闷不快的心情，以及他对现实的不满与愤慨。

士之有志力者皆望勤王之师。

【注释】《北齐书·列传第十四》。

【解析】《北齐书》著者指出，魏庄帝死后，群胡矫擅，有志向有能力的士人都盼望着勤王的军队。恰逢齐高祖向东，与他们心思相通，于是他们沥肝胆，以石投水，享有了功名。天下动荡不安的时候，有志之士寻求新的出路是必然的事情，但能遇到齐高祖这样可以为之肝脑涂地的君主并非易事。

孝顺出自臣门，富贵恩由陛下。

【注释】《北齐书·列传第十五》。

【解析】崔㥄一门进行婚嫁，都以衣冠之美和吉凶仪范之盛为当时称道。娄太后为博陵王纳崔㥄的妹妹为妃，她告诉中使说：“好好准备仪法和用度，不要让崔家人笑话我们。”婚礼当天黄昏，齐显祖举着酒杯祝福说：“新妇嫁给合适的男子，今后一定孝顺富贵。”崔㥄启奏说：“孝顺是我的家门中出去的，富贵却是陛下您的恩赐。”这句话表现了崔㥄家世的显赫，以及他善于察言观色，说巧话的本领。

古有逆取顺守，大吴困于小越，弱燕能破强齐。

【注释】《北齐书·列传第十六》。

【解析】平定颍州后，齐世宗让大臣们试着讨论王思政被擒的原因。杜弼说：“王思政不考察逆顺的道理，识别不出大小的情形，而且不考虑强弱的形势，有了这三个弊端，就应被俘获。”世宗说：“古代有逆取顺守的道理，强大的吴国被小小的越国围困，而弱小的燕国能攻破强大的齐国。”

神之在人，犹光之在烛，烛尽则光穷，人死则神灭。

【注释】《北齐书·列传第十六》。

【解析】杜弼与邢邵共同讨论名理的问题。杜弼持神不灭论的观点，而邢邵却认为，精神对于人的关系，如同烛光与蜡烛的关系，蜡烛燃尽了光也就没了，人死了精神也就灭了。这句话邢邵以蜡烛为喻，分析了他所持的神灭论观点。

旧学前儒，每有斯语，群疑众惑，咸由此起。盖辨之者未精，思之者不笃。

【注释】《北齐书·列传第十六》。

【解析】杜弼不同意邢邵所持神灭论观点。他认为旧学前儒，每次有这样的话，大家的疑惑都因此而起。这是辨别它的人不精确、思考它的人不深入的缘故。在他看来，神大于形，神与形不是同时产生，也不会同时灭亡。这句话是为下文展开神不灭论的观点做铺垫，有很重要的作用。

故历已温习，非欲诋诃古人之得失也。

【注释】《北齐书·列传第十七》。诋(dǐ)：毁谤。

【解析】张耀喜欢读《春秋》，每个月读一遍，当时的人把他比做贾梁道。赵颜深曾经对他说："你研读《左氏》，难道是求服虔、杜预的批谬吗？"张耀说："只是为了那样吗？左氏春秋，完备地叙述了当时的事情，坏人可以以此自戒，好人可以自勉。所以我一遍遍地温习，并不是想指斥古人的得失。"这句话表明张耀刻苦研读，提高自身修养的精神。

国家龙飞朔野，雄步中原，五帝异仪，三王殊制，掩衣左右，何足是非。

【注释】《北齐书·列传第十七》。

【解析】王纮十五岁的时候，跟着父亲在北豫州。行台侯景和人讨论掩衣法规应当在左，还是应当在右。尚书敬显儁说："孔子说：'如果没有管仲，我可以披发左衽了。'从这句话来看，右衽是对的。"王纮进言说："国家昌盛，独霸中原，五帝三王的仪式和制度不同，掩衣左边，还是右边，又有什么值得讨论呢？"王纮此言指出人不应为制度所左右，细小的方面可以灵活把握。

运有污隆，乱极则治。

【注释】《北齐书·列传第十八》。污：奸邪。

【解析】孝昌末年，盗贼蜂起，平鉴看到天下将乱，就到了洛阳，与慕荣俨骑马为友。他对宗亲说："运势有奸邪兴盛，乱到了极点就会大治。并州是军事重地，尒朱王是世间豪雄，他举义建旗，奉辞问罪，若要尽忠竭力，现在是时候了。"于是到晋阳去投奔尒朱荣。平鉴此言含有辩证法相对论的观点，他承认事物走到极端就会向它的对立面转化。

丈夫相知，岂在新旧。

【注释】《北齐书·列传第二十二》。

【解析】崔暹随赵都公高琛到晋阳，齐高祖和他谈话之后很喜欢他，让他兼任丞相长史。高祖将要发兵到洛，留下崔暹辅佐高琛办理后事。他对崔暹说："大丈夫互相认识了解，难道在于新旧吗？军事很重要，留守要找值得信任的人，家弟年纪小，凡是后事，就嘱托给你了。"这句话指出大丈夫相知相遇，不因时间的早晚而分新旧。

逐兔满市，一人得之，众心皆定。

【注释】《北齐书·列传第二十二》。

【解析】杜弼秘密启奏齐显祖说："关西是国家的劲敌，如果接受了魏的禅让，恐怕他们称义兵挟持着天子向东。你怎么办？"齐显祖召徐之才商量这件事。徐之才说："如今和大王您争天下的人都想要称帝。这就像满市追兔子，有一人得到了，众人的心也就安定了。现在如果先接受魏的禅位，关西也就安心了。"此言以追兔喻称帝之事，明白易晓。

王者德致于天，则甘露降。

【注释】《北齐书·列传第二十二》。

【解析】武定六年，甘露在宫阙中降下。文武百官都到显阳殿祝贺，魏帝问仆射崔暹、尚书相愔等说："自古就有天降甘露的事情，汉、魏时代有多少啊，你们各自说说前代降甘露的地方，这都是以德化人感动了天的结果。"崔昂说："根据《符端图》，君王的德政为上天所知，那么就会降甘露。"崔昂希望以此言鼓励魏帝继续实行德政。

圣人虚其心而实其腹。

【注释】《北齐书·列传第二十五》。

【解析】徐之才曾和从兄徐康造访梁太子詹事汝南周舍的宅第听《老子》。周舍给他们备了饭，就和徐之才开玩笑说："徐郎不用心思考义，只是吃饭。"之才回答："我听说圣人虚心而饱腹。"这句话表现出徐之才聪颖机智，善于随机应变。

丈夫一生不负身。

【注释】《北齐书·列传第三十一》。

【解析】祖珽性情疏率，且豪纵淫逸。他常常说：“大丈夫一生不要辜负了自己。”于是经常弹琵琶，做新曲，招城市中的少年歌舞娱乐，游遍了城中所有的娼家。还与陈元康、穆子容、任胄、元士亮等人做声色之游。此言体现了祖珽享乐主义的人生观，具有消极意义。

人众敌者当任智谋，智谋钧者当任势力，故强者所以判弱，富者所以兼贫。

【注释】《北齐书·列传第三十四》。

【解析】齐肃宗即位，卢叔武任银青光禄大夫。肃宗向他问世事，他劝肃宗讨伐关西，画出地盘，陈列军队。他指出，敌人的士卒众多，就要用智谋，若与敌人智谋差不多，就要靠势力，这就是强者可以制服弱者，富人可以兼并穷人的原因。此言表明卢叔武理论联系实际，注意分析敌我具体情况。

客主势异，竞相凌侮，祸难将作。

【注释】《北齐书·列传第三十四》。

【解析】魏孝昌年中，杜洛周攻破蓟城。阳休之与宗室及乡人数千家向南逃到章武，又辗转到了青州。这时葛荣寇乱，黄河以北的流民多到了青州。阳休之知道将要有变动发生，就请他的族叔伯彦等人说：“客主情势不同，竞相凌辱，祸难就要发生了。依我所见，我们应该潜回京师避祸。”众人不听，阳休之哭着和他们告别，不久邢杲作乱，伯彦等人都被土民杀害。此言表明了阳休之卓越的预见性。

瓜田李下，古人所慎，多言可畏，譬之防川。

【注释】《北齐书·列传第三十四》。

【解析】大宁初年，袁聿修以太常少卿之职出巡各省，考校官员的得失。袁聿修经过兖州，当时邢邵为兖州刺史，二人告别后，邢邵遣人送给聿修白䌷。聿修退回白䌷不接受，给邢邵写信说：“今天我从你这里路过，不同常日，瓜田边，李树下，古人路过时很谨慎，人言多了很可怕，就像堵塞了大河，我明白你的心意，但不想留下话柄。”这句话表明了袁聿修谨慎的处世态度。

贫贱则慑于饥寒，富贵则流于逸乐，遂营目前之务，而遗千载之功。

【注释】《北齐书·列传第三十七》。

【解析】《北齐书》著者列“文苑”一章，专述文学事业的发展。他们赞扬魏文帝对文学的贡献，并引述魏文帝的话：“人多不强力办事，贫贱的人害怕饥寒，富贵的人流连安乐，所以忙于目前的事务，遗留千年的功绩，随着日月消逝，体貌渐渐衰弱，不久与万物化迁，这是有志于此的人最大的痛苦。”引用此言表明致力于文学的艰辛，以提高文学的地位。

芙蓉露下落，杨柳月中疏。

【注释】《北齐书·列传第三十七》。

【解析】自从袁奭等人都涉学文词以来，荀仲举、萧悫也工于诗咏。萧悫曾在月夜赋诗，有两句为“芙蓉露下落，杨柳月中疏”，描绘了优美的月色下，芙蓉花、杨柳树的风姿，意境静谧淡雅，为知音所欣赏。这两句诗表明当时的文学已向华美的方向发展，文人们已从对建功立业、雄心壮志的歌颂，转向更富有生活情调的描写。

睿哲之君，必致清明之臣，昏乱之朝，多有贪残之吏。

【注释】《北齐书·列传第三十八》。

【解析】《尚书》云：“知人则哲，能官人安人则惠。”也就是说了解别人就明智，能管理别人、安抚别人就聪慧。《北齐书》著者从中受到启发，指出睿智明哲的君主，一定任用清明的大臣，昏乱的朝代，多有贪贱的官吏。这句话总结历史兴亡的教训，启示后代君主任用大臣要谨慎从事。

观过知仁，斯亦可矣。

【注释】《北齐书·列传第三十八》。

【解析】郎基性情清俭，无所营求。他曾经告诉别人：“任官的地方，木枕也不用作，更何况比这重的东西。”他只是喜欢写书。潘子义曾给他写信说：“为官写书，也是风流的罪过。”郎基回信答道：“从这个过错中知道我的仁德，这也可以了。”此言体现了郎基的清官风范。

设官求人，非人求官。

【注释】《北齐书·列传第三十八》。

【解析】苏琼小的时候跟着父亲去谒见东荆州刺史曹芝。曹芝和他开玩笑说：“你想做官吗？”苏琼回答说：“设置官吏是要求人来做，不是人求得官职。”曹芝惊异于他的回答。此言表明苏琼自小即有不同寻常的想法。

天下难得者兄弟，易求者田地。

【注释】《北齐书·列传第三十八》。

【解析】苏琼任南清河太守时，有百姓乙普明兄弟争田地，多年不断，各自找帮手,到了百人。苏琼召普明兄弟对他们说:“天下难得的是兄弟之情,易求的是田地,现在让你们得到田地而失去兄弟,你们心情怎样?”说着流下了眼泪,众人也都哭了。普明兄弟叩首乞求回去思考,分居了十年的兄弟,又同住到了一起。此言表明苏琼重视人与人之间的亲情。

命也在天,岂人理所能延促。

【注释】《北齐书·列传第三十八》。

【解析】房豹跟随慕容绍宗。绍宗自己说有水厄,就在战舰中洗浴,并自己投到水中,希望能躲过去。房豹说:“命是由天决定的,哪是人理能延缓和加速的?你若真有灾难,恐怕也不是禳所能解开的,如果没有,那还存在什么禳呢?”此言含有宿命论观点,但是用来反驳慕容绍宗的迷信做法,还是有一定的进步作用。

自古帝王,尽为灰烬,尧、舜、桀、纣,竟复何异。

【注释】《北齐书·列传第四十二》。

【解析】和士开取悦齐世祖说:“自古帝王,最终都化为灰烬,尧、舜、桀、纣,又有什么不同。陛下您应该趁着年轻,恣意作乐,纵横行事,这就是一天快活敌过千年。国事分付给大臣,还担心有什么办不了的,何必劳苦自己。”此言反映了和士开放任自流的享乐主义人生观,应当予以戒除。

《周书》名句

夫立非常之事，

必俟非常之人。

——北朝·周·贺拔岳

凡欲立大功，匡社稷，未有不因地势，总英雄，而能克成者也。

【注释】《周书·帝纪第一》。克：战胜。

【解析】齐神武帝攻破尒朱后，得以专朝。周太祖前去拜访他，已经到了并州，齐神武帝问有关贺拔岳军队的事情，太祖雄言善辩，对答如流。齐神武帝认为太祖不是一般人，很赏识他，想留他在军中。太祖诡称忠心，却连夜奔逃，齐神武帝派人追到关口，也没追上。太祖回来后对贺拔岳说："……凡是想建立大功，匡正社稷的人，没有不凭借地势，不招揽天下英雄，就能成功的。"

必欲纠合同盟，复雠雪耻，须择贤者，总统诸军。举非其人，则大事难集，虽欲立忠建义，其可得乎。

【注释】《周书·帝纪第一》。雠(chóu)：仇敌。雪：洗刷。集：成功。

【解析】北魏永熙三年，贺拔岳惨遭侯莫陈悦陷害，三军失去了统帅，诸将都认为寇洛年纪最长，推举他统领兵事。寇洛平常就没有雄才大略，因而坚辞不就，恳请大家推选贤能的人。大都督赵贵看到这种情况，对大家说："……我们一定想要联合起来，报复仇人，洗却耻辱，就必须选一个贤能的人统领诸军。如果举荐的人不当，那么复仇大事不能成功，即使是想建立忠信仁义，又怎么可能呢？"

难得易失者时也，不俟终日者几也。

【注释】《周书·帝纪第一》。俟(sì)：等待。几(jī)：事情的苗头或预兆。

【解析】贺拔岳遇害后，诸将欲请周太祖做统率，就派赫连达到夏州去请他出山。夏州的百姓和官吏们都希望太祖暂时停留，以观其变。太祖劝他们说："侯莫陈悦没有乘势直逼平凉，而趑趄屯兵水洛，我知道他没什么能耐了。很难得到而最易失去的是时间，不能整日等待的是事情的苗头，现在不早去，恐怕时间久了，众心自然离散。"

彼众我寡，不可平地置阵。

【注释】《周书·帝纪第二》。

【解析】魏大统元年冬，齐神武帝带兵与周太祖相遇。周太祖召集诸将谋划，李弼指出："敌方军队兵多，我方军队兵少，不能在平坦的地区布置战阵。"这是一条重要的军事原则，李弼此言正中要害，在敌众我寡的情况下，太祖把兵布置在渭河拐弯处，加之齐神武帝看到太祖兵少而轻敌，结果太祖大获全胜。

古之帝王所以外建诸侯、内立百官者，非欲富贵其身而尊荣之，盖以天下至广，非一人所能独治，是以博访贤才，助己为治。

【注释】《周书·帝纪第二》。

【解析】魏大统十一年春，周太祖下令，其中指出："古代帝王在朝廷外建立诸侯国，在庙堂上设立百官，并不是想要使自己富贵，让官员们尊崇他，而是因为天下广大，不是一个人独自能治理好的，所以要遍访贤才，帮助自己统治天下。"这句话表明了周太祖作为一代圣君的远见卓识，大公无私。

帝王之兴，罔弗更正朔，明受之于天，革民视听也。

【注释】《周书·帝纪第三》。罔：没有。正（zhēng）：阴历每年第一个月叫"正月"。朔：阴历的每月初一。革：改变。

【解析】周孝闵帝即天王位，在路门朝见百官，并大赦天下。槐里献上四只赤雀。百官们奏议说："一代帝王兴起，没有不更改历法的，这是受命于天，改变人民的耳闻目睹。"他们认为，夏朝的历法是最好的，后代一直沿用至魏，北周受命于天，也应遵从圣道，袭用夏历。改制是封建统治者的一种驭民术，这里正是利用改制使人民服从北周的统治。

帝王之治天下，罔弗博求众才，以乂厥民。

【注释】《周书·帝纪第三》。乂（yì）：治理。厥（jué）：代词，其。

【解析】周孝闵帝下诏书，颁布了他对人才的管理。他指出："帝王治理天下，没有不广泛搜求贤才，以统治他的人民。现在二十四军都应举荐贤良、能够治理百姓的人。如果被举荐的人今后不称职，举荐他的官员也要一同治罪。"这体现孝闵帝对人才的重视，和对人才合理有效的管理。

帝王之道，以宽仁为大。

【注释】《周书·帝纪第四》。

【解析】周世宗明皇帝即位后，觉得北魏的刑罚过重，不利于国家的治理。于是他下诏说："帝王治理国家，最重要的是有宽厚仁慈之心。北魏时那些犯轻罪获重罚的人，和村民一家犯法以至数家被牵连发配远处的人，都应放回来。"这表明了周世宗以德治国的想法。

王者之宰民也，莫不同四海，一远近，为父母而子之。

【注释】《周书·帝纪第四》。

【解析】周世宗下诏放免自元年以来，被掠入周境的人。他指出："君王统治人民，没有不统一国内，使远处和近处一致的，没有不为民父母，把人民看作自己的孩子的。"同时，他认为天下的土地往往因为当时的境况而阻隔为东西不同的境地，以致使疆场上出现了互相劫掠的现象。周世宗此言表达了封建帝王天下大同的想法。

几者事之微，不可失矣。

【注释】《周书·帝纪第六》。几(jī)：事情的苗头或预兆。

【解析】周武帝准备攻打晋州，诸将大多不愿意去。武帝说："事情的苗头往往很隐微，不能失去。你们若有阻止军队的，我要用军法制裁。"此言表明武帝明察秋毫，觉察到了战局的变化，并能够把握战机，及时决定出兵。注意事情的苗头，有预见性的统观全局，对我们今天也有很重要的借鉴意义。

纵敌患生。

【注释】《周书·帝纪第六》。

【解析】周武帝幸临晋州，仍然率诸军追赶齐主。诸将都请求班师回朝，武帝说："放纵敌人就会留下祸患。"杀敌不能赶尽杀绝，是兵家大忌。放跑敌人，就是给敌人东山再起的机会，同时给自己留下了隐患。武帝深谙这一道理，所以不肯放弃追击齐主的机会。

是知婚姻之道，男女之别，实有国有家者之所慎也。

【注释】《周书·列传第一》。

【解析】《周书》中列传第一为"皇后传"。史家看到了后宫粉黛对国家政权侧面的影响，所以指出："婚姻制度，男女的区别，的确是君王和大臣应慎重考虑的事情。"皇后的德行作为同时也反映了帝王的品行。史家对皇后的重视恰恰表明了封建时代帝王给皇后的显赫地位。此言告诫后代君王大臣应谨慎处理后宫之事。

自古受命之君及守文之主，非独异姓之辅也，亦有骨肉之助焉。

【注释】《周书·列传第二》。

【解析】《周书》的著者们遍观宇文氏家族的兴衰败亡，总结到："自古君主，并不单是得到异姓王的辅佐，也有骨肉兄弟的帮助。"这句话反映古代帝王之家兄弟间除了争夺帝位、反目成仇、手足相残之外，还有互相辅佐、共同治理天下的骨肉亲情。而史家的愿望是使这种骨肉之情化为驱动社会进步的力量。

率礼由乎正理，易以成佐世之功，反经系乎非常，难以定匡时之业。

【注释】《周书·列传第三》。

【解析】以礼治国是正常的道理，很容易因此建立不朽的功业；离经叛道不同寻常，很难以此匡辅时政。《周书》著者均为唐代人，他们以儒家思想为正统，因而史书中也以儒家传统为标准判断为政者的得失。

兵者诡者，去留不定，见机而作，不得遵常。

【注释】《周书·列传第四》。

【解析】建德五年，北周大举东讨，齐炀王宇文宪率精骑兵两万作为前锋，驻守在雀鼠谷，周高祖亲自包围晋州。齐主听说晋州被围，亲自率兵十万来援救。这时永昌公宇文椿屯兵鸡栖原，受齐炀王宇文宪的调遣。宪秘密对椿说："军队要隐藏自己的行踪，去留不定，见机行事，不能遵守常规。"此言表明宇文宪善用奇兵，行踪让敌人难以预料。

势重者易以立功，权轻者难以尽节。

【注释】《周书·列传第五》。

【解析】《周书》的著者们认为封建时代，权势重的大臣容易立大功，而权势轻的大臣连尽臣节都很难。这是封建等级制度的一种弊端，虽然君王竭力搜求贤才，辅佐自己治理国家，但位重的大臣依然拥有优先权，他们比一般官员更容易得到建功立业的机会。

立非常之事，必俟非常之人。

【注释】《周书·列传第六》。

【解析】魏室丧乱尒朱荣与元天穆谋划攻入朝廷，讨伐叛臣，他征求贺拔岳的意见说："现在国内盗贼蜂拥而起，王师屡战屡败。我想亲自率兵，赶到京师，清除君侧逆臣，平定外部叛乱，怎么才能取胜？"贺拔岳说："办不同寻常的事，就要等待不同寻常的人。您的军马精良，如果首先举起义旗，定能克敌制胜。"此言鼓励支持尒朱荣的行动，表明贺拔岳的耿耿忠心。

然师克在和，但愿同心戮力耳。

【注释】《周书·列传第六》。戮力：并力，合力。

【解析】尔朱天光率领军队阻挡齐神武帝，并派人向贺拔岳问计策。贺拔岳指出："军队的胜利在于齐心协力，希望你们能合力作战。如果骨肉间自相隔离猜忌，自存都很难，又怎么能去制服别人？"天光不听，后来果真失败了。

丈夫生世，会须履锋刃，平寇难，安社稷以取功名；安能碌碌依阶资以求荣位乎。

【注释】《周书·列传第七》。

【解析】李弼少年时就有大志，看到魏室丧乱，他说："大丈夫生在世间，应当冲锋沙场，平定祸乱，安抚国家以取得功名；怎么能碌碌无为而凭借父辈的资业求得荣宠的地位?”后来他跟随尔朱天光西讨,建立大功,在侯莫陈悦败亡后,被周太祖收入麾下。这句话表现了李弼济世匡时的雄伟志向。

仁义岂有常哉,行之则为君子,违之则为小人。

【注释】《周书·列传第八》。

【解析】贺拔岳被侯莫陈悦害死后,将领、官吏都四散奔逃,没有守着的。赵贵对他的部下说:“仁义哪有永远不变的,行仁义就是君子,违背仁义就是小人。贺拔公以国士的待遇对待我们,我们又怎么能像众人四散逃窜呢?”于是,赵贵带部下收贺拔岳的尸首,纠合寇洛的军队到平凉,共同抗击侯莫陈悦。

股肱丧矣,腹心何寄。

【注释】《周书·列传第九》。肱(gōng):泛指胳膊。

【解析】刘亮是周太祖时的名将,以勇敢著称。太祖曾对他说:“你文武兼备,是我的孔明啊!”刘亮出任东雍州刺史,为政清廉,在职三年,丧回京师,年仅四十岁。太祖亲自去拜祭,哭着说:“胳膊、腿失去了,腹心寄托在哪里呢?”此言表明周太祖对刘亮的爱重,以及刘亮在朝廷举足轻重的地位。

男儿当提剑汗马以取公侯,何能如先生为博士也。

【注释】《周书·列传第十一》。

【解析】周宗室宇文贵小时候,跟从老师做学问,他常常扔下书本感叹:“男子汉应当骑马挥剑取得公侯的爵位,怎么能像老师一样成为学识渊博的学者呢?”可见,宇文贵崇尚武力,向往通过厮杀疆场取得功名利禄。后来,他果真统领大军屡战沙场。

古人能以寡制众者,皆由预睹成败,决必然之策耳。

【注释】《周书·列传第十一》。睹:察看。

【解析】东魏派尧雄等人攻打颍州,颍州史贺若统占据颍川向宇文贵投降,宇文贵从洛阳率二千兵马援助他。此时,东魏又派任祥带四万军队与尧雄的两万人合并,宇文贵的部下都认为敌众我寡,不应该战。但宇文贵说:“古代能以少胜多的人,都是由于预见到事情的成败,并做出果断的决定。”这句话反映出宇文贵看到了隐伏的战机,所以灵活行动,随机应变。

为将,坐见成败者上也,被坚执锐者次也。

【注释】《周书·列传第十二》。

【解析】周太祖对侍从王励说:“做将领,坐着观成败的人是第一,穿兵甲执武器的人是第二。”王励说：“我想二者兼而有之。”此言表明太祖认为在战争中谋略胜于武力，将领应斗智而后才斗力，王励深悟太祖良苦用心。

人生富贵，左右咸言尽节，及遭厄难，乃知岁寒也。

【注释】《周书·列传第十四》。

【解析】萧宝夤反叛萧王，失败后，随从都逃散了，只有周惠达等几人还跟着，他对惠达说：“人生富贵的时候，左右的人都说要尽臣节，等到遭到了厄运，才知道天气的寒冷，松柏的可贵。”宝夤此言感叹世态炎凉，如周惠达这样忠心不二的人太少。

人生于天，受命于君，岂有利人荣禄，而不忧其祸难？

【注释】《周书·列传第十四》。

【解析】魏孝武帝与周惠连谈论世间祸难，周惠连言辞激动，陈述天下大势，说贺拔岳忠诚有臣节，以平定祸乱为己任，孝武帝很高兴，大大赞赏他。周惠连回来后，把这件事全部告诉了贺拔岳。贺拔岳说：“人生下来，既受君命，那有享用荣华利禄，而不担忧君主祸难的？”

学不精勤，不如不学。

【注释】《周书·列传第十七》。

【解析】李贤九岁从师授业，看书略观大旨，不寻章逐句。有人对他说：“学习不精细勤奋，不如不学习。”李贤说：“人各有志，我怎么能勉强学习？跟从老师，只是想粗略地掌握教义，补充自己的不足罢了。”学习要因人而异，李贤不受常规约束，取长补短，表明他少年时即有不同常人的志向。

丈夫岂可临难苟免，当在死中求生耳。

【注释】《周书·列传第十七》。

【解析】魏正光末年，敕勒敌寇胡琮侵逼原州，势力很大，天下沸沸扬扬。李远率领鼓励乡人，企图守关拒敌寇于门外，但众人都很害怕，有人不同意反抗。李远拿着剑说：“现在正是忠臣立节、义士建功的危急时刻。男子汉大丈夫怎么能面临危难而逃脱，应当在死中求生啊。”此言表现了李远无畏的英雄气概。

兵务神速，事贵合机。

【注释】《周书·列传第十七》。

【解析】东魏北豫州刺史高仲密请求归附周太祖，太祖认为北豫州太远，难以接应，诸将没人敢去。李远说："北豫州远在敌境之内，又有高欢屯兵河阳，按常理，实在很难救援。但军事行动贵在神速，事情贵在时机恰当。不入虎穴，又怎能得到虎子？我们若用奇兵出其不意，也许能成功。"此言表明李远熟知兵法，洞悉双方战况，能恰当把握战机。

脱有利钝，故是兵家之常。如其顾望不行，便无克定之日。

【注释】《周书·列传第十七》。脱：连词，倘若，如果。

【解析】李远为周太祖分析了战况，希望他能迅速做出决定，收复高仲密。李远指出，如果战场有胜利或失败，那是兵家的常事，如果瞻前顾后不行动，那就永远都没有成功的日子。此言表明李远是一位果断、不怕牺牲的将领。

立子以嫡不以长，礼经明义。

【注释】《周书·列传第十七》。嫡（dí）：奴隶社会、封建社会中正妻所生的儿子。

【解析】周太祖欲立太子，当时明帝是长子，已经有成人之德，孝闵帝是嫡子，年龄比较小。他召集群臣商议，大家都沉默不语，没有敢说话的。李远说："立太子应立嫡子，而不看谁年长，礼经说得很明白。"于是太祖立孝闵帝为太子。

大丈夫宁为忠鬼，安能作叛臣乎！

【注释】《周书·列传第十七》。

【解析】晋公护执掌大权时，李远的儿子李植恐怕不被任用，于是密谋想诛杀晋公护。密谋泄露后，晋公护逐李植为梁州刺史，不久废了皇帝又召李远和李植回朝。李远恐怕其中有变，沉吟了许久，说："大丈夫宁可做忠诚的鬼，怎么能活着作叛臣。"于是应征回朝。这句话虽在极其无奈的情况下说出，但也表明了李远为人耿直，且能随机应变。

此远水不救近火，何足道哉。

【注释】《周书·列传第十九》。

【解析】侯莫陈悦害贺拔岳后，岳军大乱。赵贵建议迎周太祖，但众将有的想向南追随贺拔胜，有的想向东告知朝廷。赫连达说："这些办法都如远处的水难以救近处的火，有什么值得称道的。"仍然坚持去请太祖。这句话表明赫连达看清了当时的形势以及周太祖的贤能。

穷兵极武,仁者不为。

【注释】《周书·列传第十九》。穷、极:尽。

【解析】赫连达跟从大将军达奚武攻打汉中,而萧循拒守汉中拖延时间,以等待援兵。达奚武问诸将进退的策略。开府贺兰顾德等人认为粮食就要吃完了,应急速攻打,夺取汉中。赫连达不同意,他说:"不进行战争就能夺得城池,这是上策。……用尽兵力,耗尽武力去攻城,仁者不做这样的事。况且敌人的兵马还强,城池也坚固,攻打它,即使能胜,也将是两败俱伤。"

行师之道,以全军为上。

【注释】《周书·列传第十九》。

【解析】赫连达认为,急攻汉中,会造成两败俱伤的结果,萧循若困兽犹斗,那么胜败就更难以预料了。他指出,行军打仗,保全军队的战斗力是上策。达奚武觉得很有道理,于是就等着萧循前来投降,果真立了大功。赫连达精通兵理,能认真分析敌我情况,不是一位莽撞的武夫。

狼子野心,会当反噬。

【注释】《周书·列传第十九》。

【解析】周太祖在夏州时,蔡祐任都督。夏州首望弥姐元进等人阴谋反叛,太祖有所察觉,与蔡祐商量对策。蔡祐说:"狼子有野心,会反咬一口,现在您若是把他们抓起来,不如杀了他们。"此处蔡祐以狼子野心喻弥姐元进等人的阴险凶狠,恰当贴切,深得周太祖赏识。最终,蔡祐替太祖除掉了弥姐元进。

大丈夫当建立功名,以取富贵,安能久处贫贱邪!

【注释】《周书·列传第十九》。

【解析】蔡祐少年时便有大志,与同乡人李穆,布衣齐名。他们曾互相说:"大丈夫应当建功立业,以取得名位、富贵,怎么能长久地处于贫贱的境地!"说完两人相视大笑。后来,二人果真都有所成就,实现了年少时的愿望。这句话表现了蔡祐和李穆对功名利禄的向往。

高山不摧自崩,槲树不扶自竖。

【注释】《周书·列传第二十三》。

【解析】韦孝宽曾与北齐丞相斛律明月相见。孝宽的参军曲严懂得卜筮之事,告诉他:明年,东朝一定有大的杀戮。孝宽命曲严作歌谣"百升飞上天,明月照长安",又说:"高山没有人摧毁自己就崩塌了,槲树没有人扶持自己就长直了。"并派间谍把这些话写成文章,流传到邺。祖孝徵听到后,把这些加以润色在东朝流传，斛律明月因此被诛杀了。

世称老人多智，善为军谋。

【注释】《周书·列传第二十三》。

【解析】韦孝宽镇守玉壁，周武帝东伐，凯旋后，临驾此地。武帝从容地对孝宽说："世人都说老人多智谋，擅长做军事参谋。而我只能和少年人一起去平定贼寇。您认为怎么样？"孝宽回答说："我年纪大了，只有诚心。然而当年少壮时，我也曾给前朝出力，助先帝平定关右。"武帝于是召孝宽随驾回京。

惟德是辅，天道之常也；见机而作，人事之会也。

【注释】《周书·列传第二十五》。

【解析】王悦带领部下随达奚武征伐梁汉。达奚武让王悦说服梁汉城主杨贤。于是，王悦写信给杨贤说："天道常理只辅助有德行的人；人办事要见机行事。……先投降的人会得到赏赐，后顺服的人会被诛杀。事情应有变通，现在就是这种情况。"王悦这番话从理论和实践两方面劝说杨贤，晓之以理，动之以情，颇有说服力。

兵者，务在先声后实，故能百战百胜，以弱为强也。

【注释】《周书·列传第二十七》。

【解析】王思政屯兵襄城，周太祖给他写信说崔猷有应变之才，可以和他商量策略。后来王思政想移兵到颍川，就派魏仲向太祖陈述，并写信给崔猷谈论移兵之意。崔猷回信指出："军队，一定要先造声势后谈实力，这样才能百战百胜，以弱为强。"所以他建议王思政把襄城作为行台治所，在颍川置州，派郭贤镇守。但王思政不听，以至颍川陷落。

人生仕进，须身名并裕。

【注释】《周书·列传第二十七》。

【解析】裴侠给九世伯贞侯潜作传，把他作为裴氏清公，想要使后代人奉行。宗室中的知名人士，也都列入其中。他的从弟伯凤、世彦当时都是丞相府佐，笑着说："人生做官，应当名誉和富裕并立。你这样清苦，想怎么样呢？"

清者莅职之本，俭者持身之基。

【注释】《周书·列传第二十七》。莅(lì)：临。

【解析】裴侠为人清俭奉公，得到周太祖丰厚的赏赐。他曾对从弟伯凤、世彦说："清廉是任职的根本，节俭是持身的基础。"这句话说明裴侠认为为官应清正廉明，做人要节俭持身。他希望以此在活着的时候名贯朝廷，在死后流芳典策。

大丈夫当圣明之运，而无灼然文武之用，为世所知，虽复栖栖遑遑，徒为劳苦耳。

【注释】《周书·列传第二十七》。灼（zhuó）然：鲜明显著的样子。栖（xī）栖：忙忙碌碌。遑（huáng）遑：匆匆忙忙的样子。

【解析】京兆韦居士生活安逸闲适，不参与朝政。薛裕羡慕他的恬静，多次备好酒宴等着他，和他畅谈终日。薛裕曾经对亲友说："大丈夫处在圣明盛世，却没有显赫的文武之功，被世人所知，即使忙忙碌碌，也是白白辛苦一场。而韦居士怡然守道，宠辱不及，多么快乐！"此言表明薛裕胸怀大志，同时欣赏朝隐生活。

立义之士，辞乡里，捐亲戚，远归皇化者，皆是诚心内发。

【注释】《周书·列传第二十八》。

【解析】魏孝武帝西迁时，司马裔在邺，他潜回乡里，立志建功。大统十五年，周太祖命令山东诸将领，能带众人先入关的，加重赏。司马裔领千户人家先入关，太祖想给他封官，他坚辞不受并说："立仁义的人，辞别乡里，捐弃亲戚，从远处归顺皇帝，都是发自内心的忠诚。您要封我，那就是卖义士以求荣宠，这不是我的愿望。"这句话显示了薛裕对太祖的耿耿忠心，以及只求付出，不图回报的高尚品德。

恶木之阴，不可暂息；盗泉之水，无容误饮。

【注释】《周书·列传第二十九》。

【解析】寇儁性情廉恕，不把钱财利益放在心上。一次，家里人把东西卖给别人，遗落了五匹绢没有拿。寇儁回来后知道这件事说："恶木的阴凉，不可暂时停歇；盗泉的水，容不得误饮。得财物而失品行的事，我不做。"于是察访绢的主人，把它还了回去。这句话体现了寇儁不贪人财物的高尚品德。

利之为贵，莫若安身。

【注释】《周书·列传第二十九》。

【解析】蜀地土地肥沃富饶，商贩云集，有人劝裴文举从中获利。他说："没有比安身更重要的利益了。身安则道义兴隆，却不能得到财物。我不做的原因，不是说我讨厌钱财。"齐王宪看到他很贫困，每次想资助他，他都很谦逊地推辞，接受的时候很少。

文章之事，不足流于后世，经邦致治，庶及古人。

【注释】《周书·列传第三十》。

【解析】周太祖时，李昶任枢要、兵马处分，诏册文笔，都是他所作。到了晋公护执政，官职依然如故。李昶常说："文章，不值得流传后世，经邦治国，才几乎能与古人齐名。"所以他所做的文章都很潦草，而独留心政事。此言表明李昶轻视文学，而专心于政治，认为只有从政，才能出人头地。

子孝臣忠，师严友信，立身之要，如斯而已。

【注释】《周书·列传第三十一》。

【解析】尉迟迥伐蜀胜利后，认为辛昂善于处理政事，就任他为成都令。辛昂到县里，和诸生祭拜文翁学堂，并共饮欢宴。他对诸生说："孩子孝顺，大臣忠诚，老师严厉，朋友值得信任，立身的要素，像这样罢了。你们应该各自勉励自己，成就美好的名声。"诸生听后，深深感悟辛昂此言，于是市井肃然有序。

丈夫立志，当死生以之耳。

【注释】《周书·列传第三十四》。

【解析】武陵王纪在蜀称制，任刘璠为中书侍郎，多次召他回来，使者往返八次，他才到。但刘璠仍苦苦相求要回去，中记室韦登私下里对他说："你如果不留下，会招致大祸。不如我们共同构筑大厦，使自身得到美誉。"刘璠正色说："我怎么能因宠辱安危改变心志。大丈夫立志，早把生死置之度外。大王对天下人施仁义，最终不会在我身上逞其私志。"

奋不顾身以立功名者，本望上申忠义，下荣亲戚。

【注释】《周书·列传第三十五》。

【解析】大统初年，军司慕容绍宗与东魏洛州刺史韩贤联合起来讨伐韩雄，战了几十个回合，韩雄之兵几乎败光了，哥哥和妻子、孩子也都被韩贤擒获，要被杀戮。韩贤派人告诉韩雄："如果韩雄来，他们就都可免罪。"韩雄对他的近臣说："我奋不顾身的建立功名，就是想向上申明忠义，在下使亲戚荣宠。现在我若不去，别人会说我什么。获免之后，再作打算，也不晚。"于是跟着韩贤回到洛，并偷偷同韩贤的部下谋划袭击他。

皇王以之致刑措而反淳朴，贤达以之镂金石而雕竹素。

【注释】《周书·列传第三十七》。措：施行。

【解析】《周书》作者以儒学立教，认为儒道的意义在于端正君臣名分，使贵贱分明，同时还能美教化、移风俗。他们指出，君王用儒道使刑罚得以实施，民风反而淳朴，贤达的人以儒学去雕刻金石，反而得到竹的素雅。这句话反映了史家对儒道的重视。

必欲昇堂睹奥，宁可汩其先后。

【注释】《周书·列传第三十七》。昇（shēng）：登上。汩（gǔ）：疏通。

【解析】天和三年，北齐人请求与周通好，周高祖派兵部尹公正出使。尹公正和齐人谈论《周礼》时，齐人答不上来。于是命令熊安生和尹公正谈。尹公正善于辩论，安生就说了一些以前没有谈到的，并挑机要突然问他。安生说："一定想要升堂入室睹其中的奥妙，就要疏通先后关系。"尹公正问了他所疑惑的问题，安生从根本上一一给他做了解答。

政之于民，过急则刻薄，伤缓则弛慢。

【注释】《周书·列传第三十七》。

【解析】武成元年，乐逊陈述时宜一百一十四条，其中有五条切合政要。他指出，现在的官员，大多数能做到自身清廉，却达不到惠民爱物。政治对于人民，操之过急就显得刻薄，伤于迟缓又让人感到松懈。他还举例说西周因统治舒缓而失去天下，秦朝因统治急暴而遭失败。

金之质也至刚，铸之可以成器；水之性也柔弱，壅之可以坏山。

【注释】《周书·列传第三十七》。

【解析】金属的质地很坚硬，铸造它可以成为器皿；水的本性很柔弱，阻塞了可以毁坏大山。《周书》的作者认为儒学应合理利用方能发挥它应有的作用，这恰如金属和水，恰当地使用会产生益处，滥用就会造成危害。这句话对后世有很深的借鉴作用，告诫我们不能只看到事物的本质，而忽视对它的改造。

今之所谓少者可以为多矣，古之所谓难者可以为易矣。

【注释】《周书·列传第三十八》。

【解析】史家用辩证的观点看待历史问题，他们承认事物间存在互相转化的关系。《周书》的作者指出，现在所说的少可以变成多，古代所说的难也可以变为容易。所以他们博采异闻，网罗遗事逸事，把它记录下来垂范后来者。

衣以盖形，为覆其亵。

【注释】《周书·列传第三十八》。亵：轻慢而不庄重。

【解析】大臣张元六岁的时候，夏天很热，他的祖父让他在井边洗澡，他坚决不肯听从。祖父以为他贪玩，用拐杖打他的头说："你为什么不肯洗澡？"张元回答说:“衣服用来遮盖人的形体,为了掩饰它的不庄重。我不能轻慢地把自己的身体暴露在白日之下。”祖父惊异张元小小年纪竟能说出这样的话,就没有强迫他。张元此言说明他从小就为人庄重典雅。

惟古人之有怀,尚或感于知己。

【注释】《周书·列传第四十》。

【解析】梁帝没有听宿将尹德毅的话,失去襄阳城。他看着残破的城池,心怀忧愤,追悔不已,于是写了一篇赋来表达心意。其中感叹道:“只有古人有情怀,还有时能被知己感动。”这句诗表达了梁帝苍凉的身世之感。

时者,得失之所系;几者,吉凶之所由。

【注释】《周书·列传第四十二》。

【解析】《易经》中说“见几而作”,《易传》又说“相时而动”。时机,是维系得失的关键;事情的预兆是吉凶的由来。所以史书的著者告诫我们要把握时机,注意事情的苗头。这句话是历史经验的总结,对后世有极深的借鉴意义。

《隋书》名句

处贵则戒之以奢，

持满则守之以约。

——《隋书·列传第三》

分职设官，共理时务，班位高下，各有等差。

【注释】《隋书·帝纪第二》。

【解析】隋统一天下后，整顿吏治，使官吏各司其职，这是非常必要的。“若所在官人不相敬惮，多自宽纵，事难克举。”在社会中，人们都遵循社会准则行事，是有序、高效社会的前提。因此，我们也要建立法制健全、责权明确的法治社会。

君子立身，虽云百行，唯诚与孝，最为其首。

【注释】《隋书·帝纪第二》。

【解析】隋文帝杨坚说：君子在社会上立足成名，尽管需要修养的品行有很多方面，但只有忠诚和孝顺才是最首要的。封建社会最看重的就是君明臣贤，父慈子孝。一个人对君主要忠诚，对长辈要孝顺，这才方显君子的品德。这虽说是中国作为一个礼仪之邦的传统美德，却也禁锢了许多人的思想，制造了无数无谓的悲剧。我们今天客观地看待这一问题，认为愚忠、愚孝固然不可取，也确实制造过悲剧，例如宋代抗金名将岳飞就是因为一味忠君，才得以被奸臣所害。不过为人要讲忠诚与孝道，把这作为品德修养的准则，这本身没有什么错。而且未尝不可将此看作是我们民族的文明与文化。以诚待人，以孝事双亲，在今天仍然有其积极意义。正所谓“人而无信，不死何为”。

儒学之道，训教生人，识父子君臣之义，知尊卑长幼之序，升之于朝，任之以职，故能赞理时务，弘益风范。

【注释】《隋书·帝纪第二》。

【解析】儒家学说自产生以来，被历代统治者作为统治人民的一个重要的思想工具，因为它可以“教化不懂礼仪的人们，使他们知道君臣父子间的礼义，知道长幼尊卑之序。在朝廷中任用儒官，处理事务，能弘扬儒家思想”。儒家的君君、臣臣、父父、子子的人伦规范，确实使人们变得懂仁义，守本分，也确实使社会变得纯净而有序。不过也给劳动人民套上了沉重的枷锁，从此中国人就活得分外沉重。统治者也只有使人民成为俯首帖耳的安顺之民，才有利于他们的统治。

风云之从龙虎，贤哲之应圣明。

【注释】《隋书·帝纪第二》。

【解析】威龙猛虎必伴以风云，贤哲之人必侍于明君。事物都是双方面的，并且相互吸引，相互促进。君明臣才贤，刘备身边围绕的都是忠贤之士；君昏则臣佞，秦二世周围则是赵高之流。文帝深深意识到这一点，励精图治，做个明君，所以大批贤臣忠士为其出谋献计，隋初国势蒸蒸日上。

知臣莫若于君，知子莫若于父。

【注释】《隋书·帝纪第二》。

【解析】文帝遗诏中说：知臣莫若君，知子莫若父。我很了解我的儿子，杨勇及杨秀，无臣子之心，所以废黜，杨广则仁孝著名，以其行业，堪称朕意，希望群臣百官与杨广共治天下。君臣父子朝夕相处，比较熟悉，因而互相了解。但这也不能一概而论，如杨广后来的所作所为不仅使隋国势日衰，而且导致隋最终的灭亡。

文帝虽未能臻于至治，亦足称近代之良主。

【注释】《隋书·帝纪第二》。臻：达到。

【解析】隋书的作者魏征等人这样评价隋文帝：他虽然没能使国家达到盛世，但也堪称一代良主。他在位期间，确立了三省六部制，制定了《开皇律》，创立了科举制度，实行均田制，这些举措使经济发展，社会稳定，人民安居乐业，为中国封建社会的巅峰——唐朝奠定了坚实的基础。因此，这样评价隋文帝是不为过的。

孝悌有闻，人伦之本，德行敦厚，立身之基。

【注释】《隋书·帝纪第三》。悌：弟弟顺从兄长。

【解析】隋炀帝继位后下诏：孝敬、顺从是人伦的品德，敦厚、仁义是立身的基础。统治阶级一贯强调儒学，推崇儒学，用伦理来约束人民，使父慈子孝兄宽弟仁。德行笃实敦厚是立身的基本。若一个人品质恶劣，道德败坏，不仁不孝，不要说成名建业，就是立足也很难。

儒者难与进取，可与守成。

【注释】《隋书·志第一》。

【解析】儒者很难进取，但可与之守业。这是叔孙通对儒者的看法。有的儒者保守落伍，故步自封，但说儒者难与进取则是片面之词。历史上王安石变法就是对这一看法的有力驳斥，王安石虽是儒者，但他的改革对当时经济发展起了很大的促进作用，王安石也被称为中国十一世纪最伟大的改革家。所以，儒者只能守成的看法是很偏颇的。

古之君子，使人必报之。

【注释】《隋书·志第二》。

【解析】古代的君子，得到别人帮助后必加倍报答。受人滴水之恩以涌泉相报是君子为人处世的原则，也是君子仁义的一个重要表现。其实，不仅是君子，任何一个普通人得到别人的帮助后都应该报答，大家互帮互助，礼尚往来，社会才其乐融融，温暖和谐。

儒者，所以助人君明教化者也。

【注释】《隋书·志第二十九》。

【解析】魏征认为：圣人之教，非家至而户说，故有儒者宣而明之，故儒者，助人君明教化者也。大圣人孔子虽满腹经纶，但单凭一人力量微薄，无法把其学说传播天下，于是他的弟子们搜集整理他的言论和行为，编写了《论语》，使他的思想广为流传。儒者也可以帮助国君治理天下，孟子与齐宣王，贾谊与汉武帝，魏征与唐太宗，前者都是后者的得力助手。儒者在中国封建社会的建立和发展史上占有重要的地位。

天有阴阳风雨晦明之气，人有喜怒哀乐好恶之情。

【注释】《隋书·志第二十九》。晦：天黑，晚上。

【解析】天气有阴晴风雨白黑的变换，人有喜怒哀乐、喜好或厌恶的情感。意即人的七情六欲像天气一样多变和复杂。但人不能完全受感情的支配，不能过分压抑自己的情感。所以对人的感情要辩证、全面地认识。

文者，所以明言也。

【注释】《隋书·志第三十》。

【解析】文章，是用来记录言行表明事理的。也许这是文章浅层的含义。文以载道，好的文章包含着真理和文采，能经得起时间的考验。李白的诗文，辛弃疾的词句，不仅给人以美的享受，更重要的是，有一种内在的精神吸引、感染着人们。所以，真正的好文章会万古流芳。

阴阳和则裁成万物，家道正则化行天下。

【注释】《隋书·列传第一》。

【解析】天地间阴阳合则万物兴隆，家道正则风化天下。皇娥、女英的贤淑使虞道兴隆，而妲己的蛊惑使殷商灭亡。这样完全地把国家的兴亡归结到某个妇女身上未免片面，但也有一定的道理，即忠臣万言，不如枕边一语。皇帝耳边的女人贤德与否关系着国家的命运。所以，贤明的皇帝在挑选皇后时，总要把德放在首位，家道正才能作百姓的榜样。

居高而必危，虑处满而防溢。

【注释】《隋书·列传第一》。

【解析】炀帝之后萧皇后见炀帝逐渐失信于民，虽心知不可，亦不敢进言，只作《述志赋》曰：站在高处必有一种危机感，考虑事情周全才能防止过分的行为。意即炀帝为万民之首，荣华富贵无与伦比，但愈是这样高高在上，愈要对自己的行为严格要求，切勿纵欲，要居安思危，有强烈的忧患意识，才能使国家不断进步。

处贵则戒之以奢，持满则守之以约。

【注释】《隋书·列传第三》。

【解析】皇上禁酒，刘昉却依然卖酒，梁毗上书弹劾刘昉：地位尊贵应警惕骄奢，保持富足应该节约。但刘昉位到群公，厚禄已淹，正当戒满归盈，卖酒取利，如不惩治如何以肃天下。人在地位尊贵、生活富足之时应保持清醒的头脑，约而不奢，才是有德的人。刘昉倚仗皇帝的宠爱而不自持，最终自取灭亡。中国人的哲学确实是很深奥的，地位越高越要收敛，越有钱越要节省。在封建时代，伴君如伴虎，所以处处要小心谨慎，如果太显示富贵，就会有人构陷你，在君主面前说你的坏话，这样一来，你很可能要被打倒，所以古代为臣都要夹着尾巴做人。当然，中国古代还有一个很高深的思想，所谓，水满则溢，物极必反。为人应当戒满溢。从这个角度讲，这句话还是相当有哲理性的。

明者防于无形，治者制其未乱。

【注释】《隋书·列传第四》。

【解析】于义之子宣敏任都尉后，上疏文帝：明达的人防患于未然，有为的人不等到国家混乱才治理。意即有深谋远虑的人能居安思危，而不等到木已成舟，悔时已晚。我们也需要这种忧患意识，思想要在行动之前，否则只能亡羊补牢。

竭诚尽节，进引贞良，以天下为己任。

【注释】《隋书·列传第六》。

【解析】隋代名臣高颎为国竭忠守节，他为朝廷引荐苏威、杨素、贺若弼、韩擒等贤良之臣，这些人都能各尽其才，成为一代名臣，而且他自己亲自立功成事，不计其数，当朝执政二十年，朝野推服。但因其忠言直谏，炀帝不悦，下诏诛之，天下莫不伤惜，称冤不已。忠臣如此为国尽力，却下场可悲，不能不令人扼腕叹息。

修大厦者，岂厌夫良材之积也。

【注释】《隋书·列传第七》。

【解析】王劭向隋文帝推荐李德林时说：修建大厦，怎能厌倦积累良材呢。意即国家虽已有了许多有识之士，但李德林确实是个人才，于国有益，不应放弃。一个国家要想达到大治，不仅需要大量人才，而且要不断补充、吸收新鲜血液。周文王、周武王虽然颇有才能，但也是因为有了姜太公才得以灭商纣而建立周室；汉代的刘邦因有张良、萧何、韩信等贤良人才的辅佐，所以才一举打败项羽而取得天下；三国时的刘备之所以能够三分天下有其一，亦是因为有关羽、张飞、赵云、诸葛亮、马超等一群贤能的人才的辅佐。所以，欲成大事，必广纳天下人才，不厌其多。这就像要修建一座大厦，好的材料越多越好。

国以民为本，民以食为命，劝农重谷，先王令轨。

【注释】《隋书·列传第十一》。

【解析】隋统一全国，天下初定，长孙平看到全国各州县多遭水旱之灾，饥荒严重的景象后，上书曰：国家以人民为根本，人民以粮食为命，所以应重视农业，发展生产。长孙平用层层递进的方法说明国家应以农为本，粮食丰足，人民衣食无忧，国家才能够团结安定的道理。农业无论何时都是一个社会生存发展最基本、最首要的条件。所以，“鼓励农桑，劝农积谷”的进谏令隋文帝颇有同感，并予以采纳。

川泽纳污，所以成其深，山岳藏疾，所以就其大。

【注释】《隋书·列传第十一》。疾：缺点、毛病。

【解析】当时有人诬告大都督邴诏诽谤朝廷，上怒，将斩之，长孙平进谏说：川泽接受肮脏，所以才形成了深远，山岳包容缺点，所以造就了高大。意思是说，人不仅要听美言，还要听逆耳忠言。只有豁达大度，广开言路，才能成就大业，把国家治理好。否则，心胸狭窄，不能容人，天下人也都不敢说话了，这样朝廷也很难有所作为。最后，皇上果然赦免了邴诏，并布告天下：诽谤之罪，勿复以闻。

建国重道，莫先于学，尊主庇民，莫先于礼。

【注释】《隋书·列传第十二》。

【解析】柳机族兄柳昂见天下无事，可以劝学行礼，于是上表曰：建立国家、尊重道德，没有不先劝学的；尊重主公、保护民众，没有不先行礼义的。国家稳定下来后，应鼓励人民增长见识，学习礼法，用风化来约束人民，才能达到长治久安。

疾风知劲草,世乱有诚臣。

【注释】《隋书·列传第十三》。

【解析】只有经过猛烈大风的考验,才能知道什么样的草是强劲的,只有在乱世之中,才能考验出诚臣。文帝这样称赞杨素。所谓“时势造英雄”,特定的历史条件是检验一个人是否忠诚的大环境。经得起考验的必是意志坚定、忠贞不贰之人。

君不密则失臣,君不密则失身。

【注释】《隋节·列传第十七》。

【解析】贺若弼说:国君不慎密,良莠不分,则失去忠臣;国君不慎密,对自己的行为要求不严格则无法以身作则,为天下榜样。作为国君,一定要对自己严格要求,明察秋毫,身正才能为范。其实,普通人也不能放纵自己,一旦懈怠必然毁誉亡身。如唐玄宗,他后来随心所欲,后果众所周知。

将在外,君命有所不行。

【注释】《隋书·列传第二十》。

【解析】侯莫陈颖与豆卢绩共讨胡,豆卢绩对胡人实行野蛮的诛杀政策,侯莫陈颖对豆卢绩说:将在外,君命有所不受,应因地因时制定政策,诸胡人虽叛逆,但都是被迫为乱,今渐加抚慰,自可不战而定。豆卢绩从之,群胡感悦,争来降附,北土以安。我们做事不能循规蹈矩,刻板地遵守一定的规律,应随机应变,灵活变通,否则就成了教条主义。

古者登高能赋,可为大夫,求贤审官,理须详慎。

【注释】《隋书·列传第二十一》。

【解析】一染工以其家富而贿官,与缙伸并列。卢恺看到这种情况,感慨道:古之登高即能作诗为文,可谓有才华的人,因此,在求贤择官时,一定要慎重,看其是否有真才实学。官吏是一个国家方针、政策具体的执行者,人称其职,社会才有希望,若庸才做官,无才无德,社会机构只能是腐败而无效的。因此,选官要仔细慎重,有一定的考核标准,切勿让一些平庸鼠辈滥竽充数。

无始祸,无召乱。

【注释】《隋书·列传第二十一》。召:招致。

【解析】张衡辅佐文帝及炀帝共治天下,二帝甚爱之,而衡恩宠莫与为比,颇自骄贵,以致后来宠爱渐衰,终致被斩。所以史官评价张衡:没有开始的患害,没有后来的祸乱。凡事有因必有果,我们应从张衡身上吸取教训,取得成绩时切勿得意忘形，否则乐极生悲。

学之有益，岂徒然哉！

【注释】《隋书·列传第二十二》。

【解析】卢思道遇刘松为人作碑铭，多不解，于是闭户读书。后卢思道为文，以示刘松，松不能甚解，卢思道乃喟然叹道："学习是受益匪浅的，怎么会无用呢。"学习使人视野开阔，知识丰富，修养性情。不断地学习，才能不断地进步，而且无论学什么，都不是徒然。鲁班、华佗就是因为他们不懈的学习而终有所成。

有德者昌，无德者亡，自古兴灭，皆由此道。

【注释】《隋书·列传第二十二》。

【解析】高颎与薛道衡讨论伐陈能否成功，薛道衡说：有德者得民心者国家昌盛，无德者失民心者失天下，自古国家兴亡，都因循着这个道理。今主上躬履恭俭，任用贤才，减少人民负担，而陈任用小人，皇帝沉湎于酒色，伐陈必胜。"德"是得天下与失天下的关键。每个统治者都注重以德服人，以德服天下。

清其流者必洁其源，正其末者须端其本。

【注释】《隋书·列传第二十三》。

【解析】炀帝执政后期，好大喜功，骄奢淫逸，吏治黑暗混乱。李文博面对这种情况，感慨道：洁源才能清流，端本才能正末，今虽日免十贪郡守，又有何用！意即欲整顿国家，皇帝应洁身自好，朝廷应廉洁无私，这才是国家兴盛的根本。所以，解决问题要从根本、从关键做起。

臣之作威福，其害乎而家，凶乎而国。

【注释】《隋书·列传第二十七》。

【解析】梁毗见越国公杨素幸遇愈重，权势日隆，结党营私，为非作歹，于是上书直谏：如果你作威作福，滥用权力，伤吾家害吾国。意指杨素如此骄奢淫逸，贪赃枉法，对国家无益只能招致祸患。但其忠言不被高祖采纳，反招杀身之祸。

耕当问奴，织当问婢。

【注释】《隋书·列传第二十七》。

【解析】柳彧上书高祖曰：耕种之事应问农民，织布之事应问妇女。意即人各有所能，所以，审官择才，也要发挥每个人的特长，如干子长武功，治民莅职，非其所解，如果不能给予适当的官职，扬其所长，只能埋没人才。

事君之道，有犯无隐。

【注释】《隋书·列传第二十七》。

【解析】裴肃见皇太子杨勇、蜀王杨秀、左仆射高颎皆被废黜，上书曰：侍奉君主的方式，应该毫无隐瞒，即使冲撞皇上，也要忠言直谏。上述三人虽如此竭忠尽力，但下场可悲。所以，我们可以从中得到启示：忠臣尽管不曲意逢迎，但也要讲求进谏的方法，以死相谏的精神虽可嘉，但方式并不为人称颂。

猛兽之处山林，藜藿为之不采，正臣之立朝廷，奸邪为之折谋。

【注释】《隋书·列传第二十七》。

【解析】猛兽居于山林之中，藜藿这样的植物也因此不被摘取，正直之臣立足于朝廷，奸邪不正之人也因此无藏身之处。意即邪不压正，正气对于邪恶有一种天然的威严，如柳彧处于宪台，奸邪自肃。如果朝廷中正义之臣居多数，奸邪小人必心有顾虑，不敢肆无忌惮。只有这样，社会风气才是健康向上的。

败军之将不可以言勇。

【注释】《隋书·列传第三十》。

【解析】古语云："胜者为王，败者为寇"，与此句相同，都注重结果。只重结果，不看过程，这种看法是相当片面的。刘邦与项羽争天下，项羽虽败，自刎乌江，但他豪放不羁，勇敢善战，世人仍认为他是个英雄。荆轲刺秦王虽败，但仁义之气浩然长存，不失为一个壮士。所以我们不能单纯地以结果评论某个人。

凡推事有两，一察情，一据证，审其曲直，以定是非。

【注释】《隋书·列传第三十一》。

【解析】裴政说：推断事情的发展有两个方面，一是调查情况，二是根据证据，通过这两方面的工作，才能审定出是非曲直。这与刑事上的推理和证据相结合是吻合的。凡事不能只凭主观推断，但也不能只看实证而无理论上的判断。只有把主观上的"察情"与客观上的"据证"相结合，才能还事情以真面目，明辨是非。

民犹水也，法令为堤防，堤防不固，必致奔突，苟无决溢，使君何患哉。

【注释】《隋书·列传第三十一》。

【解析】郎茂在任司录期间，认为：人民如同流水，法令像堤防，堤防不牢固，水必然会冲垮它，人民必将推翻统治。诚然，严明的法令是治理国家所必需的,但统治百姓不可全凭法令,还要辅以仁政,既以法治民,又要施民以仁。这样,统治才能长久。如秦虽对人民实行严刑酷法,但适得其反,民不畏死,何以惧法,激起了人民的反抗,秦王朝也在滚滚而来的农民起义浪潮中覆灭。

文德武功,因时而并用。

【注释】《隋书·列传第三十二》。

【解析】虞世基在《讲武赋》中提到:文德与武功,应随着时世的变化而并用。如三国时代,群雄纷争,此时以武功为主,以文德为辅,互相配合,互相促进;到了比较稳定的时代,则就以文德为主,武功为辅。时代的变迁要求文武各有侧重,但无论何时,必须文韬与武略必备才能取胜。

经邦创制,固与俗而推移。

【注释】《隋书·列传第三十三》。

【解析】这是虞世基在《讲武赋》中的观点,他认为:经营国家创立制度,要因时而异,与风俗相随,不可一成不变。例如,夏商是中国的奴隶社会,实行的是井田制和世袭制。此前的尧、舜、禹时代,则实行禅让制。时代不同必然要求采取不同的社会制度,风俗也必然有所变化。否则制度和风俗都不会持久。

将门必有将,相门必有相。

【注释】《隋书·列传第三十五》。

【解析】杨玄感乃杨素之子,善骑射,以军功位至柱国。时帝好征伐,玄感请求率军应战。文帝嘉之,谓群臣曰:将门有将,相门有相。除了一定的遗传因素外,家庭环境及父母的言传身教使虎父无犬子,曹操之子曹丕就是一例,但也不能一概而论,如刘备之子刘禅就是无能鼠辈,完全不具备刘备的雄才大略和王者风范。

炀帝嗣承平之基,守已安之业,肆其淫放,虐用其民,视亿兆如草芥,顾群臣如寇仇,劳近以事远,求名而丧实。

【注释】《隋书·列传第三十五》。

【解析】史臣这样评价隋炀帝:继承已安定的基业,但肆意淫荡放纵,滥用民力,对待万民如草芥一样,并且不听进谏,好大喜功。炀帝在位期间,自恃国力强盛,任意挥霍,筑长城,修弛道,营东都,巡游江南,侵略高丽,劳民伤财。沉重的徭役和无休止的征调使人民苦不堪言,最终人民被迫起义,炀帝众叛亲离,被禁军首领所杀。

仁道不远，则杀身以成仁，义重于生，则捐生而取义。

【注释】《隋书·列传第三十六》。

【解析】“杀身成仁，舍生取义”一直是中国封建社会推崇的道德观念，儒家把仁和义看得比生命还重要，因此也造就了许多悲壮的故事，如“比干竭节于商辛，申蒯断臂于齐庄”。但这种观念也有糟粕，它只是更有利于统治阶级的统治。

善为水者，引之使平，善化人者，抚之以静。

【注释】《隋书·列传第三十八》。

【解析】善于治水者，用疏导的方法使其畅通，善于教化人者，循循善诱，静静抚慰。“水平则无损于堤防，人静则不犯于宪章。”无论做什么事，都要讲求方式方法。采用最恰当的方法才能解决问题。

儒之为教大矣，其利物博矣！笃父子、正君臣、尚忠节、重仁义、贵廉让、贱贪鄙，开政化之本源，凿生民之耳目，百王损益，一以贯之。

【注释】《隋书·列传第四十》。

【解析】这句话精辟地概括了儒教在封建社会的重要作用，也指出了儒家思想的主导地位，它教会人民仁义礼智信，温良恭俭让，使人们安分守己，使尊卑、长幼有序。儒家思想虽对稳定社会有一定的作用，但其更多的是为统治阶级的利益而服务，而且严重束缚了人们的思想。

言，身之文也，言而不文，行之不远。

【注释】《隋书·列传第四十一》。

【解析】言论，是行为的记录，若不记载下来，则流传不深远。意即文学的重要性。若孔子的弟子不把孔子的言行记录整理成《论语》，那么孔子的思想就不可能被流传下来，并且影响深远。“言传身教”不仅教育对象、范围有限，而且难以世代相传。而文章书籍却可以跨越时空界限，教育世世代代。

书无不可读者。

【注释】《隋书·列传第四十一》。

【解析】隋朝大学者王颏（kuǐ）熟读《孝经》《论语》《左传》《礼》《易》《诗》《书》，于是叹曰：书没有不可以读的，读任何一本书，都可以从中受益。但这里的书只是指好书，不是那些思想不健康的坏书。古往今来的大学者都博览群书，从大量的阅读中汲取营养，指导生活，而不只囿于某一方面。

古今文人，类不护细行，鲜能以名节自立。

【注释】《隋书·列传第四十一》。类：大都。

【解析】文人，大都恃才傲物，不拘小节，所以难免有所失误，很少能以名节立身于世。隋朝的文学家王胄、虞绰、孝逸等人，有的矜气负才，有的学优命薄，多离咎悔，鲜克有终，这也是由文人自身的特点所决定的。屈原、李白虽才高八斗，但或耿直或豪放不羁，很难被当时的社会所容纳，只有经过大浪淘沙，跨越时代限制，其品行和文采才为世人传颂。

《南史》名句

我不能为五斗米折腰向乡里小人。

——《南史》引陶渊明语

成败相因，理不常泰。

【注释】《南史·宋本纪》。泰：平安。

【解析】成功与失败互为因果关系，世事并不能永远平安不变。老子曾说过："福兮，祸之所依，祸兮，福之所伏。"（《老子》）宋武帝刘裕平定天下时，发出檄文，诏告百姓，以此句作为开头，颇有震撼力，说明他统一天下是符合事物发展客观规律的，没有违背天义，所以得到了百姓的拥护。

仰观天文，俯察人事，此而可存，孰有可亡！

【注释】《南史·宋本纪》。仰：抬头。俯：低头。察：考察。

【解析】刘裕纵观天文人事，看到"文武困于版筑""大东有杼轴之悲""摽梅有倾筐之怨"。他认为这些事情都能存在，还有什么事不可能发生呢？于是发出了上面的感慨。身为一代君主的刘裕能正视封建时代人才被埋没的现实，的确是难能可贵的。

忠烈断金，精贯白日，荷戈俟奋，志在毕命。

【注释】《南史·宋本纪》。俟（sì）：等待。毕：结束。

【解析】从孔子那个时代起，古人对忠义之士便由衷地敬仰。刘裕给自己麾下的诸位将士以很高的评价。他认为这些将士的忠烈能镕断金石，精诚可横贯皓天白日，他们拿着兵器等待发奋图强的机会，即使牺牲生命也在所不惜。这忠烈精诚的赤子之心，对现代人有强大的震撼力，是维护祖国安宁与和平的原动力。

受任于既颓之运，接势于已替之机。

【注释】《南史·宋本纪》。颓：衰败。

【解析】刘裕此言与诸葛亮《出师表》中"受任于败军之际，奉命于危难之间"如出一辙。他们二人都在国将危亡之时挺身而出，怀着挽狂澜于既倒的心情，写下了庄严的宣战书。刘裕起兵讨伐桓玄，满怀感慨激愤，一片忠心赤诚，使他最终赢得了胜利。

虽祸生非虑，盖亦有以而然。

【注释】《南史·宋本纪》。虑：打算。

【解析】祸患的发生是不以人的意志为转移的。虽然大多数灾难都让人难以预料，但这并不等于人类完全无法预测灾难，因为任何灾祸的发生都有其必然原因。只要仔细认真地检查，一定能发现蛛丝马迹，若能及时采取相应措施，就可以消除隐患。

尽人命以自养，盖惟桀、纣之行。

【注释】《南史·宋本纪》。

【解析】夏桀、商纣是历史上有名的昏君。他们的暴行世人有目共睹。以牺牲别人的生命为代价来换取个人的满足，这样的事，只有桀、纣才做得出。英明的君王应爱惜民命，体恤下情，以周公为榜样治理天下。宋孝武帝刘骏凶残固执，昏庸无道，相继诛杀内外百官，重履桀、纣覆辙，终其一生只得不仁不孝之名。这对后世君主有极深的借鉴作用。

下无磐石之托，上有累卵之危。

【注释】《南史·宋本纪》。托：寄托；依靠。

【解析】在下没有坚固的磐石做依靠，在上却有堆垒起来的蛋滚下来的危险，处于这样的境地，就如坐在即将爆发的火山口上，真是危险到了极点。汉代王符《潜夫论》中曾说："居累卵之危而图泰山之安，为朝露之行而思传世之功。"用累卵之危来形容险境，更形象生动地表明了危险的程度。

藏玺怀绂，鱼服忘反，危冠短制，匹马孤征，以至覆亡，理固然矣。

【注释】《南史·宋本纪》。绂(fú)：系印章或佩玉用的丝带。

【解析】此句列举了几种陷入困境的情况。说明办事应三思而后行，类似藏起玉玺却露出丝带，单枪匹马陷入敌阵征战等的情况，都会给自身带来危险。在上述四种情况下覆亡，是理所当然的事情。

经纶惟始，九伐未申，长恶不悛，遂逞凶逆。

【注释】《南史·齐本纪》。悛(quān)：悔改。

【解析】齐高帝萧道成开始统治国家之时，面临的状况是：战乱频仍，危机四伏，冤无处伸张，恶不知悔改。高帝着手处理政事，扭转了国家凶逆的局面，使"沮浦安流，章台顺轨"。

勋业超于先烈，而褒赏阙于旧章。

【注释】《南史·齐本纪》。阙：空缺。

【解析】这是宋帝赞赏萧道成的话。萧道成为齐王时，兴兵平定天下，建立了不朽的功勋。宋帝说他功业超过了前代先烈，但史书中并没有赞扬他的功绩，因而"静言钦叹"，感到"良有缺然"，内心颇为遗憾，所以他给萧道成封爵授地，以慰心中愧疚。载入丹青史册是古人重名思想的反映。名垂青史是古人建功立业后最大的愿望。

至道深微，惟人是弘。

【注释】《南史·齐本纪》。弘：光大。

【解析】最高的道深奥微妙，只有人才能把它发扬光大。这表现了古人重视人事的观念。人从自然中分离出来，进入阶级社会，统治者一直用天道来压迫人民，防止他们反抗。而此处却把人放到了重要位置，认为人才是至道的弘扬者，说明古人的观念在不断进步。

天命无常，惟德是与。

【注释】《南史·齐本纪》。

【解析】古人常怀有宿命论的观点，认为天命难以预测，人只能受它的摆布。而道德也与天命相连，人遵守伦理道德就是顺应天命，天以道德为标准来衡量人事。这实际是统治阶级为了麻痹劳动人民，把社会治乱与个人祸福都归于天意的一种统治术。《论语·颜渊》中曾提到："死生有命，富贵在天。"同样是在宣扬天命决定人事。

上刚毅有断，政总大体，以富国为先。

【注释】《南史·齐本纪》。

【解析】古往今来，不乏明君。而所有英明君主的共同特点就是能以天下为先，能以天下为己任。刚毅果断，处理政事就不会优柔寡断；政统大体，面对得失就不会斤斤计较；以富国为先，索取财物就不会贪得无厌。有了这三种品德，天下的百姓自然会顺从归附。

愆鄙内作，兆自宫闱，虽为害未远，而足倾社稷。

【注释】《南史·齐本纪》。愆（qiān）：过失。倾：倾覆。宫闱：皇后和妃子住的地方。

【解析】孔子在《论语》中就指出了季氏祸在萧墙之内的问题，这是有远见卓识的。宫闱之内的祸乱，虽然是小事，表面看来无碍社稷，但正因为它为害未远，得不到重视，而可能发展成为大的祸患，以至倾覆国家。这对后人是有警示作用的。

用兵之道，攻心为上，攻城次之。

【注释】《南史·梁本纪》。

【解析】带兵打仗，用力不如用智。夺取敌人的城池，敌人可能会伺机东山再起，进行反攻。若彻底摧毁敌人的精神，敌军便没有了凝聚力，很快就会溃败。楚汉之争中，项羽被刘邦围困在垓下，夜晚四面传来楚歌，士兵听到家乡的歌，军心开始涣散，结果不战自溃。刘邦正是利用楚军思乡心切，采用攻心战，取得了最终的胜利。

心战为上，兵战次之。

【注释】《南史·梁本纪》。

【解析】战争中，最重要的是智谋。三国时，司马懿数十万大军兵临城下，诸葛亮独自一人坐在城门楼上弹琴，结果以一座空城吓退了司马懿的大军。因为诸葛亮深谙司马懿狐疑的性格，所以采用攻心战，摧垮了司马懿的信心，不费一兵一卒就保全了自身。

虽万机多务，犹卷不辍手。

【注释】《南史·梁本纪》。辍(chuò)：停。

【解析】梁武帝萧衍多才多艺，爱好读书。他虽日理万机，但仍手不释卷，常常读书到深夜，并撰写了许多文章。“活到老，学到老。”这种勤勉好学的精神是值得后世人效仿和学习的。只有不断地读书学习，补充知识，才能活得充实，见识广博。

为国之道，不可独任。

【注释】《南史·梁本纪》。

【解析】治理国家，重要的是如何用人。君主独断专行，不听臣民的意见，只能招致来自各阶层的抱怨。国家是一个上下团结的统一体，国君是核心，必须有各方面力量的支持，这个核心才能充分发挥其潜力。历史上，没有哪个君主能不用人才，独自担当治国的大任。独断专行的君主最终只能如没有士兵的将军。

帝王之位，天下之重职，文武之道，守国所常遵。

【注释】《南史·梁本纪》。

【解析】帝王是天下最重要的职位，处之必须慎重；文武之道，两方面都不可偏废，维持国家安定局面中必须遵循此道。身为国君，考虑问题一定要顾全大局，采取文武并重的原则。文过盛，国家就会浮躁；武过盛，国家就会暴乱，国君应以自己的位置为重，权衡利弊。

人之大欲，在乎饮食男女，至于轩冕殿堂，非有切身之急。

【注释】《南史·梁本纪》。轩：大夫以上贵族乘坐的车子。冕：大夫以上贵族所戴的帽子。

【解析】人首先要解决的是温饱问题，因而生理欲求便是最基本的。而高官厚禄，车马屋宇，不过是身外之物，只有解决了切身的急务，人才会去追求更高的目标。这恰恰符合辩证唯物主义中物质第一性、意识第二性的规律。

善用兵者，如常山之蛇，使救首救尾，困而无暇。

【注释】《南史·陈本纪》。

【解析】善于用兵的人，常把敌人搞得像常山之蛇，忙于救头救尾，陷入困境，无暇顾及其他。抗日战争中，八路军就充分利用这种战术，大搞游击战、地道战、地雷战等等，把日军弄得晕头转向。正是靠这种机智灵活的战略战术，我们取得了全面胜利。

以三代之隆，历世数十，及其亡也，皆败于妇人。

【注释】《南史·陈本纪》。

【解析】陈朝历时三十二年，有五位皇帝，却终因贪恋美色，寻欢作乐，而灭国亡身。陈后主承祖辈之兴隆，却不思治理国家，终日饮酒作诗，与妇人为乐，虽留下传世诗篇，仍不免得了个亡国之君的称号。历史再次证明，亡国之君多因沉湎声色犬马，不理政事而落得身败国破的下场。

栢直狗虽老犹能猎，萧溧阳马虽老犹骏，徐娘虽老犹尚多情。

【注释】《南史·列传第二》。骏：急速奔跑。

【解析】栢直的狗虽然老了，还能打猎；萧溧阳的马虽然老了，还能快跑；徐娘虽然老了，还是温情脉脉。季江与元帝的徐妃私通，他叹息徐妃的多情，以栢直的狗和萧溧阳的马为喻。这从侧面表明梁元帝后宫的混乱，徐妃最后跳井身亡。

圣人顺于人情而为之度。

【注释】《南史·列传第二》。

【解析】饮食男女，人之大欲，圣人也不例外。但圣人在顺应这种生理欲望的同时，却能够有所节制。历史上的昏君之所以昏庸无度，是因为他们过分放纵自己，为了满足自己的欲望，甚至不惜损害他人的利益。圣人恰当地把握住了欲望的度，在合理的范围内行使自己的权利，因而既不违背人情，又不致过分泛滥。

君富贵已足，故应为儿作计。

【注释】《南史·列传第三》。

【解析】宋大臣彦节的妻子担心祸败发生,曾以此语劝慰他。中国是很重人伦的国家,讲究上亲下孝。自古以来,父母便倾心为自己的儿女考虑未来。彦节没有听从妻子的意见,结果招致祸患。这实际是一种传统观念,父母若过分干涉儿女的独立自由,反而适得其反。

千载上有英才异士沉没而不闻者,安可数哉。

【注释】《南史·列传第三》。

【解析】这句话表达了鲍照的身世之感。鲍照是一位出身寒族而具有浓烈感情的诗人。在南朝宋士族门阀统治的时代,只能是英雄沉于下僚,他作《拟行路难》来表达自己悲愤的心情。发出"丈夫生世会几时,安能蹀躞垂羽翼"的呼喊。他清醒地认识到千古以来,英雄不为当朝所用的情况比比皆是,为此鲍照内心深处感到忧虑和痛楚。

大丈夫岂可遂蕴智能,使兰艾不辨,终日碌碌,与燕雀相随乎?

【注释】《南史·列传第三》。

【解析】此句是鲍照愤激之言,化用《史记·陈涉世家》中"燕雀安知鸿鹄之志"的典故。鲍照胸怀一腔报国之志,却因出身寒门庶族而无报国的机缘。他不愿与碌碌无为的世人同流合污,苟且度过一生。因而鄙视与燕雀相随的庸碌之人,并为兰花混于艾草中不被赏识而倍感愤慨。

前哲以善人为宝,不以珠玉为宝。

【注释】《南史·列传第三》。

【解析】古代圣人先哲,把有才能的人视为至宝,而不把珠玉当做宝贝。这表明了古人重视人才的观念。珠宝玉器虽天下稀有,但得之只能束之高阁,或把玩股掌之间,并不能有助于社稷。而有才能的人却可以帮助国君治理国家,以获得天下的至宝。

德轻于才,非人主也。

【注释】《南史·列传第三》。

【解析】谢晦与宋武帝商量订立帝位继承人的事,武帝推荐义真。谢晦经过观察认为义真德行轻于才能,不能委以重任。君王应是德才兼备之人,但德比才要更重要。有德行的君主,才能视天下百姓为自己的子民,亲近他们,爱护他们,真正做到"先天下之忧而忧,后天下之乐而乐"。

苟不夺人时，则一时皆享王赐。

【注释】《南史·列传第三》。

【解析】衡阳王义季到野外打猎，遇到一个带苫的野老在耕种，就命令左右的人呵斥他。老人指责义季以驰骋为乐，不顾民生。劝告他只要不夺农时，就是对天下人进行赏赐。古代徭役制度常常影响农业生产，违背农时，百姓错过了耕种时间，便衣食无着落。因而，人民从心底渴望君王能体恤民情，不要过分剥削压迫。而让农民依农时耕种，便是对他们最大的赏赐。

天伦犹子，分形共气，亲爱之道，人理斯同。

【注释】《南史·列传第三》。

【解析】天伦与人伦在本质上是一致的。自古以来，帝王的兴起，虽然由天数决定，并经历了各种磨难，但也没有不与亲友有关的。帝王的妻子亲友，与平常百姓的亲戚关系在本质上也是一样的。帝王将相虽处上位，握有统治天下的大权，但他们也是人，也有常人所有的七情六欲，也同样要面对亲情与友情。

古人以隐微致诫，斯为笃矣。

【注释】《南史·列传第三》。微：隐蔽。笃：深。

【解析】古人常以隐语为诫。警戒世人的话，往往忠言逆耳，让人难以接受。古人却以隐微的语言，表达他们的警诫之意。这是值得效法的。魏征谏唐太宗，运用各种比喻，既形象生动，又申明了自己的看法，还让唐太宗乐于接受。

凡举大事，不顾家口；且多是驱逼。

【注释】《南史·列传第四》。

【解析】宋臣刘劭想杀掉三镇士庶的家人，王义恭和何尚之劝他说："谋反的人，已不顾家人，而且他们多是被逼迫的。你诛杀了他们的家人，只能是更加坚定了他们的决心。"这句话总结了谋反之人孤注一掷、破釜沉舟的决心，且指出了他们被逼无奈的境地。

古人之畏乱也。

【注释】《南史·列传第四》。

【解析】古人担心祸乱，今人也如此。和平安定的生存环境是古往今来人们共同追求的。战乱频仍，民不聊生的史实，让人类对祸乱产生了共同的畏惧感。人们渴望有稳定的环境，以谋求自身的发展。古人的经验证明国家的发展是以稳定为前提的。常言道："打江山容易，坐江山难。"维护安定团结的局面是更艰巨的任务。和平是人类共同的心声。

布衣韦带之士，衔一餐而不忘，义使之然也。

【注释】《南史·列传第六》。韦带：皮带。

【解析】布衣寒士，吃人一餐饭，便永不忘记，是义促使他们这样。当年韩信特别贫穷，过着寄人篱下的生活，浣纱的老母省下饭给他吃，他感激不尽。后来韩信当了大将军，特地回乡，重重赏赐漂母，以谢漂母之恩。古人言："君子喻于义，小人喻于利。"布衣之士出身微贱，懂得一餐饭的真正含义。

物各为主，无所责也。

【注释】《南史·列传第六》。

【解析】玄邈谋反宋高宗，派叔安去建业见高宗。荀伯玉劝高宗杀了叔安，高宗认为不妥，说了以上的话。他指出人各为其主，不能因此受到责怪。叔安归属玄邈，所以替玄邈说话办事。不能因为他不属高宗就杀了他。高宗的这种观点不为一己之私欲，具有进步意义，是客观公正的。

非臣不乱，非臣不平。

【注释】《南史·列传第八》。

【解析】史有忠臣，也有乱臣。忠臣辅助君王治理国家，因而天下没有忠臣不能平定；乱臣助纣为虐，使国家混乱无序，因而天下没有乱臣也不能混乱。由此可见臣子的重要性，这恰反映了君主的人才观。君主用人不当就会造成乱臣祸国，而君主唯才是举，又可使国运昌隆。

性命自有常分，岂可逃而免乎。

【注释】《南史·列传第八》。

【解析】萧允生活的时代贼寇横行，百姓惊惧逃奔，而他独不逃。萧允认为人的性命有定数，逃跑并不能够幸免。他闭门静处，最终竟避免祸患。这是一种宿命论的观点。南朝时代，人们处于颠沛流离之中，动荡不安的生活，让他们没有归依感，于是以各自不同的方式寻求解脱。

理贵有中，不必过厚。

【注释】《南史·列传第八》。

【解析】孔子《论语》中说："过犹不及。"道理贵在恰到好处，过重过厚都不尽人意。恰当的说理，可以达到以理服人的目的，而过分的苛求则适得其反。这是很普遍的道理，符合唯物辩证法的规律。

大丈夫当横尸战场，奈何狼藉都市。

【注释】《南史·列传第九》。

【解析】谢晦的女儿才貌过人，聪敏贤惠。谢晦被诛杀时，她说了上面的话，言辞慷慨壮烈，行人都为之落泪。孟子说大丈夫“富贵不能淫，威武不能屈，贫贱不能移”。古人敬仰忠烈之士，宁可战死疆场，也不愿苟活都市。谢晦因沙桥之事被诛杀，他女儿感到痛心而遗憾，为父亲不能身死疆场，而被诛于市间鸣不平。

人各有能，兹言乃信。

【注释】《南史·列传第九》。

【解析】《南史》作者李延寿纵观谢氏家族的兴衰败亡，感慨万分，发出了如上感叹。常言道“八仙过海，各显神通”。每个人都有自己擅长的技能，这是确实的。谢灵运以诗闻名，谢裕以德行传美誉，而景先又以节义称美名。

简而不失，淡而不流，古之所谓名臣。

【注释】《南史·列传第十》。

【解析】谢弘微性情宽厚，深得文帝赏识，与王惠、王球共以简淡并称。沈约认为王惠简，而王球淡，只有弘微可称之为简淡。南朝风行人物品评，《世说新语》便记载了各类人物的风貌，简淡是其中概括人物风采的一个词，形容人简约淡雅，不流于俗。当时，还以冲淡、典雅、明丽、清靡等词形容人物的神采风貌，表现他们的精神世界。

贵者自惜，故每忧其身，贱者自轻，故易忘其己。

【注释】《南史·列传第十三》。

【解析】贵人怜惜自身，所以经常担心自身的安危，贫贱的人自我轻贱，所以很容易忘记自身的存在。这是古人的经验之谈。贵族王公身处要位，无衣食之忧，在争权夺利的斗争中，他们担心的是自身的性命，而地位低微的人忙于阿谀奉承，常常忘记自己的人格。

人生自应卑慎为道，行己用心，务思谨惜。

【注释】《南史·列传第十三》。

【解析】为人应谨慎行事，凡事要仔细考虑。吕端虽在小事上马马虎虎，但大事却谨严慎重，以至留下“吕端大事不糊涂”的美誉。人生一世，命运坎坷多折，若能时刻提醒自己谦恭多思，就增加了几分安全感。南朝的生存环境是很险恶的，政治斗争风起云涌，生活其间的士人们整日提心吊胆，政权的频繁更替也让他们无所适从，所以他们以此作为警诫。

朝野一礼，则家无殊俗。

【注释】《南史·列传第十四》。野：民间。

【解析】朝廷与民间的礼法制度相同，因而私家没有不同的习俗。古代中国，以礼治国，国君用统一的礼法制度进行统治。他们希望礼能统一人民的行为，使人民不敢反抗。这是一种愚民政策，是封建统治者为了维护自己的政权对人民施行的精神统治。

天下事不可不密，且兵亦不贵迟巧。

【注释】《南史·列传第十五》。

【解析】王懿与其弟二人在晋太元末年徙居彭城，恰逢桓玄谋划篡位。王懿认为桓玄势单力薄，不能成大事。宋武帝派人攻打桓玄，事情败露，王懿的弟弟被杀。王懿认为，谋反天下必须秘密进行，而且兵贵神速，桓玄没有远虑，好冒险，可以轻易战胜他。事实上，他低估了桓玄的实力，犯了轻敌的错误，结果也险些招致杀身之祸。

归师勿遏，古人畏之，死地之兵，不可轻也。

【注释】《南史·列传第十五》。遏：阻止。

【解析】魏国围攻钟离，欣泰听从崔慧景的话，放走了归兵。慧景劝说欣泰时说了上面的话。回营的军队不能阻挡，连古人都畏惧他们，陷于死地的军队，不能轻视。兵家常言“置之死地而后生”，归师与死地兵均是豁出性命的军队，他们无所顾忌，因而勇往直前，不可阻挡。

世有忠节，天下须共容之，勿以兵威陵辱。

【注释】《南史·列传第十六》。陵：欺侮。

【解析】梁武帝起兵，各州县都投降了，唯独袁昂不降。武帝认为袁昂是忠节之士，天下人应当宽容他，而不能用武力征服。于是派元履宣旨，不逼袁昂投降。这表明了武帝的爱才之心。袁昂忠义节烈，恰遇武帝求才若渴，因而武帝宽容他的不敬，君臣互感知遇之恩。若以军队的力量镇压节烈之士，凌辱他们的人格，结果只能是珠玉皆碎。

据洪图而轻天下，吝寸阴而贱尺璧。

【注释】《南史·列传第十六》。

【解析】《南史》著者李延寿从袁氏家族各位忠烈之士的行为看出：怀有宏

图大业而以天下为轻,吝啬寸把光阴而以尺璧为贱。人要有远大的理想抱负,同时又要珍惜时间。古人从四时变化、物华代谢中,感受到了生命的短暂,所以珍惜每一寸光阴,把它看得比玉璧还要重。

义重于生,空传前诰,投躯徇主,罕遇其人。

【注释】《南史·列传第十六》。诰(gào):用于告诫、劝勉的一种文体。徇:同“殉”,为某种目的而死。

【解析】南朝一代,把义看得重于生,并投身殉主的人太少了。孟子提出“舍生取义”,袁氏家族实践了这一理想,袁粲仁勇,袁昂独不改臣节。因而袁门以忠义著称,犹岁寒之松柏,疾风中之劲草。古人的这种节烈观念,有其局限性,不能全盘吸收。

巧伪之人,竟湿谷以要利,制薄绢以充资。

【注释】《南史·列传第十七》。

【解析】孔琳之引用钟繇此语抨击当时社会伪诈的现象。巧诈的商人,把谷物浸湿以获暴利,又制造很薄的绢赚取钱财。由此可知,制造假冒伪劣商品,古已有之。在魏朝,即用严刑制止这种行为,却不能完全禁止。这对后世有很深的警示作用。

先天而天不违。

【注释】《南史·列传第二十》。

【解析】梁武帝觉得朱雀门太狭窄,正想重新修建,恰发生了火灾,敬容以上句回答武帝,即指武帝以天为先,天不违背武帝的意愿。这是恭维武帝的话,称赞武帝能顺应天时,所以天也满足武帝的愿望。敬容此言说得不动声色,恰到好处。乍看没什么特别之处,却又很耐人寻味,同朝大臣听此语后都无言以对。

善御性者,不违金水之质;善为器者,不易方圆之用。

【注释】《南史·列传第二十一》。

【解析】善于把握事物本性的人,不违背金属和水的性质;善于运用器皿的人,不改变方和圆的用途。世间万物,各有其自身特点,若顺应它的本质,就会充分发挥其效用。伯乐能发现千里马就在于他了解千里马的特性,不把它混同于普通的马。

文岂有常体，但以有体为常。

【注释】《南史·列传第二十二》。

【解析】每篇文章没有固定的体式，但天下文章却有各种不同的体式。文学艺术讲求百花齐放、百家争鸣的方针。若文章都千篇一律，单调乏味，就没有什么可读性了。因而，人们在创作艺术作品时，追求新意，推陈出新，融入了个人的独创意识。

王者不言有无，诸侯不说多少，食禄之家，不与百姓争利。

【注释】《南史·列传第二十三》。

【解析】君王、诸侯都是靠俸禄供养的，君王不应说利益有无，诸侯不应提利益多少，他们不应与百姓争夺利益。古往今来，没有民贫而国富的，因而应以天下百姓为先，百姓富足了，国家就会富足，君王、诸侯也会富贵；百姓不富足，国家就不富足，君王、诸侯的俸禄又从哪里来？

有礼无时，政以事有变通，不可宗一故耳。

【注释】《南史·列传第二十三》。

【解析】古人虽以礼治国，但辅以有礼无时，即不可一成不变，而要根据实际情况，灵活变通。俗言道："将在外，军令有所不受。"制定法令、颁布典章制度是从大局着手，但实际情况并不完全依照法令制度变化，因而，实行政令可以在小的方面变通。

人生何事须聚畜，一身之外亦复何须。

【注释】《南史·列传第二十三》。

【解析】裴昭明很清廉，终身不置一处产业。他对人说，人生没有什么值得储蓄的，除自身之外，什么都不必须。如果子孙没有才能，我聚集了财富，他们都会散掉。昭明的这种想法较有进步意义。他主张后辈子孙应自立自强，不能依赖父辈的功业，过不劳而获的生活。

令问令望，诗人所以作咏，有礼有法，前哲由斯播美。

【注释】《南史·列传第二十三》。令：美好。

【解析】诗人歌颂学问和名望，而先哲因礼法传播美名。诗三百的作者"感于哀乐，缘事而发"，为我们留下了传诵千年的佳作。广博的知识学问和美好的声望，恰是诗人作诗的原因。先哲制定了礼法制度，规范人们的行为，因而声名远扬。范晔便以学问著称，而裴松之德行远播。

文人不护细行，古今之所同焉。

【注释】《南史·列传第二十四》。

【解析】自古文人，自恃有才，往往不顾及行为的得失。颜延之、谢灵运在刘宋时代，名望甚高。最后，灵运因位高而毙命，延之又遇事很不顺，他们均以自身为贵，反害了自己。这启示后代文人，要注意自己的行为，不能因恃才自傲，而害了自身。

人而不仁，古今共疾。

【注释】《南史·列传第二十五》。疾：痛恨。

【解析】孔子在《论语》中说："有杀身以成仁，无求身以害仁。"仁，是儒家理想道德境界的最高标准。不仁的人，从古到今都遭到痛恨。武则天贵为有唐一代女皇，但其杀人如麻，为了维护自己的统治，毫无仁义可言，故遭到后世的斥责。而刘备仁厚爱人，三顾茅庐请诸葛亮出山，仁义之举打动诸葛亮，使他走出陇亩共议天下大事。

士之成名，所贵彬彬而已。

【注释】《南史·列传第二十六》。

【解析】《论语·雍也》曾说过："文质彬彬，然后君子。"君子外表和本质一样美好，所以称之为彬彬。南朝重风貌，成名的士人多外表风清神俊，文质配合得很默契。《世说新语》中记载了许多名士，他们都是孔子所称道的"文质彬彬"的君子。

人生免饥寒幸甚，岂望富贵。

【注释】《南史·列传第二十八》。

【解析】柳元景少时家境贫寒，一日天寒日暮，在大雷岸边徘徊，心中充满羁旅愁怀，突遇一老父，说他将来定会大富大贵，位及三公。元景认为人生能够免于饥寒已经很幸运了，还企望什么富贵。在当时，这种说法是很现实的。元景肯承认自己的现状，正视困境，后来他真的成为大将，追忆起大雷岸边的老父，老人已不知去向了。

人伤则离散，农伤则国贫。

【注释】《南史·列传第二十九》。

【解析】人受到伤害，就会离散，农业受到损害，国家就会贫穷。李悝认为谷物价格过高，人民受到了伤害，他们会离开这里；但谷物价格过低，农业遭到损失，国家将变得贫穷。这是互为矛盾的，二者必伤其一。只有解决好这对矛盾，国家才能富强，人民才能安定。

钱货既均，远近若一，百姓乐业，市道无争，衣食滋殖矣。

【注释】《南史·列传第二十九》。

【解析】钱财资物分配公平，远近平等对待，这样百姓就可以安居乐业，市场上就没有争夺，衣食也可以渐渐增多。高帝辅政，孔觊上《铸钱均货议》，分析了铸钱的利弊，均物的好处，上述是他提出的均物观点。这在当时有进步意义，促进国家安定和经济发展。

忠臣殉国，不谋其报。

【注释】《南史·列传第三十》。

【解析】忠臣报效国家，并不贪图什么回报。宋代大诗人陆游一生爱国，临终前作诗《示儿》还念念不忘复国之事："死去原知万事空，但悲不见九州同，王师北定中原日，家祭无忘告乃翁。"他这样忠心耿耿，只是渴望国家统一，并不为个人私利谋划。若贪图回报，忠臣也不会以身殉国了。

凶人之济其身业，非世乱其莫由焉。

【注释】《南史·列传第三十》。

【解析】凶残的人兴起于乱世。这样的例子不胜枚举：鲁爽乱世起兵，终自取灭亡。薛安都虽诛杀叛臣鲁爽，自己却又反叛明帝，最后逃亡，才幸免一死。黄回凶残横暴，连朝廷都畏之如虎狼，于是齐高帝与袁粲合谋赐黄回死罪。凶残的人，在乱世中，逞威害人，结果都得到了应有的厄运。

身处朱门，而情游江海，形入紫闼，而意在青云。

【注释】《南史·列传第三十一》。闼(tà)：门。

【解析】衡阳王"飘飘有凌云气，其风情素韵，弥足可怀"。(张融语)他游孔珪的园林时说了上面的话，表明他虽生于宫廷，却喜爱自然风光，朱门紫闼束缚的只是他的形体，而他的精神已游于江海青云之间。这体现了他超然物外，追求老庄享任自然的思想。

凡富贵少不骄奢，以约失之者鲜矣。

【注释】《南史·列传第三十二》。

【解析】豫章文献王看到历代王侯的子孙骄奢淫逸，不务正业，所以告诫他的孩子们："富贵家族中年少而不骄奢，因受约束而失掉自己的人太少了。"在那个时代，文献王的这种观点具有进步意义。他虽贵为皇族，却不溺爱子女，以谆谆教导告诫他们要适当约束自己的行为，不可放纵无度。

今取往物，后取今物，如此循环，岂可不熟念。

【注释】《南史·列传第三十三》。

【解析】宜都王铿听说有人掘了桓温之女的坟墓，得到大量金银财宝。他嘲讽说，现在你们取从前的器物，今后的人取现在的器物，这样循环下去，怎么能不熟悉这些器物呢？宜都王抨击了盗墓的做法，这有助于为后代保存历史文物和遗迹。

积不善之家，必有余殃。

【注释】《南史·列传第三十四》。

【解析】郁林即位为齐明帝，他派茹法亮去杀巴陵王子伦。子伦年仅十六岁，他饮下毒酒，指责明帝：积累不善的家族，一定会有余祸。子伦这种说法与谚语“善有善报，恶有恶报”相吻合。古代帝王之家，兄弟为争夺王位，自相残杀之事屡见不鲜。明帝不顾手足之情，残忍杀害子伦，让子伦痛心不已，深感帝王之家积不善太多，余祸殃及子孙。

帝王子弟，生长尊贵，情伪之事，不经耳目，虽卓尔天悟，自得怀抱，孤寡为识，所陋犹多。

【注释】《南史·列传第三十四》。

【解析】历代帝王之家的子弟，养尊处优，不闻天下情伪之事，他们虽天资聪颖，但却孤陋寡闻，见识短浅。于是年幼执政的皇帝任由辅政大臣及后宫摆布，以致国乱家亡。南朝齐宗室诸子弟的结果，是上面结论最好的明证。

奢侈者鲜有不败。

【注释】《南史·列传第三十五》。

【解析】陈显达告诫孩子们，不要因为自己富贵了，就去欺凌别人。当他知道孩子们与王敬则的孩子用豪奢的车子，很不高兴，说“奢侈的人很少有不败亡的”，并把车子烧毁了。这种教育子女的方法，是值得我们后世借鉴学习的。孟子曰：“人生于忧患，而死于安乐。”奢侈的生活容易使人丧失志气，贪图安逸，以致败亡。

验人心之有归，乐推之非妄也。

【注释】《南史·列传第三十六》。妄：行为不正。

【解析】戴僧静、桓康、焦度、曹武、吕安国、王广之等人，办事竭心尽力。他们能得到荣宠的地位,《南史》作者李延寿认为是由于他们行为合乎法度。史家总结,考查人心的归依,应看他们是不是行为合法。轻妄的人,行为祸乱,自致屠戮,也是应该的。

自古开物成务,必以教学为先。

【注释】《南史·列传第三十七》。开物成务:通晓万物之理,按理办事,得到成功。

【解析】齐武帝即位,崔祖思上书,提出治理国家应把教学放在首位。这是很有见地的思想。教育可以从根本上改变一个国家的落后面貌,我国实施"科教兴国"的战略,目的也正在于此。崔祖思在南朝时代就有如此想法是难能可贵的,他启发后世人重视教育的特殊作用。

干将见重于时,贵其所以立断。

【注释】《南史·列传第三十八》。

【解析】宝剑干将为时人所珍视,就在于它触物立断。李延寿以此证明凡事要合时宜,凡物要有所用。陆澄学识广博,精通古代典籍,但他的学问不适合当时的情况,因而空怀壮志,却英雄无用武之地。这告诫后世人要学有所用,学以致用,不能如赵括般只擅纸上谈兵。

君有古人之风,故赠君古人之服。

【注释】《南史·列传第三十九》。

【解析】齐高帝辅政,沈攸之起兵,灵产认为攸之不会有所作为。高帝赏给灵产白羽扇,素隐几,说灵产有古人的风范,所以赠给他古人的服饰。魏晋时代,隐逸之人颇多。他们得不到朝廷的重视,于是就另辟蹊径,走隐居之途。灵产隐居禹井山,钻研星相之术,所以武帝相信他的预言,认为他是高古之人,封赏也用古人的服饰。

礼教无违,生死无辱,此故当为安也。

【注释】《南史·列传第三十九》。

【解析】魏晋南北朝,是中国历史上最动荡的时代,生活其间的士人们成天提心吊胆,稍不留意,就会引来杀身之祸。那时,他们最简单的愿望就是平安入土,活着的时候,不违背礼教,生与死都不受侮辱。这句话同时也反映了许慧诏节葬的思想,具有一定进步意义。

在家当孝，为吏当清，子孙楷栻足矣。

【注释】《南史·列传第三十九》。楷：典范。栻(shì)：古代占卜用的器具。

【解析】善明年少时就立下高节的志向。他说在家应当孝顺长辈，为官应当清明廉节，子孙都以你为典范。善明的这种想法符合儒家传统思想，在封建时代具有进步意义。无论哪个朝代的官员，只有为官清廉才能得到百姓的拥护，而身为人子，只有孝顺父母，才能无愧于父母的养育之恩，这也是中华民族的传统美德。

有国必依山川而为固，山川作变，不亡何待？

【注释】《南史·列传第四十》。

【解析】古有“一夫当关，万夫莫开”之说。国家依靠山川险要而坚固，山崩川竭了，不灭亡还等待什么？僧绍认为天地之气，有其阴阳的顺序，顺序改变了，就会出现山崩川竭的现象。他举了夏、殷、周、汉灭亡的例子，并预言刘宋王朝不久也将灭亡。这种观点依天时论人事有一定的局限性。

既不能诛翦逆贼，正当同死朝廷耳。

【注释】《南史·列传第四十一》。翦(jiǎn)：消灭，灭掉。

【解析】萧藻派兵灭侯景之乱，侯景派萧邕占据京口。萧藻遂生气而得病，有人劝他逃至江北，他不肯，说：“我不能消灭逆贼，就应同朝廷共亡。”结果绝食而死。这表现了萧藻宁死不屈的气节。当年项羽兵败，自刎乌江岸边，那种豪气为萧藻所继承和发扬。

古者修文德以来远人，况止郡境而已。

【注释】《南史·列传第四十一》。

【解析】萧随郡境内，招怀远近之人，士庶安居乐业，路不拾遗。梁明帝不理解其中原因。徐嗣业指出古代帝王加强文治武功，使远处的人归附，而随郡不过是个小郡，永阳昭王修德行，自然郡内和平安定。这实际是称赞永阳昭王的善行，启发明帝向他学习。

自昔王者创业，莫不广植亲亲，割裂州国，封建子弟。

【注释】《南史·列传第四十二》。

【解析】古代帝王创立基业，都大量分封子弟，把国家分为小的州县，以便于集中权力。汉代刘邦立朝后，大量分封同姓诸王，巩固自己的统治。这种做法有利于巩固中央集权，分散诸王的权利，但也造成了后来大量土地兼并现象，以至引起了“八王之乱”。封建时代，分封王侯是普遍做法，它有一定的进步作用。

毁不灭性，圣人之制，不胜丧比于不孝。

【注释】《南史·列传第四十三》。毁：摧残。性：本能。胜：承担，能承受。

【解析】昭明太子萧统的母亲丁贵嫔去世了，他悲痛欲绝，不肯吃东西。武帝看他如此摧残自己，很担心，于是下命令逼他吃粥。武帝指出，摧残自己不能灭掉人的本能，这是圣人的礼制，不能承受丧亲之痛和不孝是一样的。武帝此言告诫萧统悲痛要有节制，不能损伤身体，影响生活。

举大事必有所资。

【注释】《南史·列传第四十三》。

【解析】侯景假传圣旨免去会理的官职，会理与柳敬礼谋划攻打他。敬礼认为，发动攻势一定要有装备和军队，战争中最基本的要素就是士兵和装备。高素质的士兵和精良的武器装备是战争胜利的重要保证。敬礼提出的这一军事原则有重要意义。

道之斯美，以和为贵，况天时地利不及人和。

【注释】《南史·列传第四十三》。

【解析】古人讲究“中和”之美。孟子说过“天时不如地利，地利不如人和”。俗语也道：“家和万事兴。”甚至连古代的建筑也依据“和”的观念布局。“和”是中华民族古老的美学原则，军事上经常运用。天时地利在战争中是客观因素，而人和在战争中是主观因素。士兵与将领只有和睦相处，上下一致，才能同仇乱忾，共同奋战。

岂可手足肱支，自相屠害。

【注释】《南史·列传第四十三》。肱(gōng)：胳膊由肘到肩的部分，泛指手臂。支：人体的四肢。

【解析】梁元帝在长沙包围了河东王萧誉。萧誉向萧纶求救，萧纶上书元帝说了上面的话。他指出我们兄弟手足情深，怎么可以自相残杀？古代帝王之家，兄弟为争夺王位相残之事屡屡发生。这句话反映了梁王朝黑暗的内幕，向我们揭露了封建时代尖锐的宫廷斗争。

征战之理，义在克胜。至于骨肉之战，愈胜愈酷，捷则非功，败则有丧，劳兵损义，亏失多矣。

【注释】《南史·列传第四十三》。捷：胜利。

【解析】征战疆场，目的就在于克敌制胜，这是常理。但骨肉至亲的人相战，越胜利便越觉得残酷。战争胜利了没有什么功劳，战争失败了，便有丧亲之痛。使士兵劳苦还损害了仁义,这样做损失太大了。萧纶此言极有道理,指出了手足相残的恶果。

甚矣,谗佞之为巧也。

【注释】《南史·列传第四十三》。

【解析】太厉害了,谗佞的人做伪巧的事。李延寿观梁武帝诸子的下场,发出了如此感叹。昭明太子虽是武帝最亲近最信任的人,然而谗佞小人的毁谤之言却让他到死都不能说明自己的忠心,足见佞臣的奸诈狡猾及伪饰手段的高明。这启示后世人对花言巧语不可轻信,而要慎重对待。难怪俗语常言:"忠言逆耳利于行。"

言附正直,迹在恭敬,悦目会心,无施不可。

【注释】《南史·列传第四十三》。

【解析】李延寿虽认为谗佞的人很伪巧,但却还是相信正直恭敬的巨大力量。他指出,言辞正直,行为恭敬,心领神会,就没有什么干不成的。这句话是著史者纵观历史长河、目睹生死沉浮而得出的结论。萧氏诸王的生平所历验证了这一结论。

臣所可以报国家,唯余一死,但天下太平,恨无可死之地。

【注释】《南史·列传第四十五》。

【解析】冯道根征伐从不谈论功绩多少,梁武帝喜欢他的为人。他到豫州之前,武帝带领朝臣设宴为他送别,并召画工给他画像 。道根感激涕零,说:"我现在可以用来报效国家的,只剩下一死了,但天下太平,遗憾的是连死都无用武之地。"这句话表现出冯道根对武帝忠心耿耿,甚至不惜牺牲自己的生命。

孝,德之本,何谓不多。

【注释】《南史·列传第四十六》。

【解析】子舆五岁的时候读《孝经》,手不释卷。有人问他:"这本书字句不多,为什么还要劳苦自己呢?"子舆说:"孝,是仁德的根本,怎么能说不多?"这表明子舆以儒家传统孝道观念作为立身行事的准则。孝是中华民族的传统美德,千百年来,历久不衰。

师贵用奇,不必在众。

【注释】《南史·列传第四十七》。师:军队。

【解析】军队人数的多少并不很重要,重要的是用奇兵。历史上有很多以少胜多的著名战役，都是乘敌不备，出奇制胜。《三国演义》中诸葛亮出其不意，借来东风，用火攻破坚固的曹营，赢得了赤壁之战的胜利，为日后刘备三分天下奠定了坚实的基础。因而，出奇兵是军事上的一条重要原则。

以鲁连之智，辞禄而不反，接舆之贤，行歌而忘归。

【注释】《南史·列传第四十九》。

【解析】鲁仲连的聪明之处在于辞掉俸禄，不肯为官；接舆的贤能之处在于隐居而不肯入仕途。江淹自狱中上书，举鲁仲连功成名就退隐江湖和接舆在乱世隐居的例子，证明自己的清白无辜。这表明江淹慕隐居之士，心有隐居之志，并以齐鲁奇节之人，燕赵悲歌之士为自己的楷模。

礼以安上化人，弘风训俗，经国家，利后嗣者也。

【注释】《南史·列传第五十》。

【解析】中国古代讲究“礼制”，儒家传统以礼作为统治的手段。春秋时代，孔子慨叹礼崩乐坏，企图靠礼制来维持封建统治秩序。徐勉饱读诗书，谨遵儒家礼教，他上书梁武帝指出，礼制是安抚上层统治阶级，教化下层劳动人民，弘扬风化的手段，它有利于国家的统治秩序稳定。

弃燕雀之毛羽，慕鸿鹄以高翔。

【注释】《南史·列传第五十一》。

【解析】古人常以燕雀喻无志的庸人，而以鸿鹄喻志向高远的贤人。陈胜说过：“燕雀安知鸿鹄之志哉？”（《史记·项羽本经》）陈伯之是梁武帝时的大将，临川王派丘迟写信给他，希望他能把握机会，实现宏伟大志。信中引用此言恰当地表达了临川王对陈伯之的劝诫。

国弊则省其事而息其费，事省则养人，费息则财聚。

【注释】《南史·列传第五十二》。

【解析】梁武帝年纪大了，周围谗佞的人日渐增多，影响了国家的政治。贺琛看到这种情况，上书武帝。他指出国家疲弊，就要减少事务，节约开支，事情少了，人民就会安定，开支小了，财富就会增多。贺琛这种看法有其进步意义，在一定程度上可以缓解国家的矛盾。

忠义之道，安有常哉。

【注释】《南史·列传第五十四》。

【解析】忠义的行为，怎么能长久呢？李延寿看到了江子一、胡僧祐等忠节之士，命运不济，以至死去，觉得世事艰难，人生无常，因而发出了上面的慨叹。这种观点虽有些消极，但在动荡的南朝时代，也确实是一种客观存在的情况。

善言者不必能行，蹈之者恒在所忽。

【注释】《南史·列传第五十四》。蹈：遵循，实行。忽：不重视。

【解析】李延寿看到了忠义之人的悲惨命运，他从这些例子中总结出一个道理：善于言谈的人不必能做，而能干的人往往不重视言谈；谗佞的小人善于花言巧语，伪饰狡诈，却没有辅君治国的才能；而忠义的大臣舍身赴国难，却从没有怨言。

贞劲之节，岁寒自有性也。

【注释】《南史·列传第五十四》。

【解析】孔子云："岁寒然后知松柏之后凋也。"（《论语》）松柏志气高洁，在寒冷的冬季，不为严寒所迫，依然傲霜挺立。孔子以此为喻，后世人纷纷效法，用以表达对忠节之士的尊敬与赞美。李延寿仰慕江子一的为人，认为他有坚贞的气节，在南朝这样政治酷寒的情况下，仍能保持松柏般的品性。

古所谓维城磐石，叔慎其近之乎。

【注释】《南史·列传第五十五》。

【解析】岳阳王叔慎是陈朝的重臣。隋军攻占湘州，他与正理等人相谋，誓死不肯投降，在数日之内，组织五千兵马与隋军死战，后被秦王在汉口斩首。李延寿认为叔慎对陈朝忠心耿耿，几乎可以与维系城墙的巨大基石相提并论。陈朝有叔慎这样的臣子则值得骄傲与自豪的。

兵贵在速，而彼结营不进，自挫其锋。

【注释】《南史·列传第五十六》。

【解析】吴明彻太建五年任征北大将军，进逼寿阳与齐军作战。齐将皮景和率军数十万，停滞不前，明彻看到此情景说："出兵作战贵在神速，齐军驻扎营地，不前进，自己挫掉了他们的锐气。"于是四面出击，大胜齐军。吴明彻正是运用了"兵贵神速"的正确军事原则而取得胜利。

兵法客贵速战，主贵持重。

【注释】《南史·列传第五十七》。

【解析】隋兵渡过长江，攻打陈朝，李后主召诸将商议国事。任忠指出：兵法主张双方作战，客方要打速决战，而主方要稳定持重。他认为陈朝粮食富足，军队兵众，只要固守台城，沿淮河设置防御工事即可。任忠精通兵法，此言很有道理，但后主却不听从他的建议。

若乃校其才用，理不同年，而卒能膺务济时，盖其遇也。

【注释】《南史·列传第五十八》。校：比较。卒：最后。膺(yīng)：受。济：帮助。

【解析】赵知礼、蔡景历都是陈武帝的大臣。赵知礼为文迅速，每次写军书，下笔即成，而且颇合武帝之意。蔡景历为文不尚雕饰，且擅长叙事，反应敏捷，为时人称道。《南史》作者李延寿认为他们二人才华横溢，虽然出生时间不同，最终却都能接受任务，辅国济时，是遇到了英明的君主。

明智之士，据重位而不倾，执大节而不失，岂惑于浮辞哉。

【注释】《南史·列传第五十九》。

【解析】陈朝重臣陈宝应想与留异共同谋反，留异起兵后，他出资赞助留异的部下。东山居士虞寄为宝应的谋士，他认为此法不妥，于是极力劝谏陈宝应匡时报主，放弃谋反的念头。虞寄指出：明智的人，占据重要的职位而不倾覆，把握大的节操而不失去，怎么能被浮夸之辞迷惑？

君子小人，智计不同，君子志于道，小人谋于利。志于道者安国济人，志于利者损物图己。

【注释】《南史·列传第六十》。

【解析】郭祖深为梁武帝时的大臣，他看到武帝溺情内教，朝政纵弛，内心深感忧虑，上书武帝指出：君子和小人，智谋和计谋不同，君子的志向是安抚国家，拯救百姓，而小人的阴谋是损害他人，为己图利。他认为武帝过分纵容道士与僧尼，以至荒废朝政，并把僧道视为“喻于利”的小人。

礼有变正，又有从宜。

【注释】《南史·列传第六十一》。

【解析】沈洙是陈武帝时掌管仪礼的大臣。建康令沈孝轨想要回家奔父丧，但由于公事缠身，归期定不下来，家人不能等待，打算拆除灵堂，于是向沈洙咨询是否符合礼仪。沈洙认为孝轨身在异域，归期无法计算，若不除孝，他的弟弟不能婚娶，这有悖于人情。礼仪制度有变有正，可以根据实际情况变宜。

逆竖滔天，王室如毁，正是义夫发愤之秋，志士忘躯之日。

【注释】《南史·列传第六十二》。竖：小子，对人的蔑称。毁(huǐ)：烈火。

【解析】祖皓是祖冲之的孙子，少传家业，善于计算，且志气慷慨，有文韬武略。侯景攻陷台城欲害祖皓，百姓感其恩惠，把他藏起来。来嶷劝祖皓："逆贼犯下滔天大罪，朝廷在烈火中煎熬，这正是正义之士舍身赴国、发愤抗敌的时刻。"祖皓听从他的建议，与耿光等百余人奋起反抗，后失败，车裂以殉国。

我不能为五斗米折腰向乡里小人。

【注释】《南史．列传第六十五》。

【解析】陶渊明素有隐居之志，在为彭泽令时，恰逢督邮到县里视察，小吏说应该穿官服接见，陶渊明感叹道："我不能为了五斗米低头折腰向这些乡里的小人。"第二天，他就解印离职，并且做《归去来兮辞》表达他隐居的志向。陶渊明以其高洁的品质被誉为"古今隐逸诗人之宗"，成为后代士人追慕的对象。

若使夫遇见信之主，逢时来之运，岂其放情江海，取逸丘樊？

【注释】《南史·列传第六十六》。

【解析】《南史》作者李延寿纵观南朝隐逸诸人，得出结论：独立于世间的人，本性都偏执耿介，不肯放弃自己的志向屈从世道。他觉得陶渊明等人如果得到明主的信任，遭逢好的时运，就不会纵情江河湖海，隐逸山间闾里。他们的隐逸是不得已而为之的。

《北史》名句

夫居高而必危，

每处满而防溢。

——隋·皇后萧氏

自古帝王之兴，诚有天命，亦赖累功积德，方契灵心。

【注释】《北史·魏本纪第一》。

【解析】据《北史》作者李延寿记载，魏始祖神元皇帝乃神女所生，而魏桓帝降服漠北三十多个小国，魏穆帝统一了北魏三部，他们都靠自己的英武过人积累功德，位至帝王。因而李氏认为自古以来帝王的兴起，是天命所授，却也是帝王自身积累功德，契合天意。这种说法比附神灵天命，有一定局限性。

法者，朕与天下共之，何敢轻也。

【注释】《北史·魏本纪第二》。

【解析】北魏太武皇帝明于刑赏，赏赐功臣不遗漏地位低下的人，惩罚治罪不避讳亲人，即使宠爱的人，也始终不违背刑法原则。他常常说："法令，是我和天下人共同拥有的，我怎么敢轻视呢？"大臣们犯了法，没有得到宽限的。太武皇帝能有此远见卓识，不愧为一代明君。

直书时事，无讳国恶。人君威福自己，史复不书，将何所惧！

【注释】《北史·魏本纪第三》。

【解析】北魏孝文皇帝听览政事，从善如流。他同情百姓，常替人民考虑，甚至对胡越等边疆民族，也亲如兄弟。他常常从容地对史官说："公正客观地记录时事，不要隐讳国君所做的坏事。国君自己作威作福，史官又不记载，那他还有什么可惧怕的。"孝文皇帝要求史官秉笔直书，堪称一代仁君。

自古无不亡之国，朕亦何用此活。

【注释】《北史·魏本纪第五》。

【解析】东魏孝静皇帝与渤海王高澄在邺东打猎。孝静皇帝骑马奔驰如飞，监卫都督乌那罗受工伐跟在后面大喊："天子不要骑着马奔驰，大将军会发怒的！"后来高澄举着酒杯说："我劝陛下不要这样。"皇帝很不高兴地说："自古以来天下就没有不灭亡的国家，我为什么靠不骑马奔驰存活。"这反映了孝静皇帝对受制于高澄，不能独立行事的强烈不满。

为臣奉主，匡救危乱。若处不谏争，出不陪随，缓则耽宠，急便窜避，臣节安在！

【注释】《北史·齐本纪上第六》。

【解析】齐高祖神武皇帝打败魏帝，进入洛城，停驻永宁寺，他召集百官训导说："身为人臣，侍奉君主，就要拯救国家的危乱。如果在朝廷上不谏诤，君主出行不陪同，放松的时候争荣争宠，危急的时候迅速逃窜，那么为臣的气节在哪里?”神武皇帝的这些话表明了他对大臣所寄予的厚望和对他们的严格要求。

帝王之位弗常,有德者受命,时乃天道。

【注释】《北史·周本纪上第九》。

【解析】北魏恭帝欲禅位给北周孝闵皇帝,他下诏指出当年尧让位给舜,舜让位给禹,都是顺应时代潮流,而魏已不能顺应天时,所以禅位给周。魏恭帝派大宗伯赵贵给孝闵皇帝送信。信中称帝王的职位不能长期占据,有德行的人秉受天命成为帝王,是遵循天道。后来,孝闵皇帝登基后,封魏帝为宋公。

兵可立威,不可不戢,刑可助化,不可专行。

【注释】《北史·隋本纪上第十一》。戢(jí):收敛。

【解析】隋文帝灭掉南朝最后一个国家陈国,俘获了陈后主李煜。他下诏说:“天下已经统一。军队可以树立国威,却不能不有所收敛;刑法可以辅助教化,却不能擅自专行。”隋文帝看到了军队和刑法对于治理国家的积极作用,也深悟滥用军队和刑法造成的严重后果。后世君主可从中得到经验和教训。

礼不从天降,不从地出,乃人心而已者,谓情缘于恩也。

【注释】《北史·隋本纪上第十一》。

【解析】隋文帝下诏书,讨论丧葬礼仪的问题。他指出礼仪不是从天上降下来的,也不是从地下生出来的,它是由人内心发出的,即所谓恩情。文帝这一观点具有进步意义,他承认情感是礼仪制度的根本出发点,而不固守儒家传统中愚孝的礼仪制度。

义乃君臣,情兼父子,庶藉百僚之智,万国欢心,欲令率士之人,永得安乐。

【注释】《北史·隋本纪上第十一》。

【解析】隋文帝临崩之前,留下遗诏,顾念君臣之义,父子之情,读之令人慨然心动。他说:“我有君臣间的忠义,父子间的深情,又凭借百官的聪明才智,令举国上下欢心,这让我这个君王能够永远安宁和快乐。”隋文帝征战一生,统一了全国,他对臣子、对亲人、对百姓的款款深情,让人唏嘘不已。换一个角度看,也正是因为隋文帝能够使臣下忠义,父子情深,又能够利用百官的聪明才智,使全国人都能拥护他,所以他才得以成大事,成为一代开国之君。而隋炀帝杨广恰恰与这些情况相反,他既不能使臣下忠义,又不能与亲友和睦,同时也不能很好地任用手下的百官,不能得民心,而是一味地贪图享乐。开凿运河供自己玩乐,无止境地役使全国人民,终至民怨沸腾,所以他的败亡失国也是必然的。这可以说是一个辩证关系。

人生子孙，谁不念爱，既为天下，事须割情。

【注释】《北史·隋本纪上第十一》。

【解析】这句话也出自隋文帝的遗诏。他指出人生了儿孙，有谁不惦念爱护，既然为了天下人共同的幸福，就必须割舍亲情。此言与“忠孝不能两全”互为表里。隋文帝从为人父母的角度，表达了对国家的忠诚，对子女的深情。

自古明君哲后，立政经邦，何尝不选贤与能，振拔淹滞。

【注释】《北史·隋本纪下第十二》。

【解析】隋炀帝登基后，改郡县，改度量衡，改官制，并大赦天下。他下诏书指出自古以来，英明的君主治理国家，没有不选贤德有才能的人，他们都从停滞的状态中振奋有为。隋炀帝此言表达了他欲奋发治国的雄心壮志，以及他对人才的重视。

居高而必危，每处满而防溢。

【注释】《北史·列传第二》。

【解析】隋炀帝的皇后萧氏是个颇有见识的女子，深得炀帝宠敬。她看到隋炀帝不行德政，日益失去民心，不敢谏言，就做了一篇《述志赋》提醒隋炀帝居高位就一定会有危险，而东西满了就要防止它溢出来。后来，炀帝终因不听劝告，恣意任为而自取灭亡。萧氏的确是一位值得称颂的有德皇后。

君则亡逸于上，臣则履冰于下。

【注释】《北史·列传第三》。

【解析】萧丕建成宅第，魏文明太后亲自前往祝贺，并作劝诫歌辞赐给百官，萧丕上疏赞谢太后。太后说：“在上的君主逃跑了，在下的臣子便如履薄冰。如果真是这样的话，太平盛世就很难达到了。”这句话表明了太后对萧丕的看重，希望他能竭心尽力辅帝治国。

露竹霜条，故多劲节，非鸾则凤，其在本枝也。

【注释】《北史·列传第三》。

【解析】北魏洛阳令萧志不畏强权，与御史中尉李彪争路，他们二人都入见魏孝文帝，面陈得失。孝文帝命令他们分路而行，萧志便与李彪拿尺子量路，各取其半。孝文帝与邢峦谈及萧志，邢峦指出霜露中的竹条，多有刚劲的节气，萧志一定是个如鸾凤般的奇才。

死犹顾北,况于生也?

【注释】《北史·列传第四》。

【解析】魏临淮王彧出奔梁。梁武帝爱惜他的才能,派仆射徐勉私下里劝彧留下。而彧特别孝顺,执意要回国,他说:“死去还要看着北方,更何况我还活着?”梁武帝无奈,以礼遣送他回国。这句话表现了临淮王彧对北方的眷恋。他宁可抛弃南方的荣华富贵,而要回到北方去侍奉老母。

性无骨鲠,善事权势,为正直者所讥。

【注释】《北史·列传第四》。

【解析】临淮王彧的弟弟孝友,为沧州刺史。他为政温和,喜欢行小恩小惠,所以不能清白,但也没有什么侵犯。孝友虽时有美誉,却本性懦弱,无骨鲠之气,而且善于侍奉权贵,为当时一些正直的人所讥笑。彧和孝友为官不能清白,却都博览群书,擅长著文。他们二人的行为对为官的人有启示作用。

古人有言,“百足之虫,至死不僵”者,以其辅己者众。

【注释】《北史·列传第五》。

【解析】魏明帝除去京兆王子推二儿子遥等的属籍。遥上表引用古人之言,举汉世兴隆的例子,向明帝证明他家一族是先帝的子孙,不能除去他们的属籍。他认为古人所说的“百足的虫子,到死也不僵直”是因为辅助它的东西多。那么明帝也应保存属籍关系,加强骨肉亲情。

乃可死作恶鬼,不能生为叛臣。

【注释】《北史·列传第五》。

【解析】刺史元法僧叛乱,元显和与他交战被俘。元法僧拉着他的手让他同坐,他坚决不肯并说:“我宁可死了之后作恶鬼,也不能活着的时候当叛臣。”于是神态自若地被杀掉。这句话表现了元显和坚贞不屈的气节及“宁为玉碎,不为瓦全”的品格和视死如归的态度。

遭风云之馀,不建腾跃之功名,非人豪也。

【注释】《北史·列传第九》。

【解析】魏道武皇帝为代王时,张衮为左长史,他经常给道武帝出谋划策,曾辅助道武帝出奇兵战胜蠕蠕。他常对人说:“主上天资杰出,聪颖过人,一定能拥有天下。况且适逢良机,不建立丰功伟绩的人,也不是豪杰。”张衮为一代英才,是北魏时著名的谋臣。

自古明王圣主，皆虚心纳谏，以知得失，天下乃安。

【注释】《北史·列传第十一》。

【解析】魏武帝封于谨为三老，向他询问政见。于谨指出自古贤明的君主，都虚心接纳进谏，凭此了解自己的得失，这样天下才能安定。此言劝诫武帝要虚心听取大臣的进谏，了解为政得失，以维持国内政局的稳定。于谨是前朝老臣，为社稷立下了汗马功劳。

木从绳则正，君从谏则圣。

【注释】《北史·列传第十一》。

【解析】于谨以木头和准绳为喻，说明君王只有虚心听取谏言，才能圣明。历史证明，从谏如流是圣明君主治国的法宝。当年厉王弭谤招致国人的反抗，最终落得身败名裂的下场。而后来唐太宗李世民虚心听取魏征的进谏，成就了有唐一代的伟业。

恭俭福之舆，傲侈祸之机。

【注释】《北史·列传第十二》。

【解析】崔冏齐天保年初，任尚药典御。他为人恭俭自修，所得俸禄都分给了亲故。临终的时候，他告诫两个儿子："恭俭是福禄的车子，而傲侈给祸患提供契机。"崔冏给孩子的遗训，对后代有极深刻的影响，它告诫天下父母溺爱骄宠子女，就是埋下祸端，夺走他们的幸福之车。

君子整其衣冠，尊其瞻视，何必蓬头垢面而后为贤。

【注释】《北史·列传第十二》。

【解析】封轨好学，通览经传。他把自己修饰得干净整洁，仪容很魁伟。有人说他："有学问的人不修边幅，你又何必这样呢？"他说："君子整理他的服饰帽子，使他的仪容尊贵。难道蓬头垢面的人才能称为贤士？"封轨是进步的学士，他不同于墨守成规的迂腐文人。

至秦以后，生则不能致养，死则厚葬过度。

【注释】《北史·列传第十四》。

【解析】刁冲是儒生，但他性格刚烈，不畏强权。刁冲的曾祖刁雍曾作《行孝论》，以劝诫子孙。其中指出从秦代以来，老人活着的时候不能赡养，等死了厚葬又奢靡过度。这是儒家传统丧葬仁孝礼仪中的弊端。刁冲写信和国学中的诸儒讨论这件事，他们都无言以对。

专古也，理与今违；专今也，太乖曩义。

【注释】《北史·列传第十五》。曩(nǎng)：过去，以往。

【解析】公孙邃出任青州刺史，在任时去世。魏孝文帝认为他政绩可嘉，就下诏褒奖他，并在邺宫为他举哀。当时各种制度都在革新，青州佐史对为公孙邃服孝表示怀疑，孝文帝于是下诏书说："专事古代的礼仪，与现在相违背；而专事现代的礼仪，又与以往的礼仪相去甚远。"他要求官员们斟酌两种情况，商量其中得失。

亮之相备，英雄奋发之时，君臣相得，鱼水为喻。

【注释】《北史·列传第十五》。

【解析】毛脩之与崔浩共同讨论陈寿的《三国志》。崔浩认为陈寿有良史的风格，他的著述自班固以来没有人能比得上。而毛脩之指出陈寿曾为诸葛亮门下的书佐，他评诸葛亮说："应变不是他的专长。"但崔浩坚持说："诸葛亮辅佐刘备在天下英雄奋发的时刻，他们君臣相得，如鱼和水的关系。"可见，崔浩认为诸葛亮是合时宜，善于应变的。我们觉得崔浩对刘备和诸葛亮君臣关系的评价还是恰当的。在古代的君臣中，像刘备和诸葛亮这种君臣关系确实是无与伦比的。刘备开始就能三顾孔明于茅庐之中，使孔明大受感动，后来刘备又充分信任诸葛亮，刘备对诸葛亮未有丝毫猜忌，所以在历次针对魏、吴的军事行动中，诸葛亮都不为掣肘，能够充分施展自己的才华。其实刘备之所以能够成大事，也就是因为他性格中有这一方面的过人之处。他非常会揣摩臣下的心理，也即韩信所谓"善将将"。用鱼水关系来比喻刘备与臣下的关系，一点也不为过。

国家大事，在祀与戎，礼既废也，其能久乎？

【注释】《北史·列传第十六》。

【解析】源师北齐时在祠部为官。孟夏季节出现了龙星，他请求进行雩祭。录尚书事高阿那肱以为真龙出现，惊喜地问："龙在哪里？什么颜色？"源师说："这是龙星出现，按祀礼应当雩祭郊坛。"阿那肱很生气，祭事没有进行。源师私下里感叹："国家大事，在于祭祀和战事，祭祀礼已经废止了，国家还能长久吗？齐不久就要灭亡了。"

经师易求，人师难得。

【注释】《北史·列传第十八》。

【解析】卢诞博学多识，文章有词采。魏帝想让他做王子们的老师，就下诏说："教读经书的老师容易找，而教做人道理的老师很难得。"卢诞以儒学为业，周文帝以他为儒宗学府，当时备受推崇。魏帝此言指出老师的职责不仅在教书，更重要的是育人。

善言远者，必先验于近。

【注释】《北史·列传第十九》。

【解析】高允博览群书，通经史、天文、术数。他奉诏领著作郎，与司徒崔浩著述国记。当时崔浩聚集术士们，考校汉元以来，日食月食，五星行度。他们讥讽前朝史书的缺失，并作魏书给高允看。高允说："要善于说远的事情，一定要先验证近来发生的事情。……你们现在讥讽汉史不觉得不对，恐怕后人讥讽现在，也像你们讥讽古代一样。"

史籍，帝王之实录，将来之炯诫，今之所以观往，后之所以知今。是以言行举动，莫不备载，故人君慎焉。

【注释】《北史·列传第十九》。炯(jiǒng)：光亮。

【解析】魏景穆帝责备高允不按他的要求写史。高允说："史书，是帝王的实录，将来的明诫。现在人通过史书了解古代，而后来人通过史书了解现在。所以帝王的言行举动，没有不全部载入的，作为君王应该慎重啊！"高允此言表现了他作为史官秉笔直书、不肯隐恶的品格。

士大夫学问，稽博古今而罢，何用专经为老博士也？

【注释】《北史·列传第二十一》。稽：停留。

【解析】李玚倜傥有大志，喜欢饮酒，他常常对弟弟李郁说："士大夫的学问，能博古通今也就罢了，为什么要专攻经书成为老博士呢？"李玚不主张皓首穷经，成为专攻经书的老博士。他的这一观点有进步意义，打破了儒家学者读死书、死读书的桎梏。

自古诚臣贵仕，文武不备而能济功业者鲜矣。

【注释】《北史·列传第二十一》。

【解析】李子雄家世以学业自通，而他独善骑射。他的哥哥李子旦责备他："放弃文学而习武功，不是士大夫的本业。"李子雄说："自古以来忠诚的大臣贵在进入仕途，文才武略不具备而能成大功的人实在太少了。"子雄主张文武兼备，摒弃纸上谈兵的想法具有战略眼光。

古攻战法，倍则攻之，十则围之，圣驾亲征，诚应大捷，所以无大获，良由兵少故也。

【注释】《北史·列传第二十二》。

【解析】高闾到行宫拜见魏孝文帝指出:“古代攻战的方法,人数超过敌兵数倍就要进攻,人数超过敌兵几十人就要包围,如果皇帝亲自出征,那么就应该大捷,而没有大的收获的原因是士兵太少的缘故。”高闾精通兵法,出谋划策,很有道理,因而得到了孝文帝的嘉奖。

文字者六籍之宗,王教之始,前人所以垂今,今人所以识古。

【注释】《北史·列传第二十二》。

【解析】江式从小专研家学,善训诂。延昌三年三月,江式上表讨论从古而今文字的演变过程。并指出文字是经史典籍之宗,王政教化之始,是前人流传给现在,现在人了解前人的工具。江式的这句话,强调了文字的重要作用,指出了它对传播人类文化所做的重要贡献。

凡论大事成败,先须以至理断之。

【注释】《北史·列传第二十四》。

【解析】隋文帝准备伐陈,军队驻扎在长江边上。一位大将晚上坐在军帐中说:“也不知能不能战胜江东?”薛道衡分析:“讨论大事的成败,必须用至理来判断。”他列举了陈朝后主四个不利条件,认为隋朝应迅速出击,志在必胜。这位大将佩服道衡的韬略,并升任他为吏部侍郎。

人皆因禄富,我独以官贫,所遗子孙,在于清白耳。

【注释】《北史·列传第二十七》。

【解析】房彦谦家业很丰厚,又有居官多年的俸禄,但他都用来周济抚恤了亲友。因而变得家无余财,车马服饰器用都很俭素。他过得怡然自得,曾经从容地笑着对他的儿子玄龄说:“别人都因俸禄而富有,我单因做官而贫穷,我留给子孙后代的只有清白啊!”彦谦两袖清风,是一位清廉正直的官员。

消功者,锦绣雕文是也;费力者,广宅高宇,壮制丽饰是也。

【注释】《北史·列传第二十八》。雕:画。

【解析】李彪针对当时浮华相竞,不以官制为序,而随心所欲过奢靡生活的情况向孝文帝上表提出:削减功业的是锦绣雕文;而耗费人力财力的是雄壮华丽的广宅高宇。这句话尖锐地指出了官吏们为自己营造安乐窝,互相攀比,以至成一种不良风气的状况,反映了李彪关心时政,不畏权贵的品格。

上之所好,下必从之。

【注释】《北史·列传第二十八》。

【解析】魏孝文帝时，李彪上表指出："皇上喜好的东西，下面的人一定跟着喜欢。"他举例说越王喜欢勇敢的人，而国内的勇士大多轻易地死去；楚王喜欢瘦弱的人，而国内有多少人为了讨国王喜欢忍饥挨饿。李彪以此来反衬孝文帝生活俭朴，为政辛劳。

国以人为本，人以食为命。

【注释】《北史·列传第二十九》。

【解析】建义初年，杨逸为光州刺史，当时灾害连年，他打算用仓廪中的粮食振济百姓，但管仓库的人害怕获罪不敢给，于是杨逸说："国家以人为根本，人以粮食维持生命，如果因此获罪，我心甘情愿。"他用粮食救济百姓，还在州府门口发放救济粥，得到接济的有一万多人，庄帝因此表扬了他。杨逸为政爱人，这种精神值得后代官员效法。

守正履道，固人臣之常致；反经合义，亦达者之令图。

【注释】《北史·列传第二十九》。

【解析】皇太子失宠，晋王广与他争夺王位。因为杨约得到魏文帝的宠幸，所以晋王信任他。晋王用张衡计策，派宇文述用重金贿赂杨约，通过他向文帝表明意思，并游说他："遵守正义履行职责，国家大臣本来就应该这样做；而违背经义符合道义，对贤达的人来说，他的意图也是美好的。"

自古贤人君子，莫不与时消息，以避祸患。

【注释】《北史·列传第二十九》。

【解析】宇文述劝杨约要认清形势，在皇太子失宠，文帝欲罢黜他的情况下，请求文帝立晋王广为储君。宇文述指出自古以来的圣贤君子，都随时代变化而变化，以躲避祸患。因而杨约也应"识时务者为俊杰"，力保晋王。杨约听了宇文述的分析，同意了他的请求。

山以仁静，水以智流。

【注释】《北史·列传第三十一》。

【解析】郭祚随魏孝文帝游幸华林园，看到景阳山，他说："山因为仁德而宁静，水因为智慧而常流，愿陛下您以它们为榜样修行。"孝文帝说："魏明帝因奢侈而失于前朝，我又怎么能重蹈他的覆辙呢？"郭祚说："您的品格向大山一样崇高，我们都敬仰您。"郭祚以山水喻德智，以赞美孝文帝的崇高品德。

天下有道，主明臣直，虽休勿休，永贻世则。

【注释】《北史·列传第三十一》。休：休整。贻(yí)：遗留。

【解析】齐天保初年，文宣帝给高阳王纳张晏之的女儿为妃，并下令在晋阳举行大礼。张晏之在后园陪宴，宾客们都赋诗。张晏之的诗是："天下政治清明，则君主明智大臣耿直，即使想整顿也不用整顿，这将永远留给后世作为效法的准则。"文宣帝欣然接受了他的讽谏。

人生局促，何殊朝露，坐上相看，先后间耳。

【注释】《北史·列传第三十三》。

【解析】夏侯夬曾与南朝人辛谌、庾遵、江文遥等人终日游玩。每次酣饮的时候，他总是说："人生短暂，就如同朝露，坐上相看的你我，也得先后去世啊！"此言表达了夏候夬的生世之感。从中可以看出他对人生的悲观态度。他看到了人生的短暂，却没有因此而奋发，倒终日沉湎于欢饮之中，消磨意志。

食少兵精，利于速战；粮多卒众，事宜持久。

【注释】《北史·列传第三十三》。

【解析】正光末年，三秦反叛，侵犯到了三辅。当时承平盛世已久，人们不习惯战斗。而三秦陇兵却很强悍，李苗上书指出：粮食少兵器精良，有利于速战速决；粮食多士兵多，宜于打持久战。陇兵人多资用少，应该疾攻，迟了恐怕就要坐等崩溃了。李苗的战略从敌我双方考虑，很是合情合理。

洁其流者清其源，理其末者正其本。

【注释】《北史·列传第三十五》。

【解析】袁翻议论边戍的事情，其中谈到："如果欲清洁水的支流，就要先清洁水的源头；如果欲理清事情的末端，就要先端正它的根本。"袁翻此言指出了追本溯源的重要性，告诫我们办事情要从根本出发，顾全大局，抑末必须治本，洁流必须清源。

音乐之起，本于人心，天之应人，有如影响。

【注释】《北史·列传第三十七》。

【解析】周武帝时，斛斯徵为司乐中大夫。武帝认为他教育人有方，就让皇太子和诸皇子身穿青衿，行束脩之礼，拜斛斯徵为师。斛斯徵擅长音律，他指出音乐是从人内心中发出来的，天用它来比附人，就像影子和回响一样。此言揭示了音乐的本质，但掺入了天人感应说。

为善者，天报之以福；为恶者，天谴之以殃。

【注释】《北史·列传第三十七》。

【解析】周武帝初崩，周宣帝准备迅速操办丧事，令朝臣们商议。从前被武帝除官的郑泽，为宣帝所宠，他献上新乐。斛斯徵不同意用新乐，反驳说："做善事的人，老天用洪福回报他；做恶事的人，老天用祸殃谴责他。"他举例，舜弹五弦琴，唱《南风》中的诗，天下大化；而纣做朝歌，北里的音乐，国家却灭亡了。这句话劝谏宣帝对丧礼的音乐要慎重。

乐也者，和情性，移风俗，动天地，感鬼神，祸福所基，盛衰攸系。

【注释】《北史·列传第三十七》。攸（yōu）：放加动词前，组成名词性词组，相当于"所"。

【解析】斛斯徵精通音律，他从儒家传统出发，指出了"乐"的重要作用是：调和性情，改变风俗，甚至能感动天地鬼神。祸福是以乐为基础的，而国家的盛衰也与乐息息相关。这句话体现了儒家以礼乐治国的观念，告诫宣帝要重视乐的增减及对国家的影响。

古人唯患察狱之不精，未闻知冤而不理。

【注释】《北史·列传第三十八》。

【解析】辛雄用心平直，明于断案。他观《春秋》后指出古代的人只担心考察刑狱不细致精微，还没听说知道有冤情却不受理的。辛雄的公正严明得到清河王怿的赞赏，怿常对人说："有辛雄在，就没有诉讼官司。"

人生厉心立行，贵于见知，当使夕脱羊裘，朝佩珠玉。若时不我知，便须退隐江海，自求其志。

【注释】《北史·列传第三十八》。

【解析】高道穆结交名流俊士，因字写得好，而名传于世。他少年有大志，常对人说："人生一世，最重要的是心迹与行为得到时人的了解，应该晚上脱掉羊皮袄，早上就能佩带上珠玉。如果得不到时代的认可，就应该退隐江河湖海，去寻求自己的理想志向。"这句话表明了高道穆"达则兼善天下，穷则独善其身"的儒家政治理想。

有国有家者，不患人不我归，唯患政之不立；不恃敌不我攻，唯恃吾不可侮。

【注释】《北史·列传第三十八》。恃（shì）：依靠、依赖。

【解析】高谦之上疏陈述国家的弊端，请求魏帝明察。其中谈到："有国家的人，不担心百姓不归附，而担心政权不立；不依靠敌人不攻打，而依靠不可侮辱。”高谦之主张仁政,维护国家的尊严,这种思想具有进步意义,对古今中外的为政者都有借鉴意义。

大丈夫宁可玉碎,不能瓦全。

【注释】《北史·列传第四十一》。

【解析】元景安本是魏帝宗族。天保年时,齐帝诛杀元氏亲族,景安之徒疏远宗室,请求姓高氏。元景皓说:“怎么能抛弃本宗族呢?大丈夫宁可节烈而死,也不能屈节求命。”景安把这话告诉了齐文宣帝,于是景皓被诛杀,家属流放到彭城,而景安独赐姓高氏。

土相扶为墙,人相扶为王。

【注释】《北史·列传第四十二》。

【解析】尉景有果下马,文襄帝向他要,尉景不给,说:“土互相支撑着成为墙,人彼此帮助能成为王;难道你连一匹马都不蓄养,还得向人要吗?”齐神武帝对着尉景责罚了文襄帝。尉景不肯纵容文襄帝,他指出小孩子不能溺爱,否则今后会不听劝告。

所谓众者,得众人之死;所谓强者,得天下之心。

【注释】《北史·列传第四十二》。

【解析】齐神武帝把尒朱兆拒在广阿,他惧怕尒朱兆兵多势众,不敢挑战。段韶给神武帝分析敌我双方的形势,他指出:“兵多,得到的只能是众人的死,而强者得到的是天下人的心。”段韶认为尒朱兆行不善,失掉人心,神武帝若攻打他,一定能胜。

箭虽注不射,刀虽举不击,矛虽按不刺,尔犹顿丧魂胆。

【注释】《北史·列传第四十三》。注:集中于某一点上。

【解析】杜弼认为齐神武帝身边的文武大臣,贪污受贿成风,很少有廉洁的,请求神武帝先除去内贼,再抵御外寇。神武帝令军队张弓挟矢,举刀按矛站在路两边,并让杜弼在中间走,说:“一定不会伤着你。”杜弼战栗,汗流满面。神武帝给他解释说:“箭放在弦上不射出,举起刀不攻击,矛握在手里不刺杀,你还吓得失魂落魄。诸大臣厮杀疆场,百死一生,他们虽然贪鄙,我取的却是大处啊。”

赏一人使天下之人喜,罚一人使天下之人服。

【注释】《北史·列传第四十三》。

【解析】梁贞阳侯萧明攻入彭城，文襄帝派高岳、慕容绍宗和杜弼去讨伐。临走的时候，文襄帝赐给杜弼一匹胡马，令他陈述可以鉴诫的为政方针，杜弼说："刑赏是天下的大事。赏一人可以使天下的人高兴，罚一个人可以使天下的人折服。这两件事处理恰当了，自然就会把国家治理好。"文襄帝很高兴地说："你的话虽不多，却正中要害。"君臣握手而别。

人犹水也，法令为堤防，堤防不固，必致奔突，若无决溢，使君何患哉！

【注释】《北史·列传经四十三》。

【解析】郎茂为卫国令，当时狱中有二百多名囚犯，他亲自审理，几天就释放免罪一百多人。魏州刺史元晖对他说："长史说卫国人不敢申诉的原因是害怕明府。"郎茂说："人就像水，法令就像堤防，堤防不牢固，水一定会奔涌出来，如果不决口溢水，又使你有什么忧虑！"郎茂以水与堤喻人与法的关系，鲜明生动，新颖独特。

良玉未剖，与瓦石相类；名骥未驰，与驽马相杂。

【注释】《北史·列传第五十一》。

【解析】周文帝要改革时政，弘扬强国富民之道，苏绰尽其所能，做六条诏书。其中第四条"擢贤良"提到：美玉未经剖割，和瓦块、石头相类似；名马没有驰骋，和驽马夹杂在一起。他以此类比贤士未被任用时，混杂在平常人中，劝谏周文帝要认真审视，仔细考察，擢升贤良，治国兴邦。苏绰的意见为周文帝采纳并施行。

玉以洁润，丹紫莫能渝其质，松表岁寒，霜雪莫能凋其采。

【注释】《北史·列传第五十一》。渝：改变。

【解析】隋炀帝派苏威和他的儿子、孙子一起驻守关右。一年多之后，炀帝亲手写诏书说："玉洁净温润，丹紫不能改变它的本质；松树经历寒冬，霜雪也不能使它的颜色凋落。"炀帝以玉和松树来比喻苏威一家的品质气节，凝重贴切，表现了他对苏威的尊重与信任。

古者人君立史官，非但记事而已，盖所为鉴诫也。

【注释】《北史·列传第五十二》。

【解析】北周一位大臣认为史官秘密书写善恶，不能够达到惩劝的目的，就上书周文帝说："古代国君设立史官，不仅仅是为了记事，而是把史书作为借鉴的根据。"此言指出了以史为鉴的重要作用，劝谏周文帝开诽谤的言路，纳忠臣的良言。

大丈夫除贼，须右手拔刀，左手把矟，直斫直刺，慎莫畏死。

【注释】《北史·列传第五十四》。矟(shuò)：同“槊”，古代兵器，杆儿比较长的矛。斫(zhuó)：砍。慎：表示告诫，相当于“千万”。

【解析】耿豪武艺高强，性格粗犷，随周文帝在芒山作战时，他对部下说：“大丈夫除敌人，应该右手拔出刀，左手握着矛，直砍直刺，千万不要怕死。”他一个人呼喊着冲入敌阵，大战了好几个回合。耿豪所言，表现了他无畏的英雄气概和勇武的战斗精神。

大丈夫富贵何必故乡！若以妻子经怀，岂不沮人雄志！

【注释】《北史·列传第五十五》。沮：颓丧。

【解析】杨纂二十岁的时候，跟从齐神武帝在信阳起兵，立下了军功。神武帝封他为武州刺史，他自认为赏薄，心中怀着怨愤，经常叹息说：“大丈夫要富贵何必眷恋故乡！如果以妻子儿女为寄，岂不是使人的雄心壮志颓丧。”杨纂胸怀报国之志，为了前程，宁可抛家别子。

人所贵者忠义也，所惧者危亡也。

【注释】《北史·列传第五十五》。

【解析】大统初年，杨纂入关。周文帝拉着他的手说：“人最珍贵的品质是忠义，最惧怕的事情是危亡，能不怕危亡，亲自实践忠义的人，我见到的只有你啊。”于是封杨纂为永兴县侯。周文帝此言，高度赞扬了杨纂的品格，杨纂也不负所望，在河桥、芒山之战中立下了赫赫战功，位至骠骑大将军。

世间贫家兄弟多相爱，由相假藉；达官兄弟多相憎，争名利故也。

【注释】《北史·列传第五十九》。

【解析】隋文帝回忆从前蔡景王杨整与自己争夺王位的情景，指出人世间穷人家的兄弟多互相敬爱，因为他们互相凭借依靠；而达官贵人家的兄弟多互相憎恨，因为他们互相争夺名利。这句话总结了兄弟间的关系状况，揭露了王朝内部为争权夺利，手足间也残酷厮杀。

儒者，其为教也大矣，其利物也博矣，以笃父子，以正君臣，开政化之本原，凿生灵之耳目，百王损益，一以贯之。

【注释】《北史·列传第六十九》。

【解析】儒学统治中国封建社会达数千年之久，它博大精深，为历代统治者和史学家、文学家、哲学家所瞩目。《北史》作者李延寿在其所著史书中也列了“儒林”人物。他在《列传·儒林上》开篇即述儒教的重要作用：儒学，是一门很重要的学问,它对各方面都有益处,使父子之情笃厚,使君臣关系忠正,是政治教化的本源,使人耳目清明,历代君王统治的得失,都贯穿着儒道。

帝王子孙,习性骄逸,况义方之情不笃,邪僻之路竞开,自非得自生知,体包上智,而内纵声色之娱,外多犬马之好,安能入则笃行,出则友贤者也?

【注释】《北史·列传第六十九》。

【解析】北齐享国之年不长,自武平朝后儒学渐衰,帝王子孙虽习儒业,却是有名无实,只用来充充门面而已。《北史》作者李延寿总结这一段历史时指出:帝王的子孙,性情骄奢淫逸,忠义方正之情不深厚,却竞相开邪僻之路,他们自身并不很聪颖,也不能生来就知道一切,但却纵情声色犬马的娱乐爱好,这样怎么能行为忠诚,对人友爱亲贤呢?

人之立身,虽百行殊涂,准之四科,要以德行为首。

【注释】《北史·列传第六十九》。

【解析】刘献之曾受业于程玄,后博览儒家经典,并讲习《左传》等。魏孝文帝诏徵他为典内校书,他坚辞不就。他对学生说:"人立身行事,虽然各行业不同路,但以四科为标准,要把德行放在首位。"

文之所起,情发于中。

【注释】《北史·列传七十一》。

【解析】南北朝时期,已进入了文的自觉时代。文学作为独立的一门艺术从哲学、史学中分离出来。文人们探寻文学的缘起、本质等理论问题,刘勰就提出了"诗缘情而绮靡"的观点。李延寿在《北史》中专列"文苑"一章,他指出人之六情,有感于五常六气,并顺应四时的顺序,因而文章的形成来源于人内心中产生的情感。

气质则理胜其词,清绮则文过其意。理深者便于时用,文华者宜于咏歌。

【注释】《北史·列传第七十一》。

【解析】《北史》作者李延寿谈到南北方文学的差异时,认为江左有佐酒清欢之风,宫商乐器发达,文风贵在清绮;而河朔尚阳刚之美,词义贞刚,文风重在气质。他指出这两种文风各有利弊,适用于不同的情况。因为气质,内容就会胜过文词;因为清绮,文词就会胜过内容。内容深刻的适于实用,文辞华丽的适于歌咏。

古人之所贵名不朽者，盖重言之尚存。

【注释】《北史·列传第七十一》。

【解析】史家自司马迁以来，心中宏伟的愿望就是究天人之际，通古今之变，成一家之言，李延寿作为史家把文学放到了重要位置上，他认为文学家们名存不朽的原因也在于他们为后世留下了重要的言论。他说："古人珍视名垂不朽的人的原因是重视他们流传下来的言论。"

孝始爱敬之方，终极哀思之道，厥亦多绪，其心一焉。

【注释】《北史·列传第七十二》。

【解析】李延寿在《北史》中专列"孝行"一章，表彰有孝义行为的人。他列举了北朝诸人各种不同的尽孝方式，最后总结说："孝是以关爱尊敬的方式开始，以哀痛思念的方式结束的，虽然也有多种别的情绪，但孝子们的心情是一样的。"李延寿这句话指出了孝道的表现方法，把握住了孝子爱敬和哀思的情绪。

古人以天下为大，方身则轻；生为重矣，比义则轻。

【注释】《北史·列传第七十三》。

【解析】《易经》云："立人之道，曰仁与义。"志士的成名，正在于仁和义。节义是古人最重要的品德，李延寿在《北史》中也专列"节义"一章，申孔孟"舍生取义"之意。他指出古人认为天下很重要，那么个人就很轻；生命很重要，比起义来却不值得一提。

死有重于泰山，贵其理全也；生有轻于鸿毛，重其义全也。

【注释】《北史·列传第七十三》。

【解析】司马迁在《报任少卿书》中谈到生死节义的问题时说："人固有一死，或重于泰山，或轻于鸿毛。"李延寿对此言有感而发，做了进一步阐释："死有比泰山还重的，贵在杀身殉道，使理得全；生有比鸿毛还轻的，重在捐躯而践，使义得全。"

非夫内怀铁石之心，外负陵霜之节，孰能行之若命，赴蹈如归者乎！

【注释】《北史·列传第七十三》。

【解析】从魏到隋，二百多年时间，忠烈之士代代相随。他们虽不及伯夷、叔齐名贯历史长河，却也如岁寒中之松柏，疾风中之劲草，在千年之后凛凛如生。他们如果在内没有铁石心肠，在外没有凌霜气节，又怎么能为义献身，视死如归呢！

教化远而刑罚近,可以助化而不可以专行,可以立威而不可以繁用。

【注释】《北史·列传第七十五》。

【解析】治理国家有四种方式,是仁义、礼制、法令和刑罚。教育人们要行仁义、守礼制,需要漫长的时间,而运用法令和刑罚却可以迅速见效。法令和刑罚可以辅助教化,却不能独断专行;可以树立国家的威严,却不能频繁使用。历史证明繁苛酷吏终将使国家灭亡。

或与世同尘,随波澜以俱逝;或违时矫俗,望江湖而独往。

【注释】《北史·列传第七十六》。

【解析】南北朝时期,隐逸之风盛行。承魏、晋之风尚,隐逸的人有的混迹世俗闾里,随尘世的波澜上下起浮,同消俱逝;有的与时世相乖,与世俗异趣,独向山林江湖,与石泉松柏为伍。这句话概括了隐居者不同类型的表现,也为后世的隐居者提供了托身人间的场所。

放情宇宙之外,自足怀抱之中。然皆欣欣于独善,鲜汲汲于兼济。

【注释】《北史·列传第七十六》。汲汲:心情急切的样子。

【解析】这句话是说隐居者不问世事,纵情天地之外,满足于个人的情怀。他们都高兴地去追寻独善其身的生活,很少有人急切地去实现兼济天下的理想。许多隐逸者的行为不被他所处的时代理解,兼济天下的理想自然也不能实现,所以他们便致力于经营个人的小天地。

以其道虽未弘,志不可夺,纵无舟楫之功,终有坚贞之操,足以立懦夫之志,息贪竞之风。

【注释】《北史·列传第七十六》。

【解析】隐逸之人往往得到贤明君主的青睐,甚至亲自前往山谷湖海请他们出仕。《北史》作者李延寿认为原因是隐士虽未弘扬其道,但胸中志向并没有改变,他们没有战功,却有贤贞的操守,这些足以鼓励懦夫立志,平息贪竞的风气。

古之所谓隐逸者,非伏其身而不见也,非闭其言而不出也,非藏其智而不发也,盖以恬淡为心,不皦不昧,安时处顺,与物无私者也。

【注释】《北史·列传第七十六》。皦(jiǎo):明亮。昧:昏暗。

【解析】李延寿给隐逸者下了一个定义:古代所说的隐逸之人,不是把自己隐藏起来不出现,不是闭口不言,也不是不显露他的智慧,而是以恬淡的心态对待人生,不明亮不昏暗,顺应潮流,平静地处世,对人、对物没有私心。这个定义恰切深刻,道出了隐逸者的心声。

技巧所以利器用,济艰难者也。

【注释】《北史·列传第七十七》。

【解析】从魏到隋,历经四代,游心于艺术的人很多。李延寿专列“艺术”一章,记录各行业的突出成就。他认为,技巧可以用来制造有用的器具,以帮助人们走出困境。事实上,许多器具的发明就是为了满足人们的需要,方便人类的生活。技巧在生产生活中发挥着不可估量的作用,促进人类社会向更高的文明前进。

乐声淫厉而哀,天下不久将尽。

【注释】《北史·列传第七十八》。

【解析】万宝常妙达钟律,遍工八音。太常苏威诘问他从哪儿学来的。他听从一个和尚的劝告回答说是学习胡僧所传的佛家菩萨的音律。太常震怒,说:“胡僧所传授的音乐是四夷的乐曲,对中国不适合。”万宝常听到太常所奏乐曲,哭着说:“这乐声淫厉而悲哀,天下不久就要灭亡了。”当时正处盛世,听到的人都不信。大业末年,万宝常的话最后竟然应验了。

徇于是者不能无非,厚于利者必有其害。

【注释】《北史·列传第七十八》。徇(xún):同“殉”,为了某种目的而死。

【解析】李延寿在“艺术”一章中保存了有关阴阳卜祝的一些史实,他认为阴阳卜祝和圣贤先哲的教化同样存在,虽然不能专事,却也不能废止。为了阴阳卜祝的事情死去,不能说没有过错,把利益看得过重的人也一定会有害处。这句话表明李延寿写史书所持的是唯物史观,虽有其局限性,但看问题用的是辩证的观点。

诗、书、礼、乐所失也浅,故先王重其德;方术伎巧所失也深,故往哲轻其艺。

【注释】《北史·列传第七十八》。

【解析】自古以来,圣王先哲就重视诗、书、礼、乐的教育,李延寿观往事,思贤人,得出这样的结论:先王重视德行的培养,不废诗、书、礼、乐的教育;往哲轻视艺术技巧,不偏重方术技巧。这句话用历史经验证明阴阳卜祝的事情不能过分专注,以至影响了诗、书、礼、乐的教化作用。

能通方术而不诡于俗;习伎巧而必蹈于礼者,几于大雅君子。

【注释】《北史·列传第七十八》。诡:违背,违反。伎:技艺。蹈:遵循。

【解析】李延寿从儒家礼乐观点出发,要求术士工匠的技艺要有度。他指出,精通方术而不违背习俗的人和操习技艺而遵循礼仪的人,接近儒雅的君子了。此言承接上文李延寿对技艺的看法,表明他对方术技巧重视,但却不迷信的观点。他甚至把术士工匠中遵从礼法制度的那些人与君子相提前论。

妇人之德,虽在于温柔;立节垂名,咸资于贞烈。

【注释】《北史·列传第七十九》。资:凭借。

【解析】古代封建社会,女子地位低下,往往从属于丈夫和父亲。李延寿把有作为的节烈女子写入“列女”一章,提高了女子的地位。他指出,妇人的德行,虽然在于温柔;但树立节行,垂名千古,却全在于贞烈。这句话表现了李延寿对妇女的尊重,也反映出秉笔直书的史家传统。

非温柔无以成其仁,非贞烈无以显其义。

【注释】《北史·列传第七十九》。

【解析】“列女”一章中提出以温柔和贞烈作为衡量女子行为的标准。没有温柔不能成就仁德,没有贞烈不能显示忠义。儒家传统要求女子温柔娴淑,节烈忠义。李延寿仅遵这一传统,记录了抱信会真、蹈忠践义的女子,赞扬她们不因国家的存亡变化而改变心迹,也不因世道的盛衰而改节易志,她们的佳名彰显千古,徽音流传不朽。

兰玉芳贞,盖乃禀其性矣。

【注释】《北史·列传第七十九》。

【解析】《北史》中所叙从魏到隋的三十四位女子,上自王公妃主,下至庶人女妻,都是有远见卓识、贞心峻节、唯义为高的人。她们有巾帼不让须眉之志,李延寿认为其品质忠心甚至超过了寒松、匪石。他以兰玉喻这些女子的美节,说她们如此芬芳贞节,不过是顺其本性罢了。

然则宠私为害,自古忌之。大则倾国亡身,小则伤贤害政,率由斯也,所宜诫焉。

【注释】《北史·列传第八十》。

【解析】古代谚语说“人之多幸,国之不幸”。自古以来,历代君主都忌讳宠私恩幸,受宠幸的人多了,国家的厄运也随之而来。宠私的危害大将颠覆国家灭亡自身,小将伤害贤人损坏政治,所以应该戒除。这里李延寿以敏锐深刻的眼光看到了宠幸近臣的危害,为后世君主提供了借鉴。

疋夫者,饰小行,竞小廉,以取名誉;人主者,定天下,安社稷,以成大功。

【注释】《北史·列传第八十一》。疋(pǐ):同"匹"。廉:不贪,廉洁。

【解析】江陵平定后,宿将尹德毅对梁帝伤心地说:"我听说人主的行为和匹夫不同。"匹夫,掩饰小的行为,争取小的廉洁,以取得好的名誉;而人主,稳定天下,安抚国家,以成就大的功业。尹德毅以此言激励梁帝,希望他能担负起人主的责任,建立丰功伟业。

天地之所覆载至大,日月之所照临至广。

【注释】《北史·列传第八十二》。

【解析】古人注意观察天地日月星辰等自然景观。李延寿对天文地理的认识也源于此。他指出,天地覆盖承载的东西最大,日月照临的东西最广。万物之中,生灵少而禽兽多;南北两仪之间,中原土地局促而异族占地广大。这反映了北朝时期自然生存环境的状况。

人寓形天地,禀气阴阳,愚智本于自然,刚柔系于水土。

【注释】《北史·列传第八十二》。

【解析】人是万物中最具灵性的动物。人把形骸寄托于天地之间,禀受阴阳二气而生。人的愚智与生俱来,而刚柔源于水土不同。北朝人对人本身的认识已延续着魏晋进入了自觉的时代,李延寿从水土条件的不同看到了南北人刚柔的差异,具有进步意义。

虽风土殊俗,嗜欲不同,至于贪而无厌,狠而好乱,强则旅拒,弱则稽服,其揆一也。

【注释】《北史·列传第八十二》。旅:军队。拒:抵抗。稽(qǐ):稽首,古时的一种礼节,跪下,拱手至地,头也至地。揆(kuí):道理。

【解析】李延寿以中原为本,认为夷、狄、戎等都是蛮荒部落。他恪守儒家正统观念,把周边地区各族视为异类,他说,这些部族虽然风俗习惯嗜好不同,但贪得无厌,狠心而好作乱,是相同的。他们对强国用武力抗拒,对弱族用稽首礼征服。这种观点有很大的局限性,受当时生产力发展水平的制约。

圣人因时设教,所以达其志而通其俗也。

【注释】《北史·列传第八十二》。

【解析】山川和大河的结构不同,所以生长在其间的人风俗习惯不同,爱好不同,言语也不通。圣人看到这种情况,根据不同的时期设立各种教化,以使他们心志相通,风俗相近。古人重圣人之教化,他们认为可以通过教化使天下各族人彼此了解,相互熟悉,所以李延寿提出了"圣人因时设教"的问题。

九夷所居,与中夏悬隔,然天性柔顺,无横暴之风,虽绵邈山海,而易以道御。

【注释】《北史·列传第八十二》。夷:我国古代对东部各民族的统称。

【解析】李延寿认为,我国古代东部各民族与中原华夏族不居于同一地域,但他们天性柔和温顺,没有横暴的风气,虽然隔着绵渺的山海,却很容易被中原儒道思想统治。他举例说辽东诸国,崇尚经术,爱好文史,游学京都的人来往频繁,有的甚至终身不归。这反映了北朝时期华夏族与其他各族的融合情况。

单者易折,众则难摧,戮力一心,然后社稷可固。

【注释】《北史·列传第八十四》。

【解析】鲜卑君主阿豺临死前诏见所有的子弟,对他们说:"你们各拿我的一支箭把玩。"接着他命令慕利延先折断手中的箭,再折余下的一捆箭,慕利延折不断。阿豺说:"一支容易折断,多了就很难摧折,你们要同心协力,国家就能够巩固了。"阿豺以此教育子弟们互相扶持,互相依靠,共同维护国家的稳定。

自古开远夷,通绝域,必因宏放之主,皆起好事之臣。

【注释】《北史·列传第八十五》。

【解析】司马迁在《史记》中专门把西域各国写入列传,李延寿著《北中》也延用史家这一传统,特在列传中作"西域列传"。他认为,自古以来向边远少数民族打开国门,与绝域生存的民族相通,都是由于中原有宏放的君主,好事的大臣。当年张骞出使西域,班超继之,他们或者用重金结识远夷,或者以利剑威慑异族,投身万死之地,不过是为了获得一时的功名,满足人主的好奇心。

古者哲王之制也,方五千里,务安诸夏,不事要荒。

【注释】《北史·列传第八十五》。

【解析】李延寿认为派使臣与异族相通,是人主好大喜功、臣子贪图名利的结果。他支持老子"小国寡民"的理想,主张"鸡犬相闻,老死不相往来"。所以他指出古代圣哲先王的统治,不过是方圆五千里,只要安抚华夏各族,而不必理会蛮荒之地。

人之所知,未若其所不知,信矣。

【注释】《北史·列传第八十五》。

【解析】西域各族自汉代就与中原往来频繁，年世虽久，但其间离合变化多端，史家见闻各有不同，前书后史记载有相悖之处，不是他们根据个人喜好著史，而是西域离中原实在太远了。由此可见，人知道的东西少，不知道的东西多，这是确实的。这句话从史学角度印证了“人生也有涯，而知也无涯”的道理。

用兵在奇，不在众也。

【注释】《北史·列传第八十六》。

【解析】蠕蠕受罗部真可汗予成，皇兴四年，侵犯边塞。京兆王子推，东阳公元丕率领诸军出西道，任城王云等率领军队出东道，汝阴王赐，济南公罗乌拔率军为前锋，陇西王源贺率军为后继，他们在汝水之滨会合，献文帝亲自誓师说：“用兵打仗，在于用奇计，不在于兵多。你们只要戮力而战，方略自在我心中。”于是挑选精兵五千人，用奇兵，把予成打得后退三十多里，死降六万多人。

盛衰等朝暮，世道若浮萍，荣华实难守，池台终自平。

【注释】《北史·列传第八十七》。

【解析】隋文帝平定陈朝后，把陈叔宝的屏风赐给大义公主。大义公主心中愤愤不平，在屏风上作诗，叙述陈朝的灭亡，寄托自己的心迹。她感慨道：“盛衰就像朝暮般短暂，世道又如浮萍般飘忽不定，荣华富贵很难相守，亭台池阁始终如一。……”这首诗表达了大义公主身为隋廷虏臣的不平与愤懑，以及她对陈后主的同情。

智谋之士，议和亲于庙堂之上；折冲之臣，论奋击于塞垣之下。

【注释】《北史·列传第八十七》。

【解析】从汉代以来，华夏族处理边疆问题就通过战、和两种方式。如卫青、霍去病与匈奴激战，而昭君出塞和亲。维护边疆的稳定是各代君主必须考虑的问题，有智谋的辩士在朝堂上商议和亲的策略，冲锋陷阵的大臣在边城下阔论奋击的战术。这句话表明了北朝时期解决边疆问题的方法以及缓和民族矛盾的策略。

然事无恒规，权无定势，亲疏因其强弱，服叛在其盛衰。

【注释】《北史·列传第八十七》。

【解析】和与战是处理边疆问题的两种方式，但具体使用哪一种，却要根据实际情况而定。因为世事变化无常，远近亲疏要根据权势的强弱，异族的顺服与叛逆在于国家的盛衰。从这句话可以看出李延寿用发展的观点著史，把异族与华夏族的关系放在动态中考察。

虽天道有盛衰，亦人事之工拙也。

【注释】《北史·列传第八十七》。

【解析】从华夏族与边疆各少数民族的关系来看，李延寿认为虽然天道对国家盛衰有影响，但也取决于人事的工巧笨拙。这种观点反映了李氏对人事的重视，他看到了人对国家盛衰所起的决定作用。在封建时代及愚民统治的政策下，这种观点具有进步意义。

愚者暗于成事，智者见于未行，见至德者不议于俗，成大功者不谋于众。

【注释】《北史·列传第八十八》。暗(àn)：愚昧。

【解析】李延寿在《北史》末篇“序传”中祖述家史，记载了祖辈、父辈的一些事迹。其中有前南安王桢进谏孝文帝的一段话，他指出愚蠢的人在事情已经成功之后还不明白，聪明的人在事情还没发生已经预见到了，看到品德高尚的人不要谈论世俗之事，成就大功业的人不和众人相谋。

《旧唐书》名句

明大节于当时，

立清风于身后。

——《旧唐书》唐太宗语

朝闻夕殒，及泉无恨。

【注释】《旧唐书·本纪第一·高祖》。

【解析】早晨懂得了某一道理，有了某方面心得，即使当天晚上就死去，也是充实的，没有悔恨的。这既是一种生活方式，也是一种学习态度。人生有限，学海无涯，只有具备了这种“活到老，学到老”的精神品质，方能守志有成。

老氏垂化，本贵冲虚，养志无为，遗情物外。

【注释】《旧唐书·本纪第一·高祖》。老氏：即道家创始人老聃。

【解析】荣名秽人身，高位多灾祸。因而道家主张奉无为之行，养浩然之志；将心灵放归自然而绝不胶着于世俗的名利之争，从而保持一种冲和、平淡的心境。这本是道家的处世之道与人生哲学，有一定可取之处，但因此句出自皇帝诏书之中，所以其中包含了统治阶级奉劝人民放弃反抗、服从统治的因素。

龙凤之姿，天日之表。

【注释】《旧唐书·本纪第二·太宗上》。

【解析】中国古代相术认为一个人一生的作为都会体现在他的形体容貌上，本句就是对唐太宗容貌的总括。说他有龙颜凤貌，像长空白日，光彩照人，因而必然能够开邦定国，济世安民。史官以唐太宗相貌不俗来说明他当皇帝的必然性，为帝王将相生而为之的宿命论张本。

防微杜渐，备不虞也。

【注释】《旧唐书·本纪第二·太宗上》。

【解析】伤身之患往往起于一钱之疹；千里长堤常常溃于几处蚁穴。再细微的事情也有可能成为巨大灾难的诱因；不起眼的地方或许正是隐患之所在。因而，只有时刻警惕，防患于未然，将灾祸消灭在萌芽状态，才能不为困难所挡，驾轻就熟，达到预定的目标。

明大节于当时，立清风于身后。

【注释】《旧唐书·本纪第二·太宗上》。

【解析】人生有限，忽然而已。怎样过才是最有意义的人生，不同的人有不同的看法。作为一国之君的唐太宗认识到，只有生前深明大义，干一番经天纬地的事业，方能青史垂名，流芳百世。这一“豹死留皮，人死留名”的人生态度，在中国传统文化中一脉相承，源远流长。后世李易安的“生当作人杰，死亦为鬼雄”，辛稼轩的“了却君王天下事，赢得生前身后名”，以及文天祥的“人生自古谁无死，留取丹心照汗青”，都是这一人生观的表现。

凡养稂莠者伤禾稼，惠奸宄者贼良人。

【注释】《旧唐书·本纪第二·太宗上》。稂(láng)莠(yǒu)：形状像禾苗而妨害禾苗生长的杂草。比喻坏人。奸宄(guǐ)：坏人。

【解析】稂莠野草是禾苗的克星；奸诈小人是君子的敌人。所以凡是纵容野草存在就会妨碍禾苗的成长；善待坏人就会伤害好人的利益。古人说：“小人之幸，君子之不幸”就是这个道理。唐太宗以此来表明自己绝不为妇人之仁和纵容邪恶势力的决心。

以天下之广，岂可独断一人之虑？

【注释】《旧唐书·本纪第三·太宗下》。

【解析】世间万事万物，纷繁芜杂，一个人即使是再殚精竭虑，也难以考虑周全。而隋文帝恰恰不懂此理，事无巨细，都亲自决定，绝不信任手下朝臣。以至劳神费形而枉然无获。唐太宗很敏锐地认识到了这一点，以此作为前车之鉴，选天下人才，为天下服务，委任责成，各尽其用，因而才有了“贞观之治”。

圣人远鉴，通贤深识。

【注释】《旧唐书·本纪第三·太宗下》。

【解析】圣贤之人与凡夫俗子往往具备截然相反的品质。面对问题时，圣贤之人能够高瞻远瞩，全盘考虑，作出颇有见地的判断和结论，而凡夫俗子却常常一叶障目，不见泰山，两豆塞耳，不闻雷霆，浅薄而片面地看待问题。因而前者能够相时而动，当机立断，参与创造人类的历史，后者却只能矮人观场，随声附和。

拔人物则不私于党，负志业则咸尽其才。

【注释】《旧唐书·本纪第三·太宗下》。

【解析】这是史官对唐太宗用人原则的总括和高度赞扬。自古以来帝王将相用人唯亲者多，唯才者寡。人们见惯了一人得道，鸡犬升天的丑剧，却看不到礼贤下士的上层统治者。而唐太宗吸取历代君王的教训，用人唯贤，不徇私情，这正是他的可贵之处。因而才开创了代表天朝大国风范的“贞观之治”。

治乱时也，存亡势也。

【注释】《旧唐书·本纪第六·则天皇后》。

【解析】世事无常，高岸为谷，然而它又是有规律可循的。朝代的兴衰更迭、治乱交替，国运的存亡绝续，当然与时境的流转有关，然而更是长期积累造成的。假使让桀、纣在上，虽十尧亦不能力挽狂澜；如果使尧、舜居上，虽十桀亦不能兴风作浪。

君臣朝序,贵贱之礼斯殊;兄弟大伦,先后之仪亦异。

【注释】《旧唐书·本纪第七·中宗》。

【解析】君臣有别,长幼有序。这是儒家传统思想"君君、臣臣、父父、子子"的体现。本来如果君臣、父子、夫妻、兄弟都能各尽其职,恪守自己的义务,则小可以修身齐家,大可以治国平天下。然而在历史上它往往只是一种理想而已,成为统治者维护自己政权的思想工具。

廉士可以律贪夫,贤臣不能辅孱主。

【注释】《旧唐书·本纪第七·睿宗》。

【解析】廉洁之士能够制止贪得无厌的人的恶习;而贤能的大臣却辅佐不了昏庸的君主。因为清廉之士可以通过身体力行的感化和森严法度的规范来约束贪夫;而孱弱昏庸的君主往往亲小人,远贤臣,胸无大志,不知创业之难,唯图眼下之乐。即使是再贤能的大臣,再敢冒死直谏,也挽救不了没落的王朝。

措刑由于用刑,去杀存乎必杀。

【注释】《旧唐书·本纪第七·睿宗》。

【解析】用不着使用刑罚的原因往往是刑罚严明,使人不敢以身试法。要取消死刑恰恰得依靠死刑的严格执行,使人不敢轻举妄动,触犯刑律。自古以来的严罚峻典,不只是制裁的依据,更是一种威慑力量,即所谓"立制齐人"之理。也就是说,使用刑罚不只是为了处罚某人,而是通过其威慑力达到最终取消刑罚的目的。这其中包含了辩证的思想。

法不一则奸伪起,政不一则朋党生。

【注释】《旧唐书·本纪第七·睿宗》。

【解析】法度不统一,奸伪之人就会趁势而起,胡作非为;政见不合一就可能朋党丛生,你争我斗。王子犯法与庶民同罪,法律面前人人平等的口号自古就有,但真正能执行的统治者却很少,以至奸佞群起,兴风作浪般葬送了一个又一个政权。同样,朋党丛生,互相攻讦,会削弱中央政权,从而纲常败坏,群雄四起,割据称霸,生灵涂炭。

除天下之祸者,享天下之福;拯天下之危者,受天下之安。

【注释】《旧唐书·本纪第八·玄宗上》。

【解析】消除天下祸害,解万民于倒悬的英雄,必然能受到百姓的拥戴,享受到太平盛世的祥和之乐。圣人与英雄，作为人类的精英，担负着整个人类的历史重任，他们在危难之时往往能判明时势，挺身而出，拯救人民于水深火热之中。这不只是黎元的需要，更是他们自身的需要。他们也将和人民大众共享奋斗的成果。

夜分不寝，日昃忘倦。茫茫四海，惧一人之未周；烝烝万姓，恐一物之失所。

【注释】《旧唐书·本纪第八·玄宗上》。昃(zè)：太阳偏西。烝(zhēng)：众多。

【解析】唐睿宗继位以来，日理万机废寝忘食。竭力为子民开万世之太平，唯恐有一人流离失所。这是他对自己行为的总结，表现了一种终日乾乾，夕惕若厉的贤君风范。正是这种言传身教，使得他的儿子李隆基在继位后，能够在其前期秉承父业，成为“开元盛世”的明主仁君。

垂髫之儿，皆知礼让；戴白之老，不识兵戈。虏不敢乘月犯边，士不敢弯弓报怨。

【注释】《旧唐书·本纪第九·玄宗下》。

【解析】黄发幼儿，都懂得礼仪和谦让；耄耋老人从未见过戈矛的样子。外敌不敢兴兵犯境，将士们也绝不抱怨朝廷。这是一幅太平盛世的景象。玄宗前期，励精图治，选贤授能，再加上先辈皇帝的深厚基业，出现了我国封建社会少有的鼎盛景象，即“开元盛世”。

山有朽坏，虽大必亏；木有蠹虫，其荣易落。

【注释】《旧唐书·本纪第九·玄宗下》。

【解析】高山如果有了朽坏的地方，即使它再高大，也不免要坍塌；树木如果有了蛀虫，即使它再茂盛，也将枯萎。刘昫以此浅显的道理来说明玄宗后期任用小人，姑息养奸，最终导致了朋党之争和藩镇割据，削弱了中央集权的势力，从而使唐朝由鼎盛走向衰败。

治道同归，师氏为上，化人成俗，必务于学。

【注释】《旧唐书·本纪第十一·代宗》。

【解析】尊师重教在我国历史上由来已久。唐代宗作为一国之主，同样认识到了教育的重要性。他想通过教育来使四科兼进，六艺复兴；修文行忠信之教，崇祗庸孝友之德，从而在笼络大批文武人才之余，可以净化民风，促进社会的稳定。

爱人之体,先以博施;富国之源,必均节用。

【注释】《旧唐书·本纪第十一·代宗》。

【解析】既然要帮助一个人,就一定要慷慨地给予;而要使一个国家富裕,就必须学会节俭。代宗年间,国运衰竭,经费紧缺,这使他深刻认识到开源节流的必要性。他大力倡导勤俭节约,阐淳朴之风,守冲俭之道。以此来拯救国势危亡,赈济流亡失所的黎元。

计人而置官,度事而赋任,因时立制,损益在焉。

【注释】《旧唐书·本纪第十一·代宗》。

【解析】按照各人才能的高低,分别给予不同的官职。按照工作程度的难易,分派不同的人去做。按照工作阶段的不同,又分别制定不同的制度。这是代宗用人立制的准则,它贯穿着具体问题具体分析的思想。这种用人立制的思想准则,杜绝了那种浑水摸鱼、滥竽充数的现象,也否定了那种缘木求鱼、胶柱鼓瑟的办事方式。

至理之代,先德后刑,上欢然以临下,下欣然而奉上,祸乱不作,法令可施。

【注释】《旧唐书·本纪第十一·代宗》。

【解析】崇尚伦理的朝代,统治者往往以德服人,绝不动辄诉诸刑罚牢狱。因而能够下情上达,政通人和。统治者和人民也基本上能够互相信任、上下相孚,使社会安定,秩序井然,执行起法令也畅行无阻。这是封建社会中难得的盛世景象,体现了代宗的施政理想。

治道之失也,若河决金堤,火炎昆岗,虽神禹之乘四载,玄冥之洒八瀛,亦不能堙洪涛而扑烈焰。

【注释】《旧唐书·本纪第十一·代宗》。堙(yīn):堵塞;填塞。

【解析】最高统治者连失误也是惊天动地的。他们在治国安邦时一旦失之于偏颇,带来的后果将是毁灭性的。有如黄河决口,火起昆山,即使是大禹重生,玄冥再世,也不能力挽狂澜,救其一二。刘昫从天宝之乱后国运衰竭的事实中,分析了统治者自身在决策上的深刻教训,指出了唐中后期国祚难延的必然性。

王者制事,感动因人,酌其情而用中,顺其俗以为礼。

【注释】《旧唐书·本纪第十三·德宗下》。

【解析】君王治国理政,要以人为本,顺应民心民俗,不同情况分别对待。斟酌民情民意,然后制定适当的政策;按照各地风俗习惯的不同,分别采取不同的方法，顺势建立礼仪教化的制度。绝不拂逆民意，有悖于民风。德宗这种施政准则，有着人本主义的思想火花，在专制王朝的统治者中，能有此见地的，已实属不易。

夙夜惟寅，罔取自逸，小大之务，莫不祗勤。

【注释】《旧唐书·本纪第十三·德宗下》。祗（zhī）：恭敬。

【解析】德宗作为安史之乱后唐朝的皇帝，看到了李氏王朝正在衰退的现实。因而想通过励精图治，重振盛唐雄风。他日理万机，通宵达旦地处理政务，勤政爱民，以身作则。未能一日坐享安逸，恨不十年悚惕惟励。正是他这种发奋图强的精神，在一定程度上延缓了唐朝的没落。

帝王之务，在于修己简易，择贤委任，宵旰以求民瘼，舍己从人以厚下，固不宜怠肆安逸。

【注释】《旧唐书·本纪第十四·宪宗上》。旰（gàn）：晚上。瘼（mò）：疾苦。

【解析】帝王的首要义务，在于舍己为民，选贤授能，委以重任。并且能够深入了解民间疾苦，爱民如子；绝不骄奢淫逸、贪求安乐、荼毒黎元。此语出自宰臣杜黄裳之口，来回答宪宗的咨询，体现了杜黄裳对帝王职责的认识和他仁政爱民的思想。

人主常势，患在不能推诚，人臣之弊，患在不能自竭。由是上疑下诈，礼貌或亏，欲求致理，自然难致。

【注释】《旧唐书·本纪第十四·宪宗上》。

【解析】作为一国之主的皇帝，他的失误常常在于不能开诚布公、推心置腹地和辅臣们交流思想；而为人臣子的过错往往在于不能竭尽全力为国家排忧。这就容易导致君主对臣下的怀疑和臣下对君主的欺诈。杜黄裳关于君臣关系以及他们各自过失的精辟论述，一针见血地指出了封建社会君臣之间上疑下诈、互相猜忌的症结所在。

君子小人，未有无徒者。君子之徒，则同心同德，小人之徒，是为朋党。

【注释】《旧唐书·本纪第十五·宪宗下》。

【解析】宪宗皇帝曾对宰臣裴度说："人臣事君，但力行善事，自致公望，何乃好树朋党？朕甚恶之！"裴度对于宪宗一概而论的看法给予了辩驳。他认为物以类聚，人以群分，小人和君子都有自己的同类。只是君子的同类是因共同的理想和正义的事业才走到一起的，而小人则是为了营私谋利才结党成风的。

因此，前者能同心同德，建功立业，利国安民；后者却只是蝇营狗苟，欺上瞒下，是真正的朋党和国家的敌人，应该予以打击。

凡好事口说则易，躬行则难。

【注释】《旧唐书·本纪第十五·宪宗下》。

【解析】凡事说起来容易，做起来却很难。孔子说："其身正，不令而行，其身不正，虽令不行。"作为统治者更是这样。如果他们只是夸夸其谈而不能以身作则，身体力行，为人表率。就绝不会出现上行下效、万民敬仰的局面。因为天下之人，只效法君主的行动，不跟从君主的言语。

五运之推迁，百王之隆替，亦无常治，亦无常乱，在人而已，匪降自天。

【注释】《旧唐书·本纪第十六·穆宗》。

【解析】沧海横流，高岸为谷，一切都在变化之中。对于一个社会，没有永远的治世，也没有永远的乱世。世事的变迁、君王的更替绝非天意如此，而在于人自身的主观因素。君主们的你方唱罢我登场正是他们咎由自取。能够励精图治、选贤授能、实行仁政的君主，肯定会安享治世之乐；而不能扼大盗之喉，制奸臣之命，昏庸无能的君主也势必会被推翻。

元首股肱，君臣象类，义深同体，理在坦怀。任则不疑，疑则不任。

【注释】《旧唐书·本纪第十七·文宗上》。

【解析】国家元首和他的股肱之臣，贵在能够以诚相待，襟怀坦白。既然任用某人，就绝不怀疑他的忠心和能力，这样才能上下相孚，戮力同心，共创大业。然而在历史上这样的景象却委实不多。君臣关系流于上疑下诈，互相提防，以至言路闭塞，下情不能上达，铸成亡国大祸，灭顶之灾。文宗看到这种恶习陈陈相因，深表痛恨，发而为叹，有了这段诛心之论。

万方靡安，宁忘于罪己；百姓不足，敢怠于责躬。

【注释】《旧唐书·本纪第十九上·懿宗》。

【解析】古人云："在其位，谋其政。"作为最高统治者更应恪守此道，爱民勤政，安抚穷苦黎元，开创太平盛世。如果在群雄四起、饿殍遍野的景象前，仍然不能深刻反省自我，以图复兴，这样的君主无异于独夫民贼，理应遭天人共戮，异代同仇。

动天地者莫若精诚，致和平者莫若修政。

【注释】《旧唐书·本纪第十九上·懿宗》。

【解析】赤诚之心，苍天垂祐；修明内政，四野来朝。古语云："精诚所至，金石为开"，为人君主者如果能够悚惕若励，宵衣念道，昃食思过；劳虚襟以求贤，励宽德以容众，自然不愁国步龙腾。同样统治者如果能够为政清明，内戒奢靡，外罢畋游，日理万机，废寝忘食，则一定会寰区无事，稼穑有年。

臣子之节，无如尽忠；士人之风，宜当远耻。

【注释】《旧唐书·本纪第十九上·懿宗》。

【解析】为人臣子，有尽忠之心是首要的品质。如果没有鞠躬尽瘁、死而后已的献身精神，反倒朝秦暮楚，心猿意马，那他往往难有建树，甚至骂名远扬。同样，士作为中国古代高尚人格形象的代表，理应高风跨俗，崇尚节义；如果一个社会中，连士都自甘堕落、寡廉鲜耻了，那么这个社会一定是一个病态的社会，一个江河日下的社会。

兵出无名，事乃不成。

【注释】《旧唐书·本纪第二十上·昭宗》。

【解析】正义之师，所向披靡；无名之战，不能不败。孟子曰："得道多助，失道寡助。"正义的战争符合人民的利益，因而能得到他们衷心的拥护，最终取得胜利。相反，恃国家之大，矜人物之众，欲见威于敌者，是非正义的战争，是异代同仇、违背了人民意志的行为，因而必定要失败。

万机不可以久旷，天命不可以久违。

【注释】《旧唐书·本纪第二十下·哀帝》。

【解析】君王乃一国之主，理当日理万机，顺应人民的意愿，以求奉天承运，保国安民。因而他绝不能贪图安逸，荒废了政务，置万民于水火而不顾；更不能违背黎元的利益，拂逆百姓的意志。否则君主有杀身之祸，王朝有灭顶之灾，虽尧、舜再世，不能救其一二。

欲无极限，祸乱生焉。圣人惧其邪放，于是作乐以和其性，制礼以检其情，俾俯仰有容，周旋中矩。

【注释】《旧唐书·志第一·礼仪一》。

【解析】人的贪欲是没有极限的，欲壑难填是一切祸患的根源。所谓没有规矩，不成方圆。圣贤之人基于这一点，对人的行为作了规范。他们用音乐来陶冶人的性情，使之冲和恬静免于贪婪放肆；又制定礼仪来约束人的行为，作为人们立身处世的伦理规范和道德标准，从而使整个社会呈现君臣信笃、父慈子孝、夫唱妇随、人情厚重的景象。

古之操皇纲、执大象者，何尝不上稽天道，下顺人极，或变通以随时，爰损益以成务。

【注释】《旧唐书·志第二·礼仪二》。

【解析】自古以来，那些把持国家政权，为民建制的统治者，都尽量去正确权衡得失，判明形势，变通随时，上顺天意，下畅民心。从而求得政通人和，江山稳固。然而能够意识到这一点的人不少，真正能知行合一的人却不多。这也是封建社会里政权兴衰、朝代更替的原因。

圣人一切同归于古，虽平生所嗜，非礼亦不荐也；平生所恶，是礼即不去也。

【注释】《旧唐书·志第五·礼仪五》。

【解析】圣人立身行事，绝不会以主观情绪的好恶为原则，而是有一定价值标准的。他们一切以传统礼仪规范为行为准则，来取舍欲行之事。即使是自己平生最喜好的事，如果不符礼节，也不会去做，即使是自己最厌恶的事情，如果符合礼仪节数，也会照样去做。

人有血气生知之性，喜怒哀乐之情。情感物而动于中，声成文而应于外。圣王乃调之以律度，文之以歌颂，荡之以钟石，播之以弦管，然后可以涤精灵，可以祛怨思。

【注释】《旧唐书·志第八·音乐一》。

【解析】艺术源于人类的情感，音乐更是这样。人有七情六欲，每被外物触动，则必有感于内心。圣贤之人在此基础上谱曲填词，并以丝竹管弦、钟鼓金石和之，就成了音乐。它可以涤烦洗怨，陶冶性情。施之于邦国，则朝廷序；施之于天下，则神祇格；施之于宾宴，则君臣和，施之于战阵，则士民勇。

音声能感人，自然之道也，故欢者闻之则悦，忧者听之则悲，悲欢之情，在于人心，非由乐也。

【注释】《旧唐书·志第八·音乐一》。

【解析】唐太宗时，御史大夫杜淹认为前代陈、齐之所以亡国，是由于当时的音乐哀婉凄凉所至，如陈之将亡，作《玉树后庭花》，齐之将亡，有《伴侣曲》。而唐太宗却认为，音乐之所以能触动人心，感化人情，纯属自然之道。同样的音乐，情绪振奋的人听了，就会兴致高昂；而愁苦贫穷的人听了往往悲伤满怀。所以，音乐本身没有哀怨和激越之分，有悲伤欢乐情绪的只是人的内心世界。唐太宗的看法不无道理，它体现了一种“乐在人和，不由音调”的观点。

忠言逆于耳而利于行，有国有家者急务，纳之则俗宁，杜之则政乱。

【注释】《旧唐书·列传第一·后妃上》。

【解析】忠言逆耳，却利国利民。能采纳它的君主，必能使天下太平；而拒谏不纳的统治者，如蹈虎尾，履春冰，必使政治混乱，危机四伏。长孙皇后与太宗结发为夫妻，情深意笃，但每次进谏，还是小心翼翼，不敢轻犯龙颜。而魏征作为臣子，与皇帝情疏礼隔，却能直言进谏，以义制主。长孙皇后以此例告诉太宗，魏征是难得的社稷正直之臣。

死生有命，非人力所加。若修福可延，吾素非为恶；若行善无效，何福可求。

【注释】《旧唐书·列传第一·后妃上》。

【解析】唐太宗八年，长孙皇后病危。太子承乾对她说："医药用尽，您的病情仍未见好转，不如大赦囚徒，度人入道，以求苍天保佑病体早安。"长孙皇后却认为，生死是由自然法则决定的，不是做善事就可以延长寿命，修福气就能消灾去祸。绝不能因为她一个妇人而乱了朝纲国法。从中可见长孙氏深明大义，不恃宠专权的品质。

自古圣贤，皆崇俭薄，惟无道之世，大起山陵，劳费天下，为有识者笑。

【注释】《旧唐书·列传第一·后妃上》。

【解析】这是长孙皇后临终前对唐太宗说的话。她认为自己没有为国家做什么贡献，因而死后绝不可以厚葬。不须起坟，无用棺椁，所须器服，皆以木瓦，俭薄送终就足够了。她认为只有无道之世才大兴土木，建造陵基，以致劳民伤财，被天下人耻笑。这显示了长孙皇后贤惠开明、崇尚俭朴的人格魅力。

有道之君，以逸逸人；无道之君，以乐乐身。

【注释】《旧唐书·列传第一·后妃上》。

【解析】唐太宗贤妃徐氏，同样是一位有见地的后妃。她告诫太宗绝不可劳民伤财，兴土木之功。因为卑宫菲食乃圣主之所安；金屋瑶台是骄主的坟墓。贤明的君主保国安民，绝不烦劳黎元。只有无道昏君才贪图个人安逸、穷奢极欲，从而自取灭亡。

珍玩伎巧，乃丧国之斧斤；珠玉、锦绣，实迷心之鸩毒。

【注释】《旧唐书·列传第一·后妃上》。鸩(zhěn)：一种羽毛有毒的鸟。

【解析】玩人丧德，玩物丧志。珍玩珠宝，虽能愉悦人的感官，但若过分沉迷于此，就会使人不思进取，败俗伤风。正如漆器非延叛之方，桀造之而人叛；玉杯非招亡之术，纣用之而国亡。徐妃以此向太宗说明，奢靡之风，不可不遏，作法于俭，犹恐其流于奢，作法于奢，无以制后的道理。

志骄于业泰，体逸于时安。

【注释】《旧唐书·列传第一·后妃上》。

【解析】业大者易骄，善始者难终。徐妃从历代统治者身上看到了这一深刻历史教训，从而劝诫唐太宗抑志裁心慎终如始；削轻过以添重德，循今是以替前非。以求令名与日月无穷，盛业与乾坤永大。从中可见，“贞观之治”不完全是君明臣贤的结果，其中也有像徐妃、长孙皇后这样的贤内助的功劳。

母以子贵，德以谥尊。

【注释】《旧唐书·列传第二·后妃下》。

【解析】在封建社会里，妇女社会地位低下，没有她们施展才华的环境和机会。因而妇女的尊贵显赫往往寄托在儿子的扬名立万上。玄宗元献皇后杨氏，正是因为生了肃宗，才贵为国母，载光帝业。另外，我国古代帝王将相、名士文人等有名气的人死后，后人都要根据他们一生的事业、德行，给予盖棺定论式的总结，起一个谥号，表示对他们德行的敬仰和对他们事业的肯定。

得失谬于毫厘，安危存于晷刻。

【注释】《旧唐书·列传第二·后妃下》。

【解析】得失系于毫厘之差，安危存乎千钧一发。这表明时局危急，利害已在生死存亡之间。大历九年，华阳公主去世。代宗皇帝痛失爱女，悲不欲生，整日不理朝政。宰臣等人劝谏代宗节哀视事，以社稷为重，抑丧女之私痛，均品物于至公，下慰黔黎，上安宗社。从而分析了当时国运岌岌可危的严峻形势。代宗听后，开始警醒。

樊哙市井徒，萧何刀笔吏。一朝时运会，千古传名谥。寄言世上雄，虚生真可愧。

【注释】《旧唐书·列传第三·李密》。

【解析】李密志高才雄而几不得志，因而郁郁寡欢，闷闷不乐，作五言诗以述情怀。本句就是其中的一部分。大丈夫藏器待用，相时而动，一旦时来运转，如锥处囊中，脱颖而出，一鸣惊人。李密的诗中，恰恰流露了这种积极的人生态度和处事方式。

一物失所，若纳隍而愧之；一夫有罪，遂下车而泣之。

【注释】《旧唐书·列传第三·李密》。

【解析】圣主明君,无不祇畏上玄,爱抚黎元;乾乾终日,翼翼小心,恰如蹈虎尾、履春冰,身系朽索。他们谦德而尽瘁,忧劳而罪己,对于百姓,爱之如父母,敬之若神明,从不暴虐临人。正因为这样,才使得普天之下,率土之滨,国泰民安,歌舞升平,呈现一片盛世的景象。

丈夫不死,当立大功,岂可为逃亡之虏也。

【注释】《旧唐书·列传第四·窦建德》。

【解析】孙安祖因刺杀了漳南令,来投奔窦建德。适逢山东大水为患,黎庶穷困,而隋炀帝不恤民情,亲征高丽,疮痍未复,百姓疲敝。窦建德给孙安祖分析了当时的形势后,感慨之余,说了上面的话。劝孙安祖到高鸡泊中聚众举义,蓄势待发,等时机成熟后再共建伟业,有功于天下。从中可见窦建德的不凡抱负与凌云壮志。

人生性灵,得绢甚于刑戮;如不知愧,一禽兽耳,杀之何益?

【注释】《旧唐书·列传第八·刘弘基》。

【解析】顺德作为唐太宗的功臣,位高爵厚,富贵无比。但他仍然贪得无厌,视财如命,不保名节。唐太宗惜其功,不忍加罪,就赐给顺德数十匹绢,以愧其心。顺德不但不醒悟,仍然枉法敛财。大理少卿胡演对唐太宗说:"顺德枉法受财,罪不可恕,奈何又赐之绢?"太宗一气之下,就说了上面的话,认为像顺德这样的人,猪狗不如,就是杀了他也徒劳无益。可见唐太宗善于知人。

攻战之重,器械为先,将士属心,待以制敌。

【注释】《旧唐书·列传第九·姜暮》。

【解析】工欲善其事,必先利其器,打仗也是这样,固其营盘,利其戈矛,是取胜的物质前提。同样,人心所向也是胜败之关键,只有全军将士上下相孚,同仇敌忾,才能克敌制胜。这是姜暮的儿子姜行本与侯君集进军高昌,唐太宗为慰劳二人,修书论战时所说。道出了三军树绩、万里克敌的关键。

命有泰山之重,义徇则为轻;草有疾风之力,节全则知劲。

【注释】《旧唐书·列传第九·姜暮》。

【解析】生命诚可贵,忠义价更高。能舍生取义者,即死亦重于泰山,而见利忘义者,虽生亦猪狗不如。疾风知劲草,国乱显忠臣。那些只有经得起大风大浪考验,并能保全名节的人,才是真正的股肱之臣。玄宗感叹自己和姜皎君臣相遇,互不相弃,高度赞扬了楚国公姜皎宽厚为量,体静而安仁,精微用心,理和而专直的品质。

西汉诸将，多以权贵不全；南阳故人，并以悠闲自保。

【注释】《旧唐书·列传第九·姜謩》。

【解析】自古以来，兔死狗烹、鸟尽弓藏的例子不胜枚举。高位多灾，权贵汩祸。玄宗宠臣姜皎、姜晦权倾朝野、名骚一时。侍中宋璟见二人权宠太盛，恐非久安之道，就奏明玄宗，请求稍抑损之。玄宗深表赞同，就下敕文劝姜皎、姜晦兄弟避荣公府，守靖私第，弘扬高尚之风，禁绝喧嚣之境。解任归田园，退守保名节。而事实上玄宗仍然重用二人。后来果真东窗事发，二人被合处极刑。

若立纯诚，遇明主，一心可事百君，宁限于两国尔。

【注释】《旧唐书·列传第九·姜謩》。

【解析】身为人臣，理应忠心事主，辅佐乾坤，但很多人往往流于愚忠。有时即使君主荒淫无道、鱼肉人民，他们也唯命是从，甚至助纣为虐、为虎作伥。宁愿肝脑涂地，也不愿再投奔贤君明主，这并非真正的忠臣。真正的忠臣只忠于贤明之君，绝不盲目迷信某一君主。唐太宗大将屈突通尽忠于隋而立功于唐，事两国而名愈彰，正体现了他这种舍昏君而就明主的明智之举。

一言之重，侔于千金。

【注释】《旧唐书·列传第十二·李大亮》。侔(móu)：相等。

【解析】一言既出，驷马难追。古人重允诺，讲究言必行，行必果，言行合一。贞观元年，一个台使看到越州有名鹰，就让地方官李大亮奉献给唐太宗。李大亮上书直谏太宗说，既然圣上久绝畋猎，为何又派使者来求鹰，难道要反悔前言，更改昔旨？唐太宗下书给李大亮，高度赞扬了李大亮远献直言披露腹心的赤诚之心。

欲绥远者，必先安近。

【注释】《旧唐书·列传第十二·李大亮》。

【解析】平远必先安近。唐太宗击败颉利可汗后，派李大亮为西北道安抚大使，去安抚突厥部落。朝廷怜悯边地民族的饥寒之苦，就开仓发粮，加以赈济。李大亮认为此举毫无意义，他把唐王朝比作大树，认为中原百姓才是树的根本，四夷之人只是枝叶。用中原人民的粮食，去赈济四夷之人，就是扰其根本，以厚枝叶，这是不明智的选择。只有深固根本，安抚中原黎庶，化中原以信，驭夷狄以权，才会人逸兵强，九州殷盛。

疾风知劲草，版荡识诚臣。

【注释】《旧唐书·列传第十三·萧瑀》。

【解析】疾风知劲草，国乱显忠臣。萧瑀作为隋朝遗臣，一意孤行，誓不事唐，可谓厚利不足以诱之，刑戮不足以惧之。唐太宗很欣赏他的忠贞不贰的精神，就赠了他两句诗曰："疾风知劲草，版荡识诚臣。"真可谓臣有逆众以执法，明主恕之以忠；臣有孤特以执节，明主恕之以劲。萧瑀不遇太宗，早九死矣。

知臣莫若君，夫人不可求备，自当舍其短而用其长。

【注释】《旧唐书·列传第十三·萧瑀》。

【解析】人非圣贤，孰能无过？明主用人，绝不求全责备，而是舍短用长、去浊扬清。萧瑀曾经在唐太宗面前说，房玄龄以外的各大臣，都营私结党，不是真心奉上。唐太宗认为萧瑀言过其实，不可全信。就对他说，为人君者，理应推心置腹、弃短扬长，怎可心怀狐疑，乱加猜忌。从中可见唐太宗知人善任的明君风范。

物之顺也，虽异质而成功；事之违也，亦同形而罕用。

【注释】《旧唐书·列传第十三·萧瑀》。

【解析】萧瑀素爱桑门，有意于出家。故常称足疾，不去朝见唐太宗。唐太宗下诏说明君臣同心同德的重要性。他认为舟浮楫举，可济千里之川；辕引轮停，不越一毫之地。故动静相循易为务，曲直相反难为功。体现了唐太宗托德于股肱，以君臣关系大局为重的宽广胸怀。

兵者凶器，战者危事，不得已而用之。

【注释】《旧唐书·列传第十六·房玄龄》。

【解析】贞观年间，唐太宗欲出兵讨伐高丽，房玄龄上表力谏，阐明了战争的危害，劝唐太宗焚凌波之船，罢应募之众，息战宁人。房玄龄认为讨伐高丽，师出无名，属不义之战，况且劳民伤财，使兵士长途跋涉，委之以刀锋之下，肝脑涂地、魂魄无归。令其老父孤儿、寡妻慈母，望兵车而掩泣，抱枯骨而摧心。最终招致人民的反抗，祸起中原。房玄龄忧国忧民，犯上直谏，最终得到唐太宗的首肯。

入门见嫉，蛾眉不肯让人；掩袖工谗，狐媚偏能惑主。

【注释】《旧唐书·列传第十七·李勣(jì)》。

【解析】此语出自骆宾王起草的讨武曌檄。骆在对仗句中连用两个典故，揭露了武则天蛇蝎为心，豺狼成性，杀姊屠兄、弑君鸩母的恶毒心肠，以及包藏祸心、独揽朝政的贪婪本性。表达了作者对武则天篡唐改周、牝鸡司晨的强烈不满和极大愤慨。

前圣莫不收人之长，弃人之短，良为此也。

【注释】《旧唐书·列传第十九·侯君集》。

【解析】《周书》曰："记人之功，忘人之过，宜为君者也。"古之人君，出师命将，克敌则获重赏，不克则受严刑。是以当其有功也，虽贪残淫纵，必蒙青紫之宠；当其有罪也，虽勤躬洁己，不免斧钺之诛。尽管智者乐立其功，勇者好行其志，贪者邀趋其利，愚者不计其死，然贤明之君都能舍其短而用其长，使之各尽其才为国家效劳。

君子立功，守以谦冲。小人得位，足为身害。

【注释】《旧唐书·列传第十九·侯君集·张亮》。

【解析】君子立功后能谦虚自守，保全名节；而小人得势后却往往为非作歹，以致身败名裂。侯君集与张亮二人均属后者。二人性情矫饰，尤好矜夸，外表敦厚而内心诡诈。尽管也曾有功于国，然而恶迹昭彰，天理难容，人神共疾，最终难逃恶果，被下诏处死。

君臣相遇，有同鱼水，则海内可安矣。

【注释】《旧唐书·列传第二十·王珪》。

【解析】正主御邪臣，不能致理；忠臣事昏君，亦不能致理。只有君臣互相知遇，上下信任，有如鱼水情深，才能安邦定国，抚育苍生。王珪与唐太宗在这一点上达成了共识。二人认为木从绳则正，君从谏则圣。古之圣主，必有诤臣数人，言而不纳，则相继以死。故王珪每有谏议，太宗都尤为重视。

古来帝子，生于宫闼，及其成人，无不骄逸，是以倾覆相踵，少能自济。

【注释】《旧唐书·列传第二十·王珪》。闼(tà)：门。

【解析】唐太宗从历代兴亡更替的过程中看到，帝王之子生于宫廷、养尊处优，多流于骄奢淫逸。一旦王朝有变，自救尚且不能，更无能力挽狂澜。所以，唐太宗特别重视对子女的教育，选严师王珪为家教。唐太宗的子女待王珪有如生父，南平公主每天都要谒见王珪，行大礼，传为美谈。

法者，国家所以布大信于天下，言者，当时喜怒之所发耳。

【注释】《旧唐书·列传第二十·戴胄》。

【解析】唐太宗时，大理少卿戴胄反对太宗为泄一时之愤而不依法办事。他认为有法必依是取信于天下百姓的前提，不能因为统治者一时的喜怒而左右法律的正确执行，故只有忍小忿才可存大信。若顺忿违信，则使法制形同虚设，冤狱百出。

创拨乱之业，其功既难；守已成之基，其道不易。故居安思危，所以定其业也；有始有卒，所以隆其基也。

【注释】《旧唐书·列传第二十·岑文本》。

【解析】创业不易，守成更难。历代守业者之所以不能长延国祚，关键在于他们不能居安思危、防患于未然；也不能善始善终。贞观年间，中书侍郎岑文本看到唐朝初年，疮痍未复，德教未兴，而资产屡空，民不聊生。生怕唐太宗不能吸取前代教训，始终如一，览古今之事，察安危之机，上以社稷为重，下以黎元为念。因此，岑文本上书太宗，为之敲响了警钟。

负薪救火，扬汤止沸，以乱易乱，与乱同道。

【注释】《旧唐书·列传第二十一·魏征》。

【解析】魏征作为唐朝的开国元勋，可谓远见卓识。他清醒地认识到，历代王朝的兴衰更替，各朝皇帝的你方唱罢我登场，显示了他们失败的共同原因。那就是不能从根本上解决陈陈相因、以乱易乱的问题。最终流于换汤不换药，致使人怨神怒，被人民推翻。

求木之长者，必固其根本；欲流之远者，必浚其泉源。思国之安者，必积其德义。

【注释】《旧唐书·列传第二十一·魏徵》。

【解析】魏征以树木、清泉为喻，说明作为统治者，必须首先正本清源，并以身作则，居安思危。自古君王善始者实繁而克终者盖寡，昔取之而有余，今守之而不足。主要原因就是他们不能始终如一，得天下前竭诚以待下，得天下后则纵情以傲物，以致股肱四散，骨肉分离。即使处之以严刑，震之以威怒，也不能救其一二。

君有一德，臣无二心，上播忠厚之诚，下竭股肱之力，然后太平之基不坠。

【注释】《旧唐书·列传第二十一·魏徵》。

【解析】《礼记》云：“上多疑则百姓惑，下难知则君长劳。”一国之君，理应敬爱臣下，安抚黎元；念高危则思谦让而自牧，惧满溢则思江海而下百川；广开言路，择善而从，唯才是举。使智者尽其谋，勇者竭其力，仁者播其惠，信者效其忠。从而文武争驰，君臣无事，天下太平，不言而化。

刑赏之本，在乎劝善而惩恶。

【注释】《旧唐书·列传第二十一·魏徵》。

【解析】以罪定罚、论功行赏本来是为了激浊扬清，惩恶劝善。可是常常因为统治者的主观好恶，而影响到依法办事的实施。以致申屈在于好恶，轻重出乎喜怒。遇喜则虽罪大恶极而不惩；逢怒则虽功高盖世而不赏。所好则钻皮出其毛羽，所恶则洗垢求其瘢痕。从而使赏谬刑滥，毫无法制可言，以致小人道长，君子道消，王朝之覆灭，指日可待。

贵不与骄期而骄自来，富不与奢期而奢自至。

【注释】《旧唐书·列传第二十一·魏徵》。

【解析】祸福相倚，吉凶同域。隋朝盛极一时而土崩瓦解，关键在于统治者安不思危，治不念乱，存不虑亡，反而一味骄奢淫逸。魏徵以此为鉴，劝谏唐太宗要有危机意识，节嗜欲以从人，省畋游之乐，罢不急之务，慎偏听之怒；亲贤臣，远小人；杜悦耳之邪说，听苦口之忠言。惜黎元之产，顺百姓之心。从而使江山险固，举步龙腾。

君子小人，貌同心异。

【注释】《旧唐书·列传第二十一·魏徵》。

【解析】君子与小人，历来代表着两种截然相反的人格形象。魏徵认为君主在用人上要明辨忠奸，亲君子，远小人。因为君子掩人之恶，扬人之善，临难无苟免，杀身以成仁。小人不耻不仁，不畏不义，唯利之所在，危人以自安。况且历代君主，都流于待君子敬而疏，遇小人却轻而狎。故疏则情或不通，狎则言无不尽，以致刑罚加于君子而赏誉加于小人。为政之道，最忌于此。

爱而知其恶，憎而知其善，去邪勿疑，任贤勿二，可以兴矣。

【注释】《旧唐书·列传第二十一·魏征》。

【解析】唐太宗曾曰："以铜为镜，可以正衣冠；以古为镜，可以知兴替；以人为镜，可以明得失。朕常保此三镜，以防己过。今魏徵殂逝，遂亡一镜矣！"魏徵死后，唐太宗在其遗物中找到一张书表，劝谏太宗一定要知人善任，对自己臣下的优缺点了如指掌，努力使人尽其才，不受自己主观好恶的影响。从中可见魏徵鞠躬尽瘁、死而后已的拳拳报国之心。

与人共其乐者，人必忧其忧；与人同其安者，人必拯其危。

【注释】《旧唐书·列传第二十二·李百药》。

【解析】能和别人共享其快乐的人，别人也一定能尽力为他排忧解难；能和别人共享其安康的人，别人也一定愿意拯救他于危难之中。自古帝王之中，兔死狗烹、过河拆桥、卸磨杀驴者实繁；功臣们只能与其共苦，不能与其同甘。故其王朝虽盛极一时，然不出三代即土崩瓦解，此实无他故，因其用人选才不能善始善终。

自古明王圣主，虽因人设教，宽猛随时，而大要唯以节俭于身，恩加于人二者是务。

【注释】《旧唐书·列传第二十四·马周》。

【解析】马周历观前代，见国祚之久者可达八百余年，少者只有二三十年，对比悬殊。他认为其中关键在于其统治者能否以德治国：君主寡德，臣下不佑，黎元不服，故一夫呼而天下土崩；君主积德，恩加四海，泽布天下，则朝野皆安。凡是有作为的君主，其为政之道不管是因人设教，还是宽猛相济，最终离不开节俭于身与恩加于人。

临天下者，以人为本。欲令百姓安乐，唯在刺史县令。

【注释】《旧唐书·列传第二十四·马周》。

【解析】刺史、县令是封建王国基层的地方官员。善于治国的君主，都非常重视这些基层官员的任免。因为这些人的品行与为官之道都直接影响到人民对政府的向背，从而影响到帝业的根基。马周看到当时皇帝只重视朝廷命官的任免，不重视地方官的选拔，十分担忧，就为唐太宗敲响了警钟。

祸福之来，皆起于渐。

【注释】《旧唐书·列传第二十五·张玄素》。

【解析】古人云千里之堤，溃于蚁穴；九层之台，起于垒土。祸福之由来，皆起于平时的积累。故为人君主，勿以善小而不为，勿以恶小而为之。绝不能性不胜情，不保君节，耽于声色，惑于犬马，从而堵塞言路，下情不能上达，上旨不能下传，君民互怨，国祚难延。

骄奢起于亲贵，纲纪乱于宠幸。

【注释】《旧唐书·列传第二十七·柳亨》。

【解析】一人得道，鸡犬升天，是封建王朝中最常见的丑剧，它集中表现在皇亲国戚、宠妾幸臣的身上。他们有恃无恐，骄奢淫逸，为非作歹，以致纲常法制形同虚设。《诗》曰："刑于寡妻，至于兄弟，以御于家邦。"作为皇帝，若亲贵为之而不禁，宠幸挠之而见纵，必使政令不行，法制败坏，因而奸诈成风，暴乱盛行，虽严刑峻典、朝施暮戮而不能救其一二。

生于富者骄，生于贵者傲。

【注释】《旧唐书·列传第二十七·柳亨》。

【解析】富者易骄，贵者易傲。皇子王孙，生而富贵，自幼养尊处优，贪图享受，不慕节义。而小人佞臣，易合于意，奇技淫巧，多适于心。故使之愈加寡廉鲜耻，少德无功。柳亨主张用温良博闻之士，恭俭忠鲠之人，任以东宫及诸王府官，使之朝夕讲论，出入侍从；在言传身教、耳濡目染中，起到教化贵族子弟的作用。

克俭节用，实弘道之源；崇侈恣情，乃败德之本。

【注释】《旧唐书·列传第二十八·于志宁》。

【解析】贞观年间，皇太子承乾数亏理度，且在盛农之时，营造曲室，劳民伤财，累月不止。于志宁有意匡救，就上书力谏承乾，劝其克己复礼，崇俭去侈，尽忠辅国，竭诚奉君，以免土木不停，财帛日费，人怨神怒，复蹈隋亡之迹。

杜渐防萌，古人所以远祸；以大喻小，先哲于焉取则。

【注释】《旧唐书·列传第二十八·于志宁》。

【解析】为人君主，未有不求其善，但他们往往性不胜情，沉溺于享乐，以致言路闭塞，臣下苟顺，君道渐亏。古人云："勿以小恶而不去，小善而不为。"可见福祸之来，非一朝即至，皆起于渐。故圣主明君，深谙积小成大、累微起高的道理，从而严于律己，防患于未然；慎始如终，功过于当代。

为君上者，以天下之目而视，以天下之耳而听，盖欲广闻见也。

【注释】《旧唐书·列传第三十四·郝处俊》。

【解析】高宗年间，东州道总管高侃在安市城大破高丽之众，并抓获了一个高丽僧，说此人妖言惑众，预言了唐朝的灾难，高侃请求高宗诛杀此人。高宗听了不以为然，他认为君主应该广开言路，扩大视听范围，让别人知无不言，言无不尽；即使这些人所言有虚也不应该治罪。相反作为统治者倒应该引以为鉴。这种言者无罪闻者足戒的观点，表现了高宗不限制言论、钳天下人之口的明君风范。

为国之要，在于刑法，法急则人残，法宽则失罪。

【注释】《旧唐书·列传第三十五·唐临》。

【解析】自古明罚峻典，目的无非在于惩恶扬善。然而在执法过程中，由于人为因素的影响，失之偏颇是常有的事。法至严则流于残酷，法至宽则又失去了威慑力量。因此在执法过程中要掌握一个适当的度，宽猛相济、急缓适中，这才可以取得良好的效果。高宗念旧，重用唐临掌管刑狱，虽料此人盛名之下，其实难副。凡他断案，无人喊冤，非无冤可喊，不敢喊矣！高宗得知，感慨万千。

人力不可不惜，百姓不可不养，养之逸则富以康，使之劳则怨以叛。

【注释】《旧唐书·列传第三十五·张文瓘》。

【解析】制化于未乱，保邦于未危。张文瓘看到唐朝初年，接连建造了蓬莱宫、上阳宫、合璧宫等，又征讨四夷，战马万匹，而府库空虚，就向皇上进谏，阐明安民方可保国，劳民必将致乱的道理。张文瓘这种防患于未然的危机意识，使得统治者深纳其言，不再大兴土木，劳民伤财。从而延长了唐王朝的国祚。

乐本缘人，人和则乐和。

【注释】《旧唐书·列传第三十五·张文瓘》。

【解析】太乐有钟十二，隋朝时只用了七口，其余五口没有人能通其音律，俗称“哑钟”。唐初，太宗要创制礼乐，就召精通音律的张文收到太常，让他和祖孝孙一同参定雅乐。张文收吹律调之，声皆响彻，众人皆服其妙。唐太宗见了，就说明乐与人的关系。他认为乐是人们内心状态的反映，人和则乐和，唐朝正是有了国泰民安的盛世景象，才使音律自然调和，“哑钟”复鸣。

制器者必择匠以简材，为国者必求贤以莅官。

【注释】《旧唐书·列传第三十七·魏玄同》。莅(lì)：到。

【解析】魏玄同看到当时百姓穷困，盗贼四起，狱讼不清，礼仪尚缺。认识到了用人求贤的重要性。他认为匠之不良，无以成其工；官之非贤，无以至于理。国家祸乱频仍，正是由于下吏不称职，庶官非其才。故任人者，诚国家之基本，百姓之安危也。

为国之用人，有似人之用材。贫者厌糟糠，思短褐；富者余粮肉，衣轻裘。然则当衰弊乏贤之时，则可磨策朽钝而乘驭之；在太平多士之日，亦宜妙选髦俊而任使之。

【注释】《旧唐书·列传第三十七·魏玄同》。

【解析】能用人者，无敌于天下。然而，会用人者，即举世蠢材，也能擢拨其为骐骥；不善用人者，即遍地英杰，亦不能选为己用。魏玄同认为，国家统治者用人，须如人之用财。财少尽其用，财多不挥霍。在社会动荡、缺乏人才时，可以鞭策庸才为己用；在天下太平、名士云集时可以精选俊杰为己用。

君无民，无以保其位；人非食，无以全其生。

【注释】《旧唐书·列传第三十八·韦思谦》。

【解析】这是韦思谦的儿子韦承庆劝谏皇太子的言语，体现了他的民本思想。君之于民，犹如人之于食：君无名则亡，人无食则死。孔子曰：“百姓足，君孰与不足;百姓不足,君孰与足?"可见,人民是国家的根本。百姓危,则社稷不得独安,百姓乱,则帝王不能独理。故古之明君,饱而知人饥,温而知人寒,推己及人,每以天下为忧,不以四海为乐。

高而不危,所以长守贵;满而不溢,所以长守富。

【注释】《旧唐书·列传第三十八·韦思谦》。

【解析】自古帝王之业,靡不有始,鲜克有终,患在不能谨慎谦虚,善始善终。故高危不可不慎,满溢不可不持。《易》曰:"君子终日乾乾,夕惕若厉,无咎。"即是劝人谨慎行事,不可放纵俗欲。韦思谦以此理说服太子要严于律己,不愧对自己的少阳之位,天挺之姿,为尽善尽美之事,取可大可久之名。

理天下之柄,二事焉,文与武也。然则文武之道,虽有二门,至于制胜御人,其归一揆。

【注释】《旧唐书·列传第四十二·魏元忠》。

【解析】此语是魏元忠对出师命将,用兵之工拙的看法。文武之道,乃治国经世之方,人或有其一,固然不错,但要克敌制胜,定国安邦,则必须重用文武双全的人才。魏元忠看到当时论武者以弓马为先,而不懂谋略;谈文者以篇章为首,而不通经纶。奔竞相因,遂成流俗。可谓文不能安邦,一介书生;武不能定国,一介武夫。故发而为叹,道出了文武二事,相辅相成,合而为一的重要性。

富贵者易为善,贫贱者难为功。

【注释】《旧唐书·列传第四十二·魏元忠》。

【解析】有志之士,无论富贵还是贫贱,都想功成名就,青史流芳。故班超投笔从戎;祖逖击楫中流,此皆有其才而申其用矣。然而知己难逢,英哲罕遇,多少名士曾经怀珠玉以就尘埃,抱栋梁而困沟壑。皆因人睹此士之贫贱,而未知此士之才略。故汉拜韩信,全军哄笑;蜀用魏延,群臣不服。魏元忠以此来说明用人应唯才是举,不应以其出生为标准。

帝王之道,务崇经略,经略之术,必仗英奇。

【注释】《旧唐书·列传第四十二·魏元忠》。

【解析】经天纬地之大业,取决于才堪栋梁的英才。李靖破突厥,侯君集灭高昌,苏定方开西域,李绩平辽东。正说明了"人无常俗,政有理乱,兵无强弱,将有能否"的道理。故安边境,立功名,在于良将。又赵充国征先零,冯子明讨南羌,皆机不虚发,计不空抛。此诚良将之功也。

赏者礼之基,罚者刑之本。

【注释】《旧唐书·列传第四十二·魏元忠》。

【解析】赏是一切礼仪的基础,罚乃所有刑狱之根本。故礼厚则谋夫尽其力,赏重则义士轻其死;刑正君子勖其心,罚重小人惩其过。赏与罚,乃军国之纲纪,政教之药石,纲纪举而众务自理,药石行而文武用命。古人云:"国无赏罚,虽尧舜不能为化"即为此理。

人为邦本,财实聚人,夺其财则人心自离,无其人则国本何恃。

【注释】《旧唐书·列传第四十二·韦安石》。

【解析】此句出自户部员外郎李邕向睿宗列举韦巨源罪状的议论中。睿宗即位后,给已故大臣韦巨源加封谥号曰"昭",李邕极力反对,条陈了韦巨源的罪状。他认为人民是国家的根本,而财物可以聚合人心,夺取或侵占老百姓的财物,就会离散人心,使国家丧失掉根本。而韦巨源目无法纪,侵剥黎元,树怨天下,使百姓背井离乡,卖儿鬻女,饥寒交迫,朝夕奔命,故巨源罪大恶极,理遭毁谤,实不该谥。

忠臣不避死亡之患,以纳君于仁;明主不恶切直之言,以垂名千载。

【注释】《旧唐书·列传第四十四·卢藏用》。

【解析】武则天年间,曾大兴土木,在万安山营造兴泰宫。卢藏用冒死力谏,陈明百姓疲弊,只宜施德布化,不能劳民伤财。他认为当时武则天的大臣都以顺意为忠,朝廷官僚皆以犯忤为患。这些人坐享俸禄,明哲保身,得过且过,不去力谏,只求无事。故使下情不能上达,统治者不知百姓失业,更不知臣下在其位,不谋其政,尸位素餐的事实。故卢藏用认为忠臣应冒死力谏,君主须广纳忠言,方能泽布天下,名垂千载。

礼者士之所归,赏者士之所死。

【注释】《旧唐书·列传第四十四·卢藏用》。

【解析】古之为政者,刑狱不滥则人寿,赋敛简省则人富,法令有常则国静,赏罚得中则兵强。且君子尚礼,名士趋赏,礼赏不倦,则士争先。苟违此途,虽卜时行刑,择日出令,必无成功。

得丧兴亡,并关人事;吉凶悔吝,无涉天时。

【注释】《旧唐书·列传第四十四·卢藏用》。

【解析】天下大事的得失兴亡最根本的原因是人的因素,和天时无关。古语曰:"国之将兴听于人,将亡听于神。"故祸福无门,唯人所召。人有厚德,妖不自作。可见皇天无亲,唯德是辅,为不善者,天降之殃。这体现了卢藏用一种天道从人的思想。

任贤使能,则不时日而事利;明法审令,则不卜筮而事吉;养劳赏功,则不祷祠而得福。

【注释】《旧唐书·列传第四十四·卢藏用》。

【解析】作为国家的统治者,倘能唯才是举,任贤使能,修明法度,抚育黎元,则自会国富民安,天下太平。根本无须祭祀求神,占卜择日。这就是天时不如地利,地利不如人和的道理。姜太公冒雨进兵,可谓犯天时,韩信背水而战,实属有违地利,然而贵在能同仇敌忾,意气风发,故皆成大业。

言者,德之柄也,行之主也,志之端也,身之文也,既可以济身,亦可以覆身。

【注释】《旧唐书·列传第四十四·徐彦伯》。

【解析】《尚书》曰:“唯口起羞,唯甲胄起戎。”《易》曰:“慎言语,节饮食。”可见,先圣知言语之为大也。武则天年间,酷吏周兴,来俊臣常以王公卿士出言不慎而构陷成罪。徐彦伯就著《枢机论》以戒当代。他认为言语是君子之枢机,动则物应,物应则可见得失之征兆。得之者江海比邻,失之者身首异处,故君子慎防祸从口出。

俭,德之恭,侈,恶之大。

【注释】《旧唐书·列传第四十六·宋璟》。

【解析】自古以来,勤俭可以持家,可以兴邦,而奢侈却导致亡身,导致败国。唐玄宗七年,开府仪同三司五皎卒打算建筑坟墓。五皎的儿子驸马都尉王守一请求皇上大建其父陵园,坟高五丈一尺,玄宗准奏。宋璟上书玄宗,劝谏他不可开奢侈之风,应当按照礼式,从俭发丧。他认为高坟乃昔贤所戒,厚葬实君子所非,作为统治者,应该身体力行,为万民标榜,绝不能带头挥霍。

力不足者,老则更衰;心无主者,疾而尤废。

【注释】《旧唐书·列传第四十六·宋璟》。

【解析】玄宗二十年,宋璟以年老体衰、力不从心为由,上表请求玄宗准许自己告老还乡,颐养天年。宋璟认为自己才不逮人,艺非经国,而受玄宗重用,理当鞠躬尽瘁,死而后已。但自己年事已高,耳聋目花,又手足多废,沉疴在身。所以自己不愿再以朝廷重臣的身份白白消耗国家的奉禄,请求玄宗审能以授,为官而择,成全自己的旧全之望。宋璟言词恳切,情理交融,终于获得了玄宗的恩准。

履艰危则易见良臣,处平定则难彰贤相。

【注释】《旧唐书·列传第四十六·宋璟》。

【解析】疾风知劲草,版荡显良臣。往往在国家内忧外患风起云涌时,更容易显现出英雄本色与良臣功绩。而在太平盛世,即使是伊尹之绩、姜尚之功,也难以脱颖而出。故房谋杜断,不可俦匹,而姚宋二相,虽亦才堪济世,然生逢武、韦二后,政化刑淫,故只能保全名节,也就无愧于当时了。

受不肖之士则政乖,得贤良之佐则时泰。

【注释】《旧唐书·列传第五十一·薛登》。

【解析】国以得贤为宝,臣以举士为忠。国家统治者如能选贤授能,自会无敌于天下,而若亲小人,远贤臣,则会亡身败国。故燕昭王委兵于乐毅,苻坚托政于王猛,子皮让位于国侨,鲍叔牙推荐管仲。而韩信无闻于项氏,毛遂不齿于平原,此失士之故也。天授年间,皇帝滥授官职。薛登上疏力谏,说明士不可不察,官不可妄授的道理。

名胜于利,则小人之道消;利胜于名,则贪暴之风扇。

【注释】《旧唐书·列传第五十一·薛登》。

【解析】如果一个朝代的人把自己的荣誉看得重于物质利益,那么这是一个君子得道、小人失势的朝代。相反,如果人们趋利胜过塑名,那就是一个贪婪盛行的朝代。薛登认为,希望仕进的人,必先修贞确不拔之操,行难进易退之规。崇礼让以励己,明节义以标信,以淳朴为先最,以雕虫为后科。薛登针对当时官员追逐浮名虚利的风气,提出自己"化俗之本,须摈轻浮"的观点,并为统治者在用人择贤方面提供了建议。

未有上之所好而下不从其化者也。

【注释】《旧唐书·列传第五十一·薛登》。

【解析】上行下效,统治者的一言一行必将影响到别人的生活。冀缺以礼让升朝,则晋人知礼;文翁以儒林奖俗,则蜀士多儒。燕昭好马,则骏马来庭,叶公好龙,则真龙入室。故为人君主,须克己复礼,为万民标榜,不以轻浮为贵,而以指实为本。

千里一贤,尚不为少,侥幸冒进,须立提防。

【注释】《旧唐书·列传第五十一·薛登》。

【解析】薛登针对当时皇帝用人,只以文采为重,而不以实干能力选才的现象,劝谏他要认识到真正的实干人才,虽千里亦难寻,选拔人才并非选拔文采。

他认为作为君主理应断浮虚之饰词，收实用之良策，不取无稽之说，必求忠告之言。文则试以效官，武则令其守御，始既察其言，观其行，终亦使其名副其实。

用不合于古义，行不根于人心，将恐变爱成憎，转福为祸。

【注释】《旧唐书·列传第五十一·辛替否》。

【解析】唐中宗时，大兴土木，建造公主与驸马的官邸，可谓劳民伤财。辛替否上疏指出中宗这种不得人心的举措，必将招来民怨，使自己对子女的一片好心化作人民对公主的仇恨。从而劝谏中宗不可竭人之力，费人之财，夺人之家，导致边疆之士不尽力，朝廷之士不尽忠，忠良之士四散。最后连皇位也难保了，还能为子女做什么呢？

微不可不防，远不可不虑。

【注释】《旧唐书·列传第五十一·辛替否》。

【解析】古人云："人无远虑，必有近忧。"又云："千里之堤，溃于蚁穴。"中宗年间，疆场危骇，仓库空虚，揭竿起义之士风起云涌。而朝廷仍然广造宅第，伐木空山。百官钳口不敢谏，百姓敢怒不敢言。可谓生灵涂炭，四海伤心。辛替否切中时弊，直言犯上，为统治者敲响了警钟，劝其居安思危，防患于未然。

古之善政者，贵于足食，欲求富国者，必先利人。

【注释】《旧唐书·列传第五十五·韦坚》。

【解析】国以民为本，民以食为天。自古无有民饥而国富者，唐玄宗也比较敏锐地看到了这一点，他在位期间，曾开凿广运潭，与运河相辅，成为南巡游乐和收取租税的通道。但在同时，在客观上加强了南粮北运，缓减了灾年带来的饥荒，有利于国家的稳定。韦坚也正是因为开凿了广运潭，而被玄宗擢升的。

崇党近名，实为害政之本，黜华去薄，方启至公之路。

【注释】《旧唐书·列传第六十一·房琯》。

【解析】唐肃宗年间，宰相房琯因犯上被贬，肃宗以张镐代之。肃宗年十二月，大赦天下，并复加封房琯为金紫光禄大夫，后又加封为清河郡主。房琯身居要位，成为朝臣关注的焦点。而房琯自己也常常口出狂言，称自己有文武之用，才堪经国。他招纳食客无数，朝夕盈门，食客们也常代房琯吹捧，京城一时沸沸扬扬。肃宗见房琯集结朋党，制造舆论，颇为不悦，深恶比周之风，虚伪成俗。就下诏告诫朝臣不可如房琯般妄自尊大。

众声嚣然，互有臧否，十人举之未信，一人毁之可疑。

【注释】《旧唐书·列传第八十八·赵憬》。

【解析】兼听则明，偏听则暗。然而众口难调，难成一说。听者须去伪存真，去粗取精，去浮夸虚说，听耿介之言。赵憬以为，政务庞杂，必委宰辅以举之；宰辅不能遍知，又询于庶官；庶官不能遍知，又访于众人。然而众说纷纭，褒贬不一，十人推荐一人未必相信，一人毁谤一人却横加猜忌。这就是因为人们总认为称人之善为清，认为攻人之过为直，却不去核实见闻。故要知真情，须深入了解，这样才能作出正确判断。

无必定之计，亦无必实之言，计不定则理道难成，言不实则小人得志，国家之病常必由之。

【注释】《旧唐书·列传第八十九·陆贽》。

【解析】陆贽针对当时皇帝在委任责成、听言考实方面的欠缺，提出了自己的见解。他认为皇帝用人，须用则不疑。不能刚采纳了一个人的意见，又听到别人的非议，就不再相信，弃置不用。这样就会打击群臣进谏的积极性。故世间无万全之策，亦无绝对的实话，为政者须敏锐地分析辨别，并为己用。否则就会流于“得贤不能任，用而不能终，与贤人谋事而与小人议之”的境地。

求才贵广，考课贵精。

【注释】《旧唐书·列传第八十九·陆贽》。

【解析】人之所知，固有极限。不遍知诸事，备阅世务。故须求万里贤才而为己用。又群臣之中，良莠不齐，鱼龙混杂，不免有浑水摸鱼、滥竽充数之辈。故必须听言观行，核实其才能而后用。陆贽认为君主如能求贤若渴，遍集人才，进用不疑，求访无倦，则自会举步龙腾。同样，如能听言审实，使不肖者自退，才能者骤升，则不愁民殷国富。

备边御戎，国家之重事，理兵足食，备御之大经。

【注释】《旧唐书·列传第八十九·陆贽》。

【解析】边境之患历来困扰着中原王朝的统治者们，成为决定国家能否太平的一个重要因素。陆贽以为，国家之重事在于治理边境，防御入侵，而御边的根本途径又在于足食强兵，使粮草丰足，兵强将勇。因为兵不治则无可用之师，食不足则无可固之地。士兵孱弱，无以御敌；粮食匮乏，民不聊生。陆贽的论点可谓切中要害，实乃诛心之论。

罪以隐忍而不彰，功以嫌疑而不赏。

【注释】《旧唐书·列传第八十九·陆贽》。

【解析】因为人们容忍作恶，所以罪行不能昭彰，因为人们怀疑功绩，所以功臣得不到奖赏。姑息之道，有害于国。它使忘身效节者获讥于小人，率众先登者取怨于士卒；它使祸国殃民者不怀于愧疚，使跳梁小丑自以为聪明。此义士所以痛心，勇夫所以疾首也。故赏罚不明，人心不顺，为政者当以此为戒。

国家崇树藩屏，保界山河，得其人则区宇以宁，失其授则干戈勃起。

【注释】《旧唐书·列传第九十三·李全略》。

【解析】封建统治者为了巩固河山，安定边界，常在地方设藩镇或诸侯，以加强王权的统治。但是，结果常常不尽人意，地方割据势力的发展反而威胁到中央集权的巩固。刘昫认为，问题的关键在于中央统治者能否在用人上择善而任。若用忠义之士，自可保界安民，若用奸佞之徒，则暴乱必兴。

一心不能独鉴，一目不能周视，敷求哲人，式序在位。

【注释】《旧唐书·列传第九十四·杜希全》。

【解析】杜希全赴任灵州时，向德宗献《体要》八章，以示规谏。德宗深表赞同，就著《君臣箴》以赐之。阐明了君臣戮力同心的必要性。德宗以为，君主即使再圣明，也不可能事无巨细，全部由自己处理。只能选贤授能，委任责成，以之来延伸自己的统治。并通过臣下，使上意下宣，下情上达，制定出切实、合理的政策。

太上立德，不可庶几；其次立功，遂行当代；其次立言，见志后学。

【注释】《旧唐书·列传第九十七·杜佑》。

【解析】此语古已有之，杜佑重申，来说明自己的人生观。杜佑敦厚强力，尤精史识，常以富国安民之术为己任。他认为圣人立德，以自己的光辉人格与峻洁品行而流芳万古。倘不能立德，就应努力事功，辅佑明君，普济黎元著称于当时，彪炳于史册。如不能立功，立言亦可，续往世之绝学，开一代学风，用自己的精神与思想来影响后进者，亦可千古留名。从中可见杜佑积极用事的人生态度。

史氏之作，本乎惩劝，以正君臣，以维家邦。

【注释】《旧唐书·列传第九十九·沈传师》。

【解析】以史为镜，可以知兴替。史家撰史，根本目的是为了使统治者惩前毖后，吸取古人教训，借鉴历史经验而为当代所用。从而使国治家齐、黎庶安乐。故善恶之道，在于劝诫，而劝诫之柄，在于鉴史。譬如春秋笔法，微言大义，即便只一字两字，必有鸿旨存焉。因而有国者不可不读史。

所谓名将者，不必蒙轮拔距之才，拉虎批熊之力，要当以义终始，好谋而成。

【注释】《旧唐书·列传第一百一十一·石雄》。

【解析】所谓名将，不必都才堪盖世力能扛鼎。可贵的是能够多谋善断，义薄云天。只有这样，才能在关键时刻力挽狂澜，虽杀身成仁，舍生取义而不惜。否则，即便才堪栋梁，如果不能忠义持身，忘己保国，也是枉然。

理生于危心，乱生于肆志。

【注释】《旧唐书·列传第一百一十四·李绛》。

【解析】安不忘危，方能图国家治理；穷奢极欲，必将导致祸乱四起。李绛以玄宗为例向宪宗说明了以上道理。玄宗初年，任用忠鲠上才，以姚崇、宋璟为相，故能君臣交泰，内外安谧。开元二十年以后，玄宗任奸佞之人，分居要职，李林甫、杨国忠用事，玄宗从此不闻直言，荒淫无道，以致天下骚动，奸盗乘隙，两都覆败，四海沸腾，几至亡国。

门地高者，可畏不可恃。

【注释】《旧唐书·列传第一百一十五·柳公绰》。

【解析】荣名秽人身，高位多灾祸。出生高贵，不一定是好事。它只应畏惧谨慎，不值得依恃。门高则易自恃，族盛则人之所嫉。积德为善，人未必信，倘为纤介歹事，人皆蜂起而攻之。因为人们对位处至尊的人的要求也高。故有国者责己不能不严，为学不能不坚。

人之情，莫不欲耀其所能而党其所近，苟将得志，则必快其所蕴矣。

【注释】《旧唐书·列传第一百一十六·元稹》。

【解析】鱼得水而游，马逸驾而走，鸟得风而翔，火得薪而炽，此皆物之快其所蕴也。而物人一理，人之常情，亦莫不尽力炫耀和展示自己的才能，莫不尽力去接近自己喜欢的事物，一旦志得意满，则必将其平生所学，尽付实践；将平生所好，肆意放纵。故有锋芒毕露者，亦有穷奢极欲者。此二者皆不懂收敛，肆志而为，因而多不有令终。

大丈夫所守者道，所待者时。

【注释】《旧唐书·列传第一百一十六·白居易》。

【解析】大丈夫藏器待用，相时而动。如锥处囊中，见机则脱颖而出。这是一种穷则独善其身，达则兼济天下的思想。时之不来，为雾豹，为冥鸿，自守寂寥，奉身而退；时之来也，则为云龙，为风鹏，勃然突发，陈力以出。它体现了白居易一种积极用世的人生态度和远大志向。从中可见儒家传统思想对他的影响。

农者，国之本，本立然后可以议太平。

【注释】《旧唐书·列传第一百二十一·李渤》。

【解析】中国历来就是一个农业大国。由于生产力的水平低下，决定了农业长期成为封建社会的立国之本。唐宪宗年间，朝廷对农民敲骨吸髓，农民不堪重负，背井离乡，四处逃亡，田地荒芜，无人耕种，农业发展如雪上加霜。李渤看到奸相竭泽而渔的恶果后，向宪宗阐述了发展农业的重要性，劝谏他要绝逃亡之弊，兴农业之本，以求国泰民安。

邦国安危，亦如人之身。当四体和平之时，长宜调适，以顺寒暄之节。如恃安自忽，则疾患旋生。

【注释】《旧唐书·列传第一百二十三·李珏》。

【解析】国家的安危正如人的身体一样。在四体康直、平安无疾时就应适时调理，防病于未然。如果自恃健康无病，忽视了预防，那么疾病就会从天而降。唐文宗向臣下炫耀在位十四年来，天下太平无事，百姓乐业。言外之意，十分自豪。李珏以人作喻，提醒他治理国家同样要安不忘危，理不忘乱，防患于未然。不可妄自尊大，招致败国亡身之祸。

欲人不知，莫若勿为。

【注释】《旧唐书·列传第一百二十六·魏暮》。

【解析】要想人不知，除非己莫为。纸里包火，欲盖弥彰。拙行掩罪，自作聪明。止寒莫若重裘，止谤莫若自修。魏暮引用古谚来劝谏唐文宗，要以德服人，以义使人。而服使之术，在于修身。勿以善小而不为，勿以恶小而为之。要知九层之台，起于垒土；千里之堤，溃于蚁穴。故君主须喜闻己过，崇千载之盛德，去一旦之好玩。这样才能大正人伦之风，深弘王者之体。

忠臣不顺时而取宠，烈士不惜死而偷生。

【注释】《旧唐书·列传第一百三十七上·忠义上》。

【解析】见过不谏，非忠臣也，畏死不言，非义士也。忠臣绝不迎合世俗，觍颜谄上，哗众取宠，而是冒死力谏，不惜一朝之命以安万乘之国；烈士绝不苟且偷生，见利忘义，而是追求舍生取义，杀身成仁，以使国家荣泰。

为人主者,不可忘初。

【注释】《旧唐书·列传第一百四十上·文苑》。

【解析】自古帝王创业守成,靡不有始,鲜克有终,何哉?理忘乱,安忘危,逸忘劳,得忘失矣。故夏桀以瑶台华室为美,而不悟南巢之祸;殷辛以象箸玉杯为华,而不知牧野之灾。故为人主者,处殿堂则思前代之所以亡;朝万国,则思今已之所以贵。居安思危方能保国安民,长享盛世。

在危所恃,居安勿忘。功臣无逐,故人无放,放故者亡,逐功者丧。

【注释】《旧唐书·列传第一百四十上·文苑上》。

【解析】此语出自谢偃《惟皇诫德赋》,以讽谏唐太宗应居安思危。因为四海岌岌,九土漫漫,覆之甚易,存之实难。举君过者为忠,述主美者曰佞,实宜摒弃小人,不该放逐忠良。身为君主,决定着国家的命运,本应唯贤是授,唯人是恤,不该肆意妄为:喜则隆冬可热,怒则盛夏成寒。故善为天下者,图其安则思其危,谋其利则虑其害,然后才能国泰民安,长享福禄。

《新唐书》名句

小人多，谮言常胜；

正人少，直道常不胜。

——《新唐书·李绛》

不设规距，无以顺人；不切刑罚，无以息暴。

【注释】《新唐书·列传第四十·朱敬则》。

【解析】没有规矩，不成方圆。法制可以使民心归顺，刑罚可以使暴乱不作。武则天执政以后，天下流言大作，攻击武氏临朝。于是，武则天就大兴狱治，网罗天下发难者。朱敬则认为，虽然刻薄可施于不法，变诈可陈于攻战，但这只是相对于天下未定之时说的。等天下已定后，就应该取消严罚峻典，代之以宽大仁爱的政策，这样才可以赢得民心，巩固统治。

设官建吏，本于治人而务安也。

【注释】《新唐书·列传第四十一·韦思谦》。

【解析】设官任吏的根本目的是为了治理天下，抚育黎元，以求国泰民安。然而只有开明的官吏才能真正达到治理国家的目的。所以在任用官吏时，一定要选贤授能。韦思谦的儿子韦嗣立认为，设爵待士，须选贤才，若不才者进，则有才之路塞；有才之路塞，则贤者隐；贤者隐则人心不安；人心不安，则国运将危。因此他向唐中宗建议在任免官吏时要唯才是举，不可草率行事。

政在治之而已，必刑罚以树威乎？

【注释】《新唐书·列传第四十一·陆元方》。

【解析】国泰民安的局面是治理出来的，绝不是以严酷的刑罚威胁出来的。相反，过度严厉的法制往往会导致人民普遍的反抗。所谓“民不畏死，奈何以死惧之”即为此理。陆象先在剑南做官时，为政有惠爱，尚仁恕。司马韦抱真认为这样会使人们肆无忌惮，纵容人们去犯罪。而陆象先却不这样认为，他认为为政之道须正本清源，上行方能下效；能够为民请命、爱民如子的官吏，人民自然会拥戴他，根本不用借助严酷的刑罚。

莅官者，不可以无学。

【注释】《新唐书·列传第四十二·魏玄同》。

【解析】永淳元年，魏玄同针对当时任用官吏方面的弊病，上疏阐明了自己在官员选举方面的观点。他认为应该学以从政，而非以政入学。在人不加富、盗贼未衰的时刻，官吏的任免尤为重要。不能因出生高贵就可以位居要职，不能因门阀有素就可以资望自高，而应察言观行，因材而用。这样才能享国之永年。

履霜坚冰，须防其渐。

【注释】《新唐书·列传第四十二·李昭德》。

【解析】《易》曰:“履霜,冰坚至。”意即,每当地飞霜时,严冬也就不远了。李昭德恃宠,依仗手中的权力出入自专,胡作非为,肆无忌惮。丘愔上疏武后说,不可重用李昭德,一再放权。因为李昭德才小任重,恃宠非为,人们敢怒不敢言。且大权一去,收之良难,故入室升堂,须严加提防李昭德得寸进尺。

刑罚不中,则民无所措手足。

【注释】《新唐书·列传第四十二·李昭德》。

【解析】刑罚不当,就会使老百姓手足无措,人心不安。贞观初年,县令裴仁轨私役门卒,唐太宗大怒,欲斩之。李昭德的父亲李乾祐认为不可。因为法令乃天下共有,并非皇帝一人所有,不能因为很轻的罪行动辄杀人。裴仁轨如以轻罪就极刑,会使天下人感到法令的不可信任与不平等,这样就丧失了民心,不利于统治。

君所恃在民,民所恃在食,食所资在耕,耕所资在牛。

【注释】《新唐书·列传第四十三·张廷珪》。

【解析】国以民为本,民以食为天。武后年间,为了扩充军资,大肆收购牛羊,且适逢河南暴发牛疫,于是农民的耕牛丧失殆尽。张廷珪看到民生凋敝,就上疏力谏武后,劝其不可掠夺民产,伤农之本。因为牛亡则耕废,耕废则食去,食去则民亡,民亡则君无所依恃,国无前程。武后震惊之余深纳其言。

事危则志锐,情苦则虑深。

【注释】《新唐书·列传第四十三·张廷珪》。

【解析】古人云:忧劳可以兴国,逸豫可以亡身。故多难兴邦,殷忧启圣。逆境往往更能激发人的斗志,苦难从来都可以孕育出最伟大的圣贤。勾践以尝胆兴邦,夫差因酣酒亡国。故鸟激则能翔青云之际,矢惊则可逾白雪之岭。玄宗开元初,大旱,关中饥荒。玄宗就下诏征求群臣之见,张廷珪上书劝玄宗正视困境,励精图治,力求转祸为福。

后王乐闻过,罔不兴,拒谏,罔不乱。

【注释】《新唐书·列传第四十三·宋务光》。

【解析】作为统治者的君主或皇后,如能喜闻己过,有则改之,无则加勉,则国无不兴之理。相反,如果无视民意,拒谏不纳,则必然招致覆亡。因为乐闻过则下情通,下情通则政无缺,政无缺则国家兴;相反,拒谏则群意塞,群意塞则上孤立,上孤立则国家乱。宋务光以此向中宗阐明了从谏如流、广开言路的必要性。

神虑澹则血气和，嗜欲胜则疾疹作。

【注释】《新唐书·列传第四十三·李中敏》。

【解析】淡泊名利，摆脱世俗杂务的纷扰，才能保持一种平和的心境。相反，穷奢极欲、贪婪无度势必会引祸上身。天下熙熙，皆为利来；天下攘攘，皆为利往。但圣贤能不为所扰，颐养浩然之志，不以外物乱耳目，不以声色败性情，故能和平自臻，福寿用昌。张皋以此向穆宗说明神志清明与平和的心态是一个人健康的根本，无须动辄求医服药。

兵为王者大事，存亡系焉，将非其任，则殄人败国。

【注释】《新唐书·列传第四十七·魏元忠》。

【解析】人无常俗，政有理乱；军无常胜，将有能否。出兵命将乃国家之大事，它关系到国家的前途与命运。将有雄才，战无不胜；兵无良将，出师未捷。司马懿闭营而困诸葛亮，周亚夫坚壁力挫吴、楚，此皆全军制胜，不战而却敌。故大将临戎，以智为本。魏元忠针对当时任用大将，以出生门第高低为标准的弊病，提出任用将帅，不但要看其忠诚，更要唯才是举的观点。

人君无私，私怒害物，私赏费财。

【注释】《新唐书·列传第四十七·魏元忠》。

【解析】作为一国之主的皇帝，理应大公无私，以天下为己任，绝不能因自己的主观情绪影响政令法制的实施与人才的任免。魏元忠相武后，以清正为名，但他在权贵面前却不能赏善惩恶。袁楚客以书规谏武后，列举了前代治政之失，其中一条就是用人不当；如果因耳目之好，就授予倡优之辈官职，实属用人不当，必招患祸。

贤者邦家之光，任之致治，弃之生乱。

【注释】《新唐书·列传第四十七·魏元忠》。

【解析】贤能之臣是国家的希望，任贤可以兴邦，弃贤必将败国。袁楚客针对朝廷虽有好贤之名，却无用贤之实的现象，指出了有司选才，以贿赂的多少和门第的高低为标准的弊病。以至于上失天心，下违人望，使得为官择吏成了为人择官，最终选拔了一批目不识丁、滥竽充数的蠢材。

为君所以养人，非以害人。

【注释】《新唐书·列传第四十七·魏元忠》。

【解析】君主的本分应在治国安民，不在作恶扰民。古代的圣明之君都教育子孙后代节俭民财，爱惜民力。但唐朝中期统治者却大兴土木，建造亭台楼阁,以致国府空虚,怨谤成雷。袁楚客一针见血地指出,皇亲国戚劳民伤财的实质是陷人主于不义,使人主受谤于天下,这必将招来亡国之祸。

不以道事其君者,所以危天下也,危天下之臣不可不逐,安天下之臣不可不任。

【注释】《新唐书·列传第四十七·魏元忠》。

【解析】《左传》曰:"国将兴,听于民;国将亡,听于神。"国家的兴亡,在于统治者是否重视民情民意,决不在于是否装神弄鬼和祈求祷告。唐中后期以来,有许多臣下执左道,引鬼神来迷惑皇帝,求神拜佛,不一而足。以致皇帝不理朝政,无视民意,严重失职。袁楚客认为,凡是以妖言惑主者,皆为国家的敌人,应该统统放逐,永不录用,这样才有益于国家。

利或生害,害亦生利。

【注释】《新唐书·列传第四十七·郭元振》。

【解析】老子曰:"祸兮福所倚,福兮祸所伏。"成败利害往往可以互相转化,关键就在于能否把握住适当的时机。郭文振就吐蕃求和一事向武则天说明了自己的看法。他认为既不能拒绝求和,又不能立即接受,如果马上拒绝求和,吐蕃定恼羞成怒,边患必更胜于前;如果立即接受吐蕃求和,吐蕃定会以为大唐早有和意,就要趁机勒索钱财物品。所以,最好的办法是先以策缓之,使其和望勿绝而恶不得萌,然后等待时机,再作出恰当的决定。

求治之道,首于用贤。

【注释】《新唐书·列传第四十八·萧治忠》。

【解析】要想国家长治久安,必须任用贤才。不任贤才则官旷,官旷则事废,事废则人残。历代王朝消亡的原因,无过于此。中宗年间,官职常常被授予无才无学、艺不惊人的豪门子弟,徒耗国家俸禄。萧治忠认为,官爵不同于财物,不能轻易授人,若所授不才,非但不能济世经国,反而会败国亡身。故为人君主须退小人于闲左,进大雅以安邦,使政令唯一,私不害公,则天下可安。

善人为邦百年,可以胜残去杀。

【注释】《新唐书·列传第五十一·卢怀慎》。

【解析】圣贤之人治理国家,久而久之,可以治理出不动刑罚、路不拾遗、夜不闭户的太平盛世。昔子产相郑,变更法令,颁布刑书。第一年间,人们怨恨满腹,都想杀死他,但是到了第三年,没有人不感恩戴德,歌颂他的业绩。卢怀慎以此来说明贤者为政,得积年累月才能卓有成效,那么凡庸之材更须努力宣风恤人,才可能不负众望,开创盛世民风。

古之选士,惟取称职,是以士修素行而不为侥幸,奸伪自止,流品不杂。

【注释】《新唐书·列传第五十一·张九龄》。

【解析】古代君主选拔官员,只取称职之人,故天下名士都躬自砥砺,尽力提高自己的学识与修养境界,绝不心存侥幸,浑水摸鱼。所以那些无才无学的奸伪小人,也就无机可乘。张九龄以古比今,说明当时不务其本而设巧于末的用人制度,使得刀笔之人,溺于文墨,巧吏滑徒,有机可乘。指出这种只求精于案牍,而忽略人才的做法,无异于刻舟求剑,于国无补。

人之立事,无不锐始而工于初,至其半则稍怠,卒而漫澶不振也。

【注释】《新唐书·列传第五十一·韩休》。

【解析】自古以来图谋大业的人,在开始没有不锐意进取、发奋向上的,但事未及半已有懈怠心理,至于再往下发展,则大都半途而废,甚至改变了初衷。古人云:"善始者实繁,克终者盖寡。"此言不虚矣!史官以唐玄宗为例,他起初励精图治,发奋图强重用贤相姚崇,功业满天下,开创了"开元盛世"的局面。但最终志满意骄,贪恋声色,重用杨国忠、李林甫等奸臣,导致了天宝之乱,使得大唐基业从此开始土崩瓦解。

挽两石弓,不如识一丁字。

【注释】《新唐书·列传第五十二·张嘉贞》。

【解析】自古文可以安邦,武可以定国。然而能兼有文韬武略的人却少而又少。没有谋略的勇武,虽万夫不挡,亦不过是匹夫之勇,难有作为。故力可拔山扛鼎,开硬弓舞重杵者,不如学一点谋略,更有益于国家。在太平年代更是这样。

君不虚授,臣不虚受。妄受不为忠,妄施不为惠。

【注释】《新唐书·列传第五十七·刘子玄》。

【解析】君主不可滥封官职,人臣不可妄受官职。滥封不是恩惠,妄受并非忠诚。官职非同财物,不可动辄赐人,否则就是君子之不幸,小人之幸也。滥施官职势必使臣下中鱼龙混杂,良莠不齐,给小人佞臣大开浑水摸鱼、滥竽充数之路,这样就会挫伤有识之士的积极性,于国家不利。同样,无功受禄,寝食不安。人臣不应以驽骀之才而身居要职,尸位素餐。

史有三长，才、学、识，世罕兼之，故史者少。

【注释】《新唐书·列传第五十七·刘子玄》。

【解析】玄宗时，礼部尚书郑惟忠问刘子玄，为什么自古以来文士多，而史才却少。刘子玄就说了上面的话。他认为，作为一个史学家必须具备三种特质：史才、史学与史识。因为自古很少有人能同时具备这三种特质，所以少有史才。因为有学无才，就像愚蠢的商人一样，虽有万贯本金，却不能购进可以赚钱的货物。有才无学，比如能工巧匠没有斧斤器物，盖不起亭台楼阁。而没有史识，则不会使史学起到被借鉴的作用。刘子玄关于"史学三长"的观点已成为不易之论。

自古人臣不谏则国危，谏则身危。

【注释】《新唐书·列传第五十七·吴兢》。

【解析】作为人臣，看到君主的过失如果直言犯上，往往会招来杀身大祸；但如果见过而不谏，又会危及国家。这就是自古为人臣下者的矛盾心理。玄宗初立时，收还权网，果敢决事，群臣畏伏。吴兢认为这样会闭塞言路，有碍下情上达，上意下宣，就向玄宗说明了为人臣下的难处：皇帝位居尊极之位，掌生死之大权，可谓龙威严峻，即使是广开言路，从谏如流，臣下也犹有畏惧，更何况目前皇帝拒谏不纳，闭塞视听？古人尚在门前设立诽谤之木，闻过则喜。今人更应广听众议，有则议之，无则加勉。

人将疾，必先不甘鱼肉之味；国将亡，必先不甘忠谏之说。

【注释】《新唐书·列传第五十七·吴兢》。

【解析】古语云："木从绳则直，君从谏则圣。"又云："朝有讽谏，犹发之有梳。猛虎在山林，藜藿为之不采。"故帝王之德，莫盛于纳谏。自古圣君明主，唯恐不闻己过，故尧设谏鼓，舜立谤木，禹拜昌言。而不肖之主往往憎谏讳亡，桀杀关龙逄，纣诛比干，隋炀帝逢谏必杀，皆国破身亡。故食不甘味，是疾病的前兆，拒谏不纳，是亡国的先声。

近君子，远小人，始可为治。

【注释】《新唐书·列传第六十七·韦处厚》。

【解析】亲贤臣，远小人，然后才可能一心治国。韦处厚作为文宗亲自提拔的宰相，他的进谏却不被文宗重视，就请求辞掉官职。文宗始有觉悟，就向韦处厚请教了任人之道。韦处厚让文宗任君子，弃小人，才可以图治。并举荐忠臣斐度与窦易直等人，建议委之以重任，以求有利于邦家之治。

生死决于战，是非极于谏。

【注释】《新唐书·列传第六十八·元结》。

【解析】自古君主平叛拒逆，生死在于一点，胜则家国两全，败则两亡。而人臣进言，是非存乎一谏，人主纳其言则有望加官晋爵，憎其言，则可能招来杀身之祸。元结认为，君主昏愦拒谏不纳，那么即使是忠臣也不会来进谏，因为他们有爵有禄，外无仇敌谋害，内无穷贱相迫，何苦去当锋刀以近死，忤人主以近祸，惹火烧身呢，不如明哲保身，相安无事为好。元结想以此来说明君主从谏如流的必要性。

纳谏昌，拒谏亡。

【注释】《新唐书·列传第七十七·李绛》。

【解析】自古臣下规谏君主纳谏的言论层出不穷。本句是李绛劝讽唐宪宗时所说。唐宪宗以为，当时谏官多结朋党，论奏失实，多毁谤，不足为信，应该给予惩罚。李绛进言，加以制止，他认为人臣进言本已实属不易，以卑微的身份冒死进谏，触雷霆之威，是经过反复的思想斗争的。如果再加罪于他们，一定会使忠臣缄默，直士杜口，这样皇帝就会闭塞视听，危及社稷。

天子不以己能盖人，痛折节下士，则天下贤者乃出。

【注释】《新唐书·列传第七十七·李绛》。

【解析】圣主明君，绝不会因为自己位居至尊而无视别人。相反，他们能够礼贤下士，使得天下英才皆出而为用。唐宪宗认为前代盛世的出现是因为贤才云集，而自己临朝的年代里却没有贤才。李绛反驳了他的观点，李绛认为明主选当代之才，极其才分，自可致治。当代无才，是君主不能礼贤下士，故英才不出。唐宪宗的错误在于因果倒置，不知礼贤下士方能集结人才。

小人多，谮言常胜；正人少，直道常不胜。

【注释】《新唐书·列传第七十七·李绛》。

【解析】宪宗时，朋党比周，勾结成风。宪宗就向李绛咨询原因。李绛认为，小人常以利动，不顾忠义，而君子遇明主则出而为用，遇昏君则引退。这样就给小人佞臣创造了可乘之机，他们妖言惑众，欺上瞒下，为患社稷。正人君子就更加无心事主，全身引退了。以致君主成为真正的孤家寡人，其亡亦不远矣。

天下有事，丈夫当以功济四海。

【注释】《新唐书·列传第八十·马燧》。

【解析】马燧姿度魁杰，气魄不凡，少年即有雄才大略。他曾经和众兄弟共同学儒，辍策喟叹，他认为人生短暂，大丈夫应当相时而动，安邦定国为万民开太平，才不枉一生。怎可长作一介书生，老死沟渠？马燧言如其人，从中可见他的宏伟抱负。

资治兴邦之业，在刻励而谨修之。

【注释】《新唐书·列传第八十二·陆贽》。

【解析】忧劳可以兴国，逸豫可以亡身。统治者只有克己复礼，终日乾乾，方能保国安邦。陆贽就安史之乱后唐朝统治者的得失进行了分析。他以为君主应该舍己以从众，节欲以尊道。远奸佞，亲忠直，推至诚，去逆诈。这样在危难之际，才有可能挽狂澜于既倒，振兴国家。

毋以小虞而妨大道。

【注释】《新唐书·列传第八十二·陆贽》。

【解析】治理国家，须以大局为重，不可因小失大。德宗年间，本打算通过广开言路，推诚布公来听取可信可行的谏议，但进谏者鱼龙混杂，有时不免流于互相攻讦，飞短流长。而其他所谓的忠言也千篇一律，大都隔靴搔痒，未能一针见血。德宗失望之余，准备不再纳谏。陆贽就劝德宗不可因噎废食，惧溺自沉，因惧怕推诚之弊而失纳谏之利。

不尽于己而责尽于人，不诚于前而望诚于后，必绐而不信矣。

【注释】《新唐书·列传第八十二·陆贽》。绐(dài)：欺哄。

【解析】作为统治者，须以身作则，为万民标榜，这样才可以上行下效，令行禁止。人民的眼睛是雪亮的，他们对统治者的得失无不了如指掌，好恶无不尽记心间。故上不肖则下不忠，上不仁则下不义。统治者不能己未行而责民未行，己不诚而怨民不信。陆贽以此向德宗说明上行则下从之，上施则下报之，上下若影附形，若响应声的道理，从而劝谏他要推己及人，以身作则，方可赢得人民的信任。

谏而能从，过而能改，帝王之大烈也。

【注释】《新唐书·列传第八十二·陆贽》。

【解析】《左传》曰："人谁无过？过而能改，善莫大焉。"可见改过不吝，可以成大业矣。过错，是上智下愚所不能避免的，惟智者能改而之善，愚者却耻而之非。陆贽以唐太宗为例，说明贞观之治这段清明的历史不仅源于太宗的文武仁义之德，更重要的是他能够以人为鉴，喜闻己过，改而趋善。

人情蔽于所信，阻于所疑；忽于所轻，溺于所欲。

【注释】《新唐书·列传第八十二·陆贽》。

【解析】人之常情，大都因信偏而听言不尽其实，因疑甚而虽实不听其言，故使事实失真，言辞过当。又因轻其人而遗重大之事，欲其事而存可弃之人，故有因人废言、见利忘义之事。陆贽认为作为君主不能像常人那样，以自己的主观情绪为判断是非的标准，而应廓清视听，以大道为事，判明是非，作出正确决策。

行道之人，德行文学为根株，正直刚毅为柯叶。有根无叶，或可俟时，有叶无根，膏雨所不能活也。

【注释】《新唐书·列传第八十八·柳公绰》。

【解析】讲究礼法学识与道德的士人，应该以德行文学为根本，以正直刚毅的品质为枝叶。有根无叶，还可以等待时机，以求枯木逢春；而有叶无根，则遍沐甘霖也不能成活。柳公绰以行道之人自况，以树木作喻，说明了人的德行是最根本最原初的品质，远比其他品质重要。

王者将有为也，将有行也，必稽于众而顺于人，则自然之福，不求而至，未然之祸，不除而绝。

【注释】《新唐书·列传第九十·高郢》。

【解析】古之明王积善以致福，不费财以求福；修德以消祸，不劳人以攘灾。代宗年间，大兴土木，劳民伤财。可谓日课万工，不遑食息，鞭笞相加，哭嚎道路。高郢向代宗进言，说明这样土木并起，竭尽民力的做法是亡国之兆，必将招致人民的反抗。不但不能致福，反而会招来大祸。不如励精图治，务行宽仁，以幸天下。

圣人不畏多难，畏无难。

【注释】《新唐书·列传第九十·崔群》。

【解析】常人所畏，圣人易之；常人所不畏，圣人难之。多难对于常人来说是覆身的陷阱，对于圣人来说却是发奋的诱因。多难可以兴邦，逸豫可以亡身，就是这个道理。多难之世，人们长虑而深谋，故能经天纬地，举天下而付之兴。而在太平盛世里，人们往往丧失警惕，上恬下嬉，穷奢极欲，故必举天下付之亡。

贤者不得志于今，必取贵于后，古之著书者皆是也。

【注释】《新唐书·列传第九十三·柳宗元》。

【解析】圣人立德，其次立功，其次立言。儒家传统思想认为，士人君子，穷则独善其身，达则兼济天下。不能立德于今世，有功于当代，就应全身引退，独善其身。然而不欲从此湮没无闻的人，只有一条路可走，即是著书立说，给后人留下闪光的思想与智慧，同样可以青史垂名，被后人传颂。

君子小人以类聚，未有无徒者。君子之徒同德，小人之徒同恶，外甚类，中实远。

【注释】《新唐书·列传第九十八·裴度》。

【解析】物以类聚，人以群分。唐宪宗对裴度说他十分厌恶朋党为患，但不知怎样辨别。裴度就陈述了自己的观点。他认为君子与小人都有自己的同伙，他们看起来很相像，却有着本质的区别。君子喻于义；小人喻于利。君子有着共同的崇高目标；小人有着共同的卑下情操，他们蝇营狗苟，拉帮结派，遂成朋党。朋党比周，迷惑君主，就成为国家的大患。

王霸之理，以一士止百万之师，一贤制千里之难。

【注释】《新唐书·列传第九十八·裴度》。

【解析】长庆四年，王廷凑杀了元翼一家人，唐敬宗十分痛惜，喟叹宰相辅臣不称其职，所以才使凶顽之贼气势汹汹，屠杀忠良。学士韦处厚就上疏说明治乱之本，非有他术，唯在君主任贤使能。先有"房谋杜断"，后有"贞观之治"，先有姚崇、宋璟，后有开元盛世。汲黯在朝，淮南寝谋；干休处魏，诸侯息兵。韦处厚以为，裴度功勋卓著，德行高华，文武兼备，若委以重任，必不负众望。但事实上裴度却不为所用。可见当朝不是没有英才，而是没有慧眼。

治乱之始，各有萌象。

【注释】《新唐书·列传第九十九·元稹》。

【解析】元和年间，元稹几次欲谏诤唐宪宗，但都没有得到召见。元稹认为此乃亡国之兆，就上疏宪宗，阐明治世与乱世即将开始时，都有其征兆的观点。他认为，皇帝能容直言，广视听，躬亲庶务，日理万机，委信大臣，不疏远谏臣，这是治象。而大臣不亲，直言不进，抵忌讳者杀，犯左右者刑，与小人决事深宫，群臣莫与，这就是乱世之兆。

聋瞽之君非无耳目，左右前后者蔽之，不使视听，欲不乱可得哉？

【注释】《新唐书·列传第九十九·元稹》。

【解析】昏聩之君并非没有耳目，而是因为近习小人在左右蛊惑蒙骗他，故不能视听。直言进谏的人在昏君面前定然遭戮，这样天下君子就会因寒心而退守江湖，明哲保身。而小人则以甜言蜜语苟顺是非，得到昏君的重用。从此进谏者革而不纳，言事者寝而不闻。这样，昏君即十步之事亦不能得知，更何况四海之远了。

定祸乱者，武功也；复制度，兴太平者，文德也。

【注释】《新唐书·列传第一百二·李翱》。

【解析】文武之道，一张一弛。武可以定国，文能够安邦。以武功夺天下，平叛乱，以文德治天下，安黎元。李翱以此向唐宪宗说明，既然以武功安定了海内，当以文德治理天下：修明政治，革除弊事；用忠正之臣，弃奸佞之人；减税免赋，去百姓苛捐；充实边兵，以制外敌入侵。这样致太平盛世易如覆手。

不宜忧而忧者，国必衰；宜忧而不忧者，国必危。

【注释】《新唐书·列传第一百三·刘蕡》。

【解析】唐文宗李昂继位后，一心想洗刷元和宿耻，重振国威。但他不能真正做到任贤惕厉，宵衣旰食，去左右之奸佞，进股肱之大臣。宫闱将变，社稷将危，天下将倾，四海将乱，而文宗不能忧之。刘蕡上书痛陈利害攸关，劝他勿以一己为念，而应以天下为怀，树立危机意识，体察民情，任贤授能，从而长守太平基业。

心有所未达，以下情塞而不能上通，行有所未孚，以上泽壅而不得下浃。

【注释】《新唐书·列传第一百三·刘蕡》。

【解析】君民贵在能够上下相孚彼此信任。百姓有涂炭之苦，君主恤之；君主有子惠之心，百姓信之。这样才能上意下宣，下情上达。国以民为本。君所以尊者，重其社稷也；社稷之所以重者，存其百姓也。若百姓不存，则社稷不得固其重，人君不得保其尊。故欲治理天下，不可不知百姓之情。

欲人之化也，在修己以先之。

【注释】《新唐书·列传第一百三·刘蕡》。

【解析】君主要想教化民心，必须先修养自己的德性。因为德以修己，教以导人。修之也，则人不劝自立；导之也，则人不教而跟从。君主欲政之必行也，故以身先之；欲人之从化也，故以道御之。故君主克己复礼，以身作则方能为万民榜样，取信于民，有成于国。

人谁无过，当容其改。

【注释】《新唐书·列传第一百五·李德裕》。

【解析】人非圣贤，孰能无过，过而能改，善莫大焉。唐穆宗要授李训为谏官,被李德裕劝阻。李德裕认为李训是奸佞小人,不宜侍君主左右。穆宗认为李训虽有过错,但只要能改而自新,就可重用。从中可见穆宗有容人改过的肚量,但他却不知李训天生奸邪,恶暴天下,不可能改过。

省事不如省官,省官不如省吏,能简冗官,诚治本也。

【注释】《新唐书·列传第一百五·李德裕》。

【解析】中国封建社会的官僚制度,历代都极为庞杂,消耗着国家之府库,给人民带来了沉重的负担。国家机器本身也常因尾大不掉而陷入瘫痪。多余的官吏使得机构臃肿,人浮于事,行政效率低下,成为国家的隐患。李德裕敏感地认识到了这一弊病,就请求皇帝裁减冗员。于是,皇帝就罢掉郡县官吏两千多人。

昏君蔽于所昵,英主祸生所忽。

【注释】《新唐书·列传第一百三十二·宦者上》。

【解析】自古宦官专权是朝政昏暗的一个重要原因。宦官以小人之情,与天子朝夕相处。狎则无威,习则不疑。因为他们善于讨好君主,所以最容易专权。此时,即使是英明的君主,也容易被迷惑,至于昏聩的皇帝,就更难以自拔了。

君与臣一体相成,安则同宁,危则共难。

【注释】《新唐书·列传第一百三十三·宦者下》。

【解析】君与臣本应上下相孚,互相信任,同甘苦共患难,然后可以保国。古人云:“二人同心,其利断金。”君臣戮力为国,然后社稷可固。

《旧五代史》名句

开门纳盗，
后悔何追。

——《旧五代史·唐书》

瞻乌莫定,失鹿难追。

【注释】《旧五代史·梁书·太祖纪第三》。瞻:(往上或往前)看。莫:不。失:失去;错过。

【解析】比喻面对失控的事态,只有望洋兴叹了。

卑躬待士,屈己求贤。

【注释】《旧五代史·梁书·太祖纪第五》。躬:自身,亲身。屈:委屈。

【解析】梁太祖张榜广纳贤士,他说,我要“卑躬待士,屈己求贤”。一位从疆场搏杀下来的帝王,能够拂拭掉傲慢,坦言出这番话来,不失为开明的君主。更为关键的是,这种礼贤下士的态度要比施爵授禄更有利于吸引人才,因为它预先声明当王者与贤士的主张产生对立时,王者必将采取尊重贤士的态度,而非刚愎自用。

一言拔俗,一事出群,亦当舍短从长。

【注释】《旧五代史·梁书·太祖纪第五》。拔:超出,突出。舍:舍弃。

【解析】此处的“一言”“一事”是贤才论政时显现的对时政的见地。贤才多有怪癖,放浪形骸,沉潜自负,甚至桀骜不驯,但能称得上贤者的人,他的才能必定从人丛中脱颖而出。对时弊深刻的针砭,对大局缜密的思索必定是他人望尘莫及的。此时,应当看重贤者身上的主流。

神人之共怒,谅天地所不容。

【注释】《旧五代史·梁书·太祖纪第五》。

【解析】这句话带有浓重的神本主义色彩,从中能真切地感受到先民那种图腾崇拜、敬畏天神的意识。它以“神”“天地”强烈地渲染着人们对倒行逆施的切齿憎恶。

乳哺之爱,方及熏风。

【注释】《旧五代史·梁书·太祖纪第七》。熏风:和暖的东南风。

【解析】那些生命啊,刚刚沐浴到和煦的南风。如此深情的言语被写到了梁朝的圣旨上,勒令全民在夏季不准捕猎。怜惜自然、关爱自然,古人那美好的情愫真是溢于言表。后梁开平年间,大规模的硝烟退去了,大自然才得以短暂的休憩。

礼非天降,固可酌于人情。

【注释】《旧五代史·梁书·末帝纪上》。礼:指奴隶社会或封建社会的社会规范和道德规范。酌:商酌。

【解析】从周公“制礼作乐”经过漫长的礼乐历史进入五代,“天神”“天命”的观念已风雨飘摇。人们围绕它轮番论战,无论寡情的批判还是怵惕的附庸,都在为使礼乐文化捣毁神的阵营,使人踩在神的头上。当人再次说起“我要按照天的意志行事”时,人已操纵起神为自己分忧了,礼乐文化也已漫步出神的殿堂并把神变成了奴隶。

盖以地广兵强,得肆其志,不如分削,使如身使臂,即无不从也。

【注释】《旧五代史·梁书·末帝纪上》。得:得以,取得。从:服从。

【解析】分疆裂土是统治阶层内部权力分配的一种形式,本意是要使内部多方力量协力治国,可是却从中激变出割据势力。封疆大吏权倾朝野,不愿接受中央挟制,这就要求分削地方的实力,使其无力违拗朝廷。

私藏兵甲,以赴礼会。

【注释】《旧五代史·梁书·列传第三》。兵:兵器。甲:护身的衣服。赴:前往,去。

【解析】那时朱瑾还是唐将,他“与兖州节度使齐克让婚”,在“迎亲之夜,甲士窃发,掳克让,自称留后”。朱瑾出发时,盛饰车服以掩人耳目,他包藏祸心,最终克让遭其毒手。轻信朱瑾,正是克让躲不过这场祸事的原因。

把臂同盟,辅车相依。

【注释】《旧五代史·梁书·列传第三》。辅:车轮外夹毂的两条直木。

【解析】国家为共拒强敌常能结成联盟,唇亡则齿寒。联盟中势力弱的国家,更倾向于依赖他国而生存,把臂言欢的背后也隐藏着辛酸。单纯出于友好的结盟国家,都在从往来中受益,统治者的和平政策使人民得以休养生息。中原地区的统治者由于各种原因,不得已才会偃旗息鼓,所以使得联盟极不稳定。

政事之暇,省览经籍,此亦士君子之大务。

【注释】《旧五代史·梁书·列传第三》。暇:空闲时间。省:察看。经:儒家的经书。务:(重要)事情,事务。

【解析】政务繁复所以无暇览阅经籍,不过是一种托辞,博览群书总不至于荒废政务。

云雷构屯,龙蛇起陆,势均者交斗,力败者先亡。

【注释】《旧五代史·梁书·列传第三》。

【解析】势均者在风起云涌、焦雷炸裂的气氛中酣斗,而历史正要选择出最强有力的留存下来。这不光是一场蛮力的较量,历史做出了民意、军力、智力、德操等方方面面的考察,谁持之以恒谁就能与历史同在。

物不极则不反,恶不极则不亡。

【注释】《旧五代史·唐书·庄宗纪第一》。极:达到顶点。

【解析】先贤著述《周易》,创立了崭新的思想体系,承认"物极必反"这一规律。事物达到最盛的程度,转化是必然的,而不是一成不变,始终保持盛极的状态。对治国来说,统治的昏暗这种"恶",假使到了令人发指这样的极点,政权就会自然终结,"恶"将被人民埋葬,继而"善"开始新生。

开门纳盗,后悔何追。

【注释】《旧五代史·唐书·庄宗纪第一》。纳:接纳。追:补救。

【解析】开门纳盗既成事实,就已不可挽回了。严格地约束自身可能是痛苦的,可能是难耐的,但经过磨砺的意志将有能力抗拒祸端、陋习、恶行这些"盗"的侵蚀。

桃花水满,思一观之。

【注释】《旧五代史·唐书·庄宗纪第一》。

【解析】春寒料峭,魏州陷落。唐庄宗如愿以偿地把它并入了自己的疆土。他要走进魏州去看看那里的"桃花水满"。可是桃花抖瑟着纤纤身姿真的竞放了吗?一声精妙的音响,是春温暖的手指一下弹破了冰吗?春天还来不及洗去风尘里的寒意,而对春天火热的遐思已在庄宗的思绪里沸腾了。这时,他是走进了无比的喜悦,流连于情思深处怒放的桃花,想听听情思里春水上那一群群雨滴溅满的韵律。

大丈夫得则为王,失则为寇。

【注释】《旧五代史·唐书·庄宗纪第三》。

【解析】这句话渊源于穷兵黩武的年代,有一定的实用性,打天下"成王败寇"是天经地义的事。但又不能一概而论,楚霸王乌江自刎没人说项羽是寇,因为他和刘邦一样反对着秦国暴政,深得民心。失民心的"失则为寇",即使他得了天下并冠以王的头衔,那种横征暴敛的统治,和他与寇又有什么分别呢?

理国之道,莫若安民。

【注释】《旧五代史·唐书·庄宗纪第四》。道:法则,政治道德准则。莫若:不如。

【解析】在孟子的时代,统治集团就已经开始明白“民为贵,社稷次之,君为轻”的道理了,而最终使迟疑着的统治者惊醒的是人民揭竿而起的反抗,他们治国的重点才真正落在“安民”上。从某种意义上说,封建社会人民也微妙地尝试到了对自己命运的主宰。正因为这样,统治集团才领悟了一个真谛:围绕“民”展开政治活动,民强则国强,民安则国安。

人而无礼,罪莫大焉。

【注释】《旧五代史·唐书·庄宗纪第七》。

【解析】没有任何理由可以割裂历史与现实的联系,任何时代中,对“礼”以任何观念进行的修饰与重塑,都未超出“礼”自身的发展范畴。在孔子那里,“礼”是通过具体的、实际的典章制度去实现“仁”的一种规范,它确立了人的社会位置,使社会秩序化、和谐化。

得之孔劳,失之何速。

【注释】《旧五代史·唐书·庄宗纪第八》。孔:很,甚。劳:辛劳,费力。

【解析】奋发图强,聚敛全部心力、体力所收获的成果,却以极快的速度失却了。骄纵、优越,不再持续奋斗,当然,“空空如也”是这种生活的唯一回馈。

德业振主者身危,功盖天下者不赏。

【注释】《旧五代史·唐书·明宗纪第一》。振:震动。盖:压倒。

【解析】声威超然于君主之上的,要么以后登临大宝,要么凄惨地死去。既然“功盖天下”,又不能指望把天下作为奖赏,所以只有不赏了。封建社会中这是十分可怕的,臣子的功德与生命随时都可能被君主抹杀。

上合天心,必有春泽。

【注释】《旧五代史·唐书·明宗纪第七》。合:符合,与……一致。泽:恩惠,恩泽。

【解析】生产力水平低下的时期,古人认为天地间存在不可察知的天神监察自己的活动,背驰天理就要遭到上天的惩处。不过,绝非天就能决定一切,几乎同步出现了“天视自我民视,天听自我民听”的说法,天的意志实际就是天下苍生的意志。“上合天心”的观念传袭到孟子之后,附含在里面的“下合民意”的底蕴越来越浓。“上合天心”不再代表人那种原始稚幼的思维结果,但是约定俗成地沿用至今。

天不称高而体尊，地不矜厚而形大，厚无不载，高无不覆。

【注释】《旧五代史·唐书·明宗纪第七》。矜：夸耀，骄矜。载：负荷，负载。覆：遮盖，掩蔽。

【解析】天地沉浑，妄称的伟岸只是它饱满灵魂里的一处废墟，它以浩瀚的寂寞见证着历史的公正。无数擅长描摹伟岸的天子与王朝仓皇遁隐，惟余天地绵延万载千年，不必言说。

日出而星辰自戢，龙飞而雷雨皆行，元气和而天下和，庶事正而天下正。

【注释】《旧五代史·唐书·明宗纪第七》。戢：止，止息。气：中国古代哲学概念，指形成宇宙万物的最根本物质。和：和谐。正：定，安定。

【解析】日出东方，光明顿时淹没了星辰；云龙遨空，惊雷裂闪，风雨同行。百姓乐业，祥和日近；秉公从政，社会无不端方。事出必有其缘由，天下攘攘，王者阴谋窃国以成诸侯，翻云覆雨，愚弄庶民——祸殃势必蓄息不已。

贤人藏匿深可畏，四民迁业深可畏，上下相徇深可畏，廉耻道消深可畏，毁誉乱真深可畏，直言蔑闻深可畏，此深可畏者六也。

【注释】《旧五代史·唐书·明宗纪第九》。深：太；严峻。迁：迁移。消：减少。蔑：小，微。

【解析】大理少卿康澄上疏深言国之六畏，才隽之士隐没乡间、百姓不安生产、上下离心、道德沦落、伪理猖獗、置忠言若罔闻都是治国之大忌。可畏者无一不痛失人心、有悖民意，所以这种人为的灾害才会成为令治国者悚然而栗的隐患。

时事如昨，奄忽一纪，令人悲叹耳。

【注释】《旧五代史·唐书·明宗纪第十》。奄匆：忽然，很快。纪：十二年为一纪。

【解析】时光肃穆，把人生一日一日地拾掇走，历历前尘如浮光掠影，悲欢的况味却不曾流逝。目睹芦花飞落、荣枯周转，一切在时光里飘摇仿佛风中之烛。叹风华与生命依依别离，又如何无离索之感，释怀一笑？

朝士以言获罪，谁敢言者。

【注释】《旧五代史·唐书·末帝纪中》。获：得到。

【解析】后唐末帝初临天下，史在德上言：武士不闲计策，战则弃甲，穷则背军；文士鲜有艺能，问策谋则杜口，作文字则倩人。应逐一测试，以免朝廷虚设具员，枉耗国力。末帝虽说“史在德语太凶”，但并未加罪于他。君王正应这样，广开言路博采众长，如若任意封杀贤士的谋策，便会使朝臣心有余悸，把“以言获罪者”看做是前车之鉴。

千虑一得，冀愚者之可从。

【注释】《旧五代史·唐书·末帝纪中》。虑：思考，考虑。

【解析】“智者千虑，必有一失；愚者千虑，必有一得”记于《史记·淮阴侯传》，与此相似的表述又出现在《旧五代史》中，是说拙笨之人的思考也有可取的地方，经过头脑反复判断、论证出的结果要比浅虑得来的“一得”更为可靠。而智能略逊一筹并不决定结果的正确或错误。深思、多思才会提炼出慧心里的结晶，对智、愚两者都是一样的。

有事足可以讨论，有言足可以陈述，宜以沃心为务，勿以逆耳为虞。

【注释】《旧五代史·唐书·末帝纪中》。宜：应当，应该。沃：浇灌，滋润。逆：不顺，抵触。

【解析】国君本来就很矛盾，他固然需要群臣对军国大政的建议，但为捍卫封建统治还是制定了专门的典章制度维护自身的体面。官吏想方设法改变九鼎之言是危险的活动，如果君王把威严摆在第一位，那么谏说就更是难上加难了。包括后唐末帝在内，很多君王都屡次下诏来求沃心、逆耳之言，但又谈何容易呀！

予齿渐衰，儿但不坠先人之业为幸矣，何事栉风沐雨，离我晨昏。

【注释】《旧五代史·唐书·后妃列传第一》。予：第一人称代词，我。齿：年龄。业：功业。栉风沐雨：用大雨洗发，大风梳头。

【解析】世界上，最动情的声音是母亲说出的，像个美丽的神话说着坚强，也说着她疲乏得仅剩下的慈爱。唐庄宗远征在即，虽然他的母亲深明大义，虽然他与乐官杂游时母亲会“提耳诲之”，但她毕竟是母亲，她只能悲泣不已。在那泪光中，最美的忧虑与祝福永远流淌不息。

昔三代之兴亡，虽由于帝王，亦系于妃后。

【注释】《旧五代史·唐书·后妃列传第一》。昔：往昔，从前。

【解析】夏、商、周三代也因得力于涂山、简狄、文母三位淑惠的皇妃，从而振兴，却又因妹嬉、妲己、褒姒而摧折了。女子不能干政，却能贴近帝王，这非君、非臣、非民的玄妙身份上蓄满了帝王的恩宠。于是她身上的荆棘和美德就能使一个国家疮痍凄景或觅取光荣。

因风纵火。

【注释】《旧五代史·唐书·宗室列传第二》。因:依靠,借助。纵:放。

【解析】火借风势愈演愈烈,形势推进了事态发展。战场上,这是智谋的表现;但在生活中,这种落井下石的做法,歹毒阴损,为人所不齿。

身虽烬于红焰,言则耀乎青编。

【注释】《旧五代史·唐书·宗室列传第三》。烬:焚烧。编:书的一部分或一部书。

【解析】听到后唐军兵败,洛阳百姓人心惶惶,他们涌出城外找寻避难之所。"门者请禁之",雍王重美说:"国家多难,未能为百姓主,又禁其求生,徒增恶名耳。"皇后欲燃宫室,重美谏曰:"新天子至,必不露居,他日重劳民力,死而遗怨,将安用之。"唐亡之日重美与末帝自焚而死,他虽化为红焰,却终未失去流芳千古的美德。

出身事主,得位遭时,功不可以不图,名不可以不立。

【注释】《旧五代史·唐书·列传第九》。事:为……服务。遭:遇。立:建树。图:设法取得。

【解析】翘望功名,如临渊羡鱼,却又是争取荣誉的实干的开端。男儿如这天地间的霹雳,功名只是他短促的电光巨响。如若摘掉功名的光环,便是那意气勃发的精神令他震古烁今。

古之贤人,当大任、秉大政者,莫不卑以自牧,推之不有,廓自公之道,绝利己之欲,然后能保其身而脱其祸也。

【注释】《旧五代史·唐书·列传第十八》。秉:掌握,主持。牧:治。廓:开拓,扩大。

【解析】权力带给人以高位和资财,但又会引来灾祸。权力使人进退维谷,既倾慕着又恐慌着,但利益的确能叫权力的运用出现差错。权力使巧取或豪夺简易明快,随之贪欲便一点点吞没良知,东窗事发已是迟早之事。若重权归属贤者,他们身上的欲念却不因此而起落,因为成仁之规、秉公之心使贤者得以保身脱险。

将门出将,言不谬尔。

【注释】《旧五代史·晋书·高祖纪第一》。言:言词。谬:错误。

【解析】俗语说"虎门无犬子",祖先的风骨大多被子弟相承下来。

曝粟于门，为马所食。

【注释】《旧五代史·晋书·高祖纪第一》。曝：晒。粟：谷子。为：被。

【解析】刁蛮的店妇向官府申诉有匹战马吃掉了她晾晒的谷子，这样，管马的军士难逃干系却又无从辩解。于是后晋高祖命人杀马，察看其腹，却不见一颗谷粒，便严惩了妇人。难明的真相，迟早会露出真面目，奸猾之徒必受责罚，正义必得伸张。

奇巧荡心，斯何用耳！

【注释】《旧五代史·晋书·高祖纪第二》。奇：怪诞的，特殊的，罕见的。巧：虚假，诈伪。斯：这。

【解析】湖南马希范贡宝装龙凤器用、结银花果子等物，晋高祖玩赏一番说："奇巧荡心，斯何用耳！"到以后少帝秉政时，国力还是疲顿未苏，仍需"罢不急之务，弃华取实，惜费省功"。可想而知，当时高祖对此宝是多么反感，而且奢侈的装饰也未增加它的用途。但高祖以"但以来远道，不欲阻其意"的理由接受了，这主要出于用人的考虑。此言若用于人则颇值玩味，不管高祖是否在含蓄地批评马希范，但毕竟"闻者服之"，警告的作用也起到了。

作者之谓圣，述者之谓明，苟非圣明，焉能述作。

【注释】《旧五代史·晋书·高祖纪第四》。圣：旧指学问技术有很高成就的人。明：贤明的人。苟：如果。焉：哪里。

【解析】著述的苦衷莫过于对生活不能情动神驰，信笔游移从卷首至卷末便欠缺体验与修养。不去让生活于笔触间真实、生动地露出端倪，读者只得掩卷，从没有教益、才思枯竭的作品旁走开。所谓"圣""明"，并非高屋建瓴，也非低姿态地拼凑零碎的事理，而要卖力地摸索，深化生活并铸造自身品质。这种品质能够使读者触目于极平常的小事时荡气回肠。

名不正则言不顺，而媚时掠美，非其实矣。

【注释】《旧五代史·晋书·高祖纪第四》。名：名义。言：道理。媚：媚和。掠美：掠取别人的美名。实：真实。

【解析】曹国珍上言，欲将历朝旧典统揽归一，名为《大晋政统》。朝臣梁文矩等列状驳斥，其中有"媚时掠美，非其实矣"之语。依规矩才能成方圆，如果明目张胆地抄袭古人之作，百无禁忌地强为自家之言，便为情理所不容。

饮鸩浆而止渴，终取丧亡。

【注释】《旧五代史·晋书·高祖纪第六》。鸩浆：鸩是传说中的毒鸟，鸩浆是用其羽毛蘸过的毒酒。

【解析】痛饮鸩浆，只因为它探手可及，不必劳累地去争取，况且有一点解渴的好处，就无需考虑它的毒性了。

已成之势，不可改也。

【注释】《旧五代史·晋书·少帝纪第二》。成：成为，成形。势：形势。

【解析】后晋遣使致书，求修旧好，契丹主便以“已成之势，不可改也”加以搪塞。契丹的意向很明确——踏平后晋扩张版图，而后晋却在调集倾国之力后胆寒妥协了，急匆匆地忙于求和，向劳师动众远征而来、千万将士阵亡在中原战场上的契丹军哀求；向贪婪之心无尽的契丹贵族摇尾乞怜。这是丧尽气节的统治者对形势作出了错误的估计和假想，倘如看看契丹所下的赌注，便已知道“战”的局面无法改变了。

仓廪不足，则辍人之糇食；帑藏不足，则率人之资财；兵士不足，则取人之丁中；战骑不足，则假人之乘马。

【注释】《旧五代史·晋书·少帝纪第三》。仓廪：贮藏谷物的仓库。帑：收藏钱财的府库。糇：干粮。丁：人口。假：借。

【解析】统治者把人民的钱粮投入到壮丽的战争中，选拔出他们中的精壮武装起来，役使他们背井离乡，离开妇孺和荒芜的田地。晋少帝的诏书中记录了当时人民的生活状况和一些便于应对的施政措施，并有此语。他坦荡荡地“益深愧悼”，然而愧疚之辞太过空幻，桀纣之流的帝王也不会有相反的表白。虽然乡野贫瘠，但国库还是要富足，取之于民用之于帝仍是事实。

岂有反状滔天而赦之也。

【注释】《旧五代史·晋书·少帝纪第三》。滔：弥漫。

【解析】自古中国的封建统治者就习惯性地在“忠恕”上做文章，例如频繁地大赦天下，刑典可以有尺度地伸屈，但统治者所表现的仁慈并不包括十恶五逆的罪行。公元924年唐庄宗颁布赦令，就把私铸钱币、宰杀耕牛、官吏枉法等严重危害国家的罪行排除在外。对滔天罪行的宽恕会对社会平稳起到反作用，也给根除邪恶加大了难度。

奢淫自纵，谓有泰山之安。

【注释】《旧五代史·晋书·少帝纪第五》。谓：以为，认为。泰山：五岳中的东岳，在山东省。安：安稳。

【解析】一叶障目，以为稳固如同泰山，晋少帝在奢华中还是重蹈了前人覆辙。他一生声色犬马又适逢国内数度饥荒、边陲纷乱，竟然毫无自知之明，“鄙辅臣之谋略”，终成亡国之君“身老穷荒”。

人生而有死，理之常也。

【注释】《旧五代史·晋书·宗室列传第二》。常：常规、普通。

【解析】石敬瑭起兵谋反，其弟敬威“知祸必及”，便言道：“不可偷生待辱，取笑一时。”于是“自杀于私邸”。敬威死得很是迂腐，身为唐臣不能忠于皇朝，身为人弟不能义于其兄，他左右为难无所适从只得一死了之。而敬威面对死亡表现出的豁达和对死之常理的认识，却是常人不能参透的。

虽夷伤流血，矢镞贯骨，而辞气益厉。

【注释】《旧五代史·晋书·宗室列传第二》。夷：受伤。镞：箭头。厉：威严，严厉。

【解析】古往今来，能征善战的将才层出不穷，梁国将军韩王晖当称其中的一位豪杰。他与刺骨的痛楚搏斗，他的热血喷涌于敌阵，“一人投命，足惧千夫”，这分胆魄，这份刚毅，足以恢弘士气，气贯长虹。

稔恶图危，难逃天网；亏忠负义，必速神诛。

【注释】《旧五代史·汉书·隐帝纪上》。稔：事情酝酿成熟。诛：责罚，惩罚。

【解析】“人”不单是个人，它还代表着群体。道德是通行在社会中的共同语言，使人们能够共处，而不至于退化到任凭原始野性驱使谋求生存的地步。人们一致遵守的道德条款更进步、更文明地维持着社会的和睦。品德不端的人因不择手段维护私利，不停地颠覆这种平静，所以必然要被义愤填膺的群体剔除。

念守器承祧之重，怀临深履薄之忧。

【注释】《旧五代史·汉书·隐帝纪中》。器：这里指祖先的基业即国家。祧：远祖之庙，指奉祀高祖以上神主的处所。

【解析】汉隐帝是在“奸臣乐祸以图危，群寇幸灾而伺隙”的危难关头开始主持政务的，所以他还无暇回首反顾自己幸运的命运，就已操劳忙碌起来了。他的话是在表明天子的责任感，而并未倾诉那种徒劳无益的担忧。虽然责任感很容易在危难中产生，但在一切时间里，尤其是繁华盛世更应该具有，否则它只能用来亡羊补牢、拯救危亡了。

尝胆履冰,废飧辍寐。

【注释】《旧五代史·汉书·隐帝纪中》。飧:晚饭,也指简单的饭。辍:停止,中止。寐:睡。

【解析】怠惰,纵容人在不该休息的时候休息;纵容人羡慕舒适的光阴,躲开艰辛的创业历程。而尊崇勤奋、打消奴性的人杜绝了怠惰的纵容,他们的金科玉律永远是废寝忘食、卧薪尝胆,纵使他们冥顽不灵,那持之以恒的辛劳也终将蜕变为成功的欣喜。

宜推济物之恩,用广好生之道。

【注释】《旧五代史·汉书·隐帝纪中》。推:推行,推广。济物:救助他人。好生:爱好生灵。

【解析】大赦刑狱,这是统治者"以德报怨"最明显的举措。此语出自《老子》,是说统治者通过德政来化解与人民的宿怨。而孔子从具有超阶级性的"泛众爱"之说推导出的"以直报怨",则更为深邃。统治者只有笃信"仁",然后必须有原则地去"报怨",这显然比前者那样弥补过失强得多。

神器不可以无主,万机不可以久旷。

【注释】《旧五代史·汉书·隐帝纪下》。神器:帝位,政权。万机:当政者处理的纷繁事务。旷:荒废。

【解析】彪炳历史的伟人与人民一同推动文明的车轮,是举起火把的先行者的代表,引领人民创造着历史。但五代却未能造就这样的英雄,尽管《旧五代史》上多处夸大其辞,"主神器,理万机"的意义还是降低了。这样的词句如果出现在大唐盛世的典籍上,或许能让人们真切地感受到伟人的价值。

自晋高祖建义,及国家兴运,虽出于天意,亦土地人民福力同致耳,未能惠其众而欲夺其财,非新天子恤隐之理也。

【注释】《旧五代史·汉书·后妃列传第一》。致:达到。惠:赐。恤:体恤,爱怜。

【解析】在中国,男人对女人的敌意几千年里没有停息,这是文化中很偏激的一部分。汉隐帝曾愤愤不平地说:"国家之事,非闺门所知。"但他母亲数年前的这番谏言,高祖皇帝也只得应和着"敬闻命矣"。这位汉朝皇后还拿出后宫的全部积蓄分与将士,虽然她对国民的见解并未跨越那个历史阶段,但她的一言一行已够让一些统治者汗颜的了。

坐见天衢,物不能隔,至贵之祥也。

【注释】《旧五代史·周书·太祖纪第一》。隔:遮断,阻隔。至:达到极点。

【解析】太祖"于室中见天象",通星象者说这是"至贵之祥"的征兆。也许这种说法太离奇了,但在安逸之中看到伏祸,在颓唐之中看到希望,在混沌之中看到智慧,却未听任惰性的阻隔而幡然悔悟,这正如于室中浏览天河,没有屋顶的掩蔽。人若拆掉限制视野的樊篱,这岂非"至贵之祥"吗?

相时而行,庶臻中道。

【注释】《旧五代史·周书·太祖纪第一》。相:观察,审察。时:时机,时局,时代。臻:至,到。

【解析】"承弊之时,非猛则奸凶难制;及知劝之后,在宽则典宪得宜",这反映出古人从现实的各种联系中认识事物,行为上是随机应变的。《中庸》上"中也者,天下之大本也。""中"就是致力于使众多对立的矛盾平和。时势变迁就要改变一些政策,使其活力得以复原,能够调解激化了的矛盾。但对历史进化而言,"相时而行,庶臻中道"是保守的、技巧性的,在一定时候它会反对社会的革新。

顺物之情,从众之欲。

【注释】《旧五代史·周书·太祖纪第二》。顺:顺应,顺从。从:顺从。

【解析】人民无休无止地劳作,使国家充满勃勃生机,所以君主应用权杖来满足人民的愿望,压却心中的怒火,减少攻伐,并且降低租赋,使人民不流离失所,不是讨好而是殷切地呵护国家之安定。"乐民之乐者,民亦乐其乐;忧民之忧者,民亦忧其忧",顺乎民情,就是要随顺人民的意愿,让人民的呼声响彻耳底。

苟利于民,与资国何异。

【注释】《旧五代史·周书·太祖纪第三》。利:施利益,给好处。资:供给,资助。

【解析】人民是国家的根基,真正的财富,人民创造了国家的富强。周太祖郭威直截了当地说出了利国与利民无异。战乱频繁,却为满足穷奢极侈的荒淫生活,盘剥饥不果腹的人民,堆积起国库里的黄金珠玉。这种压榨,动摇了国家根基,简直是灭亡之道。

自燔之际,以宝随身。

【注释】《旧五代史·周书·太祖纪第三》。自燔:自焚。宝:这里指皇帝的印信。

【解析】传国宝始自秦始皇，历代相传，至后唐末帝自焚时便一并焚毁了。始皇帝命李斯撰写宝文，宝文大体上都是些皇帝承天受命之类的文字，象征着至高无上的尊严与权力。而无数王朝被人民掀翻，结束了它最后一次权力角逐、搜刮民脂的盛会。末帝于垂死之际，还未割舍下代表强权的传国宝，这是权力的悲剧，更是人民重罚罪恶的壮举。

善操理者不能有全功，善处身者不能无过失，虽尧、舜、禹、汤之上圣，文、武、成、康之至明，尚犹思逆耳之言，求苦口之药，何况后人之不逮哉！

【注释】《旧五代史·周书·世宗纪第二》。善：擅长，善于。操：从事。理：治理。全：完全。尧：传说中古代一个部落联盟首领。逮：及。

【解析】批评不是谎言，是芒刺，它能刺痛人。曾子曰："吾日三省吾身，为人谋而不忠乎？与朋友交而不信乎？传不习乎？"反躬自省并且允许刻薄地责备，总比讥笑和赞美有建设性。实际情况是，根本不存在完美无缺的人，即便圣贤也需要批评和自我批评，只是他们自觉地这样做了。

事有不便者，革之可也，理有可行者，举之可也，勿务因循，渐成讹谬。

【注释】《旧五代史·周书·世宗纪第二》。革：改变，革除。举：施行。因循：沿袭。讹：谬误。

【解析】周世宗掌政期间，很多官吏"或以年老而得第，或因媒势以出身"，因为丰富的官场阅历或者实无才学所以对国政闭口不谈。世宗下诏，整顿、改良了吏制，希冀扭转这种不言时政瑕疵的风气，并且恳请贤才直言国事，不要再因循旧风。

质于天地，信若丹青，我无彼欺，尔无我诈。

【注释】《旧五代史·周书·世宗纪第三》。信：诚实；真实。丹青：朱红色或青色的颜料。尔：第二人称代词，你。

【解析】诚实无私是人间的清歌，欢乐回旋。它像无形的力量把一群群笑声召集在一起，而从心术不正的脸孔挤出的惨白的奸笑不在其中——它只会剪断人与人之间的友善。诚实无私使人与人的相处不再有弥天大谎、猜疑之心，也不会因错觉而发生误解。

失则明言之，功则厚赏之，文武参用，莫不服其明而怀其恩也。

【注释】《旧五代史·周书·世宗纪第六》。失：错误，失误。明：前一个是明确，清楚，明白；后一个明是英明。

【解析】周世宗“加以留心政事,朝夕不倦,摘伏辩奸,多得其理”,并做到信赏必罚。他会当面指责臣下的失当之处,奖励有尺寸之功的大臣,因为他识辨真伪,臣子察言观色也难以投机取巧。世宗为贤士提供了公平的环境,使他们得以畅所欲言,尽心国政。

降年不永,美志不就,悲夫。

【注释】《旧五代史·周书·世宗纪第六》。降年:这里指上天赐予的年轮。永:长。就:完成,成就。

【解析】矢志不渝,但无情的生命在疾驰,他的伙伴终将送去他们中的一个精灵,若流岁回转,也许英才就能缩短一个浩渺的时代。

四序之气,寒往则暑来;五行之数,金销则火盛。

【注释】《旧五代史·周书·恭帝纪》。序:季节。气:节气,时令,也指天之六气。

【解析】中国古代思想家不是通过分析,而是通过直觉与体悟直接萌生了五行观念,也是直觉与体悟促成了古人思维中宇宙与人相互渗透、融合化一的整体形象。他们不必离开现实就到达包罗万象的“天”的广度、深度,去思考人类社会。而此语折射出人与社会的变化是种必然的哲理。

《新五代史》名句

攻取之道，

从易者始。

——《新五代史·周臣传》

非有功德兴王之业也，此岂足与共成事哉！

【注释】《新五代史·梁本纪第一·太祖上》。功：功德，业绩。德：道德，德行。兴：振兴。

【解析】良禽择木而栖，俊杰执著于托身明主，借明主以咏怀，肯定自我价值实现拯救国难的夙愿。他们难以与昏君同舟共济，不只因为君不明智，还因为昏君周围的情势复杂多变，使俊杰四面碰壁，报国无门，就连性命也朝不保夕。

圣人之于《春秋》，用意深，故能劝戒切，为言信，然后善恶明。夫欲著其罪于后世，在乎不没其实。

【注释】《新五代史·梁本纪第二·太祖下》。切：深切。信：真实，确实。明：显明，明确。著：记载。没：隐灭，埋没。

【解析】"梁负大恶，当加诛绝，而反进之，是奖篡也，非春秋之志也"，但"鲁桓公弑隐公而自立者，宣公弑子赤而自立者，郑厉公逐世子忽而自立者"，都被《春秋》如实地收录下来。史学家造诣的深浅有一个恒定的标准，看他是否能真实地斟酌历史，因厌恶而不收录史实，因敬慕而夸张地溢美，是对历史的断章取义。如果历史的罪恶隐没在史家情绪化的笔端，那么后世之"鉴"便不完全。

天以火戒我，岂宜增以侈邪。

【注释】《新五代史·唐本纪第六·明宗》。戒：告诫，警戒。侈：浪费。

【解析】广寿殿在火灾中付诸一炬，唐明宗无意再大兴土木便说道："天以火戒我。"平凡的帝王、将相在房宅被焚之后大抵不会这样说，明宗的话很耐人寻味，尤其精彩在一个"戒"字上。"人无远虑，必有近忧"，把微不足道的琐事视之为戒，这是远见。明宗的用意极深，而修身无戒，治国无戒，国家又如何长治久安？

有诸中必形于外。

【注释】《新五代史·汉本纪第十·隐帝》。

【解析】心术决定行为，荀子曰："术正而心顺之，则形象虽恶而心术善，无害为君子也；形象虽善而心术恶，无害为小人也。"行为是心灵的外衣，观察行为，便可了解一个人的内心世界。

吾闻佛说以身世为妄，而以利人为急，使其真身尚在，苟利于世，犹欲割截，况此铜像，岂其所惜哉？

【注释】《新五代史·周本纪第十二》。妄：虚妄。惜：痛惜。

【解析】周世宗诏令“悉毁天下铜佛像以铸钱”。这种“大不敬”从汉代佛教文化传入华夏大地时就开始了,世宗从真利人与假利人的角度出发,草拟了毁像铸币的诏书,说出了以上一番话。

自古女祸,大者亡天下,其次亡家,其次亡身,身苟免矣,犹及其子孙,虽迟速不同,未有无祸者也。

【注释】《新五代史·梁家人传第一》。及:涉及,影响。

【解析】以女称“祸”有失公允,女子只是祸事最浅显的原因,昏庸的帝王才是幕后主谋,所以女祸也可称之为男祸。荀子曾经把嗔怪的矛头直指帝王,认定女祸的祸因是帝王个人素质低下。

君父,人伦之大本;忠孝,臣子之大节。岂其不相为用,而又相害者乎?抑私与义而已耳。盖以其私则两害,以其义则两得。

【注释】《新五代史·唐明宗家人传第三》。人伦:封建礼教所规定的人与人之间的关系,特指尊卑长幼之间的关系。本:根本。节:气节,节操。害:妨碍,妨害。

【解析】欧阳修给“为忠孝者不两全”这个论断翻了案。他开拓了一条忠孝可以相辅相成的道路。跟随君王与父交战,“君败则死之,父败则终丧而事君”;跟随父与君王交战,“君败则死之,父败则待罪于君”。这种狭隘的忠孝观割裂了父与义的联系,使忠效者最终都得停靠在金銮殿上,或成为代罪羔羊,或凄然跪拜。但时代在发展,欧阳修规定的“义”“私”已是明日黄花,它们随着新的意识形态的出现发生着变化。

至公,天下之所共也。

【注释】《新五代史·周世宗家人传第八》。公:公正,公平。共:共同占有、享用或承受。

【解析】因后周太祖叛逆汉室,“汉遣刘铢诛其家族于京师,酷毒备至”。太祖成事后“遣人责铢”,但等待他的却是刘铢的严辞辩白。虽然太祖深恨刘铢切入骨髓,却拿他没有丝毫办法。到了“追封妻子之被杀者”时,太祖“其言深自隐痛之而已,不敢有非汉之辞焉”。理屈则词穷,离弃公理,身为一国之君的周太祖也只得品食苦果。

春秋古法,不可用于今。

【注释】《新五代史·梁臣传》。春秋:指公元前722年到公元前481年这一历史时期。法:兵法。

【解析】梁太祖询问敬翔，春秋兵法是否还适用于当今。“兵者，应变出奇以取胜，春秋古法，不可用于今。”敬翔的言论推陈出新，很吻合这位“马上皇帝”另立王朝的理论需要。但此语的偏颇之处还是显现出来，它一概否定了传统中的精华。可是另一方面，敬翔的话确实值得嘉许，因为它承认了历史的进步性。

山头冻死雀，何不飞去生处乐。

【注释】《新五代史·梁臣传》。

【解析】听听，鸟雀突突地飞走了——哦，它带回了第一缕黎明。它在透白的黑色里翻飞了一圈，啁啾啼啭，它的第一声吐放还引起了汩汩山泉在小兽取食的细嚼声里扬起清亮的调门，讲开了夜里的见闻。但天光再次放亮，寒冬已踩踏着大地令这片世界凝固了。饥寒交迫的鸟雀不像垂落满地枯黄、绝望着的老树，也不是候鸟，可以在蚊虫死去时倦游而去，它只会收紧翅子，进入那些重峦叠翠的回忆，嗅着寒风，瞑神等待。

一杯之难犹若此，滔滔河流可尽乎。

【注释】《新五代史·梁臣传》。难：困难。犹：尚，还。尽：完。

【解析】极言困难重重，宜谨慎对待。晋军锐不可当，刘鄩几番用计才与之成相持之势。梁末帝讥讽他说，你屯粮不动是为破敌还是为了解饿。众将气愤之下争着领兵出战，刘鄩一言不发却从河里盛来几杯水，众将面面相觑无心喝下。“一杯之难犹若此”，刘鄩无奈地环视他们说，“滔滔河水可尽乎”。众将大惊失色，仿佛已感受到奔腾的河水那汹涌之势，冷静了下来。

事急不赴，岂曰勇乎。

【注释】《新五代史·梁臣传》。急：紧急，急迫。赴：前往。

【解析】晋军兵发泽州，军情紧急，牛存节力排众议，火速率兵援助泽州去了。事前他说：“吾行虽不受命，然泽州要害，不可失也。”为将者一身胆魄，在存亡关头怎能畏缩，若隔岸观火，兵家的尊严便丧失殆尽了。

穴地道以攻之，亦穴地以应之。

【注释】《新五代史·梁臣传》。穴：打洞。应：对付，应付。

【解析】晋军深挖地道，企图由此潜入城中。梁军采取同样的手段在地道里与之兵戎相见，守卫城池。比喻针对具体问题作具体分析，就能找到相应的办法解决问题。

将帅不和，梁亡无日矣。

【注释】《新五代史·梁臣传》。无：没有。

【解析】梁唐两军对峙了百余日，都按兵不动，谁也找不到胜敌之策打破僵局。但梁军统帅谢彦章与部将心存芥蒂，这就使战场的形势顷刻间风云突变，唐庄宗幸运地从敌方将帅的内讧中收取了渔人之利。将帅不和相互掣肘，军令就得不到贯彻，而军队失去了正确的指导无疑是要打败仗的。

兔阴且狡，虽白何为？

【注释】《新五代史·唐臣传》。阴：阴险。狡：狡猾。

【解析】兔子是表里不一的生灵最突出的代表，它毛色莹洁，天性狡黠，经常营造几个窟穴与天敌周旋。一次，宿州进献给唐臣安重诲一只名贵白兔，他推辞说："兔阴且狡，虽白何为？"便没有接受。想必生活中那些表里不一的人也是人们应该敬而远之的。

望尘以知敌数。

【注释】《新五代史·唐臣传》。

【解析】遥见行军卷起的烟尘就能推算出敌兵的人数。如果得心应手地运用经验，就能使人在某种程度上先知先觉。但也有例外，张飞叫军卒骑上拖着树枝的战马疾奔，尘土腾空飞扬的景象吓退了曹兵。可见，经验本身是存在缺陷的，只有冲破经验主义的窠臼，才能使经验恰如其分地引导人的行为。

白马朱甲。

【注释】《新五代史·唐臣传》。

【解析】梁将陈章喜着艳丽的铠甲，洋洋得意地走马阵前。唐臣周阳五评价他时可谓一语中的，"徒饰其外尔，其中不足惧也"。白马朱甲就成了外强中干者的代名词。

死之所以可贵者，以其义不苟生尔。

【注释】《新五代史·唐臣传》。以：因为。苟：苟且，随便。尔：语气词。

【解析】长寐勇士的归宿地，伫立着他亲手书写的崇高人格的碑。如果死真是可贵的，那么一定是仁人志士。

天子方怀之以德，而震之以威，天下之势，不得不一也。

【注释】《新五代史·唐臣传》。德：恩德，德行。威：威力，威势。

【解析】孟子对儒家思想做了进一步深化，在他的思想中，人的地位得到了前所未有的重视。他精辟地论述道:“天时不如地利,地利不如人和。”“天时”“地利”这种环境作为上天的意旨已处在“人和”之下,而这民意胜出天意的思想,正是此言的本质和精髓。由此就可以剖析五代王严所论及的问题,天子即使受天命而生,也应以德来感化子民,以求人和,以威来镇服子民,以求人和。当民意一致指向天子时,天子自然拥有天下。

骑虎者,势不得下。

【注释】《新五代史·唐臣传》。

【解析】身临不可回头的境地,如骑猛虎。假如翻身而下,就会立刻暴露在危险之下。虎背上没有出路,而惊恐的危坐方式又令人很尴尬。

独见之虑,祸衅所生也。

【注释】《新五代史·唐臣传》。独:单一,独自。见:见解。

【解析】保持独立的思维、拒绝雷同当然快意,但闭门造车独自在思维,却不能兼听则明,实难扭转乾坤。

食人之禄而任人之事。

【注释】《新五代史·唐臣传》。禄:古代官吏所受的粟,泛指薪俸。

【解析】“学得文武艺,货卖帝王家”,古人受时代的局限,也只能抱持这样的崇高动机。封侯拜相是个人追求的最高目标,为此所做的是忠心耿耿地劳于政务。

作舍道边,三年不成。

【注释】《新五代史·唐臣传》。作:造,建造。成:完成。

【解析】有人在路边盖房子,他向从这儿经过的人询问,房子怎样规划建筑才能建得最好。结果众说纷纭,他感到每个人说得都有道理,三年过去了,房子也未盖起来。薛文遇说起这件事,奉劝唐闵帝要有主见,不能优柔寡断地一味听信别人的说辞。

仁者之勇,何其壮也。

【注释】《新五代史·唐臣传》。仁:古代儒家的道德范畴。孔子言“仁”,包括恭、宽、信、敏、惠等内容。

【解析】与将军、猛士相比,书生也许太过文弱,少了些硝烟的熏炙和刚猛的气度。但文臣上呈一篇谏言的危险不亚于武将跃马征杀,只是他们的战场不同,风格也不同。仁者之勇潜而不张,他虽然风平浪静地直抒己见,但却像惊涛骇浪一样壮观。

好恶，上所慎也。

【注释】《新五代史·唐臣传》。慎：小心，慎重。

【解析】唐明宗继位后，很想召术士周玄豹入宫占卜祸福。大臣赵凤劝阻明宗说，“好恶，上所慎也”，陛下迷信吉凶之说，全国的臣民都将去效仿，吉凶之说就会惑乱人心。明宗听后很叹服，就打消了下诏的念头。帝王是全民的表率，他的“好恶”势必带动着民风的转变。

此殿所以尊严宏壮者，栋梁柱石之所扶持也，若折其一栋，去其一柱，则倾危矣。

【注释】《新五代史·唐臣传》。

【解析】唐明宗受谗言所惑，草率地处理了一宗有关大臣的案子。赵凤问及时，明宗不耐烦地说，一件闲事，你就不要问了。赵凤手指大殿激昂陈词：“大臣，国之栋梁柱石也，皇上怎么能视为儿戏，皇上怎么能不器重、不珍惜他呢！”明宗闻之动容，懊悔地说：“卿言是也。”很快，就收回了成命。

傅虎以翼也。

【注释】《新五代史·唐臣传》。傅：附着，加上。

【解析】虎生出羽翼，比喻本已强大的势力愈加强大。李袭吉才略过人，是五代的贤士，当时屈身在晋王门下。梁太祖虎步中原之际，求贤若渴，他说，如果得到袭吉的辅佐，就能虎生双翼，纵横无敌。

吾肉，非尔之食也。

【注释】《新五代史·唐臣传》。

【解析】刘赞官至刑部侍郎。他幼年时，做县令的父亲只给他蔬菜吃，并说：“肉食，君之禄也，尔欲之，则勤学问以干禄；吾肉，非尔之食也。”激励他勤奋学习，依靠自己的能力独立生活，建立功业。

七尺之身，不如一尺之面。

【注释】《新五代史·晋臣传》。

【解析】桑维翰自嘲时说的“面”实际代指的是情操；“身”代指的是丑陋的相貌。维翰借此抒发了自己志向高远、高风亮节的情感。日后，他写作一篇《日本扶桑赋》，绝唱千古。

射不入铁，不如不发。

【注释】《新五代史·晋臣传》。

【解析】景建是五代时期精于骑射的名家，他教授儿子延广时强调箭法的精髓在于“入铁”。箭影脱奔飞驰，有的不破缟素，有的竟碎铁穿石。箭手射箭，喷发着心中摧枯拉朽的气势和豪力，追求“入铁”象征着箭手追求至臻完美的境界。

始以契丹而兴，终为契丹所灭。

【注释】《新五代史·晋臣传》。始：开始。以：靠，凭。终：终了，末尾。为：被。

【解析】此语颇有“成也萧何，败也萧何”的意味，世事无常，成败全由一人来主宰了。但晋却不比韩信还有居功自傲的神气，它因契丹的扶持而建国，皇帝尊称契丹人为父。当薄利与卑躬屈膝的臣服再也无法打动契丹的时候，便注定了它要被吞灭的结局。

见民捕盗者，以为贼。

【注释】《新五代史·汉臣传》。捕：捉，逮。

【解析】卫州刺史叶仁鲁听说领地里群寇滋事，领兵追捕。他赶到时，贼寇已被拿起武器奋起抵御的村民杀败，正逃往山中。他以为紧追不舍的村民也是强盗，就把他们一起抓获，割断脚筋扔在了山脚下。叶仁鲁武断地处理问题，被表面现象麻痹，不经思考分析终究铸成了大错。

威制人主，帝与左右皆患之。

【注释】《新五代史·汉臣传》。制：压制。

【解析】古代的臣子作为连缀君民的中间力量，既得忧君又得忧民，而为此建树的功勋要是深得民心，就会遭遇“帝与左右皆患之”的窘境。因为让人群欢呼雀跃的荣誉，唯有帝王才能独享。一些深明此理的将相，都重于明哲保身。只有两类人推翻了这项法则，一是像史弘肇这样，沉迷利欲不在乎“威制人主”的；另一类是含辛茹苦报效国家，不得已牺牲于“威制人主”的。

小不制而至于僭，大不制而至于滥。

【注释】《新五代史·周臣传》。制：禁止，遏制，控制。僭：过分，差失。滥：过分，放肆。

【解析】不要把细枝末节看作无足轻重的事，“祸”正埋伏在这些细微的弊病里养精蓄锐积累力量，并逐渐由小变大。

攻取之道，从易者始。

【注释】《新五代史·周臣传》。道：途径，方法。

【解析】后周王朴献《平边策》阐述了攻虚击弱的理论，建议周世宗先攻吴国，而后袭桂、广……最后图并地。虽然世宗如获至宝慨然称赞，但时不我待，可惜他的鸿鹄之志终未实现。到了宋代，这些地方如同王朴预见的那样，被依次收复。这个事实说明了《平边策》里闪现出的是王朴的真知灼见；说明了“从易者始”是胜利的捷径；也说明了最弱小的最先覆亡的道理。

作器者，无良材而有良匠，盖材待匠而成。

【注释】《新五代史·周臣传》。盖：连词，承接上文，说明原因带有推测的意思。待：依靠。成：完成。

【解析】工匠技艺精湛，假如找不到绝佳质地的材料，就要凭借创造力去修正、弥补材料的缺憾。这奇迹一样的作品真实地展现了真正的伟大——是创造者的力量。

豹死留皮，人死留名。

【注释】《新五代史·死节传》。

【解析】这是梁臣王彦章出于忠义常说的话。

为政有惠爱。

【注释】《新五代史·死事传》。为：做，作。惠：仁慈，仁爱。

【解析】这个句子在欧阳修的史书里出现的频率很高。这个话题也重复了千年，过往的、新生的政治家乐此不疲地一遍又一遍弘扬着惠爱观。而往昔各个王朝有失惠爱的苛政“弊”道是何等的平常，不满愤懑的人民为了生存终于燃起烽火，陈胜、吴广、黄巾、赤眉……以饥饿、屠戮、浓血、遗骨换来的镂刻在史书上的这几字是何等沉重啊！

闭孤城以自守，其势岂得久邪？

【注释】《新五代史·死事传》。孤：单独。势：形势。岂：表示反问，可译为“难道”。邪：句末语气词。

【解析】安从进坚守襄州，孤立无援，兵疲粮尽，一年后被后晋攻破。中国曾经好比这座城池，孤独地运作在亚洲的土地上，谢绝交流带来的进步，它挺起灿烂文明的头颅，自傲，狂悍，它所认同的友邦几乎都是被它征服的属国。日久经年，故步自封的盛大也开始苍老而渺小了，列强鱼贯而入，在枪炮的贪婪的鸣叫声中，中华民族遭遇了莫大的嘲弄与惨痛。

金碗玉杯而盛狗屎可乎？

【注释】《新五代史·死事传》。

【解析】孙晟起先是道士，他在道观中挂了诗人贾岛的画像，晨夕供奉，结果被简寂宫道士拿着棍棒哄了出来。后在吴为相，他善写诗、精文辞，常常谈辩风生使听者忘倦。他轻视朝臣冯延巳的为人，以金碗玉杯自比，不与之往来。从这些事迹中，孙晟特异的性格尽显出来，他以狂放不羁的方式追求理想、戏弄虚伪、笑骂丑恶。

终不负永陵一抔土也。

【注释】《新五代史·死事传》。负：背弃、辜负。永陵："永陵者，忭墓也。"

【解析】孙晟奉李景命，游说周世宗罢兵，知道无望归来，临行前说："终不负永陵一抔土也。"果然，这次出使孙晟没有回来。他深知拱手相让一城一地根本不能满足世宗吞并淮北诸州的野心，但他仍默默祈祝这一丝渺茫的希望，欣然前往直到以死报国。世宗爱惜他的文辞韬略向他求教胜敌、治国的方法，几次三番，孙晟缄口不言，这时他已不在意逼近身前的死亡，而是心无悔恨地，热情地欢迎死亡的到来。

忠臣义士多出于乱世。

【注释】《新五代史·行传》。

【解析】英雄叱咤风云的空间只有乱世，起码在乱世英雄的比例要多一些。他们在被称为忠臣义士之前，洞悉"干戈兴，学校废，礼义衰，风俗隳坏"的时代特点，秉持真诚、同情甚至残忍投身乱世，不畏创痛，不怕死亡，，哪怕即将倒下，看不到一个修齐治平国家的出现，也要振臂呼唤，发挥自己狂澜般的威力。

以忠获罪，而何必自明，有至死而不言者，此古之义士也。

【注释】《新五代史·行传》。

【解析】义士的精神信仰是"仁"，所以会"以忠获罪"，"至死不言"。他们以无言的不会呻吟的死亡方式把生命献给君主，而不必自明。因为他们崇尚着王命和仁礼智言，但仁礼之说只是君主号令的花巧变形，这就使得很多义士还未发挥出为国为民的效用，就一言不发地陨灭了。

其迹虽远而其名愈彰。

【注释】《新五代史、行传》。迹：脚印，踪迹。名：名望，名誉。彰：显著。

【解析】像郑遨这样博得人们景仰的隐士，多具有"遭乱世不污于荣利"的品格。当他不相信统治者推崇仁礼道德的时候，就住进山腰间的茅草屋开始游戏山林的恬淡生活。达官显贵瞪着眼睛抠每一文铜钱的时候，他盘坐在人生纯净的篝火旁，吟哦出许多牵动灵魂的秀美诗章。

夫一，万事之本也，能守一者可以治天下。

【注释】《新五代史·行传》。夫：句首助词，无实义。本：根源，根本。守：保有，保持。

【解析】这是道家辅政治邦的思想，“道常无名朴。虽小，天下莫能臣。侯王若能守之，万物将自宾”（《老子》）。但实际上，统治者通行的是愚民政策，从“仁”“礼”上找根据遮掩视听，自上而下地酿成了社会的动荡。一由道生，守一即守道，张荐明正是针对当时社会“为道日损”的弊陋，劝谏晋高祖杜绝这种使民众厌弃的伪善之礼，守真道，真爱民，以治国。

士之生死，岂其一身之事哉！

【注释】《新五代史·唐六臣传》。士：具有某种品质或才干的人。

【解析】贤臣身负重责，关系到社稷的沉浮。可是，历史上君主视他们的生命如草芥，动辄宣判他们死亡的事例俯舍皆是。唐天佑年间，兵部侍郎王赞、工部尚书王溥“皆以无罪”被赐死于白马驿，致使朝中空乏，再无砥柱之材。

作俑者也，真可谓不仁之人哉。

【注释】《新五代史·唐六臣传》。作俑：比喻倡导做不好的事。

【解析】“仁”体现出古人对崇高精神境界的追求，多方位建构了一个时期中国人的价值观、人生观、世界观以及思想品格。宋代新儒们对儒学在怀疑中求发展，斩钉截铁地坚持了“仁”，把乱臣贼子这些作俑者定性为“不仁之人”，是对他们最深恶痛绝的否定。因为作俑者作为统治阶层中的一员，可耻地叛逆了治国安邦之道。

今日之战，得山者胜。

【注释】《新五代史·义儿传》。

【解析】总有最关键的症结决定事态的发展，着力于症结的努力恐怕是解决问题最直接有效的办法。梁晋两军对峙，梁军登上无石山，盘踞在最有利的地位。晋将李存勖制定了直接而不迂回的策略：“得山者胜！”暗中遣军进发北山，亲率部队从正面朝山顶攻击，当梁军蜂拥而下，那支暗地里调动的军队轻而易举地占据了山头，前后夹击大败梁军。

以利合而相资。

【注释】《新五代史·义儿传》。资:资助,给予。

【解析】五代"干戈起于骨肉"以利合而相资的事例不胜枚举。利欲熏心、一拍即合,互利关系可以膨化至父子关系;血缘上的父子关系也能恩断义绝。"世道衰,人伦坏",大多贵族干着强横凶暴的勾当,况且兵事四起,并非圣贤谁又能以儒雅自居呢。此言主要是针对统治阶层来说的,从中可以看到利益残杀亲情的现象,并透射出了一个时代的特点。

徙城避敌,岂勇者所为?

【注释】《新五代史·义儿传》。徙:迁移。

【解析】以前的沁州刺史不敢住在沁州城里,而是让军民陪他寓居在城南百余里的一处天险。这样在其位不谋其政,甚至连自己的领地也不敢镇守,又和令人耻笑的懦夫有什么分别呢?后来存贤上任,很鄙视这种懦弱的做法,便把城池迁回了故地。

绳之以法。

【注释】《新五代史·义儿传》。绳:纠正,约束,制裁。

【解析】有胆识的执法者自古以来一直积极惩办着触犯法律的显赫人物。随着法律精神蔚然成风,法律执行者将不再身不由己地呵护富人与权威,并真正鼓励执法者实现规范社会的愿望,使不法者畏惧而学会恪守法规,使一切社会因素在法律的安排下趋于合理化。

忧劳可以兴国,逸豫可以亡身。

【注释】《新五代史·伶官传》。豫:安逸,安乐。

【解析】忧劳与安逸作为人孪生的本性,在人类向光明的灯火奔走的途程中,像一对争夺我们思想的狩猎者。被忧劳驯服的心灵将去接纳璀璨光华的普照,被安逸猎杀的心灵,要陪伴着寻欢作乐掩埋在可怖的黑暗中。

祸患常积于忽微,而智勇多困于所溺。

【注释】《新五代史·伶官传序》。积:积累。忽微:极细微的事物。溺:过分的爱。

【解析】喜欢音乐是一件小事,唐庄宗能普曲又知音。但他整日里与乐官杂戏玩乐,终因安乐亡了国。荀子说:"夫乐者,乐也,人情之所不免也。"可是"乐则不能无形,形而不为道,则不能无乱"。极端地沉溺于一己之欢,心智将因此干涸,而心智干涸之地正是祸患最美的温床。

明者未形而知惧,暗者患及而犹安焉。

【注释】《新五代史·宦者传》。明:贤明的人。暗:愚昧糊涂的人。

【解析】贤明的人哪怕看到表面上的疾患,即使它刚露出苗头,就已心躁不安了。昏暗之人,大祸临头尚且不觉。

小善中人之意,小信固人之心。

【注释】《新五代史·宦官传》。中:符合,合乎。固:坚定,巩固。

【解析】这句话是说诸如宦官之流,以关切的言行取悦君主、惑国乱政的事情。这类寄生虫永远都在以细小的恩惠伪装狰狞的嘴脸,而后,他们再去伺机捕杀那些被他们迷惑和引诱的人。

人情处安乐,自非圣哲,不能久而无骄怠。

【注释】《新五代史·宦官传》。处:处于,置身。骄:放纵,骄傲自大。怠:轻慢,懈怠。

【解析】迷醉于温暖的生活,养尊处优,久而久之,举手投足间都会弥漫慢吞吞的懒惰,安逸却腐烂的尘土会泯灭你所有的光荣,会使人失去劳作者健美的体格、勤劳的美德。

难与力争,而可以理夺也。

【注释】《新五代史·杂传》。理:道理。

【解析】语言的巨人常凭思想的力量俯视一切,提示那些迷惘的人倾听机智。冲动、机械的蛮力殚精竭虑难以破除的障碍,常被它轻而易举地一脚踢开,梁太祖数万雄兵布阵城下,王镕手足无措,焦急万分,他的判官周式微笑着开导他说:“难与力争,而可以理夺也。”这样,史书上就记载了一幕舌战退敌的故事。

霸者责人以义而不私。

【注释】《新五代史·杂传》。霸:称霸。责:要求。私:偏私,私利。

【解析】昔日曹操打败袁绍,竟在袁绍的营帐里发现了属下与袁绍来往的信件,很多将领捏着一把汗。可当着众人,曹操出人意料地把信全烧了,而未拆一封,未罚一将。曹操的气度太让人惊叹了,梁太祖听周武说完这个典故深深感到了霸者责人以义而不私的分量。霸者就应该摒除反唇相讥求全责备的恶习,豁达地、圣明地去以德操对待人、说服人。

野烟生碧树，陌上行人去。

【注释】《新五代史·杂传》。陌：田间的土埂，小路。

【解析】唐昭宗征战多年，一日登临齐云楼眺望山川，即兴写下了《菩萨蛮词》。其中“野烟生碧树，陌上行人去”一句流露出他怅然思归的心绪。那义无反顾、匆匆奔走的路人是归去的游子吗？蓦然间，在视野里就不见了。滔滔乱世英雄驰骋，尚不比野烟、碧树居有定所，昭宗沉思了？满腔的抱负要到何时才能实现呢？

境旱有蝗，则飞鸟食之。

【注释】《新五代史·杂传》。

【解析】欧阳修认为，一群小人虽然势力庞大但只要一君子尚存，小人必定恐惧君子的反击。老子曰：“福兮祸所伏。”铺天盖地的蝗虫飞到田地里啃食庄稼，这大概算是蝗虫的福；可是，只要被一只鸟发现，就会引来群鸟的争食，这算是蝗虫的祸吧，小人的命运也像蝗虫那样，终归会被吃掉的。

病不能行者焚之。

【注释】《新五代史·杂传》。焚：烧。

【解析】比喻只有消除了障碍，事物才能够顺利发展。氏叔琮是梁太祖身前爱将，在一次战役中，他的兵士有的感染上了瘟疫，瘟疫随时都会蔓延开来，不得已只得班师，但敌军极可能乘虚袭击，这就要求退兵时绝不能拖沓。他故意命令军士要把得病的士兵烧死，结果患病的士兵行走飞快，整支军队未伤一人便安全快速地撤离了。

自言清流可投之河，使为浊流也。

【注释】《新五代史·杂传》。自：自己。可：但是。

【解析】再没有这么贴切的语言形容伪君子了，清澈的河水被腐蚀成黑色，也荡涤不净他们身上的污秽。他们把善良当成伪饰，甚至赶不上罪犯心直口快，混迹于滚滚人流，像自言丽质的苍蝇叮在人的颈上。

凄怆其声以自喜。

【注释】《新五代史·杂传》。凄怆：悲伤。

【解析】悲凉的小径，沿着它蜿蜒而入孤独的净土。那里思想宁静、悠远，潺潺溪流富有智慧地微笑着，从倦怠者的身前路过，给人启示。一切都在以无私的唇吻安慰着沧桑的人们。身居乱世，定会很喜欢吟唱悲伤的曲调，体味从孤独中走来的喜悦。

王者以大度示天下也。

【注释】《新五代史·杂传》。

【解析】当年伍子胥鞭尸没人评论什么,但一国之君如果掘死敌的坟墓,未免弃帝之尊,引来非议。唐庄宗曾想挖开梁太祖的坟墓斩棺戮尸,幸亏被张全义以“大度”之言劝止了。国家初定,百废待兴,帝王需要向世民表明,他俨然耸立的王位是要为苍生谋福,而不是众目睽睽下拿皇权发泄私愤。帝王理应以抚爱之心待臣,治政,为民。

物之有声,求其同类尔。

【注释】《新五代史·杂传》。尔:语气词。

【解析】密林里,野兽一声和睦的低啸,也许它在自言自语,也许它是召唤远方的玩伴。麋鹿机警地竖起耳朵,略一思忖,便跳过山涧没了影儿。知音难觅也是如此,伯牙与钟子期那样心弦达到共鸣的鲜有耳闻。莲出自污泥,高举华冠,却不能与污泥相知相爱,因其类不同。周显德年间,袁正辞积钱室中,常听到有声如牛,有人说是出了妖怪,他笑谈道,钱在找它的同伴呢。看来,铜臭气与铜臭气是真能臭味相投的。

眼中拔钉,岂不乐哉。

【注释】《新五代史·杂传》。

【解析】拔眼中钉如去喉中梗刺,岂不痛快。晋出帝时,赵在礼鱼肉宋州,民不聊生。后来他被出帝罢了官,城中百姓竞相告曰:眼中拔钉了,眼中拔钉了。不料他再次受诏居职时,令每人上缴一千钱,他说这是“拔钉钱”。可叹晋朝多此贪官污吏,亡之不远矣。

人固有诈疾而得疾。

【注释】《新五代史·杂传》。固:本来。诈:欺诈。

【解析】定州王都心怀二志,与王建立书信往来频繁,并约为兄弟。唐明宗不忍杀建立,于是把他召回京师监视起来。建立已感到朝不保夕,每每称病不理政务。明宗对大臣们说,他是因为得了险诈的毛病才染病的,有了险诈的病根才会身涉危难,提醒一些食俸禄而不尽忠的大臣最好别滋生反心。

廉平自励。

【注释】《新五代史·杂传》。励:勉励,鼓励。

【解析】郭延鲁耿直清廉,离职沁州多年后,那里的人民还很想念他,五代之民“上输兵赋之急,下困剥敛之苛”,不堪负荷,钱粮十之七八交到统治集团的府库里。至于来朝、奉使、赎罪都要进献疏通,而被官宦花费的钱财再由盘剥而得,一次次犹如洪水猛兽,百姓怨声载道。官吏廉平自励是为吏的规矩,“不为聚敛,民赖以安”这个道理不言而喻吧。

大木将颠,非一绳所维。

【注释】《新五代史·杂传》。颠:跌落,倒下来。维:维系。

【解析】庖丁解牛是《养生主》章中很有名的寓言,入木三分地刻画出了人驾驭客观事物的那种自由性。“大木将颠,非一绳所维”正与它形成鲜明的对比,客观条件成了束缚人活动创造的桎梏。庄子曾透彻地阐析了“囿于物”,即人受制于客观条件的问题,他的解答纷繁而玄奥,如果将这位伟大哲学家的思想简单地表述,那就是在实践中,人应能动地以自身为突破点认识并逐步把握规律。

乱亡之国,必先坏其法制而后乱从之。

【注释】《新五代史·杂传》。

【解析】荀子所言“夫贵为天子,富有天下,是人情之所同欲也”,意思是说,人人都想望天了那样的富贵和地位。儒家熟谙这层含义,便巧妙地应用“仁”当做一种内在约束机制,熏陶人们自律、节制,同时附加强制性的法制规范如此矛盾冲突的社会。废法度、削弱惩处的力量,这无异于开散漫与有序分庭抗礼的先河,既然人无望自觉遵守原则,动乱自然随之而来。

名器之用,随世而轻重。

【注释】《新五代史·杂传》。器:人才,才能。世:时代。

【解析】此言中的名器是指履历两种不同境遇的人才。盛世,因为器重人才,人才兴邦定国的方案会转化为现实;世衰,则防止紊乱的方案一定未得启动,人才的分量也就很轻了。

被甲枕戈。

【注释】《新五代史·杂传》。戈:一种古代兵器,横刃长柄。

【解析】泌州团练使刘词率众换防到房州,这里安宁无战事,可刘词每夜仍被甲枕戈而卧。有人问是何故,他说,我一向以兵戈为生,怎敢一日忘怀。

肥战马而瘠吾人,此吾所愧也。

【注释】《新五代史·杂传》。瘠:瘦。愧:惭愧,羞愧。

【解析】唐明宗听说战马已达三万五千匹,非常高兴,太祖得天下时马数也不过七千匹。不料,将军范延光出语惊人,“一马之费,可养步卒五人,三万五千匹马,十五万兵之食也”。国家尚不富庶,养兵的费用有限,徒增战马数量,人民的负担就会加重,况且作战中起决定作用的士兵数量将相应减少,军力就会失衡,这是一种贵马鄙民、舍本逐末的做法。明宗恍然大悟,不无沮丧地说:“此吾所愧也。”

仁义者,帝王之宝也。

【注释】《新五代史·杂传》。

【解析】临河县有玉杯出土,上书“传国宝万岁杯”的文字。唐明宗甚爱,认为是前世有形之宝,王者固有无形之宝。冯道不禁驳斥道:“大宝曰位,何以守位者曰仁。仁义者,帝王之宝也。”

蹈危者虑深而获全,居安者患生于所忽。

【注释】《新五代史·杂传》。蹈:踩、踏。全:保全。忽:忽视。

【解析】冯道向唐明宗讲起自己的一次经历。那次出使中山,路经井陉这个地方,石崖突兀,参差危耸,陕窄的道路崎岖难行。他担着心,凝视着道路试试探探地缓缓前行,总算走上了平坦的大路,可稍一疏忽,便一脚踩在石砾上,跌伤了手臂。冯道通过这番话,已经把居安思危的道理讲得很清楚了。

习见善则安于为善,习见恶则安于为恶。

【注释】《新五代史·杂传》。习:对某事常常接触而熟悉。

【解析】子曰:“性相近,习相远。”虽然人的本性不存在差别,但成长中由于接受了不同的熏陶,于是造成了人与人之间大相径庭的人格特点。环境对人是起塑造作用的,近朱者赤,近墨者黑。

两兵方交,退者先败。

【注释】《新五代史·杂传》。方:刚刚,正在。退:后退,退却。

【解析】“退者先败”并非描述先退兵者落败这种情形。要是以退诱敌,半路上陡出伏军以截杀,歼敌在已布下的圈套中,还会取得胜利。这句话不与“以退为进”发生冲突,表现在它着眼于己方的气势与信心上,在士气不退的基础上,也可以机动地作出退的决策。

事至而变,勿预言也。

【注释】《新五代史·杂传》。至:到。勿:不要。预:预先。

【解析】事态瞬息万变,由于客观或自身原因,人的认识常常偏离事物曲折变化的轨迹，依赖经验、感觉所作出的预测，就难以应验。

不知进退，故数为当时所沮。

【注释】《新五代史·杂传》。数：屡次，频繁。为：被。

【解析】表现智慧的时间地点如若不稳妥，智慧便降低为奇技淫巧。杨修不合时宜地卖弄聪颖，出尽了曹操的丑，终被杀害；五代李琪非常自负，才华横溢，遭到同僚的嫉妒，处处都有人刁难他。他们过于显山露水，不知进退地应用智慧，也只能得到“木秀于林，风必摧之”的结果。

此粥饭僧尔。

【注释】《新五代史·杂传》。

【解析】僧侣掩闭了山寺的柴扉，对佛祖的信奉驱却了心底的烦恼。世俗眼里，这种暮鼓晨钟的生存方式，了无生气又有些慵懒。然而，说不出孰长孰短，因为人生走向不同的终点。并未超凡脱俗，正常生活着的人们分析这句话，“无所事事，饱食终日”只能是它全部的含义了。

时开一卷，时饮一杯，食味、别声、被色……何乐如之？

【注释】《新五代史·杂传》。

【解析】一杯香茗，蜷曲的茶叶儿轻巧地相互触碰着。倏尔，拨开四边水帘，脉络娇柔地舒展开来，清晰可见，飘摇着坠入杯底。啜一口馨香，翻起一页书卷，哲思的味道也愈加馥郁袭人。还有什么能像这悠闲的情趣，悠然自得并给心境抹上欢愉的色彩呢？

为教也，勤而不怠，缓而不迫。

【注释】《新五代史·杂传》。为：作。怠：懈怠。迫：急迫。

【解析】孔子主张以身作则一点一滴地教诲民众，允许人民经历一段渐进的理解吸收过程，这很符合实际情况。违背这点，如果混淆了教授与照本宣科的概念，把伦理、道义硬塞给受教者，必定影响教育的效果。而且，孔子主张教化大计一刻都不能荒怠，还应得到世世代代的重视。

圣人不绝天于人，亦不以天参人。

【注释】《新五代史·司天考第二十》。绝：断绝。

【解析】孔子一直“敬鬼神而远之”，不可知的，而被世人顶礼膜拜的，却受到了孔子的冷落。几千年前存在一种天神、天命作祟的情况，对此，孔子没有妄下断语臆测它的有无，甚至根本不屑于探讨，而是回到了现实，把精力悉数贯注在人上。这种对上天的漠视无异于对其实施起痛击,孔子也由此完成了精神世界中的一次飞跃。

言已出口,宁可已乎。

【注释】《新五代史·吾世家第一》。已:前一个"已"是已经。宁:岂。已:后一个"已"是停止。

【解析】语言不能作为空泛之谈,它实际涵盖着"言必信,行必果"的实质内容。它使说与做不相牴牾,使人格魅力经久不衰。开口即出、草草了事,单纯为了快意的宣泄,将使美好的品德不翼而飞,使"立人"的进程迟滞在他人的质询与贬斥中。

击之复入,则城愈固,听其去,城可取也。

【注释】《新五代史·吴世家第一》。击:攻击。固:坚固。听:听任。

【解析】唐天佑二年,刘存领兵围困鄂州。守军杀出城来,试图突出重围。诸将声言要痛击之,刘存却说:"击之复入,则城愈固,听其去,城可取也。"与其使敌人做困兽之斗,造成我军无谓的伤亡,不如放任其逃脱,只要拿下城池目的就达到了。把心中的目标明确,自始至终径直向它挺进,不要让次要的环节耗费心神,这样即可捷足先登。

龙之为物也,以不见为神,以升云行天为得志。今偃然暴露其形,是不神也;不上于天而下见于水中,是失职也。

【注释】《新五代史·前蜀世家第三》。龙:古代传说中一种神奇的动物。行:走。志:心意,意向,志向。

【解析】正因为龙使人充满无限的希冀,幻想无上的祥瑞,所以它才被尊奉为神。一旦它现于水中,显露不出那些行云布雨令人匪夷所思的瑰丽,它所蕴含的精神就在凋萎,那么龙就很难再是神了。但是欧阳修的言辞则更为猛烈——龙不上行于天,有失其职,它仅算是妖而已。

破人之惑者,难与争于笃信之时,待其有所疑焉,然后从而攻之可也。

【注释】《新五代史·前蜀世家第三》。破:揭穿,剖析。惑:疑惑。笃信:深信。

【解析】"凤凰,鸟之远人者也",舜治天下时,"政成而民悦",作乐,"鸟兽闻之皆鼓舞",有凤飞来,"后世因以凤来为有道之应"。秦汉到五代,以麟、凤、龟、龙为王者之瑞的说法风靡不止,"虽有善辩之士,不能袪其惑也"。虽然五代帝王都在自言应瑞,但缪政之时,危亡之际,凤凰数至,"是果为瑞哉"?

《宋史》名句

君子以同道为朋，
小人以同利为朋，
此自然之理也。

——《宋史·欧阳修传》

城陷之日，慎无杀戮；设若困斗，则李煜一门，不可加害。

【注释】《宋史·太祖本记》。设：如果。

【解析】这是宋太祖赵匡胤派兵攻伐江南南唐时对将帅曹彬、潘美的警诫，话语中包括两层涵义：一是在攻陷南唐之日，切记不可滥杀无辜，以保证对降国的顺利接收。其军纪之严明不禁使我们联想到他在“陈桥兵变”中能黄袍加身确非偶然，而“城陷之日”四字极鲜明地透露出创业帝王一统中原的豪迈与自信。二是告诫部下务必完整地保留李煜一门的性命，这是建立在知晓李煜无力重振南唐以及对其文学才华的怜惜之情上。据说，赵匡胤因出身行伍，缺乏文采，所以对李煜的诗文造诣深表赞叹，故有全其性命的嘱托之语，这恐怕也是中国历史上少有的一段奇事，于血腥中点缀了几笔瑰丽之色。

吾为天下主，轻事畋猎，又何罪马哉！

【注释】《宋史·太祖本纪》。

【解析】宋太祖九六六年九月在皇宫近郊狩猎，纵马奔驰时远望到前方有一只野兔，于是挥鞭追赶，没想到马失前蹄，翻滚坠地，他怒火中烧当即拔出佩刀将坐骑斩杀。事后，宋太祖深感懊悔，对左右人说：“我作为万民之主，本来就不应该轻率地出去打猎，如今扫兴而归，又怎么能把责任推到马身上呢！”从中可以体察到一代明主的自责自律精神，尤其当时正处于进攻江南的严峻时刻，诸事都应当谨慎，以免影响全局。

有天命者任自为之，不汝禁也。

【注释】《宋史·太祖本纪》。

【解析】史称，宋太祖为人“质性自然，不事矫饰”，在登基之初，常常微服出行。有些大臣担心他的安危加以劝阻，宋太祖说：“是否能够成为皇帝要看天命，从前周世宗见到诸将中长得方面大耳的就要杀掉，而我整日陪侍在他的身边，却没有受到伤害。”自此以后微服出行的次数更加频繁，再听到劝谏之语就正色答道：“谁认为自己有做皇帝的天命就可任意为之，我绝不禁止。”此语一出，再无人敢言，一个关心国事、英勇无畏、充满自信的帝王形象跃然纸上。

此如我心，少有邪曲，人皆见之。

【注释】《宋史·太祖本纪》。

【解析】九六六年冬，汴京新宫建成，宋太祖端坐正殿，令大臣打开所有的门，说：“这就犹如我的内心，没有邪念，人人都可以明见。”正因为有这种澄明豁达的态度，他赢得了无限的崇敬。史称，降国吴越主钱俶来朝觐见，众臣纷纷主张扣留之而取其地，宋太祖不听，遣俶归国，取章疏数十轴遗俶，嘱途中启视，及观,皆留己不遣之章。俶由是万分感佩,主动"纳土"。又例,南汉主刘𬬮好以鸩酒毒害臣下,及降宋后泣而不敢饮太祖所赐之酒,太祖笑曰:"朕推赤心于人腹中,宁肯尔耶?"于是饮𬬮酒而另赐别酌,𬬮感激涕零,从此心无二志。

发号施令,名藩大将,俯首听命,四方列国,次第削平,此非人力所易致也。

【注释】《宋史·太祖本记》。次第:依次。

【解析】这几句话是对宋太祖的高度评价,"非人力所易致"更是极力赞赏了他的丰功伟业。后文详叙曰:"建隆以来,释藩镇兵权,绳赃吏重法,以塞浊乱之源;州郡司牧,下至令录、幕职,躬自引对;务农兴学,慎罚薄敛,与世休息,迄于丕平;治乱功成,制礼作乐。在位十有七年之间,而三百余载之基传之子孙,世有典则。遂使三代而降,考论声明文物之治,道德仁义之风,宋于汉唐,盖无让焉。呜呼,创业垂统之君,规模若是,亦可谓远也已矣!"

朕将自焚,以答天谴。

【注释】《宋史·太宗本纪》。

【解析】宋太宗赵匡义为太祖之弟,史称太祖奉母命传位,但民间称其弑兄自立。宋太宗继位,第二年的三月,幸临金明池御龙丹,后至琼林苑宴饮射猎。此时正逢天旱,蝗虫四起,宋太宗祈雨而不灵验,于是深感自责,认为是上天在惩罚他的耽于淫乐,决定自焚谢罪。此语说出的第二天即普降甘露,蝗虫尽死。这段传奇之事可能是出于史官的粉饰渲染,不足为信。但是宋太宗确实在太祖创业之后进一步增强了北宋的国力,因此《本纪》赞曰:"帝之功德,炳焕史牒,号称贤君。"

朕以天下为忧,岂直一方耶?

【注释】《宋史·真宗本纪》。直:仅仅。

【解析】真宗为太宗第三子,据称出生时红光照室,左足指的纹路成"天"字,姿态特异,就学受经,能一览成诵。继位元年二月,臣子吕端等预言在齐、鲁之界当有彗星出现,而古人以彗星为凶兆,真宗当即答曰:"我心忧天下,难道仅仅在齐鲁之地吗?"于是传诏释放轻犯。这虽然是对当时无法科学解释的自然现象的一种认同,但客观上却起到了警醒有为的功效。

吾奉先帝苑囿,犹以为广,何以是为?

【注释】《宋史·仁宗本纪》。囿:养动物的园子。

【解析】仁宗史称"恭俭仁恕,出于天性",为真宗第六子,"一遇水旱,或密祷于禁廷,或跣立于殿下"。当有司请以广括御苑时,仁宗答以此语。如今,宋代有关仁宗朝的评书演义广为流传，尤其包拯、寇准等清官形象更是深入人心，这证明那段历史确有许多可资嘉许之处。因此纪末评曰："国未尝无弊幸，而不足以累治世之体；朝未尝无小人，而不足以胜善类之气。""'为人君，止于仁'，帝诚无愧焉！"

自古人君玩物而丧志，纵欲而败度，鲜不亡者，徽宗甚焉。

【注释】《宋史·徽宗本纪》。度：法度。

【解析】宋徽宗统治的二十五年间（1101—1125年），是北宋政治最黑暗的时期。他荒淫腐朽，宠信蔡京、童贯、高俅、朱勔等奸贼，鱼肉百姓，大肆掠夺，致使民不聊生，怨声载道。更为严重的是他对金朝的入侵百般忍让，丧权辱国，危难之际匆忙传位给钦宗，自己逃往南方。一一二七年四月初一，二帝被俘，北宋灭亡，史称"靖康之难"。这段话正揭示了徽宗国破身辱之缘由，激愤之情溢于言表，著之而为后世之戒。

帝方偷安忍耻，匿怨忘亲，卒不免于来世之诮，悲夫！

【注释】《宋史·高宗本纪》。匿怨：隐恨于心。诮（qiào）：讥嘲，谴责。

【解析】北宋灭亡后，高宗赵构于一一二七年五月在南京应天府（今河南商丘）建都，史称南宋。南宋初期，他还能任命主战派李纲、宗泽等人抗击金军，收复失地，但未满百日即倾向投降派，罢免李纲。一一三九年，南宋与金签订和约，称臣纳贡，第二年即以"莫须有"的罪名残忍地杀害了抗金英雄岳飞等人。其丧权辱国、倒行逆施之举令人发指，虽然史书以"时危势逼，兵弱财匮，事之难有甚于数君"以及所谓的"忍耻""匿怨"加以开脱，但赵构的罪责天实难恕，将为世人唾骂不止。

窃念大发骁雄，动摇百万之众，所得者少，所丧者多。又闻战者危事，难保其必胜；兵者凶器，深戒于不虞。

【注释】《宋史·赵普传》。骁（xiāo）：勇健。虞：事先有准备。

【解析】赵普字则平，为宋朝的开国元臣，"太祖尝与语，奇之"，性情沉厚寡言而多有谋略。太祖于雍熙三年春，派大军攻讨幽蓟，久未班师，赵普乃上疏直谏："大发百万之军而兴战事，所获得的利益少，失去的多。何况如果事先未做好充分的准备，更是胜负难料。"实质上他希望太祖少生战事，整顿国家，减轻人民负担，从而增强国力。太祖深感其良苦用心，赐诏答曰："卿社稷元臣，忠言苦口，三复来奏，嘉愧实深。"

刑以惩恶，赏以酬功，古今通道也。且刑赏天下之刑赏，非陛下之刑赏，岂得以喜怒专之。

【注释】《宋史·赵普传》。

【解析】太祖性情刚烈，有时好以一己之喜怒用人。宋初，赵普上奏某臣当迁官，而太祖素来厌恶其人，不准所请。赵普一再坚持，太祖勃然大怒，说："朕固不为迁官，卿若之何？"赵普从容以上语应对，阐明了法律制度应公正无私，即使拥有帝王之尊也必须遵从。太祖听后更加愤怒，起驾回宫，赵普跟随立于宫门前，久久不去，最后太祖终于醒悟，答应他的请求。又例，赵普曾推荐某人为官，三奏不用，太祖怒而撕裂奏牒，赵普回来补缀后再奏，终悟乃用。赵普能不顾安危屡次直言，且保生全身，功成名就，其中亦可见君臣之同心协力、肝胆相照。

用贤，人主之事；若受其请，是市私恩也，故峻绝之，使恩归于上。若不用者，既失所望，又无善辞，取怨之道也。

【注释】《宋史·李昉传》。市：收买。

【解析】李昉在太宗朝任中书侍郎。他在位小心谨慎，和厚多恕。曾经有登门求进用者，即使知晓其材可取，也必然正色拒绝，以后再加以擢用。如果来人不堪所用，也必然以温语待之。当子弟询问其中的缘由时，李昉即以上语解释，一是避免私下收买恩义，以弘扬帝王之惠；二是即便不用，也不会惹来怨恨。这一方面展现了李昉大公无私、任人唯贤的胸襟气度，另一方面也是工于心计、明哲保身的古代为臣之道。

若一知其姓名，则终身不能忘，不若毋知之为愈也。

【注释】《宋史·吕蒙正传》。愈：胜过，较好。

【解析】吕蒙正为人恭俭仁孝，初，父多内宠而出逐蒙正母子。及蒙正登仕，复迎父归，奉养备至。在初入朝堂之时，有士轻蔑指之曰："此子亦参政耶？"蒙正假装没有听到，同到者深为不平，欲问其姓名，蒙正忙止之曰："一旦知晓姓名，恐怕就会终生不忘，还是不知道为好。"左右皆叹服其气度非凡。这段话颇有"冤冤相报何时了"的侠义风范，不拘泥于个人的狭隘情绪，而以天下为己任，正因如此，吕蒙正终至相位。

我他日为将用兵，亦犹用鹰犬逐雉兔尔。

【注释】《宋史·杨业传》。雉(zhì)：野鸡。

【解析】杨业，即为民间广为传颂的著名将领杨继业。他幼时便善骑射，好田猎，所获之物比别人多好几倍。他曾经对伙伴们说："我日后带兵打仗，就好像用鹰犬追逐鸡兔一样容易。”言语间充满了豪放自信。事实果然如此,杨业长大后骁勇善战,屡立功绩,国人称之为“杨无敌”。太宗雍熙三年,他护送四州迁民途中遇契丹大兵,而王侁等人坐视不救,以致身披数十创而被擒。杨业仰面长叹道:“期讨贼捍边以报,而反为奸臣所迫,致王师败绩,何面目求活耶!”遂绝食三日英勇殉国,功烈之名永传后世。

出入骑从如小校,号令严明,与士卒同甘苦,遇敌必身先,行阵克捷,推功于下,故人乐为用。

【注释】《宋史·杨业传》。

【解析】此数语为史书对杨业之子杨延昭的高度评价。杨延昭儿时沉默寡言,好戏为军战,杨业见到说:“此儿类我。”日后他保卫边塞,屡立佳绩,真宗夸赞曰:“有父风,深可嘉也。”及至与契丹作战,英勇无敌,“契丹惮之,目为杨六郎”。带兵打仗正如上语,身先士卒,广为拥戴,及卒,河朔之人多望柩而泣,深为痛惜。其子文广亦守边卫国,举家从军,故有后来广为流传的“杨家将”之语。

朕得寇准,犹文皇之得魏征也。

【注释】《宋史·寇准传》。

【解析】寇准在太宗朝即官至尚书虞部郎中、枢密院直学士,与帝语不合而敢于直谏,至事决乃退。太宗视寇准为唐太宗时的名相魏征,评价极高。及至真宗朝时契丹来犯,力请帝过问观战,以致声威大振,“契丹相视惊愕,不能成列”,帝喜曰:“准如此,吾复何忧。”寇准少年富贵,性尚豪侈,喜剧饮,燃巨烛,有时甚至通宵达旦。“然面诋同列,虽有直言之风,而少包荒之量”。可见人无完人,有得有失,但在评书中他却是智慧狡黠的化身。

青折节读书,悉通秦汉以来将帅兵法,由是益知名。

【注释】《宋史·狄青传》。折节:改变平日的志向和行为。

【解析】狄青初骁勇能战,所向披靡,范仲淹待之甚厚,尝以《左氏春秋》授予并说:“将不知古今,匹夫勇尔。”狄青深以为然,自此悉心研读兵法,知名益甚。狄青出身行伍,历十余年而显贵,官至马军副都挥使,但面颊上犹留小兵时的刺字。仁宗曾经特许敷药除字,但狄青说:“陛下以功擢臣,不问门地,臣所以有今日,由此涅尔,臣愿留以劝军中,不敢奉诏。”仁宗闻之深感其诚,后擢升枢密副使,终为一代名将。

其为文著书，多涉规讽，以是颇为流俗所不容，故屡见摈斥。

【注释】《宋史·王禹偁传》。

【解析】王禹偁出身寒微，但声名早播，太宗朝时擢升为右拾遗直史馆，他直言劝谏，曾献《端拱箴》、《对雪》诗、《御戎十策》等力陈利弊，寄寓规讽，一度博得太宗的赞赏，升为左司谏知制诰。但由于他秉性是非分明，刚直耿介，绝不做窃位苟禄、随众俯仰之事，因此一再为权臣诬告贬官，于真宗朝病逝于黄州。当时的谏议大夫戚纶作诔文，有"事上不曲邪，居下不谄佞，见善若己有，嫉恶过仇雠"之语，世以为知言。

文格雄健，才思敏捷，略不凝滞，对客谈笑，挥翰不辍。

【注释】《宋史·杨亿传》。翰：毛笔。辍：停。

【解析】史传，杨亿将生时，祖父梦一道士来谒。及生，毛发披体，长尺余，经月乃落。能说话时，母以小经口授，随即能诵，七岁属文，人人称奇。及长，愈加勤奋好学，昼夜不息，才思敏捷，起草数千言之久，不加点窜即一挥而就，时人多与效仿。杨亿为宋初诗坛西昆派的代表人物，编辑《西昆酬唱集》一书，所录诗作多辞藻华丽，声律谐和，在艺术上有一定的成就，但内容大多单薄浅显。西昆派在宋初曾经风靡一时。

臣尝私习此赋，请试他题。

【注释】《宋史·晏殊传》。

【解析】晏殊字叔同，七岁即能属文，在乡中有"神童"的美誉。真宗时应进士科，神态自若，援笔立成，帝甚为嘉许。过了两天，复试诗赋论，晏殊见题而上奏说："我曾经私下做过这篇赋，请再选他题。"真宗深感其诚，称道其文。从此，晏殊的仕途便一帆风顺，频频升迁。欧阳修在《神道碑》中对他进行了这样的概括："由王官宫臣，卒登宰相，凡所以辅道圣德，忧勤国家，有旧有劳，自始至卒，五十余年。"及病逝之日，仁宗深为痛切，特罢朝二日，赠司空兼侍中，谥元献。

文章赡丽，应用不穷，尤工诗，闲雅有情思，晚岁笃学不倦。

【注释】《宋史·晏殊传》。赡：丰富，充裕。笃：重，好。

【解析】晏殊平生著述极丰，其门生宋祁《笔记》载："晏相国，今世之工为诗者也，末年见编集乃过万篇，唐人以来所未有"。但多已失传，现存诗仅一百余首，钱钟书评价说："他跟当时师法李商隐的西昆体作者以及宋庠、宋祁、胡宿等人不同，比较活泼轻快，不像他们那样浓得化不开，窒塞闷气。"这确实是他诗作的长处。但是由于生活舒适惬意，他的诗作多为遣兴娱乐之作，因此虽造语工妙，却意蕴颇浅。

昼夜不息，冬月惫甚，以水沃面；食不给，至以糜粥继之，人不能堪，仲淹不苦也。

【注释】《宋史·范仲淹传》。沃：浇。糜：粥。

【解析】范仲淹字希文，是宋初著名的政治家和文学家。两岁时父亲去世，家境衰落。少年即勤奋好学，昼夜苦读，五年未尝解衣就枕。至夜间疲惫不堪时，便以冷水浇面。食物供给不足，则冻粥于一小盆中，分为四块，早晚各取两块，如此者三年，人见之皆谓苦不堪言，而仲淹忘情于学而不觉之也。这样他"大通六经之旨"，品格高洁，朱熹称其为"天地间气第一流人物"。他的"先天下之忧而忧，后天下之乐而乐"的名句更是千古不朽。

泛爱乐善，士多出其门下，虽里巷之人，皆能道其名字。

【注释】《宋史·范仲淹传》。

【解析】范仲淹文采出众，精通战事，是一位难得的奇才。元好问对其嘉许备至，说："文正范公，在布衣为名士，在州县为能吏，在边境为名将，其才其量其忠，一身而备数器。在朝廷，则孔子所谓大臣者，求之千百年间，盖不一二见，非但为一代宗臣而已。"不仅如此，他还乐善好施，真诚待人，以致普通百姓皆可道其名字。史称，范仲淹去世之日，"四方闻者，皆为叹息"，"羌酋数百人，哭之如父，斋三日而去"。既葬，仁宗亲书其碑曰："褒贤之碑"，嗟悼久久。

何为割牛舌而又告之？

【注释】《宋史·包拯传》。

【解析】包拯为宋代著名的清官，人称"包青天"，尤以断案精明著称于世。在任天长县令时，有人前来投诉，说家中的牛被人偷割了舌头，包拯告诉他："回去把牛杀了，然后卖掉它。"那人依言而行，不久就有人状告他私自杀牛。包拯对来人说："你为什么割掉他家的牛舌而又来告他呢？"立刻命左右拿下，果然就是割牛舌之人。原来北宋重视牛耕，严禁私自杀牛，包拯以此为诱饵致使报复之人自动现形，由此一县皆服。以后，包拯的清官形象被众多剧作家搬上舞台，深受人民的拥戴与尊崇。

后世子孙仕宦，有犯赃者，不得放归本家，死不得葬大茔中。不从吾志，非吾子若孙也。

【注释】《宋史·包拯传》。茔（yíng）：墓地。

【解析】包拯一向刚毅，不徇私情，"天子犯法与庶民同罪"，因此贵戚宦官深为忌惮，而百姓则认为他比黄河清，知名远甚。他为人俭朴，虽然官居显位，而衣服、器用、饮食还如布衣之时。包拯临终遗嘱曰："包氏子孙有贪赃枉法者，活着的逐出本家，死了的不得归葬。不听从我的教导，就不是我的子孙。"他对后代要求极其严明，为官居家均铁面无私，令人敬畏之至。

家贫，至以荻画地学书。

【注释】《宋史·欧阳修传》。荻(dí)：草名，叶稍阔于芦，生于路旁和水边。

【解析】欧阳修四岁而父逝，家境贫窘，竟至"无一瓦之覆，一垅之植"。其母一生守节，悉心教子，她克服无钱置备笔墨的困难，以芦荻作笔在沙地上教欧阳修习书认字，继而诵读诗书，通读百家。这种艰苦的生活使欧阳修养成勤奋刻苦的良好习惯。而且他天资聪颖，过目成诵，并对宋代文章的优劣进行了深入的思考，此后领导了著名的"诗文革新运动"，对后世创作产生了深远的影响，成为"天下翕然而师尊之"的一代文坛领袖。

君子以同道为朋，小人以同利为朋，此自然之理也。

【注释】《宋史·欧阳修传》。

【解析】欧阳修虽然文才卓著，但仕途并不顺畅，他因直言利弊而屡次遭贬。仁宗康定元年他复职返京，不久即因积极鼓吹范仲淹的"新政"而引来权臣的诬告，称范、欧等人为"朋党"专权。欧阳修愤慨之致，写了有名的《朋党论》予以驳斥，上语即为其中的名句，鲜明地指出了"君子"与"小人"之别，希望人君能"退小人之朋而进君子之朋"。但此时形势已无法逆转，"新政"夭折，不久欧阳修再次被逐出京城，政治理想难以实现，心灵留下了深重的伤痛。

为文天才自然，丰约中度。其言简而明，信而通，引物连类，折之于至理，以服人心。

【注释】《宋史·欧阳修传》。类：事例。

【解析】欧阳修是一个在散文、诗、词、史传等方面都取得了引人注目成就的作家，前人称其"文备众体，变化开阖，因物命意，各极其工"。上语主要是指他的政论文章，这部分作品多是进献皇帝的奏章，往往专就某事某人立论，现实性强，逻辑严密，中心突出，文辞简洁精炼，以说理顺畅见长。如《为君难论》《朋党论》《纵囚论》等皆旁征博引，层层剖析，以理服人而又切直通畅，堪称佳品。

论大道似韩愈，论事似陆贽，记事似司马迁，诗赋似李白。

【注释】《宋史·欧阳修传》。陆贽：唐元和时名臣，文以奏议见长。

【解析】这是苏轼对欧阳修文学创作的全面总结，识者以为知言。欧阳修倡导"诗文革新运动"，继承了韩愈古文运动的"明道"之风，且影响更为广泛深入，一扫绮靡浮艳之文弊。而其政论奏议之文，论点鲜明，语言简洁，说理恰切，颇似陆贽风格。他所作历史专著如《新五代史》《新唐书》等永传后世；诗赋则大多因情而生，自然流畅，具有李白"清水出芙蓉，天然去雕饰"的亲切之感。这些都说明了他极高的文学建树，以致时人称之"超然独骛，众莫能及"。

为文章，上下驰骋，愈出而愈工，本原《六经》，斟酌于司马迁、韩愈，一时工作文词者，鲜能过也。

【注释】《宋史·曾巩传》。

【解析】曾巩为"唐宋八大家"之一，对后世有相当的影响。他年幼"警敏"，"读书数百言，脱口辄诵"，"十二岁能文，语已惊人"。理论上主张先道后文，文章自然淳朴，自成一家。间或摇曳多姿，纵横开阖，有如韩愈；有的叙事条理分明，俯仰如意，又有马迁之风，因此时人称其文"纡徐而不烦，简奥而不晦"，较合乎实际。本传对他进行了全面概括："为人行义不如政事，政事不如文章。"

议论高奇，能以辨博济其说，果于自用，慨然有矫世变俗之志。

【注释】《宋史·王安石传》。果：果敢、果断。矫：纠正。

【解析】北宋仁宗、英宗年间，国家内忧外患，土地兼并空前严重，农民破产，辽夏入侵，军队羸弱，这些残酷的现实都给少年时代即随父奔走的王安石留下了深刻的印象。同时他熟读儒家经典，立志矫正时弊，实现"致君尧舜上，再使风俗淳"的理想社会。王安石为文长于议论，出语高奇，已经把议论作为其参考政治生活的工具，用它直陈见解、揭露弊害、议政说理、论辩驳难，显得游刃有余，得心应手，具有很强的说服力。但他要求他人作文"同已"，实为不当，以致苏轼讥其"弥望皆黄茅白苇，此则王氏之同也"。

性强忮，遇事无可否，自信所见，执意不回。

【注释】《宋史·王安石传》。忮(zhì)：刚愎自用。

【解析】列宁盛誉王安石为"中国十一世纪的改革家"。他在神宗时的变法革新中实施了许多切中要害的大政方针，以改变国家衰弱的局面。但是由于改革触动了当权者的利益，再加上他性情刚愎，急于事功，不能很好地接受异己之见，在条件尚未成熟之时便大兴举措，以致招来了群臣的纷纷反对，包括苏轼、曾巩等人。王安石至此心灰意冷，且兼怀丧子之痛，于是主动罢相，过起了隐居生活。但是究其一生，他对中国历史的贡献是永不磨灭的。

兵之贵先声，为无其实也，独可欺之于一日之间耳。

【注释】《宋史·司马光传》。

【解析】“司马光凿缸”的故事家喻户晓，可见其少时的机敏果断。司马光进士出身，为人质朴，不喜华靡，参政敢于直谏，不以自身安危为念。当时韩琦带兵二十万攻打谅祚，他们处处惊扰百姓，纪律松散，司马光向韩琦直言。韩琦狡辩说：“兵贵先声，谅祚方桀骜，使骤闻益兵二十万，岂不震惧？”司马光以上语答之，认为无实际战斗力的士兵出击，即使兵贵先声，也必然不能持久，更何况军纪涣散，失信于民呢！后来事情的发展果如司马光所言，其对问题的判断之准确可见一斑。

臣徒以禄位自荣，而不能救生民之患，是盗窃名器以私其身也。

【注释】《宋史·司马光传》。名：爵位。器：器用。

【解析】王安石晚年“卧家求退”，神宗拜司马光为枢密副使，司马光以上言辞谢。司马光与王安石在政见上针锋相对，极力反对他的革新举措，因此他以反语表明了自己的立场后，接着又说：“追还提举官，不行青苗，助役等法，虽不用臣，臣受赐多矣。”这段话表明了他的真正意图。神宗死后，哲宗继位，司马光入相位，以极快的速度废除新法，因此落得了一个“保守派”的名声。

吾无过人者，但平生所为，未尝有不可对人言者耳。

【注释】《宋史·司马光传》。

【解析】虽然司马光政见保守，但并不能因此就全面否定他的人品。史称“光孝友忠信，恭俭正直，居处有法，动作有礼”，尊奉既将八十岁的兄长如严父。他从小至老，说话未尝欺妄，诚心自然，没有不可告人之处，同时又对学术无所不通，编写的《资治通鉴》万古流传。到举行葬礼时，“京师人罢市往吊，鬻衣以致奠，巷哭以过车”，“哭者如哭其私亲”，虽过于夸张，但是可证实其地位声望。

吾昔有见，口未能言，今见是书，得吾心矣。

【注释】《宋史·苏轼传》。

【解析】苏轼才高一世，名满朝野，二十四岁时与父苏洵、弟苏辙赴京共试，联名高中，“三苏”之名一时轰动京师。苏轼的思想宏博开放，兼容并采，出入儒道而又濡染佛禅。他成人后，先好贾谊、陆贽的文章，后既读《庄子》，而深为动容，称其言为己所不能言，甚合心意。道家主张“超然物外”，知足常乐，不执著于名利，这些观点对于苏轼能在逆境中保持旷达乐观的态度是有极大影响的，因此王鹏运盛赞曰：“其性情，其学问，其襟抱，举非恒流所能梦见”，极有见地。

自古及今,未有和易同众而不安,刚果自用而不危者。

【注释】《宋史·苏轼传》。

【解析】这是苏轼针对王安石推行新法而提出的上书。他开始时持反对意见,因长年在地方为官比较了解实情,因此对变法中的不利措施深为不满。而其中一些措施确实也不符民意,所以苏轼言辞甚激,指责王安石等人刚愎自用,不容他见,以致一再被贬。在保守派执政后,苏轼又与之相左,直言极谏,“受性刚褊,黑白太明,难以处众”,屡遭旧派构陷,贬至偏远荒凉的海南儋县,在返京途中病逝,结束了坎坷曲折的一生。

得人之道,在于知人;知人之法,在于责实。

【注释】《宋史·苏轼传》。责:求。

【解析】苏轼少年时代就怀有以身许国的壮志,主张针对现实,兴利除弊,如上《思治论》《进策》等奏章。可见他是反对维持现状,赞同实行改革的。王安石强调更新法度,而苏轼更重视择吏任人;王安石变法立说立行,认为“有为之时,莫急于今日”,而苏轼则认为应该求实,“欲速则不达”,“轻发则多败”,因此他对王安石的新法提出自己的意见。变法结果证明苏轼的预见具有一定的准确性,但如能提出一些补偏救弊的办法,也许效果会更好。

作文如行云流水,初无定质,但常行于所当行,止于所不可不止。

【注释】《宋史·苏轼传》。质:规矩。

【解析】苏轼才华横溢,对文学有自己的真知灼见。他重视文章的社会功能,强调著文要“有意于济世之用”,要言之有物;在文学风格上,崇尚自然奔放,不要被陈规陋习所拘束,“如万斛泉源,不择地而出”,同时强调创造性,“因物以赋形,是故千变万化”,反对囿于一种模式,主张兼容并收。这些都是深知创作甘苦、涉及文学特质的创作理论,而他的作品也正实践了这些观点,成为文学史中的宝贵财富。

辙性沉静简洁,为文汪洋淡泊,似其为人,不愿人知之,而秀杰之气终不可掩,其高处殆与兄轼相迫。

【注释】《宋史·苏辙传》。迫:近。

【解析】苏辙自幼就深受父兄影响,他的政治态度与苏轼相类似,散文风格也颇相近。他早期的文章议论风发,充满锐气,后因屡遭贬谪,其文趋于淡泊沉静。苏轼赞其文“汪洋淡泊,有一唱三叹之声”。明朝刘大漠亦称“汪洋淡泊,沉醇温粹，似其为人”。他擅长各类文体，尤以策论最为出色。其记游之作，状物写景细致精妙，往往寄寓兴亡之慨，境界高旷，亦为“唐宋八大家”之一。

攘除外患，使中国之势尊；诛锄内奸，使君子之道长。

【注释】《宋史·李纲传》。

【解析】一一二五年十月，金兵分东西两路南下，宋徽宗万分惧怕，匆匆忙忙把帝位传给钦宗，自己逃往南方。金兵所到之处，烧杀抢掠，使黄河中下游地区受到严重破坏，广大人民纷纷组织起来反抗。在民族矛盾极其尖锐、事关国家存亡的危急时刻，宰相李邦彦、张邦昌等人却主张屈辱求和，割地赔款，以保全自己的地位。抗战派首领李纲奋笔上疏，指出应驱逐金军，以捍卫国家主权；铲除内奸，以树立正义之气，切中积弊，为世所赞。

祖宗疆土，当以死守，不可以尺寸与人。

【注释】《宋史·李纲传》。

【解析】当主和派大臣李邦彦向钦宗提议与金议和割地赔款之时，李纲义正词严地坚决反对：“祖先留给我们的土地，应当拼死捍卫，怎能让给金人。”一腔爱国之情在胸中涌动，闻之不禁使人热血沸腾，这鲜明地对照出投降派的无耻嘴脸，他们贪生怕死，卑劣至极，完全无视国家的主权尊严，苟且之态令人心呕。钦宗听完李纲的话后表示嘉奖，擢升他为兵部侍郎。但不久投降派得势，发生“靖康之难”，北宋统治土崩瓦解。

纲负天下之望，以一身用舍为社稷民生安危。虽身或不用，用有不久，而其忠诚义气，凛然动乎远迩。

【注释】《宋史·李纲传》。迩(ěr)：近。

【解析】南宋政权建立之初，由于金兵的严重威胁，高宗不得不起用抗战派的代表人物李纲为左相。李纲认为应该迅速集合一批强大的武装力量，收复失地，并推荐老将宗泽留守开封。他一心扑在社稷人民的安危上，但仅仅当了七十五天的宰相就被投降派右相黄潜善等奸贼挤走，苦心经营的抗金计划付之东流。但他忠诚报国的精神传乎远近，史称，“每宋使至燕山，必问李纲安否，其为远人所畏服如此。”

可谓国尔忘家者。

【注释】《宋史·宗泽传》。

【解析】宗泽字汝霖，他出生前一日母亲梦见电闪雷鸣，光烛照身。宗泽自幼性格豪爽，胸怀大志，在考进士科时力陈时弊，慷慨激昂，而考官厌恶他的直率,把他降为末等。宗泽任大名馆陶尉期间,吕惠卿带兵到鄜延,命令他与县令巡视河段,而檄文到时,他正痛失爱子,悲伤不已,但立即"奉檄遽行",把哀痛藏于心中。吕惠卿闻知此事,敬佩不已,说:"真是为国而忘家呀!"宗泽的一片赤子之心明晰可见。

所谓道者,近刚正而远柔邪,纳谏诤而拒谀佞,尚恭俭而抑骄侈,体忧勤而忘逸乐,进公实而退私伪。

【注释】《宋史·宗泽传》。诤(zhèng):直言规劝,使改正错误。佞(nìng):巧言谄媚。

【解析】金兵占领开封,掳获徽、钦二帝,在撤出之前,册立了原北宋宰相、投降派头子张邦昌为"大楚"皇帝,代金统治黄河以南地区。宗泽听说后上书康王赵构,说:"自古奸臣皆外为恭顺而中藏祸心,未有窃据定位、改元肆赦,恶状昭著若张邦昌者。"又言"宜亟行天讨,兴复社稷",对张邦昌的卖国行径甚为痛恨,并以上语向赵构力陈兴社稷、得民心之道,五组句子整齐对称,正反兼容,言辞详尽恳切,实为治国安邦之法宝。

今日进退等死,不可不从死中求生。

【注释】《宋史·宗泽传》。

【解析】宗泽乃军事奇才,智勇双全,与金兵作战,屡次败之。他在兵进卫南抗击金兵之时,担心将孤兵寡,不能成功。先驱突报前有敌营,宗泽挥众应战,打退金兵。但是当转战向东,敌兵益众,前后夹击宗泽。危难之际,宗泽下令道:"与其等死,不如死中求生。"他身先士卒,奋力突围,兵士皆受感召,忘却生死,无不以一当十者,终于击退金军数十里。之后,宗泽估计金兵十倍于我,虽一战而却,势必重来,乃夜徙其军。金人果然夜袭,仅得一座空营,大惊失色,从此深为忌惮宗泽,不敢轻易出兵,然而宗泽又出其不易,遣军袭之,终于大获全胜,威名远播。

吾以二帝蒙尘,积愤至此。汝等能歼敌,则我死无恨。

【注释】《宋史·宗泽传》。

【解析】宗泽声威日著,金人闻其名,常尊惮之,而南人则敬称为"宗爷爷"。虽然他抵御金兵,深得民心,但是在朝廷内却不断遭到右相黄潜善等投降派的诬告排挤,而屡次上书高宗力陈兴复之举,均未被采纳。他忧愤成疾,抑郁难解,毒疮发于背上,痛苦之至。诸将前来问疾,宗泽深切地以上语告之,众将皆痛哭流涕,齐声曰:"敢不尽力。"待诸将出,宗泽数遍长吟陆游诗句"出师未捷身先死,长使英雄泪满襟"。次日夜,风雪交加,宗泽无一语言及家人,但连呼

"过河"数次而逝。复兴大业未竟,而忧愤身死,普天同悲,万民共泣。

吾名世忠,汝曹毋讳"忠"字,讳而不言,是忘忠也。

【注释】《宋史·韩世忠传》。汝曹:你们。

【解析】古人讲究避讳,子女不得直呼父亲姓名,书写时亦应减去几笔,以示尊敬。但韩世忠要求家人不避名讳,这个"忠"字有忠于君主之意。在古代忠君与爱国是融为一体,不可分割的,屈原就是其中的一个典型。韩世忠亦如此。他忠勇抗金,冠压三军,且为人侠肝义胆。岳飞蒙冤入狱,举朝无人敢言,独世忠抵牾秦桧,不畏生死。悔终之际,将吏探视,出泣不止,韩世忠曰:"吾以布衣百战,致位王公,赖天之灵,保首领殁于家,诸君尚哀其死邪?"面对死亡,从容不迫,令人敬佩。

汝为时用,其殉国死义乎!

【注释】《宋史·岳飞传》。

【解析】岳飞为南宋时著名抗金英雄,妇孺皆知,万民敬仰。他出生时,有大禽若鹄,飞鸣室上,因此又字鹏举。未及满月,洪水暴至,母抱其坐于缸内得免于难,人皆异之。少年时即好学兵法,生有神力,后学箭于周同,能左右射。周同去世后,岳飞每至朔望皆拜祭其墓,养父为其义所感,说:"你如果为时所用,恐怕会以忠义殉国。"当时随意之语,不想后来果真应验,盖多乱之世,权奸当道,忠义之士难有立锥之地啊!

直抵黄龙府,与诸君痛饮尔!

【注释】《宋史·岳飞传》。黄龙府:金国首脑所在地,后泛指敌方要地。

【解析】宋高宗一向惧怕金兵,一一三九年不顾众多文臣武将的反对,加紧投降活动,与金订立了和约。第二年,金朝发生政变,兀术掌权,立即撕毁和约,对南宋发动全面进攻,但遭到岳飞兵将的一路抵抗,节节败退。于是岳飞乘胜追击,收复了蔡州、颍昌、淮宁、郑州、洛阳等地,歼灭了大批金兵,给金朝以沉重打击,兀术曾叹曰:"自我起北方以来,未有如此之挫衄。"金兵闻风丧胆,不战而降,其将军韩常亦欲以五万众内附,岳飞闻之大喜,对部下说:"等到攻占黄龙府,再与诸君痛饮庆贺",此时收复中原已经指日可待。

十年之力,废于一旦。

【注释】《宋史·岳飞传》。旦:日,天。

【解析】正当岳飞军队意欲渡河抗金、直捣黄龙之际,朝内宋高宗、秦桧等人又在密谋商议和约,打算放弃淮北之地。他们唯恐岳飞继续出兵,命令其立即班师回朝。岳飞上书言明局势,“金人锐气沮丧,尽弃辎重,疾走渡河,豪杰向风,士卒用命,时不再来,机难轻失”,高宗不予理睬,一日奉十二道金字牌乞令回师。岳飞愤惋泣下,长叹道:“十年之力,废于一旦。”不得已班师回朝,军民闻之,哭声遍野,大地一片悲鸣。而岳飞抵达临安即被解除兵权,不久就被冠以“莫须有”的罪名秘密杀害,临终时才三十九岁。他的抗金事迹,千古流芳。

敌未灭,何以家为?

【注释】《宋史·岳飞传》。

【解析】岳飞侍亲至孝,母病,必躬亲奉侍,母卒,则三日水米未尽。岳家无姬亲,吴玠素来仰慕岳飞,特赠以名姝,岳飞辞谢道:“为今之际,岂是大将安乐之时!”吴玠闻之益发敬服。高宗曾欲为岳飞营造府第,岳飞答道:“金兵未灭,怎么能先为自己安家呢?”这些事件,处处表明了岳飞“精忠报国”的赤子之心。有人问他何时才能天下太平,答曰:“文臣不爱钱,武臣不惜死,天下太平矣。”真至理名言,反观高宗、秦桧等卖国贼只配跪在他的脚下永世请罪,不得翻身。

撼山易,撼岳家军难。

【注释】《宋史·岳飞传》。撼:摇动。

【解析】岳飞精通兵法,所到之处,有胜无败。金帅乌陵思谋素来狡黠,亦不能控制他,只得传谕士兵“毋轻动,俟岳家军来即降”,金兵中亦有言称“撼山易,撼岳家军难”,其威名震慑如此。史传赞之曰:“西汉而下,若韩、彭、绛、灌之为将,代不乏人,求其文武双全,仁智并施如宋岳飞者,一代岂多见哉。”“盖飞与桧势不两立,使飞得志,则金仇可复,宋耻可雪;桧得志,则飞有死而已。呜呼冤哉!”

两朝既为叔侄,而受书礼未称,臣有疏。

【注释】《宋史·范成大传》。

【解析】一一六一年,赵构传位给孝宗。一一六五年,宋金“隆兴和议”已成,双方改称叔侄之国而非君臣之国,但是宋朝并没忘了更正向金使跪拜接受“诏书”的“礼仪”,一时满朝文武皆不敢应承此事,独范成大慨然请行。金法严厉,不许使臣上递私人书奏,范成大却在“行礼如仪”后,突发上语,拿出私书要求金皇帝接受。金皇帝又惊又怒,厉声恫吓,当时情势极为紧张,而范成大屹然不动,坚持递上私书,金皇帝最后只得接受。虽然这件事本身还是属于“和约”范围内,但是范成大舍身为国的民族气节是值得赞颂的。

天地之气，宣通则和，壅遏则乖；人心舒畅则悦，抑郁则愤。

【注释】《宋史·尤袤传》。宣：通。壅（yōng）：堵塞。遏：阻。

【解析】尤袤少时颖异，人称奇童，入太学，以辞赋寻冠南宫。他心系国家，关怀民生疾苦，扬州百姓甚为爱戴，立生祠以敬之。尤袤任枢密检正兼左谕德时，适逢夏旱，遂上书高宗申言民贫兵怨的情势，他形象地以天地之气比喻人心，气通则和，阻塞则背，催科峻急而农民怨，关征苛察而商旅怨，因此要得民心行仁政。他论时言事，见地恳切，孝宗赞曰："如卿才识，近世罕有。"尤袤的文学造诣很深厚，与陆游、杨万里、范成大并称"南宋四大家"。

其能太高，迹太近，恐为有力者所牵挽，不得全其晚节。

【注释】《宋史·陆游传》。

【解析】这是朱熹针对陆游晚年为韩侂胄撰写《南园阅古泉记》而言的，颇有微词，实际上这种评价是过于武断的。韩侂胄为光、宁二宗时重臣，执政初期确实有一段专权自恣的表现，但后来扭转态度坚持抗金，因此陆游与其交往是无可非议的，更何况朱熹大弟子黄干即在韩侂胄抗战中出任知安庆府，担负支援前线的重任，而并未引起诽谤，有何理由指责陆游呢？终其一生，陆游是一个坚定的爱国主义者，临死前也没有忘却收复失地的夙愿，"王师北定中原日，家祭无忘告乃翁"，读之无比震撼。

丐我三日期，不获，就死未晚。

【注释】《宋史·辛弃疾传》。丐：求。就：近。

【解析】辛弃疾生活于公元十二世纪四十年代至十三世纪初期，正值南宋中叶民族矛盾十分尖锐、中原人民的抗金要求不断高涨的时期。济南农民耿京，"怨天人征赋之骚扰，不能聊生"，遂聚众起事，自号"太平军"，声势浩大，威震一时。当时二十二岁的辛弃疾也聚众两千加入耿京军，曾与其相识的济南僧人义端也归属其中。不料义端在一夜窃印潜逃，耿京盛怒欲杀介绍人辛弃疾。辛弃疾要求限期三日亲自追捕，在义端逃往金营的途中杀了他。从此，耿京益发器重他，可见辛弃疾青年时代的英勇过人。

人生在勤，当以力田为先。北方之人，养生之具不救于人，是以无甚富甚贫之家。南方多末作以病农，而兼并之患兴，贫富斯不侔矣。

【注释】《宋史·辛弃疾传》。侔（móu）：相等。

【解析】辛弃疾对南北方的分析并不完全正确，但他却强调了勤于耕作的重要性，并以"稼轩"为号，且言及了土地兼并的时弊。辛弃疾具有多方面的创作才能，但以词的成就为最高，他曾真切地描写了农村生活和田园风光，继苏轼之后扩大了词的创作视野，写了一批清新幽美的农村词，这在词史中具有独创性，为后人所称道。但他的创作主体仍是爱国词，“率多抚时感事之作”，“慷慨纵横，有不可一世之概”，堪称两宋文苑中的一座艺术奇峰。

义胜者谋立，人众者功济，如此则社稷犹可保也。

【注释】《宋史·文天祥传》。济：成。

【解析】文天祥自幼受到严格的家庭教育，酷爱读书，立志报国。他为童子时，“见学宫所祠乡先生欧阳修等像谥‘忠’，即欣然慕之，曰：‘没不俎豆其间，非夫也！’”理宗时应礼部试，文思泉涌，一挥而就，考官称之“忠胆如铁石，臣敢为得人贺”。入朝后，文天祥即上疏切陈时弊，力主抗击蒙古军，自言“愿以身殉之，庶天下忠臣义士将有闻风而起者”，后及上语。一片拳拳之心天地明鉴，终至赴死国难，慷慨就义。

人生自古谁无死，留取丹心照汗青。

【注释】《宋史·文天祥传》。汗青：用竹简记事，先以火炙竹青，使水分流出，既便于书写，又可免虫蛀。因称著作完成为汗青，也特指史册。

【解析】宋末祥兴元年八月，文天祥被元军所俘。元军元帅、汉奸张弘范劝其投降，文天祥无比义愤，手写此四句与之，表现了崇高的民族气节。第二年二月，南宋覆亡。元世祖忽必烈深敬文天祥之才德，“南方丞相，无如文天祥”，屡次劝其归顺并欲委以重任，但文天祥不为所动，“刀锯在前，亦含笑入地矣”，“愿与一死足矣”，遂慷慨就义，时年仅仅四十七岁。燕京百姓见者闻者，无不纷纷落泪。其视死如归的精神光耀天地，“名相烈士，合为一传，三千年间，人不两见！”

杀人以媚人，吾不为也。

【注释】《宋史·周敦颐传》。

【解析】周敦颐字茂叔，为分宁主簿时，断狱精到，人皆惊叹“老吏不如也”。他调任南安军司理参军期间，有一囚犯按律不当斩首，但转运使王达欲置之死地，因达为人悍酷，众人不敢争，只有周敦颐奋力争辩，愤然说：“难道做官就可以这样？以杀罚之事取悦于人，我绝不为之。”李达闻之终于醒悟，此犯得免于死。周敦颐任职期间，体察民情，不惮劳苦，以洗冤泽物为己任，故黄庭坚高度评价道：“人品甚高，胸怀洒落，如光风霁月。廉于取名而锐于术志，薄于徼福而厚于得民，菲于奉身而燕及茕嫠，陋于稀世而尚友千古”。

无极而太极，太极动而生阳，动极而静，静而生阴，静极复动，一动一静，互为其根，分阴分阳，两仪立焉。

【注释】《宋史·周敦颐传》。

【解析】周敦颐对后世的贡献主要在哲学方面，他是两宋理学的先驱者和奠基人。这几句话阐明了他关于宇宙万物起源的学说，认为宇宙的本源是太极，太极由无极而生，太极的动与静又产生阴阳，阴阳二气交互作用生成金、木、水、火、土五种物质元素，即五行或五气，它们的互相推移转变，造就了气象万千的物质世界。后来的理学家程颐、程颢曾师从周敦颐，深为感佩，说："自再见周茂叔后，吟风弄月以归，有'吾与点也'之意"，声誉颇高。

门人交友从之数十年，亦未尝见其忿厉之容。

【注释】《宋史·程颢传》。

【解析】二程为北宋著名的理学家，程颢在神宗朝常以正心窒欲劝谏，颇受信任。任晋城令时，较有政绩，告民以孝弟忠信，"度乡村远近为伍保，使之力役相助，患难相恤，而奸伪无所容，疾病皆有所养。暇时亲至，召父老与之语。择子弟之秀者，聚而教之。在县三年，民爱之如父母"。且程颢资性过人，充养有道，门人与之交往数十年，而未曾见其发怒之色。他遇事从容，即使急迫当头，也不动声色。这对于一般人是很难做到的，可见其修养之深厚。

道之不明，异端害之也。昔之害近而易知，今之害深而难辨。

【注释】《宋史·程颢传》。

【解析】二程以孔孟"道统"的继承者自居，程颢即世称"明道先生"。他们保持着儒家的传统，讲所谓"礼乐""仁义"。程颐说："礼只是一个序，乐只是一个和"，强调人人都应遵守这种秩序，否则"便乖，乖便不和"。而"礼者，理也"，"圣人创法，皆本诸人情，极乎物理。"因此要学习圣人之法，排斥异端学说，"居今之时，不安今之法令，非义也。若论为治，不为则已，如复为之，须于今之法度内处得其当，方为合义。若须更改而后为，则何义之有"，这实际上是针对王安石变法而言，死守祖宗之法，反对改良，具有保守性。

先生生于千四百年之后，得不传之学于遗经，以兴起斯文为己任，辨异端，辟邪说，使圣人之道焕然复明于世，盖自孟子之后，一人而已。

【注释】《宋史·程颢传》。

【解析】这是程颐在《明道先生行状》中对其兄的评价，二程的思想基本是一致的。他们的哲学体系核心是"理"或"天理"，是对周敦颐"太极"说的继承和发展，认为"理"是自然界、社会以及伦理规范的最高原则，"天下只有一理"，

"一物之理,即万物之理","物我一理"。主张以精神世界来支配物质世界,与两宋的中央集权统治相适应,是佛家与道家思想渗透到儒家哲学以后出现的一种"新儒学",影响巨大。但其宣扬"灭私欲""饿死事小,失节事极大"的说教却贻害非浅。

吾道自足,何事旁求。

【注释】《宋史·张载传》。

【解析】张载也是理学的创始人之一,未谋面时深重二程,与之语则涣然自信,尽弃异学,"何事旁术"。他的哲学思想与程朱学派根本不同,特别强调"气",认为气是万物的本源,一切存在都是由物质性的气构成。"太虚不能无气,气不能不聚而为万物,万物不能不散而为太虚",并试图以气一元论用于人类社会,认为人也是由气凝聚而成,气的本性也就是人的本性,"合虚与气,有性之名",又分"天地之气"及"气质之气",发前人未发之语,为哲学问题的深入探讨提出了一家之言。

帝王之学,必先格物致知,以极夫事物之变,使义理所存,纤悉毕照,则自然意诚心正,而可以应天下之务。

【注释】《宋史·朱熹传》。格:探究。致:获得。

【解析】"格物致知","即物穷理",是朱熹一贯主张的治学方法。他认为"天地万物,莫不有理",都应当认真探究而获得知识,如此则自然之诚心立,"致知、诚意,乃学者两个关。致知乃梦与觉之关,诚意乃善与恶之关。透得致知之关则觉,不然则梦。透得诚意之关则善,不然则恶",又说,"格物者,知之始也;诚忍者,行之始也。意诚则心正"。朱熹在宇宙观及人性论等方面还有其他观点,他的道学自一二四一年之后一直被视为儒家的正统,支配中国思想界达六百年之久。

往往称贷于人以给用,而非其道义则一介不取也。

【注释】《宋史·朱熹传》卷四百二十九。一介:一个。

【解析】朱熹除讲格物致知、正心诚意等大道理外,在政治上则主张"任贤使能","立纪纲","厉风俗",借以富国强兵,徐图复兴。他为人处事认为不合乎道义的就一概不做。朱熹家贫,"箪瓢屡空,晏如也",诸生自远方慕名而来者,"豆饭藜羹,率与之共",以苦为乐,潜心研究,晚年在白鹿洞书院及岳麓书院讲学,听者无数,但当时不为朝廷所用,且险些惹来杀身之祸,其学说在后世才尊为经典。我们对于其中的一些错误观点应正确处理。

笃学有志尚，乐善疾恶，喜声名，遇事奋然敢为。

【注释】《宋史·石介传》。

【解析】石介是宋初坚决提倡道学的人物，性情直率，言政无所忌，屡次被贬，以致家贫冻馁。他为文章然有气，反对西昆体的秾纤之病，认为其“破碎圣人之言，离析圣人之意，蠹伤圣人之道，其为怪大矣”，提出了重质轻文的观点。但他处处把文学与圣道联系起来，把《沿书》《周易》等类与《诗经》等同起来视为文学的正统，将尧、舜、禹、孔子都看成文学的典范，又产生了压制文学发展的负效应。但从总体来看，他主张对反对浮华之风，倡导文学的明道致用还是起到了一定的积极作用。

官可弃，记不可作也。

【注释】《宋史·杨万里传》。

【解析】杨万里号诚斋，即取“正心诚意”之义。他秉性刚直，遇事敢言，常常不给人留情面，因此孝宗颇为憎厌，终不得大用，一生除了做地方官，在朝中只做到秘书监，还只是文学“清秘”之职，毫无实权，理想抱负难以施展。杨万里晚年因权臣专权跋扈，誓不出仕，所以当一位权臣筑成南园，要请他作一篇‘记’时，他严词拒绝，说道：“宁可丢掉官职，也绝不做记”，其是非分明、疾恶如仇的性格历历如睹。诚斋父子皆视金钱如粪土，且甘于贫贱，老屋一直仅避风雨而三世不加增饰，其行止令人感佩。

念虑之不正者，顷刻而知之，即可以正。念虑之正者，顷刻而失之，即为不正。

【注释】《宋史·陆九渊传》。

【解析】陆九渊把儒家思孟学说和佛教禅宗思想结合起来，并承袭和发展了程颢天即理即心的观点，提出“天即理也”的命题，认为“心”是天地万物的本源。他说：“四方上下曰宇，往古来今曰宙。宇宙便是吾心，吾心即是宇宙。”“人皆有是心，心皆具是理”。私意与公理，利欲与道义皆由“心”产生，且可以相互转化，一念之差就会扭转善恶，因此他提出了“存心”“去欲”的道德修养方法，在这点上与程朱理学的人性论是有相通之处的。

六经注我，我注六经。

【注释】《宋史·陆九渊传》。

【解析】陆九渊的哲学思想又称“心学”，他否定在人的感觉之外还有其他客观实在的东西。他在为学问题上，提出了“先立乎其大者”，即教人先学做人的根本道理。又说：“道理无奇特，乃人心所固有，天下所共由。”当有人劝其著书时,他说"六经注我,我注六经","学苟知道,六经皆我注脚",并不主张一定要广读圣经贤传,而是"以求放心",复其本心,"万物皆备于我,有何欠缺?"陆九渊的学说在当时影响较大,史称"每开讲席,户外屦满,耆老扶杖观听",自号象山翁,学者尊称为象山先生。

不可复使近习小人增损语言,以生疑惑。

【注释】《宋史·叶适传》。

【解析】叶适是南宋永嘉事功之学的集大成者,他发展了一套比较系统的理论。他肯定世界是物质性的,"夫形于天地之间者,物也","物之所在,道则在焉"。在认识论上,叶适主张"不以须臾离物",并强调认识的真理应以客观对象为标准,义理的正误应以考察全面事实为依据,"欲折衷天下之义理,必尽考详天下之事物而后不谬","无验于事者,其言不合",反对小人滋生谣言,无事生非,以免造成不必要的损失。同时他还主张仁义与功利相统一,适应了南方经济发展的客观要求,有其进步的历史意义。

吾欲为社稷开数百年之基,宁用以博一官乎?

【注释】《宋史·陈亮传》。

【解析】陈亮是南宋著名的哲学家、思想家,在文学上亦有极高的建树。他身处金朝大举入侵的战乱时代,从小就很关心国事,"慨然有经略四方之志",并勤奋地攻读历代兴亡史。"隆兴和议"后,南宋朝廷偏安妥协,陈亮义愤交加,毅然向孝宗上呈《中兴五论》,提出一系列推进抗金中兴事业的具体主张,但由于权臣阻挠,未被采纳。十年后,他又三次上书,语言更激烈,主战态度更坚决。孝宗面对这一情势无可奈何,想赐陈亮一官职草草了事。陈亮对此不屑一顾,以上语回之。接着他愤然离开长安,回乡讲学,最后,怀着一腔忠愤之情忧然病逝。

在苏州买水石作沧浪亭,益读书,时发愤懑于歌诗,其体豪放,往往惊人。

【注释】《宋史·苏舜钦传》。

【解析】苏舜钦是北宋诗文革新运动的重要作家之一,当时与欧阳修、梅尧臣齐名,并称"欧苏"或"梅苏"。他自幼便"喜读书,弄笔砚",年龄稍大些则"慷慨有大志"。他在仁宗景祐元年举进士。第二年山西发生强烈地震,他毅然上书批评仁宗"燕乐无度"而被调离出京。苏舜钦积极支持范仲淹推行新政,因此遭到权臣王拱辰等人的嫉恨,以"监主自盗"论罪入狱,后削职为民,这就是当时轰动朝野的"进奏院事件"。此后,苏舜卿携家眷来到苏州,寄情山水,同时又心怀救国之忧虑,以豪放之姿"发愤懑于歌诗"。庆历八年,病逝于沧浪亭,年仅四十一岁。

凡诗,意新语工,得前人所未道者,斯为善矣;必能状难写之景如在目前,含不尽之意见于言外,然后为至也。

【注释】《宋史·梅尧臣传》。状:描绘。

【解析】梅尧臣早有诗名,在宋代即具有广泛深入的影响。他在诗歌创作上主张要继承《诗经》《离骚》的传统,“因事有所激,因物兴之通,要有兴寄”。他在艺术上的观点主要表现在上面几句话中,前半段指做诗应立意新颖,讲求创新,且语言精工,不能人云亦云。后半段指无论写景状物,务求穷形尽相,栩栩如生,同时还要含蓄深刻,意蕴绵长。他本人的诗作即实践了这些主张,欧阳修称其“文词精工”,读之“又如食橄榄,其味久愈在”。

悉焚常所为文,闭户益读书,遂通六经、百家之说,下笔顷刻数千言。

【注释】《宋史·苏洵传》。悉:都。

【解析】苏洵号老泉,二十七岁时幡然醒悟,发愤为学,但数次举进士,应制科,皆不第。后毅然全部烧毁所习之文,闭门专心读书,于是思如泉涌,下笔千言。嘉祐元年携子苏轼、苏辙入京,得到欧阳修等人推誉,以文章著称于世。他的论辩文格调高古,凌厉纵横,简劲有力,欧阳修以为“贾谊、刘向不能过”,曾巩亦称“其雄壮俊伟,若决江河而下也;其辉光明白,若引星辰而上也”。他笔力雄健,如老吏断案,不能移易一字,当时与二子并称“三苏”。

吾笔端驱使李商隐、温庭筠常奔命不暇。

【注释】《宋史·贺铸传》。暇:空闲。

【解析】贺铸秉性耿介,好扶贫济困,又痛恨权贵横行,不善谄媚,有侠义之风,因此不为世俗所容,一生郁郁不得志,晚年退居苏杭一带,自号庆湖遗老。他工于词作,且长于度曲,每掇拾人所弃遗,少加隐括,皆为新奇,曾经对人说:“我的大作即使李商隐、温庭筠在世也难以企及”,自信狂放之态溢于言表。他的词作风格婉丽,讲究锻字炼句,“一川烟草,满城风絮,梅子黄时雨”就极为生动形象地写出了江南梅雨季节的特殊景色,人无不服其工,称其为“贺梅子”。

环伟之文,妙绝当世,孝友之行,追配古人。

【注释】《宋史·黄庭坚传》。

【解析】这几句是苏轼对黄庭坚诗作及人品的赞誉之语。黄庭坚本是苏门四学士之一,但他在诗歌创作上却另外开启了“江西诗派”,讲究脱胎换骨、点铁成金之法,崇尚因袭模拟,“无一字无来处”,这些束缚了诗歌的发展。但是黄庭坚在创作上又确有特色,反世俗,尚风骨,有志节,风格劲峭挺拔,有特殊的个性,并写了一些清新流畅,颇有情致的作品。同时,他为人仁孝重义,敬奉双亲,与弟弟共度逆境,珍视友情。他与苏轼二人在当时并称"苏黄"。

少游不幸死道路,哀哉!世岂复有斯人乎!

【注释】《宋史·秦观传》。

【解析】秦观的词风与苏轼完全不同,他远承西蜀、南唐,近受柳永影响,俊逸精妙,情韵兼胜,是"出色当行"的婉约派的代表词人之一。宋人察伯世赞曰:"子瞻辞胜乎情,耆卿情胜乎辞,情辞相称者,惟少游一人而已。"近人冯煦甚至说:"后主之后一人而已",这个评价虽然过高,却可见秦词感人之深。秦观晚年被贬雷州(今广东海康县),本来徽宗即位允许北归,却不料逝于途中。苏轼闻之悲痛不已,言及上语,且"两日为之食不下",足证二人的深厚情谊。

学文之端,急于明理,如知文而不务理,求文之工,世未尝有也。

【注释】《宋史·张耒传》。端:始,首。

【解析】张耒属苏门,他为诗讲求明理,受唐白居易、张籍的影响较深,主张反映民生疾苦,语言也比较平易畅达,少用生语僻典。但是他忽视了文学艺术技巧问题,轻视艰苦创作这一主导精神。他的文学观点导致了他有些作品过于草率随便,缺乏功力,影响了作品质量。总之,张耒的诗作内容上有意义,而艺术上则失于粗糙,缺少韵味。

喜作诗,自云学黄庭坚,至其高处,或谓过之,然小不中意,辄焚去,今存者才十一。

【注释】《宋史·陈师道传》。或:有人。过:可以。

【解析】陈师道刚开始作诗时,"于诗初无诗法",后见黄庭坚诗,十分喜爱,就把自己认为不称意的诗全部烧掉,所以流传于世的作品只有实际数量的十分之一。陈师道为诗主张"宁拙毋巧,宁朴无华,宁粗毋弱,宁僻毋俗",虽然具有质朴无华的优点,但也有堆砌生僻词语的弊病。叶梦得在《石林诗话》中说:"陈无己每登览得句,即急归卧一榻,以被蒙首,恶闻人声,谓之吟榻。家人知之,即猫犬皆逐去,婴儿稚子亦抱寄邻家。徐徐诗成,乃敢复常。"他也具有江西诗派挖空心思作诗的共癖。

特妙于翰墨,沉着飞翥,得王献之笔意。画山水人物,自名一家,尤工临移,至乱真不可辨。

【注释】《宋史·米芾传》。翥(zhǔ):鸟飞。

【解析】米芾是北宋著名的书画家，造诣极深，书法得东晋王献之笔意，而山水人物画更是精妙绝伦，临摹他人之作足以以假乱真。王安石曾摘其诗句书于扇上，苏轼亦对他倍加赞誉。米芾为人不拘小节，率性任情，时人又称其为"米颠子"。他着装效仿唐人，风神萧散，所至之处人必聚集观看。他看见无为州治有一奇丑巨石，即上前叩拜，呼之为兄。米芾因不能与世俯仰，故仕途困顿。

邦彦好音乐，能自度曲，制乐府长短句，词韵清蔚。

【注释】《宋史·周邦彦传》。蔚：文采华美。

【解析】周邦彦精通音律，博学多才，在徽宗时任大晟乐府的提举，从事审音调律、创制乐谱的工作。他在当时被公认为"负一代词名"，词作广为流传，"欢筵歌席，率知崇爱"。其词情境浑融，气格沉厚，用典无迹，语言工巧精妙，又善铺叙勾勒，音律妙严，在艺术技巧方面的成就很高。但是不足之处在于内容比较狭窄，思想性比较贫乏，所以王国维称其"创调之才多，创意之才少"，这是极有见地的。

老怀舐犊之爱，而畏避窜逐，故其节不终。

【注释】《宋史·朱敦儒传》。

【解析】朱敦儒是南北宋之交时比较重要的词人。他的词作有"回首妖气未扫，问人间英雄何处"的感时伤乱之作，也有"几曾着眼看侯"的鄙视权贵之作，但是主要还是写吟风弄月，流连风景，追求遁世隐居的情趣。他在当时较有名望，而秦桧当权喜用文人墨客粉饰太平，于是先任其为删定官，后升为鸿胪少卿。后秦桧死，朱敦儒亦被解官。所以后人称其虽然保家爱子，却贪生怕死用于奸贼，晚节不终。

桧朴忠过人，朕得之喜而不寐。

【注释】《宋史·秦桧传》。寐：睡觉。

【解析】秦桧是祸国殃民、残害忠良的乱臣贼子，世人皆痛恨不已，而高宗对其却十分喜爱，以致一日不见即不能安睡。上行下效，下以悦上，秦桧因善于揣摩其意，投其所好，取得高宗的欢心。秦桧对主战派将领十分嫉恨，深恐大权被夺。韩世忠质问他岳飞叛国之实时，秦桧答道："飞子云与张宪书虽不明，其事莫须有。"韩世忠愤然回道："'莫须有'三字，何以服天下？"其晚年残忍尤甚，数兴大狱，不避形迹，至孝宗时才被追夺王爵，改谥谬丑。

吾亦以为儿戏耳。

【注释】《宋史·李煜传》。

【解析】李煜为南唐后主,“少聪悟,喜读书属文,工书画,知音律”,他的词作别是一家,深为后人喜爱。但他艺术成就虽高,治国安邦之道却不足。当宋太祖派兵在长江上搭浮桥准备进攻时,他正在宴饮娱乐,听到后问臣子张洎,张洎说:“载籍以来,长沙无为梁之事。”于是他放宽心,笑着说:“我也以为这是小孩子的游戏。”这种为政态度导致了国家覆亡,自身被囚的结局。李煜后期的词作多抒发亡国伤身之痛,哀切感人,然时不再来,“问君能有几多愁,恰似一江春水向东流”。

《辽史》名句

国强则其人贤，
海巨则其鱼大。

——《辽史·列传第五》

求人之失，虽小而可恕，谓重如泰山；身行不义，虽入大恶，谓轻于鸿毛。

【注释】《辽史·本纪第一·太祖上》。恕：原谅。鸿毛：鸿雁的毛。比喻事物轻微或微不足道。

【解析】辽太祖耶律阿保机初登皇位时，诸弟剌葛、迭剌、安端等不服，屡次聚众谋反。阿保机最后镇压叛乱后对左右人说：诸弟“寻找别人的过错，虽然小得可以原谅，也认为比泰山还重；自己行不义之事，虽大恶不赦，却认为比鸿毛还轻。这群小人，与妇人一起图谋作乱，同恶相济，危害国家，难道不是自取灭亡吗？”阿保机的这番话将诸弟的小人行为揭露的淋漓尽致，令左右人心服口服。

吾有死而已。尔欲降，宁斩吾首以降。

【注释】《辽史·本纪第三·太宗上》。尔：你，你们。宁（nìng）：宁可。

【解析】公元936年7月，后唐王李从珂讨伐其河东节度使石敬瑭，石敬瑭派人向辽太宗耶律德光求援。九月，辽太宗亲率军援助石敬瑭，入雁门，经忻州到达太原。唐将张敬达、杨光远被击败，在晋安寨被辽军围困八十多天，内外隔绝，粮草殆尽，甚至用马粪和木屑喂马。杨光远等劝张敬达投降，敬达义正词严地说：“我有一死而已，你们要投降，宁可杀了我的头去降！”杨光远等竟杀了敬达降辽。辽太宗听说敬达至死不愿降辽，敬佩地说：“凡为人臣的，都应当是这样的！”并下令以礼安葬敬达。

军国之务，爱民为本，民富则兵足，兵足则国强。

【注释】《辽史·本纪第四·太宗下》。务：事情。本：事物的根本。

【解析】辽太宗耶律德光南下伐晋，在赤山大宴群臣，问起军国大事，从臣说：“军国大事，以爱护人民为根本。人民富裕就会有充足的兵源，兵源充足国家就会富强。”辽太宗认为此话说得非常正确。后辽太宗在攻下汴州（开封）北上时，对身边的人说：“我这次南行，有三大过失：一是不应该纵兵掳掠粮食；二是不应该搜刮民间私财；三是没有把各地的节度使及时打发回去。”检讨的三大过失中有两大过失就是没有以爱民为本，并深以为憾。

司属虽存，官吏废堕，犹雏飞之后，徒有空巢。

【注释】《辽史·本纪第四·太宗下》。司：部门。犹：如同。雏：幼小的鸟。徒：除此之外，没有别的，仅仅。

【解析】辽太宗攻下汴州（开封）后，北上到达黎阳渡。皇太弟派人来问军前大事。辽太宗说：“我刚入开封时，见其无用的官吏就裁掉，有才能够胜任的就任用。那里的官府部门虽然存在，但官吏却荒废怠隋，就像小鸟飞后，只剩下空巢一样。”他还说，现在盗贼集结，赋役无度，民不堪命，各地尚未完全征服。日夜考虑对策，要想解决目前的困难，就必须做好三件事：一是与官吏推心置腹；二是协调各路军情；三是抚绥百姓。

帝仪观丰伟，内宽外严，善骑射，乐施予，人望归之。

【注释】《辽史·本纪第五·世宗》。帝：指辽世宗耶律阮。望：希望，盼望。之：指耶律阮。

【解析】《辽史》记人记事，言简意赅。此句话用短短十九个字就将辽世宗耶律阮的形象、性格跃然纸上，并为以后耶律阮能够继位皇帝、兵拒太后做好了铺垫。正因为耶律阮仪表高大雄伟，精于骑马射箭，又孝友宽慈、好善行施，有君子之度，所以太宗死后大家都拥戴他当皇帝，而反对太后拥立的“少勇悍多力，而性残酷，小怒则黥人面，或投水火中”的太宗弟李胡。世道人心，古今一也。

赏罚无章，朝政不视，而嗜杀不已。变起肘腋，宜哉！

【注释】《辽史·本纪第七·穆宗下》。章：条理，章程。嗜：特别地爱好。肘腋：胳膊肘和夹肢窝，比喻极近的地方。

【解析】辽穆宗耶律璟，小名叫述律，是辽太宗的长子。公元951年，辽世宗耶律阮被泰宁王察割所杀，察割被诛戮后，耶律璟继皇帝位。辽穆宗在位十八年，“荒耽于酒，畋猎无厌”，而且还“赏罚无章，朝政不视，而嗜杀不已。”是辽代最暴虐无道的昏君。他曾经“昼夜酣饮者九日”，而且还“醉中骤加左右官”。他曾因“近侍东儿进匕箸不时，手刃刺之”。还“肢解鹿人没答，海里等七人于野”。正因为他如此荒淫无道，最后祸起肘腋，被近侍所杀，死得其所！

秋七月癸未，沙等及宋兵战于高梁河，少却；休哥、斜轸横击，大败之。宋主仅以身免，至涿州，窃乘驴车循去。甲申，击宋余军，所杀甚众，获兵仗、器甲、符印、粮馈、货币不可胜计。

【注释】《辽史·本纪第九·景宗下》。沙：指辽将耶律沙。却：后退。休哥、斜轸：指辽将耶律休哥、耶律斜轸。循：逃跑。

【解析】《辽史》记载战争，往往非常简略。此段话仅用寥寥数语就将辽、宋之间的一场恶战交代得清清楚楚，使人有身临其境之感。先是耶律沙等与宋兵在高梁河大战，稍一退却，耶律休哥、耶律斜轸等就率军跃马横出，大败宋军。宋太宗赵炅仅以身免，偷驴车仓皇逃走。辽军杀害大批宋军将士，俘获兵仗、器甲、符印、粮草、货币等物不可胜数。辽、宋之间战争之猛烈、残酷于此役可见一斑！

辽兴六十余年，神册、会同之间，日不暇给；天禄，应历之君，不令其终；保宁而来，人人望治。以景宗之资，任人不疑，信赏必罚，若可与有为也，而竭国之力以助河东，破军杀将，无救灭亡。

【注释】《辽史·本纪第九·景宗下》。神册：辽太祖年号。会同：辽太宗年号。天禄：辽世宗年号。应历：辽穆宗年号。竭：尽。河东：指北汉刘继元。

【解析】辽景宗耶律贤，是辽世宗的第二个儿子。公元969年，辽穆宗被杀后继皇帝位。从辽太祖907年建国，到景宗时辽已传续六十多年。其中辽太祖、辽太宗为了辽国的江山社稷，日夜操劳，日不暇给；到辽世宗、辽穆宗时，都遇弑身亡，短命而终；景宗上台，人人望治。凭借景宗的资质才干，再加上他用人不疑、赏罚必信，本来是应该大有作为的，可他却竭尽全国财力统兵南侵，损兵折将，使辽国大伤元气，自己也病死于焦山，年仅三十五岁，可惜可叹！

民间有父母在，别籍异居者，听邻里觉察，坐之。有孝于父母，三世同居者，旌其门闾。

【注释】《辽史·本纪第十·圣宗一》。坐：指定罪。旌：旌表。封建统治者用立牌坊或挂匾额等方式表扬遵守封建礼教的人。

【解析】古人云："父母在，不远游，游必有方。"孝敬父母是中国人民的一大传统美德。在辽代，把孝敬父母定为法律，不孝敬父母的人要受到法律的惩罚。辽圣宗统和二年下诏，民间如有父母还活着自己就到别处另居的人，如被邻时发现，就要定罪。孝敬父母，三世同居的人，则要给其立牌坊以示表彰。

诸部官惟在得人，岂得定以所部为限。

【注释】《辽史·本纪第十·圣宗一》。诸：众，许多。惟：单单，只。

【解析】任用选择官吏，历来是各朝各代的头等大事，选拔官吏的标准可以反映出一个朝代的兴衰。是"任人唯贤"，还是"任人唯亲"，直接关系到这个朝代的前途命运。辽圣宗统和二年三月，划离部上奏请求"本部官吏的任用应该只从本部选拔"。辽圣宗说："众部官吏的选拔只能看其胜任与否，哪能只以所在的部属为限。"辽圣宗的这一选官标准就与辽穆宗"醉中骤加左右官"的行为形成鲜明的对比，也使他成为辽代的中兴之君。

举才行，察贪酷，抚高年，禁奢僭，有殁于王事者官其子孙。

【注释】《辽史·本纪第十三·圣宗四》。举：推选，选举。察：调查。抚：安慰，保护。僭：超越本分，古时指地位在下的冒用地位在上的名义或礼仪、器物。殁(mò)：死，也作"没"。官："以……为官"，名词的意动用法。

【解析】辽圣宗耶律隆绪，小名叫文殊奴，是辽景宗的长子。从小好学，十岁能做诗，长大后精通骑射，懂音律并爱好绘画。公元 982 年继皇帝位，时年十二岁。辽圣宗统和九年七月，下诏诸道“推举有才德的人做官，查办贪官酷吏，抚养年岁大的人，禁止奢侈和超越本分，以为国家而死人的子孙为官。”使辽朝很快又重新强大起来，南拒宋，订立澶渊之盟；西封夏王；东册高丽王。正如《辽史》赞曰：“辽之诸帝，在位长久，今名无穹，其唯圣宗乎？”

前圣有言：“欲不可纵！”

【注释】《辽史·本纪卷十三·圣宗四》。欲：欲望。纵：放任；不约束。

【解析】契丹皇帝大多爱好喝酒和打猎，辽穆宗尤甚，并因此而送了命。圣宗皇帝虽然贤明，但也喜好打猎和击球。有一次辽圣宗到平地松林去打猎，皇太后教训他说：“以前的圣贤曾说过：‘不能太放纵（自己的）欲望。’你是天下之主，打猎纵马驰骋，万一有所闪失，只会给我带来麻烦，希望你切记改之！”辽圣宗深记皇太后的教诲，以后再很少去打猎，专心于政务，终成一代贤明之君。

辽与宋和，坐获岁币，则利在国家，臣下无与；与宋交兵，则利在臣下，害在国家。

【注释】《辽史·本纪第十九·兴宗二》。岁币：按年输送的银、绢等物。

【解析】公元 1033 年，辽兴宗派遣南院宣徽使肖特末、翰林学士刘六符出使宋朝廷，要求得到晋阳以北瓦桥以南十个县，并对宋朝在边界增兵屯戍等事进行责问，准备以此为借口南下伐宋。宋朝廷派富弼等出使辽国，不同意割地，但表示愿意增加每年输送的银、绢数。富弼还说：“如果辽国与宋国讲和，坐获每年输送的银绢等物，则利在国家，臣下一点儿也得不到；如果辽国与宋国打仗，则利在臣下，害在国家。”辽兴宗很同意富弼的意见，决定与宋讲和。

朕以菲德，托居士民之上，第恐，智识有不及，群下有未信，赋敛妄兴，党罚不中，上恩不能及下，下情不能达上。凡尔士庶，直言无讳。可则择用，否则不以为愆。

【注释】《辽史·本纪第二十一·道宗一》。菲：菲薄（多用做谦辞）。第：但是。信：相信，信服。党：偏袒。

【解析】辽道宗耶律洪基，是辽兴宗的长子，性格沉稳、刚毅。1055 年，辽兴宗去世后继皇帝位。刚一上台就虚心纳谏，要求官民上书言事，他说：“我以菲薄之德，能够位居各位之上，但恐智识不及，不能使各位信服；如果妄兴赋敛，赏罚不中，上下之间不能沟通。凡是你们，无论士庶，都可以直言上书，不要避讳。能用则用，不能用的也不责怪你们。”后来他又多次下诏求取直言，他的这种气度在辽各位皇帝中是罕见的。

前日之燕，阿骨打意气雄豪，顾视不常，可托以边事诛之。否则，必贻后患。

【注释】《辽史·本纪第二十七·天祚皇帝一》。燕：通“宴”。诛：杀。贻：遗留。

【解析】公元1112年，辽天祚帝耶律延禧到混同江钓鱼。按照惯例，界外生女真的酋长在千里之内的都要去朝拜他。在一次酒宴上，耶律延禧命各酋长依次起舞助兴，唯独轮到完颜阿骨打时，却以自己不会跳舞加以拒绝，再三劝说也不肯从命。后来辽天祚帝对权臣肖奉先说：“那天在宴会上，阿骨打意气雄豪，定非等闲之辈，不如以边事为借口杀了他，否则必留后患。”可肖奉先却认为阿骨打算不了什么，想造反也造不起来，没想到正是这个阿骨打起兵灭了辽朝。

偏怜之子不保业，难得之妇不主家。

【注释】《辽史·列传第二·宗室》。偏怜：偏爱。

【解析】辽太祖第三子李胡，“少勇悍多力，而性残酷，小怒辄黥人面，或投水火中。”可淳钦皇后却非常喜欢他。太宗死后，太后想立李胡为帝，可群臣却拥戴世宗上台，与太后兵隔黄河对峙。大臣耶律屋质劝谏皇太后说：“皇帝已立，应该支持他。”李胡问：“有我在，兀欲怎么能立为皇帝呢？”耶律屋质回答说：“谁让你残暴失去人心呢？”太后最后只好同意让世宗为帝，并无可奈何地对李胡说：“过去我和太祖都偏爱你，正如谚语中所说：‘偏怜之子不保业，难得之妇不主家。’不是我不立你为帝，是你自己不行。”

惟圣知圣，惟贤知贤。

【注释】《辽史·列传第三》。惟：只，单单。

【解析】《诗经》曰：“知我者谓我心忧，不知我者谓我何求？”太祖阿保机与耶律曷鲁从小一起长大，“相与易裘马为好”。阿保机素有大志，曷鲁尽力辅佐他。后阿保机登基，诸弟谋反，只有曷鲁忠心耿耿，替阿保机出谋划策、东征西讨。曷鲁死后，阿保机如失心腹，痛哭流涕地说：“假如他再活三五年，我的计划没有完不成的。”《辽史》作者议论说：曷鲁“言如蓍龟，谋成战胜，可谓算无遗策矣。”而太祖则“信其所可信，智也。”所以说“惟圣知圣，惟贤知贤。”

国强则其人贤，海巨则其鱼大。

【注释】《辽史·列传第五》。贤：有德行，有才能。

【解析】辽太祖神册初年，将相大臣拔起于风尘之中，尽力辅佐太祖以成大业。辽太祖则以诚待下，不独断专行，虚心听取各方建议，一时人才辈出，有心腹、耳目、手足之喻。君臣同心“讨党项、走敌鲁、平剌葛、定渤海，功亦伟矣！”

正如太祖在评价大臣耶律图鲁窘时所说:“国强则其人贤,海巨则其鱼大。”

军法在正不在多。以多陵少,不义必败。

【注释】《辽史·列传第六》。正:合乎法度。陵:同“凌”,侵犯,欺侮。

【解析】高模翰,是辽太祖和辽太宗时的有功之臣。辽太祖曾经对他说:“我兴兵以来,百余次战争,你的功劳第一大,虽古代的名将也赶不上你。”后晋石重贵背弃盟约,辽太宗出兵南伐,高模翰身先士卒,几次立功,有一次后晋的魏府节度使杜重威率领三十万大兵抵抗,高模翰对手下的人说:“决定战争胜负的是正义而不是兵多兵少,以多欺少,不义自败。”他率领手下三百人英勇杀敌,终于取得了胜利。在这里我们姑且对辽军讨伐后晋战争的正义与否不做讨论,但高模翰的这句话却极富有哲理。

苟政令乖失,则人心不服,虽得之亦将失之。

【注释】《辽史·列卷第六》。苟:如果。乖:违反情理;不正常。

【解析】辽太宗耶律德光率军南下伐晋,攻入开封,诸将萧翰、麻答等率兵杀掠。吏部尚书张砺上奏说:“现在辽军刚刚征服中国,应该用中国人治理它,不能专用契丹人及左右大臣,如果政令失误,则人心不服,你即使是得到了它也会失去。”本是肺腑之言,可辽太宗却不听劝告,辽最终被金代替。

利令智昏,固无足议!

【注释】《辽史·列传第六》。利:金钱,利益。固:本来,原本。

【解析】赵延寿,原是(后)唐明宗的女婿,后降辽,因战功卓著,封为魏王。因为辽太宗曾对他说过如果灭(后)晋以后,封他为中原的皇帝,所以他每战必摧锋陷阵,身先士卒。辽攻下开封后,赵延寿就让人上书封他为皇太子,辽太宗说:“我对魏王虽然是割肉也在所不惜,但皇太子却必须是天子的儿子才能当,魏王怎么能当呢?”《辽史》作者认为他的这种行为是“利令智昏,固无足议!”是被利益冲昏了头脑,本来不足一提!

人命至重,岂可为一兽杀之?

【注释】《辽史·列传第八》。

【解析】耶律夷腊葛,是辽穆宗的心腹之臣。当时辽穆宗耽于饮酒,常常酗酒生事,动不动就因为很小的缘故杀人,耶律夷腊葛总是及时给以劝谏。有一次,一个管鹿的官吏因为丢失了一头鹿而被关进监狱,判处死刑。耶律夷腊葛劝谏说:“人命是最重要的,怎么能因为一头兽而杀害一条人命呢?”后来这个人被免除死刑。“人命至重”这句话朴实无华,却体现出了耶律夷腊葛和《辽史》作者浓厚的人本主义观念。

人君之过，莫大于杀无辜。

【注释】《辽史·列传第八》。过：过错，过失。无辜：没有罪的人。

【解析】《辽史》作者认为："人君之过，莫大于杀无辜。"当商汤伐夏桀的时候，数落其罪中就有"并告无辜吁上下神祇"；周武王伐商纣王的时候，数其罪中又有"无辜于天"；尧伐苗民，吕侯数其罪中也说"弑戳无辜"。辽穆宗酗酒生事，动不动就杀无辜之人。单为了一个巫婆所开的延命药方，就不知枉杀了多少人的性命。他在位十八年"嗜杀不已"，被他滥杀的人不计其数，最后自己也被别人杀死。

善谏者不谏于已然。盖必先得于心术之微，如察脉者，先其病而治之，则易为功。

【注释】《辽史·列传第八》。易：容易。功：成效；功劳。

【解析】自古以来，贤明的君主身边都有一些敢于劝谏、善于劝谏的人。周文王因姜太公而兴，刘邦得张良而王，唐太宗靠魏征、房玄龄等成贞观之治。《辽史》作者认为"善于劝谏的人不去劝谏那些已经就那样的人或事。劝谏别人之前要先看被劝之人的心脉迹象，就像大夫看病察脉一样，在人未病之前就先防治它，这样才容易有成效。"辽穆宗酗酒嗜杀成性，并不是一日养成的恶习，如果群臣都像耶律夷腊葛那样及早犯颜直谏，或许也不会形成那样的暴政。

一时纳赂请谒，门若贾区。

【注释】《辽史·列传第九》。赂：贿赂，用来买通别人的钱财。谒：进见。贾：做买卖。

【解析】孔子曰："君子喻于义，小人喻于利。"小人当道，贿赂公行。辽景宗时的大臣女里，平素好贪，其同党萧阿不底好贿，两人臭味相投。有人见到一个用毡裘做耳套子出名的人，就开玩笑说："如果遇到女里、阿不底，一定会全都给你拿走。"时人以此传为笑话。由于当时女里、阿不底等得宠当道，世风日下，"一时纳赂请谒，门若贾区。"女里后来终因私藏武器过多而被赐死。《辽史》作者论曰："女里贪猥，后人所当取鉴者也。"

降不可弑，亡不可追，二三其德者别议。

【注释】《辽史·列传第十》。弑：杀。亡：逃跑。

【解析】辽圣宗率兵伐宋，侍从马得臣上书说："降不可弑，亡不可追，二三其德者别议。"即"投降的将士不能杀死，逃亡的将士不能穷追，当然那些反复无常的小人应该另当别议。”辽圣宗认为此话极有道理，下诏在军中执行。此话可以说是至理名言，投降的将士不能杀，如果投降了还杀死，以后谁还会投降呢？逃亡的将士不能穷追不舍，俗话说：“狗急跳墙”，逼急了他就会和你决一死战，到时只能是两败俱伤。

宠贵鲜能长保，以是为忧耳！

【注释】《辽史·列传第十二》。鲜：少。

【解析】有些人，一旦得宠富贵，尾巴就翘到了天上，飞扬跋扈，意得志满。可辽圣宗时的宠臣制心却说：“宠贵鲜能长保，以为是忧耳！”即“富贵宠幸很少能有长久保持的，所以以此为忧。”制心因为是皇后的外弟，所以得到圣宗的宠幸，可他却经常忧心忡忡。每当皇宫内宴饮欢乐之时，他就悄悄避开了。皇后很不高兴地问他：“难道你不快乐吗？”制心就用以上的话回答了她。居安思危，警钟长鸣，确实是智者之言。

识者以谓合住一言，贤于数十万兵。

【注释】《辽史·列传第十六》。识者：有见识的人。合住：辽景宗时的大臣耶律合住。

【解析】耶律合住是辽景帝时的名将，机智而有文才，通晓军事。因征战有功，官至左金吾卫大将军，但他在驻守边防时，却不妄自生事以邀功，而是务求边境稳定，与民休息。他镇守范阳时，曾亲自率领数骑到北周境内，与北周郡守谈判，慷慨陈词，说明两国交战的利害关系，谴责北周的无理侵犯。从此，两国边境数年无事。“识者以谓合住一言，贤于数十万兵。”正如一首赞王昭君的诗中写道：“不如一曲琵琶好，鸣镝无声五十年。”

以喜怒加威福，恐未当。

【注释】《辽史·列传第十六》。当：妥当。

【解析】赏罚官吏，要有一定的标准。如“赏功罚罪”“赏勤罚懒”“赏贤罚奸”等，如果单凭君主的好恶喜怒，任意赏罚，就会使官吏不知所从，不思进取。辽圣宗经常在宴饮时对臣下进行赏罚，有的加官晋爵，有的杀头入狱。大臣慎行劝谏说：“以喜怒加威福，恐未当。”即“因为自己的喜怒而对臣下进行赏惩，恐怕是不妥当的。”辽圣宗听取了他的劝告，又下诏说：“自今宴饮有刑赏事，翌日禀行。”

枢密选贤而用，何事不济？若自亲烦碎，则大事凝滞矣！

【注释】《辽史·列传第十七》。济：成功。凝滞：停止；耽误。

【解析】萧孝穆,辽兴宗时任北院枢密使。选拔官吏,唯贤是举。他曾对人说:“枢密选贤而用,何事不济?若自亲烦碎,则大事凝滞矣!”即“枢密使如果多多举荐贤才而使用,什么事办不成?如果亲自去干那些琐碎的小事,许多国家大事就被耽误了。”举荐贤才,确是为政一方官吏的头等大事。

岂服人者以德而不以力欤?

【注释】《辽史·列传第十八》。服:使信服。

【解析】《辽史》作者在评价辽圣宗伐高丽遭到强烈抵抗时说:“岂服人者以德不以力欤?”谴责辽军一路残毁宫室、连累人民的行为无异于“以燕伐燕”。说明要想征服别人就必须做到“以德服人”,而不能“以力服人”。楚汉相争,项羽“欲以力征经营天下”,而终至落得“五年卒亡其国”。而刘邦则与百姓“约法三章”,以德服人,终得天下。

法令者,为政所先,人命所系,不可不慎。

【注释】《辽史·列传第十九》。系(xì):联结;联系。慎:谨慎,小心。

【解析】“制定法律,是治国的头等大事,因为它直接关系到人的性命,所以要特别谨慎。”这句话是辽兴宗下诏修改法令时说的。他认为辽朝的法令轻重不一,应重新修订,并要求修订法律的官吏要“审度轻重,从宜修订”。辽兴宗此语确实是抓住了治国的关键所在:治国必先立法,立法关系人命,所以要谨慎从事。

大之怀小也以德,制之也以威。德不足怀,威不足制,而欲服人也难矣。

【注释】《辽史·列传第二十四》。怀:怀柔。用政治手段笼络其他的民族或国家,使其归附自己。制:管束,用强力约束,限定。

【解析】当辽之时,各部并存,方国林立。辽各代皇帝马不停蹄,东征西讨,终辽一朝,战争不断。讨西夏、征党项、破阻卜、平敌烈、臣后晋、封高丽。可由于辽德威不足,很多部落降而复叛。《辽史》作者论曰:“大国对待小国,一方面要以德怀柔,另一方面要以威压制。如果德不足以怀柔,威不足以压制,要想彻底征服小国就很难了。”

兵者凶器,可戢而不可玩;争者末节,可遏而不可召。此黄石公所谓柔能制刚,弱能制强也。

【注释】《辽史·列传第二十五》。兵:兵器。戢(jí):收敛,收藏。争:战争。遏(è):阻止,禁止。

【解析】古人云:“仁者无敌。”单靠武力、战争想征服别人是不可能的,只有靠实行仁政才能无敌于天下。《辽史》作者认为:“兵器是凶器,只能收藏而不能赏玩;战争是末节,只可阻止而不能发动,这就是黄石公所说的柔能制刚、弱能制强的道理。”如果辽代诸帝能够明白这个道理,也许不会被金灭亡。

何代无贤,世乱则独善其身,主圣则兼济天下。

【注释】《辽史·列传第二十七》。贤:贤明的人。善:使……善,名词做动词。

【解析】“穷则独善其身,达则兼济天下”是儒家修身的一个重要标准。孟子在《尽心上》篇中说:君子要“穷则独善其身,达则兼善天下。”辽道宗有一次对南院枢密使杨绩说:“现在群臣中忠实正直的,只有耶律玦和刘伸两人,可是刘伸也不如耶律玦刚直。”杨绩回答说:“哪一个朝代没有贤人,只不过是世道乱就独善其身,君主贤明就兼济天下。”

岁寒知松柏之后凋!

【注释】《辽史·列传第二十七》。凋:凋谢。

【解析】孔子说:“岁寒,然后知松柏之后凋也。”就是说只有在严酷的环境之下,才能考验出真正的君子。孩里和耶律引吉都是辽道宗时的大臣,当时权臣耶律乙辛得宠当道,顺之者昌,逆之者亡,可孩里和引吉却以正自处,不卑不亢。所以《辽史》作者赞曰:“岁寒知松柏之后凋,二子有焉。”

以狼牧羊,何能长久。

【注释】《辽史·列传第二十九》。

【解析】狼是羊的大敌,用狼来牧羊,怎么能够长久呢?奸臣耶律乙辛“美风仪,外和内狡”,自幼就有吞日月、夺江山之志,可辽道宗却偏偏宠信他,一切军国大事都委托给他。“势震中外,门下馈赂不绝。凡阿顺者蒙荐擢,忠直者被斥窜。”忠臣萧岩寿因为性情刚直,揭露乙辛废立太子的阴谋,就被贬斥流放。当时的人说:“以狼牧羊,何能长久!”

恩赏明则贤者劝,刑罚当则奸人消。二者既举,天下不劳而治。

【注释】《辽史·列传第二十九》。劝:勉励。举:往上托,提出,兴起。

【解析】治理国家,必须赏罚分明。如果恩赏明确,贤明的人就会努力工作;如果刑罚得当,奸猾的人就会悄然消失。只要赏罚明确、得当,天下就会不劳而治。如果恩赏不明,刑罚不当,就会使人不知所措,为所欲为,那样,要想治理好国家就很难了。

《易》言:"履霜,坚冰至。"谨始也。

【注释】《辽史·列传第二十九》。《易》:指《周易》。履:踩,走。

【解析】俗话说:"万事开头难。"《周易》也说:"履霜,坚冰至。"即"只要踩上了微霜,坚冰就会随之到来。"无论做什么事情,开头的时候一定要非常谨慎。《辽史》作者在评价道宗之失时,就引用了《周易》中的这句话。如果辽道宗在开初就听取忠臣萧岩寿、耶律撒剌的劝告,不重用奸诈的耶律乙辛,或许就不会有太子被害、国家动乱的悲惨结局吧。

承平日久,上下狃于故常之可畏也!

【注释】《辽史·列传第三十一》。承平:太平。狃:因袭,拘泥。

【解析】一个国家,一个民族,如果太平日久,上下因袭,拘泥于过去的典章制度,而不去锐意进取,奋发图强,是最可怕的事情。辽之被金所灭,就是前车之鉴。辽太祖、太宗之时,为了打天下,东征西讨,"日不暇给"。到辽穆宗之时,则"荒耽于酒,畋猎无厌。"辽天祚皇帝更是"既丁未运,又觖人望,崇信奸回,自椓国本。"当强劲的敌人金兵打来,昔日勇武强健的契丹人已无丝毫抵抗能力,"驯致土崩瓦解,不可复支,良可哀也!"

盖民者国之本,兵者国之卫。兵不调则旷军役,调之则损国本。

【注释】《辽史·列传第三十三》。本:事物的根本,根源。卫:保卫。旷:耽误荒废。损:损害。

【解析】萧韩家奴,是辽兴宗时的文臣。有一次,辽兴宗与他谈论兴兵治国之道,他说:"人民是国家的根本,军队是国家的保卫。军队长久不调动就会荒废,可经常调动却会损害人民。只有人民富裕了,军队才能强大,兵源才能充足。"因此,他要求辽兴宗要"节盘游,简驿传,薄赋敛,戒奢侈"。这样人民才能逐渐富裕起来,兵源才能充足,军队才能强大。

寇盗所以滋者,由赋敛无度,民不聊生。

【注释】《辽史·列传第三十三》。滋:滋生。聊:依赖。

【解析】管子说:"仓廪实而知礼节,民不足而可治者,自古及今,未尝闻也。"辽王朝建国之后,只重征伐,不重视发展经济,人民困乏,盗贼纷起。"比年以来,群黎凋敝,利于剽窃,良民往往化为凶暴。甚者杀人无忌,至有亡命山泽,基乱首祸。"辽朝廷深以为患。有一次辽兴宗问肖韩家奴"盗贼之害何可以止?"肖韩家奴就引用了唐太宗所说的这句话来给以劝谏,说:"寇盗之所以兴起,是由于赋敛无度,民不聊生。"要求辽兴宗要轻徭薄赋,减轻对人民的剥削。

禽兽有哀乐之声，蝼蚁有动静之形，在物犹然，况于人乎？然贤达哀乐，不在穷通祸福之间。

【注释】《辽史·列传第三十四》。然：如此，这样。然：然而。

【解析】孔子说："贤哉，回也！一箪食，一瓢饮，在陋巷。人不堪其忧，回也不改其乐。"颜回这种安贫乐道的精神成为后世儒家追求的一种高尚理想人格。辽道宗时的文臣耶律孟简，被权臣耶律乙辛所谗，流放外地。可他却自得其乐，"遇林泉胜地，终日忘归。"当他听说太子被害，遂做《放怀诗》二十首，并自序说："禽兽尚有哀乐之声，蝼蚁也有动静之形，连动物都是这样的，难道人就没有喜怒哀乐吗？然而贤达之人的哀乐，并不在穷通祸福之间。故《易》说：'乐天知命，故不忧。'"

满当思溢，安心虑危。

【注释】《辽史·列传第三十七》。

【解析】任何事物发展到一定程度，就会向它的对立面转化。如我们常说的成语"物极必反""否极泰来"等都含有此意。所以要"满当思溢，安必虑危。"

修己以洁，奉长以敬，事夫以柔，抚下以宽，毋使君子见其轻易，此之为礼法，自然取重于夫。

【注释】《辽史·列传第三十七》。修：修饰。奉：侍奉。

【解析】历代封建社会，对女子的要求都是十分苛刻的，有所谓"妇德、妇言、妇容、妇功"之说。《辽史》所记烈女中，耶律奴之妻萧意辛所说的话却颇有道理。她认为女子要想得到别人的尊敬，就必须"把自己打扮得清爽干净，孝敬长辈，对丈夫温柔关怀，对孩子慈爱宽厚，不要轻薄自己，水性杨花。"这样自然就会得到丈夫和别人的尊敬。

孔子作《春秋》以寓王法，诛死者于前，惧生者于后，其虑深远矣。

【注释】《辽史·列传第四十二》。寓：寄托。诛：谴责。

【解析】"孔子做《春秋》，而乱臣贼子惧。"就是因为孔子将王道礼法寓于《春秋》之中，贬恶扬善，口诛笔伐，让后世读《春秋》的人，知道怎样做才是好的，怎样做是不好的。《辽史》作者认为："孔子作《春秋》，就是为了隐喻王道礼法，谴责死者于前，警惧生者于后，他的考虑是极其深远的。"

察割于父既不孝，于君安能忠！

【注释】《辽史·列传第四十二》。安：表示反问，同"怎么"，"哪里"。

【解析】儒家主张"君君、臣臣、父父、子子"，君、臣、父、子都应实副其

“名”。子对父孝,才会对君忠。辽代奸臣察割,是明王安端之子,他为了邀宠于世宗,竟装出悲苦无依的样子到世宗面前诉苦,说他父亲对他不好,以此博得了世宗对他的同情和信任,并委以重任。贤臣耶律屋质看出了他的阴险,劝告世宗要加以注意。可世宗却说:“察割抛弃父亲来服侍我,肯定不会有错。”屋质就说:“察割既然对父亲都不孝敬,怎么能会对君主忠诚?”就是这个貌似谦恭卑屈的察割,最终亲手杀了信任他的世宗。

《金史》名句

人有才堪任事，
其心不正者，
终不足贵。

——《金史·本纪第十六·宣宗下》

辽以镔铁为号,取其坚也。镔铁虽坚,终亦变坏,惟金不变不坏。

【注释】《金史·本纪第二·太祖》。镔铁:精炼的铁。惟:单单;只。

【解析】金太祖完颜阿骨打,素有雄心大志,因不甘忍受辽国对女真族的欺辱盘剥,起兵抗辽。公元1115年,完颜阿骨打在会宁称帝。他说:“辽人以镔铁为国号,认为镔铁是很坚硬的。其实,镔铁虽坚,终究还是会变坏,只有金才能永远不变不坏。”所以建国号为“大金”。金建立后,仅用十年,到1125年,就灭了辽国。

彼众我寡,兵不可分。视其中军最坚,辽主必在焉。攻其中军,可以得志。

【注释】《金史·本纪第二·太祖》。寡:少。

【解析】金太祖完颜阿骨打,不仅有灵活的政治头脑,而且还有杰出的军事才能。1115年12月,辽天祚皇帝耶律延禧率军七十万来攻,气势汹汹。金太祖及时采取防御战略,筑城固守。后耶律延禧因内部张奴叛乱,被迫往西返回。辽太祖率军乘机出击,当时他只有两万人,他说:“敌众我寡,不能分散兵力。从敌人的阵势来看,其中军最为坚强,辽主必在中军,只要能把中军打垮,获胜就有把握了。”于是,他集中左右翼兵力,猛攻中军,终于取得大胜。

朕得天下,皆我君臣同心同德以成大功,固非汝等之力。今闻汝等谋叛,若诚然耶,必须鞍马甲胄器械之属,当悉付汝,朕不食言。若再为我擒,无望免死。欲留事朕,无怀异志,吾不汝疑。

【注释】《金史·本纪第二·太祖》。朕:金太祖自称。汝等:你们。必须:必需。吾不汝疑:倒装句,“吾不疑汝”之意。

【解析】阅读《金史》,不禁被金太祖宽宏大量的气度所折服。有一次,有人揭发说辽降将耶律余睹等企图反叛。阿骨打召见余睹说:“我能取得天下,靠的是君臣同心同德,努力奋斗,并不是凭借你们的力量。听说你们想反叛,如果是真的,你们需要多少鞍马、兵器,我都可以全数给你们。但是,如果再让我抓住了,就不要奢望我能赦免你们了。你们如果不想反叛,愿意继续追随我,就不要再怀二心,我也不会怀疑你们。”金太祖的胸怀和气度,古今少有!

明皇所谓有始而无终者。初以艰危得位,用姚崇、宋璟,惟正是行,故能成开元之治。末年怠于万机,委政李林甫,奸谀是用,以致天宝之乱。

【注释】《金史·本纪第四·熙宗》。明皇:指唐玄宗李隆基。姚崇、宋璟:皆唐代贤相。怠:懒惰;松懈。

【解析】人常言要“始终如一”,就是说要从始至终都一样,慎终如慎始。如果慎始不慎终,就会有始无终。唐玄宗李隆基就是有始无终之人。开初,他平定韦后，太平公主叛乱，登上皇位，励精图治，重用姚崇、宋璟为相，改革弊政，裁汰冗官，重视发展生产，以成“开元盛世”之治。可到后期，却怠于政事，宠幸杨贵妃，重用奸诈的李林甫为相，终于导致天宝十四年(755年)的安史之乱，使唐朝由盛转衰。

知卿等意，今既饮矣，明日当戒。

【注释】《金史·本纪第四·熙宗》。卿：古时君称臣。戒：戒除。

【解析】古人有诗云：“明日复明日，明日何其多，我生待明日，万事成蹉跎。”金熙宗完颜亶好饮，常与近臣夜以继日地饮酒，不理朝政。宰相来劝谏他，他就拉住喝酒，而且还说：“我知道你们的意思，今天既然已经喝了，明天再戒吧。”可明天又照喝不误。他还常因酗酒而喜怒无常，滥杀无辜，弄得大臣们个个不能自保，惶惶不可终日，就怕哪天不小心被杀。最终导致金熙宗自己被人所杀。

国家吉凶，在德不在地。使桀、纣居之，虽卜善地何益？使尧、舜居之，何用卜为？

【注释】《金史·本纪第五·海陵》。桀：指夏桀。纣：指商纣王。

【解析】金废帝海陵，名完颜亮，是一个荒淫而暴虐的君主。他弑君篡位，奸人妻女，无恶不作。可他在准备迁都燕京时说的这句话却颇有哲理。国家的吉凶，确实是在德不在地。如果桀、纣居住在那里，即使是占卜说是最好的地方，也没有什么益处；如果尧、舜居住在那里，难道还用卜问吉凶吗？海陵刚愎自用，自比尧、舜，可他却是个比桀、纣还要暴虐十倍的君主。《金史》作者说：“使天下后世称无道主以海陵为首，可不戒哉！”

海陵智足以拒谏，言足以饰非。欲为君则弑其君，欲伐国则弑其母，欲夺人妻则使之杀其夫。三纲绝矣，何暇他论。

【注释】《金史·本纪第五·海陵》。拒：抵抗；抵挡。饰：装饰；掩饰。弑：指臣杀死君主或子女杀死父母。

【解析】金废帝海陵，弑君篡位，荒淫无道。他表面上下令吃饭时不准给他上鹅肉，以示节俭，可实际上却不断向民间搜集鹅和鹌鹑。老百姓一时拿不出来，被逼得“有以一牛易一鹑者”。他曾多次下令大臣“进直言”，可太医祁宰却只因劝谏他不要南下伐宋而被杀。他的嫡母徒单氏也因反对南下伐宋而被杀。海陵特别沉溺于女色，不论是姑婶、叔伯姊妹、外甥女，都是他奸淫的对象。他为了得到一个叫唐括定哥的女人，竟威胁她杀了自己的丈夫。他还好大喜功，为了南下伐宋造船，“毁民庐舍以为材，煮死人膏以为油”。海陵最终被人所杀，罪有应得。

进贤退不肖，宰相之职也，有才能高于己者，或惧其分权，往往不肯引置同列。朕甚不取，卿等毋以此为心。

【注释】《金史·本纪第六·世宗上》。肖：好。惧：害怕；恐惧。

【解析】“世有伯乐，而后有千里马。千里马常有，而伯乐不常有。”如果没有伯乐，再好的千里马也只能埋没在荒野之中。金世宗完颜雍对大臣说：“推荐贤才，贬斥奸人，本来就是宰相的职责。有的人见到才能比自己高的人，就怕他分取自己的权力，往往不肯向上推荐。这种做法，我是一点儿也不赞成的，希望你们不要这样做。”确实，如果选拔官吏的官员怕向上推荐才能超过自己的人，国家怎么能够得到人才呢？

卿虽有才，然用心多诈，朕左右须忠实人，故命卿补外。

【注释】《金史·本纪第六·世宗上》。卿：古时君称臣。朕：世宗自称。

【解析】选拔任用人才，要才德皆备。如果只强调才干而忽视品德，那比提拔无才无德的人更为可怕。金世宗完颜雍，号称小尧、舜，他对选拔任用官吏，有自己独到的看法。有一次，他对臣下徒单合喜、完颜谋衍、蒲查通等人说：“你们虽然有才干，可是却用心险恶。我身边需要忠实的人，所以让你们到外地去做官。”金世宗的这种做法，可谓知人善任。

卿等致位公相，正行道扬名之时。苟或偷安自便，虽为今日之幸，后世以为何如？

【注释】《金史·本纪第六·世宗上》。致：集中于某个方面。幸：侥幸。

【解析】民间有谚曰：“当官不为民做主，不如回家种红薯。”在其位，就要谋其政。金世宗完颜雍就对臣下说：“你们位居公相，正是行道扬名之时，如果苟且偷安，只图自保，即使现在侥幸无事，可后人会怎么评价你们呢？”

凡为人臣，上欲要君之恩，下欲干民之誉，必亏忠节，卿宜戒之。

【注释】《金史·本纪第六·世宗上》。要（yāo）：求。干：追求。

【解析】常听人说：“做人难，做个好人更难。”其实，做官才难，要做个好官更难。做官的人，上要取得领导的信任，下要博取群众的欢心，里外逢迎，要想做个好官确实很难，金世宗说：“凡是做臣下的，上要求得皇帝的恩宠，下要博取民众的称誉，一定会有亏忠节，你们应该加以注意。”

朝廷行事苟不自正，何以正天下？

【注释】《金史·本纪第六·世宗上》。苟：如果。正：使端正。

【解析】人常言：“上梁不正下梁歪。”如果居上位的大官行事不正，贪污腐化，而要求居下位的小官清正廉洁，那是不可能做到的。金世宗时，尚书省报告说汾阳军节度副使牛信昌生日接受馈献，依法应当撤职。金世宗说：“朝廷里的人自己行事都不正，怎么能要求下面的人行事正呢？现在尚书省、枢密院的大官生日节辰都接受很多馈献，这种事情不去追究，而下面的小官接受馈献即加弹劾，这怎么能正天下之事呢？从现在起，宰执、枢密使接受馈献也一并罢官。”

郡守系千里休戚，安可不择人而私其亲耶。若以亲亲之恩，赐与虽厚，无害于政。使之治郡而非其才，一境何赖焉。

【注释】《金史·本纪第七·世宗中》。休戚：欢乐和忧愁。私：自私。赖：依赖；依靠。焉：语助词。

【解析】古人云：“为官一任，造福一方。”县官是民众的父母官，责任非常重大，如果任人不当，就会直接损害人民的利益，同时也会影响国家在民众中的形象。金世宗时，尚书省因为阿可是宗室子弟，就上书准备任命他当刺史。金世宗说：“郡守的好坏，与千余里范围之内的人民休戚相关，怎么能不慎重选择而任意委派亲近，拿官职送人情呢？若说他是宗室子弟，赐予丰厚一点，倒也不妨害政务，可若让他去治理一个郡，他又没那个才能，这个郡的人民不就跟着遭殃了吗？”

凡在官者，但当取其贪污与清白之尤者数人黜陟之，则人自知惩劝矣。夫朝廷之政，太宽则人不知惧，太猛则小玷亦将不免于罪，惟当用中典耳。

【注释】《金史·本纪第七·世宗中》。尤：特异的，突出的。黜（chù）：罢免；革除。陟：登高；提拔。玷：白玉上的斑点。典：标准；法则。

【解析】中庸之道是儒家最基本的伦理道德之一。《论语·雍也》说：“中庸之为德也，其至矣乎！”中庸之道体现在治理国家上，就是要宽猛相济。为政既不能太宽，也不能太猛。太宽则人民不知惧怕；太猛又会残害人民。唯有宽猛相济，才会政和人平。金世宗说：“对在职官员，只应选择那些贪赃枉法或清正廉明较为突出的，加以罢免或提拔，就会劝诫激励其余的人。朝廷行政，太宽则人不知惧，太猛则小错误也会遭到惩罚，还是应该以适中为宜。”

奸邪之臣，欲有规求，往往私其党与，不肯明言，托以他事，阳不与而阴为之力。

【注释】《金史·本纪第七·世宗中》。规：谋划；打主意。

【解析】人们常用"结党营私""阳奉阴违"等成语来形容那些阴险奸诈的小人。金世宗完颜雍说:"那些阴险奸诈的臣子,想要有所求,往往不肯明说,而是结党营私,并托以它事,阳不为而阴为。"这句话确实是入木三分地抓住了那些奸险小人的要害之处,读之令人拍案叫绝。

人心险于山川,诚难知也!

【注释】《金史·本纪第七·世宗中》。于:表示比较。诚:实在;的确。

【解析】世上最难测的是人心。《书·大禹谟》曰"人心惟危,道心惟微。"意思就是说人心险恶,不可推测。金世宗有一次对臣下说:"凡人在下位时,因为希望得到提升,所以都极力表现得清正廉洁,好人与坏人也看不出来。等到提升了大官之后,观察他的行为,其本质就暴露无遗了。例如招讨使哲典,开初任定州同知,后来又任都司,名声一直是很好的,可是当了招讨使之后就变了。人心险于山川,实在是难以预测呀!"

自古用人咸试以事,若止以奏对之间,安能知人贤否。

【注释】《金史·本纪第七·世宗中》。咸:全、都。安:疑问代词。表示反问,跟"怎么、哪里"相同。

【解析】选拔任用官吏,不能只听其嘴说,还要考察他的实际办事能力。有的人嘴上说得很好听,但一到具体办事的时候就不行。金世宗说:"国家用人,不能只听说,不能一言合意就进用,一言失误就责罚。凡人说话,有得有失,即使是贤明的人也在所难免。自古以来,选拔任用官吏都要试之以事,倘若只听他的谈话,贤能与否是很难判断的。所以我用人,一定要众人都说他好才行,从不凭自己的好恶而独断专行。"

用人之道,当自其壮年心力精强时用之,若拘以资格,则往往至于耄老,此不思之甚也。

【注释】《金史·本纪第八·世宗下》。拘:拘束;限制。耄:指八九十岁的年纪;泛指老年。

【解析】人的一生,其事业的巅峰期一般在中青年。因为此时身体健壮,精力旺盛,富有创造力,最容易办大事。国家选拔任用人才,也应乘其年轻力壮之时。如果提拔任用官员只是一味地论资排辈,就会失去很多得力的人才。金世宗说:"使用人才,应当乘他年轻力壮、精力旺盛的时候就任用。如果仅仅拘泥于论资排辈,往往是资格够了,人也老了。"

日月资考所以待庸常之人,若才行过人,岂可拘以常例。

【注释】《金史·本纪第八·世宗下》。庸:平凡;平庸。拘:限制。

【解析】选拔任用人才,不能一味地按年月长短、资历深浅而论。如果有才能出众之人,就要破格提拔使用。金世宗说:“岁月资考只是用来选拔平庸中常之人的,如果才能品德超群出众,怎么能拘泥于常例呢?”

使中材之人久于其职,事既熟,终亦得力。

【注释】《金史·本纪第九·章宗一》。熟:熟练。得力:得益;见效。

【解析】人常言“熟能生巧”。如果让一个人经常做某一件事,他一定会比其他的生手做得好。金章宗明昌四年正月,尚书省奏禀要将大兴府推官苏德秀调任礼部主事。金章宗说:“我曾经对你们讲过,朝廷百官不要调动得太多太快了。苏德秀正在任理官,后来又改任户曹,不久又调到礼部,对各种不同的职务,他难道全都能很快适应?我认为一个才能中常的人,只要他在某一个职位上干得久了,也能做出成绩来。以后对官员的职务不可轻易改变。”

僧、道以佛,老营利,故务在庄严闳侈,起人施利自多,所以为观美也。

【注释】《金史·本纪第十·章宗二》。闳侈:宏大奢侈。施:施舍。

【解析】中国人的宗教观是非常实用的。在中国人的宗教信仰中,对现实的此岸世界的热情要远远地超出对虚幻的彼岸世界的追求。儒家思想最可贵之处就在于它有“穷则独善其身,达则兼济天下”的积极入世的人生观。而佛、道信徒也多是为了满足现实生活的需要。道士们的符咒炼丹之术主要是为了祛病长生、禳灾祈福。佛教徒们集资修庙、烧香拜佛也不是为了颂扬佛的伟大,而是为了求财求子,祛病免灾。金章宗在解释佛、道寺庙为什么比孔子庙宏伟壮观时说:“僧、道是借佛、老营利的,他们把寺、庙修建的那么宏伟壮丽,是为了吸引俗人,以便得到更多的施舍。”

欲流之清,必澄其源。

【注释】《金史·本纪第十一·章宗三》。澄:澄清。源:水流起头的地方。

【解析】要想彻底解决问题,就必须要正本清源,从根本上寻找原因,清理整顿。金章宗时,朝廷共有三万七千多官员,其中三分之二是因门荫而得官的,既无功劳,又乏学识,造成官吏虽多而不办事,吏治腐败的局面。太府监孙复上书说:“欲流之清,必澄其源。”只有从根本上改革门荫补叙的法律,才能解决问题。于是,金章宗下令修改了这个法令。

军务之速,动关机会。悉从中覆,则或稽缓。自今有当亟行者,先行后闻。

【注释】《金史·本纪第十五·宣宗中》。务:务必。覆:同“复”。亟:急迫地。

【解析】战场形势瞬息万变,兵贵神速。如果凡事都要向上级禀报,就会贻误战机。所以古人有“将在外,军令有所不受”“先斩后奏”之说。金宣宗时,元军大举入侵,各地战事非常紧急。宣宗下诏皇太子说:“兵贵神速,动关机会,如果都向朝廷禀报,就会贻失战机。从今以后,如果有紧急行动,可以先行后奏。”

人有才堪任事,其心不正者,终不足贵。

【注释】《金史·本纪第十六·宣宗下》。堪:可;能。正:端正。

【解析】选拔任用官吏,首先要看他的品德。如果品德不行,即使再有才,也不能任用。有一次金宣宗与大臣们议论人才得失,他说:“人即使有才能办事,但如果心地不正,也不足为贵。”丞相张汝砺接着说:“如果其人心地不正而又有才,就像猛虎又插上了双翼,为害更大。”这确实是非常独到精辟的看法。

古无不亡之国。亡国之君往往为人囚絷,或为俘献,或辱于阶庭,闭之空谷。朕必不至于此。

【注释】《金史·本纪第十八·哀宗下》。絷:拘禁。

【解析】历史往往有惊人的相似之处,历代王朝,没有一个不亡国的,而且大都是祖先辛苦创业,子孙荒淫失业。亡国之君,大多是暴虐之君;如夏之桀、商之纣。可也有个别例外,如金哀宗完颜守绪,就是一个比较贤明的君主。但他却正值金国末运,回天乏力,当金国灭亡之时,完颜守绪说:“我做了十年金紫光禄大夫、十年太子、十年皇帝,自问没有大的过错,死了也没有什么可遗恨的。只是祖宗辛苦创立的江山,传了百余年,传到我手里却灭绝了,使我与那些因荒淫暴虐而亡国的君主相同,这使我十分耿耿于怀。”他最后自缢身死,读之不能不令人扼腕叹息。

勿谓小善为无益而弗为,小恶为无伤而弗去。

【注释】《金史·列传第二·后妃下》。益:好处。弗:不。去:离开。

【解析】金章宗的母亲孝懿皇后,庄重寡言,谨慎谦和,节俭孝顺,堪称后妃典范。金世宗曾对诸位王妃、公主说:“皇太子妃容止合度,服饰得中,尔等当法效之。”金章宗继位后,孝懿皇后并没有“母以子贵”“飞扬跋扈”,而是“愈加敬俭,见诸大长公主,礼如平时,惇睦九族,恩纪皆合”。她曾训诫她的侄子们说:“皇帝因为我的缘故,所以推恩于你们,你们要尽心报答。不要因为小善无益而弗为，小恶无伤而弗去。”这样贤明的后妃在古代历史上确实少有，读之令人肃然起敬。

好问则裕，自用则小。

【注释】《金史·列传第二十六·石琚》。裕：丰富；宽绰。自用：刚愎自用。

【解析】孔子说：“三人行，必有吾师也。”一个人无论做什么事，都要善于向其他人学习。如果刚愎自用，自然不会有好结果。金世宗曾对臣下说：“我作为天子，从来不敢独断专行。凡事都要征询你们的意见，能行就行，不能行就止。”大臣石琚等回答说：“凡事好问则办法多，刚愎自用则办法少，现在您能够普遍征询臣下的意见，真是国家的大幸。”

教化之行，自近者始。

【注释】《金史·列传第三十四·李仲略》。教化：教育感化。始：开始。

【解析】金世宗时，吏部郎中李仲略，聪敏好学，深得世宗赏识。有一次世宗对侍臣说：“仲略精神明健，如俊鹘脱帽。”当时京城大兴府事纥石烈执中犯贪赃罪，世宗命仲略去处理，仲略将其撤职查办。当时的权臣们都认为处理的太重，仲略说：“教化的实行，要从皇帝的身边做起。京师之地，是各地的榜样。郡县守令动不动就贪污数百，这些人如果不惩处，怎么能治理其他。”世宗深以为然。

《元史》名句

欲治身，先治心；

欲责人，先责己。

——《元史·列传第二·裕宗》

妾闻自古无千岁之国，毋使吾子孙及此则幸矣。

【注释】《元史·后妃一》。此句意为：我听说自古以来没有延续千年的国家，不要使我们的子孙到这个地步就很幸运了。

【解析】元世祖平宋，众人皆善，独皇后察必闷闷不乐，帝问其故，她以此语对之。皇后以一女流之辈，独有此深谋大略，令人佩服。其先天下之忧而忧、后天下之乐而乐的精神也是母仪天下。它所要告诫我们的是当政者需吸取兴亡教训，谨慎治国。

臣下之勤劳灼见，生民之疾苦周知。

【注释】《元史·后妃一》。灼（zhuó）：明白、透彻。此句意为：明察臣子的勤劳，洞悉人民的疾苦。

【解析】此语是对皇后察必勤于政事、体察民情、辅助治国的高尚行为的概括。封建统治者认识到：治理国家，在朝廷内部，需对大臣尽职与否进行考察；在民间，则需要了解人民疾苦。这一点是十分正确的，它强调了民为国家之本，臣子为下情上达的公仆。

欲治身，先治心；欲责人，先责己。

【注释】《元史·列传第二·裕宗》。责：要求做成某件事或行事达到一定标准。此句意为：要修身，应先从心灵做起；要想要求别人，首先要求自己。

【解析】此语为大臣劝诫裕宗皇帝时所引用。它被用来告诉皇帝做人的道理。

于今看来，此语不仅适用于皇帝，对于平常人来说，亦应以此理为做人原则。前半句与今“树人先树德”类似，后半句亦为待人处世之道，有“责人从宽，责己从严”之意。

欺罔盗窃，人之至恶。一为欺罔，则后虽出善言，人终弗信。一为盗窃，则事虽未觉，心常惴惴，若捕者将至。

【注释】《元史·列传第二·裕宗》。罔（wǎng）：蒙蔽。此句意为：欺骗、蒙蔽和盗窃，是最坏的事情。一旦欺瞒发生，则以后虽所说为善言，人们也不会相信；而一旦盗窃后，虽然事情未被发觉，而心里却惴惴不安，好像抓捕者不久将至。

【解析】此语为大臣规劝皇帝时所引用的。目的在于讲述做人为政的道理。前半句讲，德者讲究诚信，失信则会被孤立；后句所言盗窃，其实可引申为一切与道德法律所违背之事。这句话准确生动地描述了欺、盗的后果，不仅鞭辟入里，且颇富文采。

长者梢，深者底。

【注释】《元史·列传第二·裕宗》。此语意为：长者必极其梢，而深必究其底。

【解析】此句为大臣对皇帝劝诫之语。意思是凡事要有寻根究底的精神。我们做事要有始有终，不能半途而废。要把事情弄得水落石出。此为治学之道，亦为做人之道。

鸷鸟将击，必匿其形。

【注释】《元史·列传第五·阿剌兀思剔吉忽里》。匿：隐藏。此句意为：凶猛的鸷鸟将要发动攻击时，必定要隐藏其形迹。

【解析】元成宗时，诸王将帅共议边防，认为敌人躲藏不见，可以停战撤兵，独赵王阔里吉思不以为然，引用此语来表明应严阵以待，后果如所料。这句话告诉我们，看待事物要深入其里，不为其外表所惑，而外表的平静也许正酝酿着更大的风浪。与成语“楚有大鸟，三年不鸣，一鸣惊人”类似。

我与汝犹车之有辕，身之有臂也。

【注释】《元史·列传第六·木华黎》。意为：我和你就像是车与辕、身体与臂膊的关系。

【解析】此语为元太祖对其大将木华黎所说，他既是为了收买人心，使臣子乐于效命，同时也表明君臣关系极其融洽。此句以车与辕、身与臂的关系喻君臣关系，极富文采。

时有不同，宽猛各有所宜施。

【注释】《元史·列传第六·木华黎》。此句意为：时代不同了，实施宽松还是严厉的政策亦该有所变化。

【解析】木华黎之子连浑察性严厉，赏罚明信，左右谏之曰：宜宽恕。连浑察以此语表明态度，即：天下初定，民心未安，如守者自纵，则会事变忽起，应根据情况施政。这句话富有哲理性，说明无论我们做什么事，都应明白时移则事异，要根据不同情况，区别对待。即今日所言具体问题具体分析。

当言而不言，尔之责也；言之不听，我之咎也。

【注释】《元史·列传第六·博尔术》。此句意为：应当进言的而不进言是你的责任，进言后不接纳，是我的错误。

【解析】这是官员脱脱供职江浙行省时对下属所讲的话。对于有关民众利害的事，他要求下属要敢于直言，他自己也要虚心接纳。从中可见脱脱刚直的作风。他从当政者和进谏者两方面提出要求，以求政治清明，及时解决社会问题。

平居常以国事为忧。闻变即请行，至终其事乃止。

【注释】《元史·列传第八·博罗欢》。意思是：平常时常以国事为念，而一旦听说变乱，就请求前去处理，直到事故平息才停止担忧。

【解析】太师博罗欢忧国忧民，以天下为己任，无论平居还是有变，始终把国家利益放在第一位。此句重在强调，为政者应以天下为念，无变乱时，精思熟虑，未雨绸缪，而在有变动时，应身先率行，处理变故。

有犯法者治之，当自贵人始；穷乏不给者救之，当自下始。

【注释】《元史·列传第十·召烈台抄兀儿》。此句意为：有犯法的人要惩治时，应当先从贵人开始；而要救济那些穷乏不能自给之人时，应当从下面的百姓开始。

【解析】此为火鲁忽台向皇帝的进言。他希望严格要求王公贵族，不仅要做到"王子犯法，与庶民同罪"，更应重视其榜样作用，而对老百姓则应多加体恤，这样才能达到民心所向，国家稳定。这种"民为贵，君为轻"的思想至今仍有重要意义。

犹宰之刲羊也，解其肩者不使伤其脊，在持平而已。

【注释】《元史·列传十一·忙哥撒儿》。刲(kuī)：割。此句意为：犹如屠夫割羊一样，分解羊肩而不伤及其背脊，在于保持平衡罢了。

【解析】忙哥撒儿为元宪宗时断事官之长，即谋臣之首。他询问左右为断事官之道，和斡以此语答之。忙哥撒儿对此语大加赞赏。此句精辟而又形象地阐明了断事官要无所偏私，奉法不阿，保持平衡，无论是施刑还是宽容，都应以法为准。至今，这一为官之道仍值得借鉴。

树茂鸟集，树伐则散，戮一人足矣。

【注释】《元史·列传第二十一·秃忽鲁》。戮(lù)：杀。这句的意思是：树木生长的茂密，则群鸟就会齐聚而来；当树木被伐倒，鸟就会各自散去，因此只需杀一个人就够了。

【解析】哈剌哈孙为湖广平章，他准备对当时猖獗的盗贼全部绳之以法，秃忽鲁表达了自己的看法，那就是不可赶尽杀绝，否则会失去民心。于是哈剌哈孙仅诛杀了盗贼首领乔大使，而祸乱也平息了。它所强调的是当政者执法应宽严有度。

苟不得端人正士左右辅翼之，使倾邪侧媚之徒进，必有损令德。

【注释】《元史·列传第二十一·刘容》。令德：美好的德行。意思是：如果得不到品行端正的士人来辅佐，只有一些奸邪小人服侍左右，就会有损美好的德行。

【解析】元世祖时，刘容奉旨出使江西，人们都劝告他应顺应潮流，贿赂权贵，刘容却不为所动，仅以数车书籍来献给太子，并以此言来劝告太子，应该远小人，亲君子。这句话强调的是国家选择人才的重要性。

以蹴鞠而受上赏，则奇技淫巧之人日进，而贤者日退矣。将如国家何。

【注释】《元史·列传第二十三·阿沙不花》。蹴鞠（cù jū）：古代的足球。意思是：仅因为足球踢得好，就受到丰厚的赏赐，那么那些旁门左道的人就日渐亲近于皇帝，而贤达之人却越来越疏远，国家将怎么办呢？

【解析】元武宗对一个踢足球的近臣以钞十五万贯赐给他，阿沙不花对此表示不满。前方将士在流血流汗保卫国家，文臣贤士也操劳于国事，而皇帝却耽于声色享乐，仅因一些玩乐之技便大加赏赐，这是本末倒置的做法，阿沙不花对此表示忧虑。它所强调的是当政者需要肩负起治国重任，不能耽于享乐。

两斧伐孤树，未有不颠仆者也。

【注释】《元史·列传第二十三·阿沙不花》。颠仆：跌倒、倒下。

【解析】阿沙不花看见皇帝面容憔悴，就有言陈辞，劝诫皇帝不要沉迷于酒和色，酒色对身体的损害就如同用两把斧子去砍伐一颗孤树，没有不被砍倒的。它所强调的是当政者应关心天下大事，不要一味贪图享乐，否则，结果只能是丧身亡国。

事言之则易，行之则难。

【注释】《元史·列传第二十三·拜住》。

【解析】皇帝对拜住说希望他能及时直谏，辅佐朝政。拜住举例说：尧、舜是善于纳谏的明君，桀、纣是拒谏的亡国之君，从谏这件事说起来是很容易的，但要实际做起来却很难。他指出了问题的关键所在，从纳谏这方面对皇帝提出了要求。这是一句至理名言，以其朴实直率道出了世间万事之理。

盘圆则水圆，盂方则水方，有太宗纳谏之君，则有魏征敢谏之臣。

【注释】《元史·列传第二十三·拜住》。盂（yú）：盛液体的器皿。意思是：盘子是圆的则水亦是圆形。盂是方的则水也是方的，有太宗这样能纳谏如流的皇帝，就有魏征这样的敢谏之臣。

【解析】皇帝问现在还有没有像魏征那样的谏臣呢，拜住告诉他这个问题的关键在于执政者。执政者就如同盘、盂，是事情的内因，是决定性因素；大臣就如同水，有什么样的盘、盂，就有什么样的水。这句话用形象的比喻说明当政者首先要能做到虚心纳谏，才会有敢谏之人。这一道理至今仍有深刻意义。

钱谷，民之膏血，多取则民困而国危，薄敛则民足而国安。

【注释】《元史·列传第二十五·拜住》。意思是：钱币和谷物，是人民的血肉，多取则人民困苦而国家危急，少取则人民富足，国家安定。

【解析】拜住告诉皇帝人民是国家之本，苛捐杂税、横征暴敛应予以控制，否则会导致国家崩溃。这句话用朴实的语言揭示了人民和国家的互相依赖的血肉关系。于是皇帝也说，你说得太对了，没有人民，我又怎么做国君呢？这也是当政者总结出的至理名言。

治弓尚须用弓匠。为天下者岂可不用治天下匠耶。

【注释】《元史·列传第三十六·耶律楚材》。

【解析】有个善造弓箭的匠人经常自夸说，现在国家正是用武力之时，他们是有用之人，而像耶律楚材这些儒士们是没有什么作用的，于是耶律楚材便说，造弓箭尚且须用工匠，而治理天下难道不要治理天下的人才吗？此句强调治理天下不能像打天下时那样只用武力，能守天下才是更重要的。后来楚材所说的"制器者必用良工，守成者必用儒臣"也是这个道理。

睦亲之义，但当资以金帛，若使从政而违法，吾不能徇私恩也。

【注释】《元史·列传第二十三·耶律楚材》。徇(xún)：顺从。意思是：从亲戚的情义方面来说，我只能资助他们一些钱财，如果要让他们从政当官而违背了法令，我就不能徇私情了。

【解析】耶律楚材为国家宰相，有很大权力。他把自己得到的赏赐分给亲族，但却从来不授予他们官职。有人与他谈论这件事，他便说出自己的为官原则。他不因自己身当重任而扶植亲属，树立党羽，这也是他成为一代名相的原因之一。

大丈夫立身，独以文乎哉？使吾遇荒鸡夜鸣，拥百万之众，功名可唾手取也。

【注释】《元史·列传第三十四·史天倪》。意思是：大丈夫要成就一番事业，难道仅能凭借文功吗？如果让我闻鸡而起，带领百万士兵，功名可以唾手而得。

【解析】豪侠英勇的史天倪考进士不中,于是发出这种叹息。以后,他投笔从戎,建立了赫赫战功,从而成为卓越的军事将领。我们从这句话中可看到史天倪英勇奋发的英雄气概,也不禁对他远大的抱负和宽大的胸襟表示佩服。这句话刻画人物栩栩如生,很有文学价值。

死畏不义耳,苟死于义,夫复何畏!

【注释】《元史·列传第三十七·何伯祥》。

【解析】元成宗崩,丞相阿忽台与大臣商议摄政监国之事。群臣都畏惧不敢言,独有何伯祥之子何玮认为阿忽台摄政不可行。阿忽台脸色忽变,以死来威胁,而何玮不为所动,镇静而从容地说:“死只是畏惧因为不义而死,如果为义而死,又有什么可害怕的呢!”何玮以义、不义作为立身原则,不因恐吓而动摇,其凛凛风度值得我们学习。

士生于世,当立功名,书竹帛,以传无穷,宁肯碌碌无闻,与草木同腐邪!

【注释】《元史·列传第三十七·石抹明安》。

【解析】石抹明安小时候就与常人不同,稍长,便叹道:“生在这个世上,应当立功名,著书籍,使名声流传后世,怎么能够碌碌无闻,与草木一样腐败易衰呢?”于是他便奋发努力,终于做出了一番事业。这种胸怀大志,不肯虚度一生的气概也永远激励着我们。

驱群羊使东西者,牧人也,羊何知哉?

【注释】《元史·列传第四十·王檝》。

【解析】王檝攻下河间以后,同僚孛秃要屠城,王檝劝阻他说:“驱赶羊群东奔西走的,是牧人,羊又怎么能知道呢?”他认为使一城人民不愿投降的是守城官吏,而人民则如群羊一样是受胁迫的。后来,孛秃听从他的劝告,一城人民也得以保全。它强调的是为官者不能失去民心,对人民应体恤安抚,靠武力是无法解决根本的问题。它也告诉了我们看问题要抓住实质,认清主要矛盾。

吾是以预其大政,而略其细务也。

【注释】《元史·列传第四十三·董文炳》。预:参加。

【解析】这是左丞董文炳处理政事的一条原则。他认为处理政事时应分清自己的主要职责,抓住主要矛盾。对于皇帝托付给他的根本大任,他尽心尽力地去处理,而对于一些次要的枝节上的小矛盾,则可以忽略不计,因此他对于文案方面的细小事务,不进行干预。这正是他的聪明之处,也是我们处理问题时所应遵循的原则。我们不应该眉毛胡子一把抓,应做到抓住重点,纲举目张。

国不足，取于民，民不足，取于国，相须如鱼水。

【注释】《元史·列传第四十四·刘秉忠》。

【解析】这是皇帝的顾问刘秉忠在给皇帝的上书中所讲的话，他的目的是劝统治者重视人民利益。他认为，国家和人民是相互依赖的，它们的关系就如鱼和水一样。他又具体地把这一点阐述为：国家呢，设置府库、粮仓，来帮助人民；人民呢，经营产业，开辟田野，来资助国家费用。他希望皇帝认识到二者的辨证关系并处理好二者的关系。这是对国家和人民关系的精辟阐述。

明君用人，如大匠用材，随其巨细长短，以施规矩绳墨。

【注释】《元史·列传第四十四·刘秉忠》。规：划圆形的工具。矩：划方形的工具。绳墨均指木匠所用的墨线。

【解析】这仍是刘秉忠规劝皇帝所讲的话。他所讲的是当政者用人的道理。意思是：明智的国君用人时，就如同熟练的木匠对待木材一样，根据木材的粗细长短，来对它进行加工。执政者用人，应根据各人才力高下，性情喜恶来分配职务，从而使每个人都能各展所长。这一道理同孔子所讲的因材施教有相通之处。

君子不以言废人，不以人废言，大开言路，所以成天下，安兆民也。

【注释】《元史·列传第四十四·刘秉忠》。废：废弃、停止。

【解析】这是刘秉忠关于执政者纳谏方面的真知灼见。它的意思是：君子不应该仅仅根据某些言语而否定整个人，更不应该因为厌恶这个人，而不能接受他的好谏言。君子应该做到广开言路，善于纳谏，这样国家才能安定，百姓也才能富足。其中的不以人废言、不以言废人包含有深刻的道理。它告诉了我们看问题要站在客观的立场上，只要能为我们所用的，就可以接纳。这也是我们对待问题应具有的态度。

蔽天下之明者，云雾也，蔽人之明者，私欲佞说也。

【注释】《元史·列传第四十四·刘秉忠》。佞(nìng)：巧言谄媚。

【解析】这是刘秉忠在劝谏皇帝应该任用敢言的谏臣时所讲的话，他认为，就如同晴朗的天空会被云雾遮蔽一样，人的明智也会被花言巧语和一己私欲所蒙蔽。因此，这时就必须有明智之人为他指出。它告诉我们的是，每个人都会被陷入私欲佞说的泥潭中，重要的是要清楚地认识到它，然后才有可能改正。

图天下之事于未然则易，救天下之事于已然则难。

【注释】《元史·列传第四十四·郝经》。意思是：在天下事还没有发生以前进行谋划，则是比较容易的，如果事情已经发生了，再进行挽救就很困难了。

【解析】郝经听说宪宗进攻蜀地，久而无功，因此上《东师议》，劝谏皇帝不应该劳师动众，朝下令夕出师。正确的办法是，平息兵患，安抚人民，创立法纪，从而使国力强盛。他认为现在仍属“未然”的时候，如果事情已发生了，再进行挽救就很困难了。这是一个较明显的道理。它要告诉我们的是在办任何事之前，都应该仔细考虑，避免陷入不利境地。

聚如丘山，散如风雨，迅如雷电，捷如鹰鹘。

【注释】《元史·列传第四十四·郝经》。鹘(hú)：一种鹰类猛禽。意思为：聚集在一起的时候如同山丘一样不可撼动，分散的时候又如风雨一样无所不在，如雷电一样迅速，如鹰鹘一样矫捷。

【解析】宪宗征伐蜀地，驱使百万将兵，天下震动，郝经以为这不是取胜之道，他以为用兵贵在“奇”字，他用几个比喻来描述善于用奇的军队应该具有这样的特点。

撞其钟而掩其耳，啮其脐而蔽其目。

【注释】《元史·列传第四十四·郝经》。啮(niè)：咬。意思是撞了人家的钟却还要捂上他的耳朵，而咬它的脐部却还要遮上他的眼睛。

【解析】这也是郝经对宪宗大举征蜀的不满之言。宪宗以首尾相连的百万之众，亲自征蜀，天下人无有不知者，因此攻取地势险恶的蜀地是难以取胜的，是撞钟蔽耳、啮脐遮目的愚蠢表现，不是以奇兵制胜之道。这句话说明了行动和思想不一致的矛盾和可笑，同我们现在的“掩耳盗铃”有相似之处。

力无所用与无力同，勇我所施与不勇同，计不能行与无计同。

【注释】《元史·列传第四十四·郝经》。

【解析】郝经告诉宪宗，即使拥有了强大的兵力，雄厚的物资，在地势险恶的蜀地也是没有用武之地的。而这正说明了力气得不到使用与没有力气是相同的。勇气、计策同样得不到实施的话与不具有也是一样的。它所阐述的道理是凡事都应有用武之地，否则便形同虚设。这句话也告诉我们办事应注重实践，尊重客观规律。

丘山之罪不致苟免，毫发之过免罹极法。

【注释】《元史·列传第四十五·姚枢》。苟：苟且。罹(lí)：遭遇。

【解析】大臣姚枢针对当时法制混乱的情况向皇帝提出建议。他希望能够制定完备的法律，从而做到，犯了很大的罪不被苟且地免除，而微小的过错又不要招致严格的处罚。要使国家繁荣昌盛，使人民遵纪守法，社会安定，必须有完备的法律作为依据，而使法律的实施适当而又准确是更重要的。他用丘山、毫发来说明罪行的轻重大小，很形象。

朝廷政令日改月异，如木始栽而复移，屋既架而复毁。

【注释】《元史·列传第四十五·姚枢》。这句话的意思是：国家的政策法令日新月异，就如同树木刚栽下又拔去，房屋刚架起又拆毁。

【解析】这也是姚枢给皇帝的上书中所讲的话。他讲的是国家政策的一贯性。国家政令朝令夕改，只会令老百姓无所适从，而国家也无从发展。他用新栽之木和既架之屋来比喻刚刚颁布的国家政令，说明国家应该让人民安稳地从事生产，这一道理很有现实意义。

梨无主，吾心独无主乎？

【注释】《元史·列传第四十五·许衡》。

【解析】许衡在躲避兵乱时，有一年正值炎夏，路上有梨，大家纷纷抢夺，独有他目不斜视。有人劝他说，世道这么乱，这些梨是没有主的。许衡说："梨没有主，难道我的心也没有主吗？"这就是太傅许衡的风度。正是在这些小事上，可以看出他对自身道德修养的严格要求。它告诉我们要守住自己的一颗正直之心。

知其为难而以难处，则难或可为；不知为难而以易处，则他日之难有不可为者矣。

【注释】《元史·列传第四十五·许衡》。

【解析】许衡告诉皇帝，要做明君就必须兢兢业业，小心谨慎地对待事情，他说："知道事情很困难并以对待困难的态度来对待它，那么困难也许还可能解决，如果以轻率的态度对待它，那么困难是无法克服的。它告诉我们在处理问题时，首先要认清它的性质、地位，然后再以严肃认真的态度对待它，也许还能有所作为。

取天下者尚勇敢，守天下者尚退让。

【注释】《元史·列传第四十五·许衡》。

【解析】这是许衡根据当时仕子们辐辏并进，追功逐利的情况而讲的话，他讲的是攻取天下的时候崇尚勇敢，而在守天下也就是在搞建设时应崇尚退让。他认为这个时候，皇帝要鼓励提倡一种谦虚退让之风，使取、守各能合于时宜。这个道理是值得我们推敲的。

衡善教,其言煦煦,虽与童子语,如恐伤之。

【注释】《元史·列传第四十五·许衡》。煦(xù):温暖。意思是,许衡善于教导别人,语言温暖和煦,即使与小孩子说话,他也恐怕伤害到他。

【解析】许衡作为一代名师,这里形容的是他的为师品德。虽然他博学多知,但却并不是高不可攀,即使与小孩子说话,也是和蔼可亲。这种亲切随和的态度正是一位诲人不倦的老师所应具备的。这句话也以其明白晓畅的风格打动了我们。

法不徒立,须人而行;人不滥用,惟贤是择。

【注释】《元史·列传第四十六·商挺》。

【解析】当时,发生了一次大的地震,古人以为这是上天对国家的警告,商挺的儿子商琥给皇帝上书,劝他多行善政以感化天地。他认为治理国家,关键在于立法和用人两方面。他说:"仅有法律的制订是不够的,还必须有人来执行,在选择人的时候,则只能选择贤臣。"它所强调的是以法治国和任人唯贤的重要性,这是很有见地的。

患难所以存儆戒,祸乱将以开圣明。

【注释】《元史·列传第四十七·李昶》。儆(jǐng):告诫,敬告。意思是:遭受了苦难以后就会心存儆戒,发生了祸乱是将要开启圣明。

【解析】世祖平定内乱以后,李昶上表祝贺。其中的这两句话包含有深刻的哲学思想。它看到了灾难、祸乱不仅有破坏作用,它也有让人认清未来、吸取教训、时时保持清醒头脑的作用。这个道理与"知耻然后勇"有相同之处,也让我们想到了"祸兮,福之所倚;福兮,祸之所伏"这句话。它告诉我们的是要以辩证的眼光看待问题。

此盗食,欲救死,非强也。

【注释】《元史·列传第五十·张雄飞》。

【解析】澧州百姓没有食物,于是聚集起来抢夺了富庶人家的粮食,官府要按强盗来论罪。张雄飞为他们辩解说:"他们偷取食物,只是为了免于死亡,怎么能算得上是强盗呢?"这种理解百姓、体恤民情的父母官让人敬佩,他的语言也充分体现了他的聪明机智。

大猎而后见善射,集议而后知能言。

【注释】《元史·列传第五十·张雄飞》。意思是:一次规模宏大的打猎后,就可以知道谁是善射之人,在一次集体争论之后,就可以知道谁是有真知灼见的人。

【解析】张雄飞讽谏皇帝不宜多次赦免天下,这种特别的言行引起了皇帝的赞赏。它讲的是在实际行动中,在互相对比中来了解事实的真相,同我们今天的“患难见真情”有相似之处,可以说是至理名言。

农桑,天下之本,衣食之所从出者也。

【注释】《元史·列传第五十·张德辉》。

【解析】这是张德辉给世祖阐发的精到理论。农业和蚕桑之业,是天下的根本,也是衣服和食物所依赖的源泉。这一理论以其深刻性、普遍性为人们所熟悉,也为我们所采用,它是对民本思想的进一步阐发,也是中国古代治国思想的精华。

非俭无以养廉,非廉无以养德。

【注释】《元史·列传第五十·乌古孙泽》。俭:俭省。廉:廉洁。这句话的意思是:不俭朴则不能培养清廉之风,不清廉则不能加强道德。

【解析】乌孙古泽把皇帝赐给自己的俸禄分散给了学校的学生,自己仅穿一件布袍,吃得也很简单,妻子也朴素无华。他以自己的实际行动来实现他的“养德”的目的。在今天看来,这种从俭、廉到有德的逐渐进步过程是很有道理的。它所强调的是要注意自己的道德修养。

人心如印板,惟板本不差,则虽摹千万纸皆不差。

【注释】《元史·列传第五十一·王恂》。此句意为:人心就如同刻印文字的活版,只要版本一样,即使描摹千万张也不会有区别的。

【解析】裕宗问王恂怎么能守住自己的心,王恂用此语来回答他。他用一个印版的比喻来说明只要能始终保持自己心灵的高尚纯洁,那么做任何事情、处理任何问题都不会有什么差错。它所强调的是心志专一,始终要保持自己的做人原则。

娶羁旅中女,后登科,历显仕,竟与偕老,不易其初心。

【注释】《元史·列传第五十一·杨果》。羁(jī):寄居在外的。偕(xié):共同,一块儿。

【解析】杨果风姿潇洒,在避乱河南时,娶得一外乡女子为妻,后来虽然声名显赫,却与其妻白头偕老,不改其往日深情。这种用情专一的操守,在封建社会三妻四妾的腐朽风气中,确实是难能可贵的。

学未有得，徒事华藻，若持钱买水，所取有限，能自凿井及泉而汲之，不可胜用矣。

【注释】《元史·列传第五十一·尚野》。意思是：在学习中没有得到实际的东西，只追求一些形式上华丽的东西，就如同拿钱去买水，所得到的是非常有限的。如果能够自己开凿井和泉，从中取水的话，所得到的水则是十分充足的。

【解析】这是国子博士尚野所讲的治学之道。他用这个生动恰当的比喻来说明这个问题。我们在做学问时，应该学到一些属于自己的东西，有了真正的内容，就可以处于游刃有余的状态，而只注重形式，就会陷入有限的困窘境地，这个道理对于我们求学来说很有用。

前为盗跖，今为颜子，吾以颜子待之；前为颜子，今为盗跖，吾以盗跖待之。

【注释】《元史·列传第五十五·陈祐》。跖（zhí）：人名，春秋时农民起义领袖。颜子：颜回，孔子的学生。

【解析】开封府尹陈祐以无私闻名，官吏们都很畏惧也。陈祐说：何必如此呢？以前是盗跖，而现在是圣人颜子，我就用对待圣人的态度对待他；以前是颜子，现在为盗跖，我就用对待大盗的态度来对待他。这句话表明了陈祐是非分明的态度，给犯错的人改过自新的机会，但也不姑息罪行。这种处理问题的方法值得我们借鉴。

内无备御之资，则外生窥觎之衅。

【注释】《元史·列传第五十五·陈祐》。觎（yú）：非分的希望和企图。意思为：自己如果没有防备抵御的手段，那么就有被觊觎的祸患。

【解析】陈祐之弟天祥被派去处理边境变乱。他认识到要平息祸乱，首先要充实根本，也就是加强国家内部建设。他所阐述的是内因和外因的辩证关系。内因是变化的根本原因，只有掌握控制内部因素的稳定性，事物才会稳定。这一道理可广泛应用到生活中去。

宰天下，譬犹制锦。

【注释】《元史·列传第五十五·陈祐》。

【解析】这是陈祐之弟给皇帝的上疏中讲的话。宰相卢世荣气焰嚣张，权倾一时，臣僚都敢怒不敢言，独有天祥明确指出皇帝用人不当。他认为宰相的选拔，就如同裁制锦缎一样，开始时想要试验工匠是否称职，可交给他一些布帛来试验，如果是技艺不高的话，损失就会轻一点。而现在用宰相之位来试验大臣是否贤能，损失就会很大。陈天祥以制锦的例子来说明任人一定要小心谨慎的道理。我们做任何事也都应该由小渐大,从而避免大的失误。

天地之间岁有常数,惟其取之有节,故其用之不乏。

【注释】《元史·列传第五十五·陈祐》。岁:年成,年景。

【解析】这也是天祥在上疏中所言。他认为百姓与国家是血气与肤体的关系,百姓富足,国家才会安定。对待百姓要轻徭薄赋。天地间每年生产的物品是有一定数量的。只有有节制地索取,才能达到用而不乏。它告诫我们在向天地自然索取的时候,不能太贪婪,一定要有度。

若不早有更张,须其自败,正犹蠹虽除去,木病亦深。

【注释】《元史·列传第五十五·陈祐》。蠹(dù):蛀虫。

【解析】这是天祥劝诫皇帝应该及早铲除卢世荣的势力时所说的话。意思是:如果不及早行动,而等他自取灭亡,就如同虫子虽然最后除去了,但是树木的受害程度却很深了,已经无法疗治了。它所强调的是防患于未然,否则,虽有亡羊补牢之举,也会造成不可弥补的损失。

以我之镇静,御彼之猖狂。

【注释】《元史·列传第五十五·陈祐》。意思是:用我的镇静自守来对付敌人的猖狂。

【解析】这是天祥为皇帝所想的御敌之计。其中包含了以静制动的富含哲理的思想。他具体把它阐释为,首先要对本国进行治理,做到兵士足食,人民安定,国家充实富强,那么外部的敌人是不敢轻举妄动的。这句话也表明了天祥具有冷静清醒的头脑,看问题十分深刻。

一蛇九尾,首动尾随;一蛇二首,不能寸进。

【注释】《元史·列传第五十五·姚天福》。

【解析】监察御史姚天福认为国家纲纪不振,有一蛇二首的祸患。他用形象的比喻说明:即使一条蛇有九条尾巴,也会首动尾随,行走自如;但如果有两个头,则会互相牵制,寸步难行。它所强调的是处理事情应该有统一的指挥,否则只会各行其是,难于取得什么进展。

一人行善,万人可激。

【注释】《元史·列传第五十六·刘哈剌八都鲁》。

【解析】在同敌人的激烈战斗中,刘哈剌八都鲁看到士兵畏惧不前,慷慨而言:一个人做了善事,就有一万个人会受到他的激励。它所讲的是榜样的表率作用。

德以出治，刑以防奸。

【注释】《元史·列传第六十二·张珪》。

【解析】这是张珪的上书中所讲的话，它所强调的是施行德政和以法治国。面对当时官吏们横行不法、肆意行凶的现实，张珪强调的是以明确的法令惩办恶人，并为受冤枉者申冤，我们从中可体会到张珪善恶分明的为官原则。

好生恶死，人之恒性。

【注释】《元史·列传第六十二·张珪》。恶（wù）：厌恶。

【解析】当时皇帝连年发兵，人民不胜其苦，于是张珪劝诫皇帝说，喜欢活着厌恶死去，是人的本性，现在应该与民休息。对付敌人的办法应是加强边防，简罢兵士，让人民安定下来。这句话以其简单朴实的语言讲明了一个普遍的真理。

赏一善而天下劝，罚一恶而天下惩。

【注释】《元史·列传第六十二·李孟》。劝：受到鼓励。惩（chéng）：因受打击而引起警戒或不再干。

【解析】当时的形势是这样的：武宗对大臣们随意赏赐，佛教、道教扰乱政事，同官府相抵触，却又得不到惩办。于是李孟告诉皇帝，人君的权力，就在于赏和刑，应该做到：对一次善行的奖赏，天下人都能受到震动鼓舞；对一次恶行的惩罚，天下人都会引以为戒，这样才能达到国家的“治”，它所强调的是不能滥施刑赏。

所玩者小，所系者大；所乐者浅，所患者深。

【注释】《元史·列传第六十二·张养浩》。

【解析】元英宗在元宵节时，在宫廷大放灯火，张养浩进行劝阻，他说，玩乐是小事，但带来的祸患却是很大的。这里有两层意思：一是不要铺张浪费，应节约俭朴；二是不应该耽于享乐，而忘却政事。这些对于治理国家都是很重要的。

陕西饥民，犹鲋在涸辙，往复逾月，是索之枯鱼之肆也。

【注释】《元史·列传第六十四·张思明》。鲋（fù）：鲫鱼。意思为：陕西饥民现在已经像鲋鱼困在干涸的车辙里一样了，再过一个月，他们就会死的。

【解析】元文宗元年，陕西发生饥荒，中书省让江浙盐运司用税银来赈济灾民，官吏们说已把税银输入了京城，因此此事还要回禀中书省。左丞张思明看到情况已经十分危急，他断然决定用下一年的税银先赈灾，并且愿意承担由此带来的先斩后奏之罪，表现了张思明为了人民利益不惜冒险的精神。后来元武宗时，王都中也遇见到类似情况，他气愤地说：“人七日不食则死，安能忍死以待乎！”

足于学而不求知，丰于功而不自炫。

【注释】《元史·列传第六十五·刘敏中》。

【解析】刘敏中小时候就很有见地，他对他父亲说，古时的贤人虽然学问渊博，但却不谋求让别人都知道；做了很大的贡献，却从不去炫耀。这就是后人比不上贤人的地方。前句讲做学问所应有的态度，后句讲干一番事业所需要的精神。

每以国事为忧，或郁而弗伸，则戚形于色，中夜叹息，至泪湿枕席。

【注释】《元史·列传第六十五·刘敏中》。郁：忧愁、愁闷。戚：悲伤。

【解析】刘敏中以国家大事为己任，为不能挽救国家而中夜叹息，泪湿枕席。这种高尚情怀让人感动。如果当政者都具备这种忧国忧民的情怀，国家一定会繁荣昌盛的。简单几句话为我们描摹出了一个恪尽职守的官吏形象。

澄湖不波，一碧万顷，鱼鳖蛟龙，潜伏不动，而渊然之光，自不可犯。

【注释】《元史·列传第六十八·黄溍》。澄（chéng）：水清。渊然：深的样子。

【解析】黄溍为人进退从容，挥洒自如，却又不动声色，就如同清澈平静的湖面，一碧万顷，下面的鱼龙皆潜伏不动，而其湖水的清冷幽深却不可侵犯。这里所讲的是黄溍由内而外所折射出来的一种人格魅力，在不动声色中蕴含着凛然不可犯的威严。

汝能固守，不失国家大计，我视刀锯甘如蜜矣。

【注释】《元史·列传第八十一·忠义一》。

【解析】元将史天祐与金军作战时，金将武仙用杀他的家人来威胁他，于是天祐父亲派人告诉他说，你只要能固守城池，不损害国家大业，我即使被刀锯所杀，也视作一件极为甜蜜的事情。我们从中可见天祐父亲的铮铮铁骨以及他为国捐躯的凛然大义。其中的“视刀锯甘如蜜”句尤为人们所称道。

忠义人各尽自心，岂问职之崇卑乎！

【注释】《元史·列传第八十三·忠义四》。

【解析】元朝将败亡,众人纷纷溃逃,赵恭与妻子诀别,准备以死来报效国家。有人劝他说,我们这些人官职卑微,何苦要这样呢?赵恭叱责说:“忠于国家,是每个人都应尽的责任,又何必以官位高低来决定呢?”赵恭的国家兴亡、匹夫有责的深远见识,是很多人难于企及的。是的,为国尽力,是不可以论官职大小的。

前车已覆,后当改辙。

【注释】《元史·列传第十五·相威》。

【解析】世祖派兵征伐日本,失败而还,他大怒,准备再次进攻。御史大夫相威上书劝谏:倭国本来应该征讨,但是前次已经失败,此后应当改变作法。他提出要预修战舰,使民富国强,然后再出其不意,一举成功。相威正是以这种委婉聪明的比喻使世祖放弃了再次的冒险。这句话主要强调的是,应该吸取教训,找出处理问题的最佳办法。

勺饮不入口者三日,恸则呕血,不能起,寝卧草土,庐于墓傍。

【注释】《元史·列传第十三·廉希宪》。恸(tòng):极度悲哀。庐:居住。意思是:三天不吃不喝,极度悲痛以至吐血,在草地上休息,在墓地旁筑屋居住。

【解析】至元元年,廉希宪的母亲去世,廉希宪带领亲族举行了丧礼。这句话就是形容他在居丧期间的深切悲痛。这种对母亲的深切哀痛是可敬可叹的。这种至纯至真的感情也是值得赞赏的,而他的这种感情也是发自内心的,丝毫没有造作的成分。

居官当廉正自守,毋黩货以丧身败家。

【注释】《元史·列传第三十九·刘斌》。黩货:贪财。

【解析】这是刘斌去世前对其子所说的话。他为官多年,没有给家人留下些什么,只有这一句话是他毕生经验的总结,也是他光辉人格的体现。当官的应该廉洁公正,守住自己,不要因为贪财而丧生败家。这句话以其深刻的哲理而引人深思。

譬之医者,虽熟于方论,而不能切脉用药,则于病痛奚益哉。

【注释】《元史·列传第二十四·奕赫抵雅尔丁》。方:处方、药方。

【解析】奕赫抵雅尔丁与同僚共同讨论一些案件的处理方式,有的人不同意他的做法,他说:“你们读法律,如果不懂得随机应变,灵活处理,就如同医生,虽然对治病的基本理论非常熟悉,但却不能切脉用药,那么对于病人又有什么益处呢?”他指出办事仅有理论,而不能把它应用到实践中去终归是无用的,我们应该根据事情的实际情况来处理问题。

吾为国宣力,虽身弃草野不恨,何必马革裹尸还葬哉!

【注释】《元史·列传第四十九·刘国杰》。

【解析】刘国杰性情刚强,视死如归,他曾经对人说:“我为国家效力,即使是死于草野之地也不怨恨,又何必要马革裹尸来埋葬呢?”他表达的是自己报效祖国的赤诚之心。

用人之道,又当以心术为本也。

【注释】《元史·刘传第六十八·黄潜》。

【解析】黄潜受诏修辽、宋、金三史,丞相问黄潜,修史以何为本,黄潜说应以用人为本,而用人又应当以心术为本。他认为修史时,应该把小善、小恶都详细记录下来,以示劝诫。从这句话,可以看出黄潜对人才的要求是两方面的,不仅要有才学,还要有纯正的心术,这是很有道理的。

临政决议,意所背向,屹若泰山,不可回夺。

【注释】《元史·列传第六十九·张起严》。

【解析】这里讲的是张起严做事的风格,他处理政事,只要做出了决定,就屹立若泰山,不可动摇。我们在办事时,也应该果断坚决,决定要做的事,就一定要做成,不可以犹犹豫豫,受别人的干扰。它所要强调的是始终要有坚定的信念。

我于君是白翎雀,他人是鸿雁耳。

【注释】《元史·本纪第一·太祖》。

【解析】元太祖与汪罕合合军攻打乃蛮国,札木合对汪罕合说:“我对你来说是白翎雀,而别人是鸿雁,白翎雀寒暑都在北方,而鸿雁要飞到南方去过冬。”他的意思是,他对汪罕合是一心一意的,而太祖成吉思汗则不可靠,他用白翎雀、鸿雁两种鸟来比喻品行是否坚贞如一,很恰当。

深池已干矣,坚石已碎矣,留复何为!

【注释】《元史·本纪第一·太祖》。

【解析】烈祖崩后,元太祖年幼,部属多数叛归泰赤乌。元太祖有近侍名叫脱端火儿夏的也要离去,太祖流着泪劝他留下,脱端火儿夏说:“深池已干,坚硬的石头也已碎裂,留下来又有什么用呢?”这句话用来比喻形势已经无可挽回,只能及时脱离。

《新元史》名句

吾以贤为宝，

琴瑟何用？

——《新元史六·仁宗纪》

汝等欲御敌、广土、众民,必合众心为一,方能永享国祚。

【注释】《新元史三·太祖纪》。祚(zuò):福。

【解析】太祖成吉思汗在临死前,嘱咐托雷、窝阔台说:“我为你们创下了一点基业,现在我只有一句话告诉你们,如果你们想抵御敌人,扩大国土,增加民众,就必须使民心统一,才能使国家经久不衰。”成吉思汗是很有远见的,他认识到了依赖人民的重要性。

吾以贤为宝,琴瑟何用?

【注释】《新元史六·仁宗纪》。瑟:一种弦乐器。

【解析】仁宗时,金州使者向皇帝进献琴瑟,仁宗说:“我以贤者为宝物,琴瑟又有什么用呢?”可见,在很早的时候,统治者已认识到了任用贤才的重要性。他们在人和物关系的处理上,是明智的。不过,历史上有许多国君恰恰是因为这个问题而导致国家败亡的。

苟能渐之摩之,待以岁月,心坚而确,事易而常,未有不可变者。

【注释】《新元史一七〇·许衡等传》。

【解析】许衡认为,元朝要巩固统治,必须有一整套的理论,而当时汉人的制度是最先进的,不过向汉人学习,一定会遭到大臣们的反对。但是他认为这个问题是可以解决的,比如寒和暑两个季节,从寒到暑,要经过温、热最后到暑,人们就能接受它。如果能够长期坚持学习汉制,人们慢慢地也就可以接受了。

《明史》名句

清、慎、勤，
居官三字符也。

——《明史·儒林列传》

克城以武，戡乱以仁。

【注释】《明史·太祖本纪》。

【解析】攻城略地凭借的是武力，戡乱治平依靠的则是施行仁政。朱元璋是一个聪明的统治者，他深深明白，不仅能夺天下，还得学会治天下，因此他经常以此语告诫部下，并说：“每闻诸将得一城不妄杀，则喜不自胜。”他在明初实行的休养生息政策，也正是这一思想的具体体现。

所谓敬天者，不独严而有礼，当有其实。

【注释】《明史·太祖本纪》。

【解析】对上天表示恭敬，不仅是指态度上恭顺守礼，还应具备实际内容。所谓“恤民者，事天之实也”。为民造福、爱民如子即为敬天之“实”。

治天下者，正家为先。正家之道，始于谨夫妇。

【注释】《明史·后妃列传》。

【解析】治理天下，需先治理家庭。治家的关键首先是处理好夫妻之间的关系。此为明太祖朱元璋在洪武元年命儒臣修撰《女诫》时所说的一句话。他认为国与家密切相关，治国需先治家，而在家庭中，夫妻关系无疑是最重要的一环。修撰《女诫》，便是鉴于前代女祸，来规范后妃行为的。

法屡更必弊，法弊则奸生；民数扰必困，民困则乱生。

【注释】《明史·后妃列传》。

【解析】法令制度总是更改变换一定会产生弊端，法律出现漏洞则难免会生出一些奸恶之事；老百姓屡屡受到侵扰，生活陷入困顿，就难免会生出一些事端。明太祖皇后是一位很有见地的女子，她不仅管理后宫事物，也经常就一些国家大事提醒皇帝。这里便是提醒皇帝应使国家各项制度尽早稳定下来，以减少民力困扰。

骄纵生于奢侈，危亡起于细微。

【注释】《明史·后妃列传》。

【解析】骄纵源于生活上的腐化，危亡局面常常是由一些微不足道的小事所引发的。这同欧阳修《〈伶官传〉序》中所言“祸患常积于忽微，智勇多困于所溺”表达的是同一意思。明太祖皇后以此语劝诫皇帝注重小节，生活上力求俭朴。

人主自奉欲薄，养贤宜厚。

【注释】《明史·后妃列传》。

【解析】一次，明太祖的皇后亲自品尝朝廷官员们的饭食，感觉质量很差，便立即反映给明太祖，以此为契机提醒皇帝不要过分追求生活享受，而应当注意厚待贤臣良士。

振恤不如蓄积之先备也。

【注释】《明史·后妃列传》。

【解析】太祖皇后起于民间，深知百姓疾苦。每遇灾年，就同灾民一样吃野菜粗食。明太祖对此不以为然，他觉得政府已经救济灾民了，没有必要这样节俭。皇后则认为与其逢灾时要依靠救济才能生存，不如平时就倡导勤俭节约的风气，蓄积财物以备不时之需。这才是解决问题的根本方法。

朋友之言，有从有违；夫妇之言，婉顺易人。

【注释】《明史·后妃列传》。婉顺：和婉顺耳，易于为人所接受。

【解析】明成祖皇后徐氏在接见朝廷命妇时告诫她们，作为妻子，不仅仅是照顾丈夫的饮食起居，有时也要注意提醒规劝他们的思想行为。这句的意思就是说，朋友的话，或听或不听，而妻子的话却像和风细雨一样，能够在不知不觉中被男人们所接受。

身在江南，心思塞北。

【注释】《明史·张昶列传》。

【解析】张昶本为元朝旧臣，仕明后，对旧主依旧念念不忘。而此时蒙古贵族的残余势力正集结于塞北之地，张昶正身处江南，故有此语。张昶也正是因此语而招致杀身之祸的。

成远算者不恤近怨，任大事者不顾细谨。

【注释】《明史·汤和列传》。恤：担忧，忧虑。细谨：细节，琐事。

【解析】明朝开国元勋汤和在浙江防倭时，为筑城防倭而大量征用劳力、征收财物，一定程度上给浙民生活造成困难，引起浙民普遍不满。有人将这种报怨反映给汤和，他对此不以为然，认为有长远眼光的人不应为眼前一点点怨言而忧虑不安，做大事的人对一些细微琐事不必顾及。在他的坚持下，防倭的海城终于筑成。后来事实证明汤和的决策是十分明智的，受益匪浅的浙民也由怨诟而转为感恩。

得天下以人心为本。人心不固,虽金帛充牣,将焉用之。

【注释】《明史·宋濂列传》。充牣(rèn):充满。

【解析】得天下以得人心为根本。假如人心浮动,政局动荡,即便拥有金银布帛无数,也没有用处。明朝开国元老之一的宋濂一再向皇帝提醒民心不可失,要坐稳天下,永享富贵,便需宽政爱民,稳固人心。

养心莫善于寡欲。

【注释】《明史·宋濂列传》。

【解析】明太祖常患心不宁之症,问于宋濂。宋濂认为修养心性的最好方式莫过于清心寡欲。长期坚持,必能心清而身泰。

以礼义治心,则邪说不入;以学校治民,则祸乱不兴,刑罚非所先也。

【注释】《明史·宋濂列传》。

【解析】用礼义修心养性,歪理邪说就难以侵入内心,用教育教化民众,就不会发生祸乱。这是刑罚所不能做到的。宋濂信奉儒家思想,儒家的"仁政""教化"思想在他看来是治国的最根本思想,严刑苛法不过是辅助手段。

君人者兼治教之责,率以躬行,则众自化。

【注释】《明史·宋濂列传》。

【解析】君主身兼治理与教化民众的双重责任,如果君主能亲身示范以良好的道德行为,那么民众自然而然就会受到感化。在宋濂看来,统治者不仅要治民,亦应教民。不仅是民众的管理者,亦是民众的引导者。

善者与臣友,臣知之;其不善者,不能知也。

【注释】《明史·宋濂列传》。

【解析】明太祖向宋濂询问群臣的操行守。宋濂只介绍那些品行良好的官员,对有劣迹的官员则闭口不谈。他的理由是,自己只与品行好的人交朋友,所以对他们很了解;至于那些品行不端的人避之唯恐不及,又怎么能了解呢?这一方面表明宋濂不愿背后诋毁别人,同时也不失为一种明哲保身、抬高自己的极好方式。

人生贵适意,但多得钱,饮醇酒足矣。

【注释】《明史·郭兴列传》。醇(chún):酒味厚,纯。

【解析】郭德成是宁妃之兄。明太祖因为这层亲属关系,想要提拔他,给以高官厚禄。但郭德成坚辞不就,使得明太祖很不高兴。郭德成便以此语向太祖表明心迹。他说自己对人生的愿望就是舒心适意，自由自在，只要能够得些钱财，有好酒喝就足矣。这样一种与世无争、超然洒脱的生活态度无疑让明太祖听上去很放心。郭德成也因此而得善终。

生则尽力，死则死耳。

【注释】《明史·朱亮祖传》。

【解析】朱亮祖本为元将，被擒而归顺朱元璋，数月后忽又叛归元军。不久在战场上再度被擒，朱元璋便问他这一回又何去何从。朱亮祖毫无惧色，慷慨而言：活着尽力为主而战，死就死了吧！朱元璋颇喜其悍勇直率，再次释放了他，并委以官职。

居高位者易骄，处佚乐者易侈。

【注释】《明史·陶安传》。佚：通“逸”，安逸。

【解析】明太祖朱元璋曾与大臣陶安、章溢等讨论前代兴亡之根本原因。陶安认为丧乱的根本原因在于统治者的骄奢淫逸。太祖认为他的分析很正确。并说，身居高位的人极易生骄傲之心，身处安逸生活中的人则容易养成挥霍无度的恶习。那么“骄则善言不入，而过不闻。侈则善道不立，而行不顾。如此者，未有不亡”。

邪说害道，犹美味之悦口，美色之眩目。

【注释】《明史·陶安传》。道：这里指正统思想，即儒家思想。

【解析】歪理邪说常常会对正统思想产生极大的危害。因为它就如同美味一样让人贪图口感，舒适而生贪婪之心，像美色一样让人眼花缭乱而动摇心性。太祖与陶安讨论学术，陶安认为一些歪理邪说盛行而使道不能昌明。太祖同意他的观点，指出歪理邪说具有很大的迷惑性，要尽早摒除。

高筑墙，广积粮，缓称王。

【注释】《明史·朱升列传》。

【解析】明太祖朱元璋起兵时，曾求计于元末隐士朱升。朱升便以此九字赠他。高筑城墙、广积粮食，不要急于称王。其意是要他打好基础。朱元璋采纳了他的建议，后果然成就帝业。

谤近忠，谀近爱，不为所眩，则谗佞自远。

【注释】《明史·唐铎列传》。

【解析】诽谤诋毁之语有时听上去近似忠言直谏，阿谀奉承会被误认为是关心爱护,只要耳聪目明,不为假象所迷惑,那么自然会远离奸人邪语。谏议大夫唐铎以此语提醒皇帝保持清醒头脑,勿为谗言所惑。

君子常少,小人常多,在上风历之耳,贤者举而不仁者远矣。

【注释】《明史·沈潜列传》。君子:指有德之人。小人:与“君子”相对,无德之人。风历之耳:本指听力好,这里指头脑清楚。

【解析】君子常失意,小人易得志。只有统治者头脑清楚,贤才才会被任用,劣才则遭远黜。明太祖向朝臣表达自己任用贤才远离小人的愿望。沈潜向他指出,“进贤退不肖”的主动权就掌握在他自己手中。只要皇帝能认清贤才与奸人,那么小人就会失意,君子方能得志。

忠臣不计得失,故言无不直;烈女不虑死生,故行无不果。

【注释】《明史·周是修传》。

【解析】忠臣义士从不计较得失,所以能直言不讳;贞妇烈女置生死于不顾,所以能行动果决。不计得失,不虑生死,还有什么事不可为呢?

言不忠信,虽蛮貊之邦不可行。

【注释】《明史·杨士奇列传》。蛮貊(mò):蛮,我国古代对南部民族的称呼。也可泛指少数民族。貊,我国古代东北部的一个民族。又作“貉”。在古代,少数民族地区普遍较为落后,因此“蛮貊之邦”在这里指不开化、少礼仪之地。

【解析】一个人不能诚实守信,即便是蛮貊之地也不能使之去。宣宗朝,交阯发生叛乱。宣宗打算派使节前去交涉。有人举荐伏伯安。而杨士奇认为伏伯安是无信之人,不可做使节,否则将辱没国体。宣宗听取了他的意见,另外选派使节。

君子不以冥冥堕行。

【注释】《明史·夏原吉列传》。冥冥:昏暗。

【解析】夏原吉一次与朋友在外饮酒,饮罢已是深夜,又逢大雪。他走到禁门时,有人认为此时天色已晚,不下马也没关系(按明律,过禁门需下马),欲骑马而入。夏原吉则认为君子应时刻依礼行事,保持形象,而不能因为天色昏暗就毁弃自己的行为举止。

忧国忘家,老而弥笃。

【注释】《明史·黄福传》。笃:坚定。

【解析】黄福历仕六朝，一生忧国忧民，公而忘私，坚持操守，始终如一。史官故有此评语。

敬天，不在斋戒祈祷而已。

【注释】《明史·潘荣列传》。

【解析】在古代，一旦自然灾害屡发不止，那么就要进行斋戒祈祷等仪式，以感动上天。而明臣潘荣对此深不以为然。他认为所谓敬天，不在于举行什么样的仪式，而在于统治者能够勤于政事，决策英明。这才是真正的敬天之道。

安土重迁，人之情也。

【注释】《明史·徐琦传》。

【解析】中国人的乡土观念极强，把迁徙人口看做是十分重大的事情。明英宗时，有人建议南京军队家属迁往北方。徐琦则认为不能轻易迁徙人口，否则人心浮动，很可能变生不测。

无是非之心，非人也。

【注释】《明史·魏骥传》。

【解析】不能区分对错，无是非心，就算不上一个真正意义上的人。魏骥为人爽直，疾恶如仇，他认为作为一个人要有鲜明的态度、立场，不能人云亦云、态度暧昧。

居官不忘亲，居家不忘君。

【注释】《明史·王彰传》。

【解析】做官不忘向父母尽亲，家居不忘向国尽忠。王彰有八十老母，皇帝体察他的孝心，准许其回乡探母，并希望他一路上能体察民情，尽孝亦不忘尽忠。

生为直臣，死当做直鬼。

【注释】《明史·周新传》。

【解析】活着要做刚直之臣，死亦做正直之鬼。周新被人诬陷，皇帝不辨黑白，偏听偏信。周新直言抗问，绝不屈服，并以此语表明心迹，终遭残杀。

己不自信，何以信于人。

【注释】《明史·陈选传》。

【解析】自己都不信任自己，怎么能取信于别人呢？陈选督学南畿时，下令废除考试卷密封的规定。他的理由是考官应自信自己的公正,不必使用这些辅助手段。

君子有三惜。

【注释】《明史·夏寅传》。

【解析】夏寅非常勤奋。他曾说君子有三种遗憾:“此生不学,一可惜;此日闲过,二可惜;此身一败,三可惜。”世人传为名言。

帝王之学先明理,明理在读书。

【注释】《明史·陈祚传》。

【解析】帝王之学首要的是明白事理,明理的方式就是读书。明宣宗终日只知嬉戏田猎,荒于政事。陈祚屡次苦口规谏,希望他能把心思用在正事上。陈祚竟因此获罪,被逮下狱。

吾不畏死,尔奚为者?

【注释】《明史·钟同传》。奚(xī):为什么。我不怕死,你为什么这样做呢?

【解析】《明史·钟同传》中有这样一段记载:“同之上疏也,策马出,马伏地不肯起。同叱曰:‘吾不畏死,尔奚为者?’马犹盘辟再四,乃行。同死,马长号数声亦死。”这是一个带有传奇色彩而又非常感人的忠义故事。钟同为主尽忠不惜死,他的马竟然也为其所感,为主而死。

死不入此,非夫也。

【注释】《明史·钟同传》。

【解析】钟同幼时即怀有壮志,要做忠臣烈士。他曾参观吉安忠节祠,祠内祭祀的是欧阳修等人。当时他即言:死后如不能入忠节祠受入祭祀,就不是大丈夫!钟同死后果入忠节祠,实现了自己的志愿。

官大小异,忠一也。

【注释】《明史·杨源传》。

【解析】官职有大小之分,但对国家的忠诚都是一样的。宦官刘瑾乱政,官卑职低的杨源多次向皇帝进言提防刘瑾等阉党势力。刘瑾引以为恨,斥责他:“若何官,亦学为忠臣?”意思是说你这样一个小官,也想学作大忠大义之士吗?杨源针锋相对,毫无惧色,终遭贬谪。

败则士卒受其殃，捷则权豪蒙其赏。

【注释】《明史·谢铎传》。

【解析】战败是兵士遭殃，获胜则是权贵领受封赏。谢铎性耿直，好直谏，其言往往切中时弊。通常而言，对于普通民众来说，战争胜负结果并没有什么不同。“一将功成万骨枯。”成功尚且如此，失败自不必言。

收获未竟，糇粮已空；机杼方停，布缕何在。

【注释】《明史·王信传》。糇（hóu）：干粮。竟：完毕，终了。

【解析】地里的粮食还未收完，家里的粮食便已吃光了，织布机刚刚才停下来，织机上的布却已不见了。这里描绘的是明代湖广等蛮荒地带人民那种粮无隔夜、身无余帛、入不敷出的困顿生活状况。

大臣谋国，当身任利害，岂得远怨市恩为自全计。

【注释】《明史·余子俊传》。

【解析】臣子为国家办事，应当亲身参与而不能躲避利害冲突，哪里能只是做不遭人埋怨，又能收买人心的事，来保全自己呢？余子俊反对明哲保身的做法，他认为为国办事，有时难免会招致一些人的怨诟，但只要于国于民有益，便要坚持下去，不能逃避。

为人君，当举先王之礼教其臣；为人臣，当守先王之礼事其君。

【注释】《明史·罗伦传》。

【解析】作为君主，应当用先朝礼制来教育他的臣子；做臣子，应当遵守先代礼制侍奉君主。用今天的眼光来看，这种观点似乎过于守旧，但就当时而言，罗伦是针对皇帝屡屡违反规定，破坏礼制的做法而提出的，因此还是具有积极意义的。

君，盂也；臣，水也。

【注释】《明史·罗伦传》。盂（yú）：一种盛液体的器皿。

【解析】君是盂，臣是水。那么“水之方圆，盂实主之；臣之直佞，君实召之。”意思是说，水的形状实际是由盂的形状来决定的。同样道理，臣子的性情是忠直，抑或是谄佞，实际上也是由君主的性情来决定的。罗伦性情刚直，对皇帝的错误也不肯放过。

枉己者不能直人，忘亲者不能忠君。

【注释】《明史·罗伦传》。枉：不正直，不正派。

【解析】自己行为不端的人就难以要求别人行为端正，不孝顺父母的人亦不能忠于君主。罗伦以此语来指责大学士李贤违反礼制，不为亲守孝的行为。罗伦是一个极其讲原则的人，无论其指责是否正确，但他这种固守原则、依法办事的精神无论是在古代抑或是今天都是极其可贵的。

义所在，毅然必为，于富贵名利泊如也。

【注释】《明史·罗伦传》。

【解析】合乎道义的事，很果断地去做，对于富贵名利则看得很淡。罗伦以自己的所行所为赢得了后代史官的赞誉。

欲不可纵，渐不可长。

【注释】《明史·章懋传》。

【解析】欲望不能放纵，小错不可令其滋长为大错。明宪宗喜游乐，下令过节时悬灯结彩施放烟火。而章懋则认为目前国家不太平，人民生活困苦，不宜玩乐。劝诫皇帝不要为了一己之欲而败坏国家大事。

丰神玉立，负气峻厉。

【注释】《明史·舒芬传》。

【解析】舒芬为人正直有节。其形貌亦是不凡。他神采飞扬，身体挺拔，气宇轩昂，态度严肃。由其形貌自可想见其人格。

爵以待有德，赏以待有功。

【注释】《明史·李俊传》。

【解析】有德者赐以爵禄，有功者获得封赏。李俊对本朝存在的滥赏滥封现象十分不满。这种做法使得封赏已失去了原来的效用与意义。

衽席之微，谪见玄象。

【注释】《明史·魏元传》。衽(rèn)席：床席、卧席。玄象：玄，深奥。玄象指事物复杂的本质。

【解析】床席之地虽小，但亦可透露出很深刻的问题。魏元以此语来提醒皇帝要重视处理好后宫的事情。他认为后宫虽小，但反映出的问题却不小，后宫问题处理得好坏甚至关系到朝政治理的好坏。

天下譬之人身。

【注释】《明史·李俊传》。

【解析】李俊认为整个天下可以比喻为人的身体。“人主,元首也;大臣,股肱(四肢)也;谏官,耳目也;京师,腹心也;藩郡,躯干也。”接下来他又指出每一部分的重要作用:“大臣不职则股肱痿痹,谏官缄默则耳目涂塞,京师不戢则腹心受病,藩郡灾荒则躯干削弱,元首岂能宴然而安哉?”意思是说,大臣如果不能尽职尽责就等于四肢萎缩麻痹,谏官保持沉默就等于耳目堵塞,京师不太平就相当于心脏受病,藩郡遭灾就好比人的躯干被削弱。这种情况下,作为“元首”的君主又岂能悠闲自得呢?

天生才甚难,不忍以微瑕弃也。

【注释】《明史·徐薄传》。微瑕:瑕,玉上的斑点。微瑕喻小缺点、小毛病。

【解析】人才难得,不忍心因为一点点小缺失就摒弃不用。徐薄天性宽厚,为人胸怀大度,一些犯有小过失的人,往往多加维护,以免因小过而损贤才。

上下相猜,中外不协,祸乱之机始此矣。

【注释】《明史·刘健传》。

【解析】君主与朝臣互相猜疑,不能协同一致,祸乱便源于此。明武宗时,以太监刘瑾为首的“阉党”,每日诱导皇帝游戏玩乐,不理朝政。大臣们屡屡规谏皇帝,致使皇帝与朝臣之间关系异常紧张。刘健对这种状况深感忧虑,因此上疏皇帝,希望他能改善与大臣的关系,以确保安定团结。

李公谋,刘公断,谢公尤侃侃。

【注释】《明史·谢迁传》。

【解析】李东阳、刘健、谢迁三人都曾做翰林院编修,并多次联合向皇帝进谏。三人中李东阳颇有谋略,刘健处事果敢,谢迁则遇事机敏,有辩才。故世人有此语流传。

闾阎之情,郡县不得而知也。郡县之情,庙堂不得而知也。庙堂之情,九重亦不得而知也。

【注释】《明史·李东阳传》。闾阎:里巷。庙堂:指朝廷。九重:指皇帝。

【解析】里巷的情况,郡县的长官不得而知。郡县的情况,朝廷的官员难以了解。朝廷中的情况,皇帝也无从知道。百姓与官府不能沟通,地方与中央音讯阻隔,大臣与皇帝缺乏交流,李东阳十分痛心地指出当时明政府内部的混乱局面。

始于容隐，成于蒙蔽。

【注释】《明史·李东阳传》。

【解析】起初出于容隐之心，逐渐便形成故意蒙蔽之势。对一些小事总是怀有容隐包藏之心，时间久了，难免会生成故意蒙蔽之势。此时为害就甚深了。

居官以正己为先。

【注释】《明史·刘大夏传》。

【解析】当官首先要端正自己的品行。正己方能责人。正己"不独当戒利，亦当远名"。不仅要警惕利益的诱惑，且应当远离声誉的诱惑。追名同逐利一样都体现出人的贪欲。只有淡泊名利，才可能做一个正直清明的好官。

人生盖棺论定，一日未死，即一日忧责未已。

【注释】《明史·刘大夏传》。

【解析】人生只有到死亡的那一天才算了结，一天未死就要尽一天的责任。这句话意在告诉人们应当珍惜每一天，"做一天和尚撞一天钟"，不应有丝毫懈怠。

处天下事，以理不以势。

【注释】《明史·刘大夏传》。

【解析】刘大夏不畏权贵，坚决打击权贵的各种恶行。有人提醒他这样做可能会惹祸上身。刘大夏则不以为然，他坚持理大于势，处理事情依据的是法理而非权势。

将不知兵，其何以战。

【注释】《明史·马昊传》。

【解析】洪钟讨敌久不胜，马昊认为是其不懂兵法之故。他认为作战非只恃一时之勇，兵法谋略才是取胜之关键。

阿之则交引骤迁，忤之则巧谗远窜。

【注释】《明史·李文祥传》。交引：结交引见。

【解析】孝宗时，内侍阉党势力大涨，气焰嚣张，把持朝政。如果对其阿谀奉承，就会受到其保举而迅速升迁。反之，对其稍有忤逆就会遭谗陷而被贬放逐。大臣李文祥对此深感忧虑，上疏提醒皇帝注意这种危险情势。

豪强者虽重必宽，贫弱者虽轻必罪。

【注释】《明史·李文祥传》。

【解析】有钱有势之人犯法，即便情节严重，也会受到宽大处理，没钱没势之人犯法，即使罪行很轻，也难免会被定罪。法律制度就像一个弹簧，遇强则弱，遇弱则强。这样一种不公平现象广泛存在，必然会造成人心浮动，礼法崩坏。

习俗移人，豪杰不免。

【注释】《明史·李文祥传》。

【解析】习俗会改变人的性情习惯，其力量之强大，即便是英雄豪杰也难免会受其影响。这种影响是潜移默化、难以体察的。

既开改过之路，必多迁善之人。

【注释】《明史·李文祥传》。

【解析】既然允许改正过错，就一定会出现许多改过从善之人。人难免会犯错，对于犯错之人不应弃之不理，而应允许其改过自新。只有这样，社会上作恶的人才会减少，从善之人才会增加。

圣人主静，君子慎动。

【注释】《明史·黄巩传》。

【解析】明武宗是明朝又一个喜游玩田猎，对朝政不感兴趣的皇帝。大臣黄巩以圣人君子的行为规范来劝谏武宗，希望他能收心养性，把时间与精力用于正途。

养身之道，犹置烛然，室闭之则坚，风暴之则泪。

【注释】《明史·夏良胜传》。然：燃烧。坚：坚定。这里指烛焰稳定。

【解析】养身之道，可以用点燃的蜡烛为譬喻。放置于门窗紧闭密不透风的室内，其焰就会保持稳定；置于透风之地，让风猛烈吹拂，烛焰就会摇摆不定而流出蜡泪。夏良胜是借此喻来劝诫武宗不要终日沉溺于玩乐，宜修心养性，爱惜身体。

宗社之忧，凛若朝夕。

【注释】《明史·王思传》。

【解析】明武宗的种种荒诞行为已达到令人难以容忍的地步。翰林院编修王思上疏极其严厉地指出：目前国势岌岌可危，朝夕不保。这一切都是由于他荒于朝政的结果。

人事修而后天道顺，大臣法而后小臣廉。

【注释】《明史·王廷相传。》修：治，治理得好。法：守法。

【解析】明世宗时，一日突然雷击奉先殿。在当时，人们认为这是上天示怒的表现。上天震怒是由于人间有不平事。王廷相便借机发挥，用以影射奸臣严嵩。正是由于这样的大奸臣的存在，才会招致天降奇祸。那么倘若能除掉这些奸恶之徒，处理好人间的事情，那么天道自然会通顺。大臣都能够循法而动，小臣自然也会随之廉洁自律。

大臣污则小臣悉效，京官贪则外臣无畏。

【注释】《明史·王廷相传》。

【解析】大官僚贪污腐化则小官吏也全都效仿，中央官员贪污则地方官员也就无所畏惧。因此欲打击贪污犯罪，只触动一些细枝旁叶是没有用处的，必须直取主干。

先王制礼，本缘人情。君子论事，当究名实。

【注释】《明史·方献夫传》。

【解析】先代的礼法制度本源于人情物理。论事析理宜探究实际情况。这句话意在强调应具体问题具体分析，切忌生搬硬套。

无事时当如有事提防，有事时当如无事镇静。

【注释】《明史·杨一清传》。

【解析】非战时也同战时一样时刻保持警惕，战时也要同非战时一样保持镇静。作为一个军人，既要高度警觉，又须保持冷静。

吾已许国，遑恤其他。

【注释】《明史·胡世宁传》。遑(huáng)：闲暇，空闲。这里省略了否定词，意思是无闲暇。恤(xù)：考虑，担忧。

【解析】胡世宁刚直好言。但凡遇到不平之事，必挺身而出。有人劝其少管事，以免惹祸上身。胡世宁便回答：我已经把自己完全奉献给国家了，还哪会顾及考虑其他事情(会不会惹祸上身)呢！

此身非我有，安得侔处士。

【注释】《明史·唐顺之传》。侔(móu)：通“牟”，取，求取。处士：隐士。

【解析】唐顺之早年由科举而走入仕途，后托病辞职，告别仕途隐居。晚年，忽又欲再度出仕，便与朋友罗洪先探讨此事。罗洪先认为他既然早年已录入仕籍，自身已不能为自己所掌握，根本无法做一个完全的隐士，支持其出仕。唐顺之接受其建议，果然再度复出。

君子难进易退。

【注释】《明史·解一贯传》。

【解析】君子因不善迎合巴结权贵，向上发展很艰难，另一方面又因秉性刚直而易得罪于人，很容易招致贬斥。明武宗时，费宏受人攻击，同僚解一贯认为费宏为正人君子，应加以爱护，使其免遭伤害。

不以一人之毁誉为喜怒，不以一言之顺逆为行止。

【注释】《明史·刘安传》。

【解析】不因为一个人的诋毁或赞誉而恼怒或高兴，不因为别人的赞成或反对而行事或放弃。此句强调了个人意志的重要性。

心狂志荒，何事不忘？

【注释】《明史·张芹传》。狂：行为放荡，不受拘束。荒：逸乐过度，放纵。

【解析】行为放纵，心志荒乱，什么事都忘了。明武宗喜田猎，一次骑马不慎受伤。王思趁机劝其减少游乐，御史张芹具述游戏田猎之弊，劝谏皇帝约束自己，专心朝务。

政权出于一则治，二三则乱。

【注释】《明史·许相卿传》。

【解析】政权集中一处管理就会使天下太平，分散于两三处，天下就会发生祸乱。此语意在强调中央集权的重要性。

朝进一封，暮投千里。

【注释】《明史·余珊传》。

【解析】余珊向明孝宗指出目前存在的十大问题，其一便是言路堵塞问题。皇帝不能广泛听取臣下意见，这突出表现在皇帝对朝臣奏疏的不重视上，他形象地说：早晨臣子才向皇帝进疏，日暮时便已被抛弃千里之外，无影无踪了。

非但口如铁，其膝、其胆、其骨皆铁也。

【注释】《明史·冯恩传》。

【解析】御史冯恩以言辞锋利、性情刚直称于世。因屡次直言犯谏触怒龙颜，被逮下狱，耿介之气并不因此而稍改。时人便以“铁”字来赞誉他的刚直，时称“四铁御史”。

明君不宝金玉，而宝五谷。

【注释】《明史·靳学颜传》。宝：视……为宝，珍视。五谷：泛指粮食。

【解析】大臣靳学颜在具陈理财的奏疏中，强调要“积谷”，也就是积聚粮食。针对当前许多财政官员只重金银不重五谷的情况，他指出金银饥不得食，寒不可衣，粮食才是生存之根本。因此作为一个圣明的君主，首先要重视粮食问题。

众人言未必得，一人言未必非。

【注释】《明史·骆问礼传》。

【解析】判断是非不是依据支持的人数的多与少而判定。多数人坚持的未必正确，只有一个人坚持的未必不对。判断是非应从事情实际情况出发，依据自己的经验与思考作出判定。

盛夏思冰，盂水忽冻。

【注释】《明史·蔡毅中传》。

【解析】蔡毅中性至孝。年方四岁，父病，便祷告上天，愿代父病。闻母丧，吐血数升。曾经有一次母亲生病，欲吃冰（时值炎夏），盆子中的水突然化成冰。人们认为这都是蔡毅中孝心感动上苍的结果。

今天下人材则朝虚野实，货财则野虚朝实。

【注释】《明史·钱春传》。朝：朝廷。虚：空虚，缺乏。野：民间。

【解析】现在天下人才是朝中缺乏而民间丰富，财物则是朝中丰富而民间匮乏。明万历年间，土地兼并现象十分严重。皇帝经常把大量土地赏给宠信的臣子，财富越来越集中于少数统治者手中，广大人民却纷纷破产陷入困顿。另一方面，由于政治昏暗，大批有识之士蛰居不仕，隐伏乡间，朝中却因此而人才匮乏。

礼贵别嫌，事当慎始。

【注释】《明史·姜应麟传》。礼：古代社会的法则，礼仪。别：去除。嫌：疑虑，疑忌。

【解析】在中国封建社会中，在皇位继承人问题上一直是坚持嫡长子制这样一个传统的。而明神宗由于宠爱郑贵妃,对郑氏及其所生第三子一直恩宠有加;对王恭妃及其所生皇长子却视同不见。这种情况不能不引起大臣们的恐慌,担心皇帝在皇位继承人问题上做出什么有悖于礼的事情来,姜应麟亦因此上疏,恳请皇帝及早慎重考虑,打消错误念头,消除朝臣们的疑虑。

敲扑遍于宫闱,桁杨接于道路。

【注释】《明史·许闻造传》。敲扑:刑具之一种,用夏(槚树)楚(荆条)制成用来打人。桁(háng)杨:一种刑具。

【解析】明神宗不听善谏,一意孤行,屡屡打击忠臣义士。御史许闻造形容当时各种滥施刑罚的行为已遍及皇宫之内,充斥街头。使得人人自危,道路以目。

嗜酒则腐肠,恋色则伐性,贪财则丧志,尚气则戕生。

【注释】《明史·雒于仁传》。

【解析】过度饮酒会使肠胃受损,沉溺女色会迷乱本性,对金钱的贪欲会带来人格的沦丧,缺乏容人之量易怒,尚气就会引发杀戮。酒、色、财、气,人人都难以避免,然而关键是能够把握分寸,适度而止。否则将会遗患无穷。

君子立身,和而不同。

【注释】《明史·余懋学传》。立身:立,修立。身,自身的品德、才力、行为等。

【解析】此句化用孔子"君子和而不同"一语。这是一种具有朴素辩证法的哲学思想。一方面客观事物是千差万别、丰富多样的,这就是"不同";另一方面,要在矛盾和差异的基础上通过适当调节来实现和谐的境界,此即为"和"。"和而不同"就是君子修身达到的目标。二者不可偏废一方。既不可群相附和,人云亦云,失去个性,又不可特立独行,脱离群体。

罪己不如正己,格事不如格心。

【注释】《明史·张养蒙传》。罪:怪罪。正:纠正。格:正,纠正。

【解析】与其一味怪罪埋怨自己不如纠正错误,端正行为;纠正做错的事不如纠正错误的思想行为。明神宗荒淫腐败,朝政松弛。大臣张养蒙极谏时政阙失,并希望神宗能从根本上改正错误,端正行为,重振朝纲。

古者,朝有权臣,狱有冤囚,则旱。

【注释】《明史·蔡系周传》。

【解析】在古代,朝中有奸臣乱政,狱中有受冤屈的囚犯,就会大旱。明神宗时,御史李植受宠于帝,引起其他廷臣不满。万历十三年四月适逢大旱,御史蔡系周趁机向皇帝进言,认为这是因李植等人乱政而上天示警。这当然是一种迷信的说法,但在当时党派斗争中则不失为攻击对手的一种手段。

欲图治平,莫如固结人心;欲固结人心,莫如登用善类。

【注释】《明史·孙纬传》。图:图谋,谋取。登用:进用。

【解析】明熹宗主张以严治国,一时间严刑苛法流行。人心思危,民心动荡。一些志士才杰也纷纷避祸潜于民间。尚书孙纬遂上疏奏请皇帝宽恩减刑以稳定民心。他认为严法难以换取真正的太平,施行仁政、稳定民心才是治平良策。而欲得人心就须任用老百姓爱戴的贤臣良士,使政治清明,从而实现政通人和。

臣罪莫大于贪。

【注释】《明史·钟羽传》。

【解析】官员贪污腐败是困扰社会的最大难题。在钟羽看来,任何罪行都没有比贪污更严重的了。因此必须严厉打击贪污腐败分子,坚决杜绝这一风气的蔓延。

宠极则骄,恩多成怨。

【注释】《明史·杨涟传》。

【解析】明熹宗朝,宦官魏忠贤专权,扰乱朝政,矫杀大臣,甚至"挟天子以令诸侯",整个国家被搞得乌烟瘴气。当时朝中一批忠诚直言之士如杨涟、赵南星、左光斗、魏大中等与以魏忠贤为首的"阉党"展开激烈斗争。杨涟更上疏弹劾魏忠贤,列其二十四条大罪,并认为魏忠贤等人能够如此嚣张猖獗,主要是皇帝对他们过分宠信,难免会使其滋长骄傲之心;过分施恩又会助长其贪婪之欲,一旦欲望不能满足,便会生出怨恨之心。这样日积月累,最终会变生不测,祸起萧墙。

国之将亡也,先自戕其善类,而水旱盗贼乘之。

【注释】《明史·杨涟传》。戕(qiāng):残杀,杀害。乘:趁着,凭借。

【解析】明末天启年间,即熹宗朝,宦官魏忠贤专权乱政,矫杀大臣。杨涟、左光斗、袁化中、魏大中、王之采等一大批忠直刚正之士惨遭杀害。正所谓"国将不国,朝将不朝"。其时又值水旱灾害发生频繁,百姓难以活命,不得不兴兵造反。明政府面临内忧外患,天灾人祸,眼看大明江山摇摇欲坠。这些现象便是国家将要灭亡的征兆。

宁坏朝廷封疆,不忘胸中畛域。

【注释】《明史·江秉谦传》。封疆:疆界,这里指国家领土。畛(zhěn)域:畛,指井田沟上的小路。畛域指很小的一块地方,在这里比喻个人私欲。

【解析】宁愿毁坏丢弃国家大片领土,也不忘自己的一小片土地。这句话比喻一些人因私废公,牢记一己之小利而失掉国家公众之大义。

蝇之附骥,即千里犹蝇耳。

【注释】《明史·梅之焕传》。骥:骏马,好马。

【解析】附着在骏马身上的蝇虫,即使随马奔驰千里也仍然不过是蝇虫罢了。这句话意在说明:本性是很难改变的,任何虚饰都是徒劳的。正如纪伯伦在他的一篇散文中所说的那样:“谎言不管是穿上绫罗绸缎,也不管是住进华丽富殿,也变不成真理……奴性即使涂上油彩,换上服装,自诩自由,仍然是奴性。”

恃一人之聪明,而使臣下不得尽其忠,则耳目有时壅,凭一人之英断,而使诸大夫国人不得衷其是,则意见有时移。

【注释】《明史·刘忠周传》。恃:依靠,依赖。壅(yōng):阻塞。衷其是:表达内心的是非判断。移:改变。

【解析】仅凭一个人的聪明才智,而让臣子不能表露他们的忠心,那么耳目有时就会受到阻塞;仅凭一个人去裁决判断事物,而让臣民百姓不能畅快表达内心的想法,那么意见有时就会产生分歧。这句话意在委婉地劝诫皇帝应多听从和采纳他人意见,而不要独断专行。

法天之大者,莫过于厚民生。

【注释】《明史·刘忠周传》。法:效法。民生:指黎民百姓。生:生灵。

【解析】效法上天之道最重要的莫过于厚待黎民百姓。崇祯皇帝登基时,明王朝已经岌岌可危,处于风雨飘摇之中。因此他一心想通过励精图治,重振国威。大臣刘忠周从儒家民本思想出发,认为只有通过爱民,赢得民心,才能进一步恢复国治。

学之要,诚而已。

【注释】《明史·刘忠周传》。

【解析】学习的关键在于有诚心,所谓心诚则灵,做事最怕“认真”二字,学习也是一样的。清代彭端淑在《为学》中就反复重申:“人之为学有难易乎?学之,则难者亦易矣;不学,则易者亦难矣。”

绝饵而去者,必非鳅鱼;恋栈而来者,必非骏马。

【注释】《明史·黄道周传》。鳅鱼:鳅,泥鳅。鳅鱼在这里泛指普通的鱼。栈:养牲畜的竹木栅或栅栏。

【解析】能够弃诱饵而去的鱼一定不是普通的鱼;贪恋棚圈的马一定不是骏马。鱼儿贪钩,这是一般鱼的习性,但就有一些极其聪明的鱼能够不为诱饵所动,不上渔人的当。骏马渴望的是在自由阔大的天地中驰骋,而不愿总被圈养在棚圈之中。那么滚滚红尘、芸芸众生中也同样有那样一些特立独行之人,他们不为尘世所染,不为凡情所动,傲睨于世,异乎常人。

小人见事,智每短于事前,言每多于事后。

【注释】《明史·黄道周传》。小人:与君子相对。指德薄才低之人。

【解析】有一种人每每临事时计穷智短,没有一点办法,事后却总是夸夸其谈,说得头头是道。这就是我们常说的“事后诸葛亮”。

以利禄豢士,则所豢者必嗜利之臣;以棰楚驱人,则就驱者必驽骀之骨。

【注释】《明史·黄道周传》。豢(huàn)喂养,饲养。棰(chuí)楚:鞭打。棰,鞭子。驽骀(tái):劣马。喻庸才。

【解析】用富贵利禄诱惑收买人心,那么被收买的人一定是唯利是图之人;用严刑鞭打来驱使人,那么被驱使的人一定会成为唯唯诺诺的庸才。就用人而言,金钱与大棒都只具有一时的功效,绝非长远良策。因此用人根本的办法在于用人者自己能够做到以情感人,以德化人,以功服人。

召见不以盈廷而以独侍;清问不以朝参而以燕闲。

【注释】《明史·毛羽健传》。盈:充满。盈廷,指百官朝君于大殿之上,与“独侍”相对。清问:清谈问话。燕闲:燕,通“宴”。安逸,安闲。

【解析】崇祯年间,御史毛羽健以好言事著称。首次便弹劾杨维垣的八大罪状及阮大铖反复变幻无赖状,使二人遭贬斥。其后又多次弹劾权臣、重臣。即使是皇帝,他亦敢加以指责。一次崇祯皇帝在文华殿独自召见周延儒秘谈良久,朝中大臣议论纷纷,毛羽健更是对崇祯皇帝这种异常行为大加指责。由这句话可看到其语气是相当强硬激烈的,足见其大胆。

辨奸在明，去奸在断。

【注释】《明史·傅朝佑传》。

【解析】辨别奸人依靠的是英明，去除奸人则依靠果断。崇祯年间朝臣傅朝佑直言好谏。即便在被贬官临行之前仍上疏弹劾权臣温体仁六大罪状。这句话便是他劝诫皇帝要英明果断，看清奸人，远离佞臣。

不揣其本，而末是图，虽终日夜不寝食，求天下治无益也。

【注释】《明史·熊开元传》。

【解析】不揣摩事物的根本所在，而只求取其细枝末节，即使是整天不吃饭整夜不睡觉，对于寻求天下太平也没有什么益处。明思宗朱由检在众多的明代皇帝中应该算作是一位较有作为的皇帝。他勤于政事，励精图治，希望重振朝纲。然而在其统治的十几年间，明朝的形势却一天天更加糟糕。大臣熊开元认为造成这种局面的主要原因是未能辨明治国的本末问题。在他看来治国之本在于用人，而恰恰是由于用人不当才造成今日的局面，实际上熊开元是借题发挥，以此来抨击权臣周延儒等人。

勇猛图敌，敌必仇；奋迅立功，众必忌。

【注释】《明史·袁崇焕传》。

【解析】与敌作战太过勇猛，敌人一定会倍加仇恨你；建立功勋太过迅捷，众人一定会倍加妒忌你。所谓“木秀于林，风必摧之”。自古皆然。一个优秀的人在展露才华时是要冒很大风险的。这种现象似乎反常，然而在当时的社会环境和时代背景下却又无可奈何。

制全辽有余，调众口不足。

【注释】《明史·袁崇焕传》。辽：指蓟辽。调：调节。

【解析】袁崇焕奉旨督师蓟辽。临上任前崇祯皇帝接见以示抚慰。袁崇焕则向皇帝袒露了内心的不安。他认为以自己的能力，应付辽东前线的战事绰绰有余，但他深深忧虑的是后方朝廷上的斗争。他担心由于不能做到令所有人都满意，而成为斗争的牺牲品。虽说“文死谏，武死战”，但事实上，许多武将并非死在战场上，而是死于朝廷之上的明争暗斗。袁崇焕的担忧是很有道理的，事实上他后来的遭遇也证明了这一点。

死非难，所以处死为难。

【注释】《明史·袁崇焕传》。

【解析】死不是一件难事，怎样面对死亡才是一件难事。明末李自成率领的农民起义军攻破潼关后，乘胜连夺明城。一时间一些守城将官纷纷赴死，或者被俘后拒降而被杀，或者干脆自杀身亡。就今天的观点来看，或许有人会说这种行为是愚忠愚孝，但不可否认，他们对待死亡时所采取的那种果决从容的态度还是相当令人敬佩的。

我杀人，何与天事？

【注释】《明史·陈士奇传》。

【解析】明末起义军的一支部队张献忠部攻陷重庆时俘获明臣陈士奇，在绑赴刑场即将斩杀时突然天空雷雨大作，天昏地暗。张献忠仰头骂天：我杀人，与老天有什么相干！并用大炮向天轰击。不一会儿，天空云开雨散。于是重新行刑，斩杀了陈士奇。

郡守廉，县令不敢贪；郡守慈，县令不敢虐；郡守精明，县令不敢丛脞。

【注释】《明史·吴麟徵传》。丛脞(cuǒ)：烦琐，细碎。

【解析】郡守廉洁，则县官不敢贪污；郡守以仁慈礼义治民，则县官不敢以暴虐治民；郡守治事精明，则县官办事亦不敢拖沓马虎。所谓上行下效，如果上梁不正，下梁何以不歪呢？

赏罚者，将将大机权也。

【注释】《明史·吴甘来传》。机权：关键方法。将将：前一个“将”为动词，后一个“将”为名词。

【解析】合理运用赏与罚，是驭使将官的关键。有功则赏，有过则罚，赏罚分明，掌握好分寸，恩威并重，就足以将将。

败于贼者，唯恐人之胜；怯于贼者，唯恐人之强。

【注释】《明史·秦良玉传》。

【解析】自己打了败仗，就唯恐别人取胜；自己胆怯畏敌，就只恐别人勇猛无畏。这句话出自明末著名巾帼英雄秦良玉之口。秦良玉嫁石砫宣抚使马千乘为妻。战乱时与丈夫一同率兵作战，屡建奇功。丈夫死后，秦良玉代领夫职，继续带兵征战。因功勋卓著而一时声名大噪，同时也招致其他明将的猜忌。这句话反映了她对那些自己无能却又嫉贤妒能之人的愤慨。

将所以能克敌者，气也；君所以能御将者，志也。

【注释】《明史·史可法传》。

【解析】将士之所以能够克敌制胜依靠的是士气，君王御使兵将依靠的是他坚强的意志。“气”与“志”在这里都代表一种巨大的精神力量。这句话强调了上下一致齐心协力才能获取成功。

行不张盖，食不重味，夏不箑，冬不裘，寝不解衣。

【注释】《明史·史可法传》。盖：车盖。箑（shà）：扇子。裘：皮衣。

【解析】行军时从不张开车盖遮蔽，吃饭时有什么吃什么，（即使是美味食物，也从不要求吃第二次。）夏天不要求扇扇子纳凉，冬天不要求穿皮衣御寒，甚至睡觉时也顾不得宽衣解带，而时刻准备应付紧急的军情。这句话真切描述了明末名将史可法与士兵同甘共苦的军旅作风。

清歌漏舟之中，痛饮焚屋之内。

【注释】《明史·陈子龙传》。

【解析】于漏船中欣赏清歌丽曲，在被战火烧过的房室内豪喝痛饮。这句话描述了南明小朝廷君臣醉生梦死的消极状态。这不由让我们想起宋朝诗人林升描写的南宋君臣不顾大局，花天酒地的丑态：“山外青山楼外楼，西湖歌舞几时休？暖风熏得游人醉，直把杭州做汴州。”

天下新定，百姓财力俱困，如鸟初飞，木初植，勿拔其羽，勿撼其根。

【注释】《明史·循吏列传》。

【解析】天下刚刚稳定下来，百姓财力与物力都处于困乏之中。就如同小鸟刚刚学会飞翔，亦如树木新植，因此不要拔掉小鸟的羽毛，不要动摇小树的根基。这是明太祖朱元璋推行安民政策时所讲的很著名的一段话。正是因为有这样清醒的认识并能贯彻实行之，才会获得明朝初期的强大与兴盛的局面。

孰罢我役？使君之力。孰活我黍？使君之雨。使君勿去，我民父母。

【注释】《明史·循吏列传》。

【解析】这是明朝初年流行于济宁一带的民谣。民谣歌颂的是当时的济宁知府方克勤。民谣唱道：是谁免除了我的劳役？全凭使君（对知府的尊称）之力。是谁救活了我的禾苗？是老天感于使君的恩德而赐的甘霖。使君不要离去，使君是我们黎民的父母。

吾办一死，金钱不可得也。

【注释】《明史·循吏列传》。办：治办。

【解析】明正德年间，以太监刘瑾为首的阉党扰乱朝政，势力猖獗。章圣皇太后薨，灵柩将运至奉天，这些宦官胁迫途经各州县的官吏，向他们索要财物，并宣称“不办者死”。各州县吏多望风而逃，唯武定知州唐侃镇定自若，置一空棺于厅中，对前来索钱的太监说：“我只置办了一口棺材，金钱是没有的。”诸阉闻言骇愕而走。

清、慎、勤，居官三字符也。

【注释】《明史·儒林列传》。

【解析】清廉、谨慎、勤勉，是做官的要诀。明初名儒石门先生梁寅居石门讲学，邻邑之子初入仕途，向其请教做官之道，石门先生便以此三字赠之。

言忠信，行笃敬，天德也。不伤财，不害民，王道也。

【注释】《明史·儒林列传》。天德：道德规范。王道：治国原则。

【解析】有人向石门先生梁寅请教天德与王道。梁寅便以此言对之：言语诚恳可信，行为老实恭敬，就是天德。不劳民伤财，不残害百姓，即为王道。

学以为己，勿求人知。

【注释】《明史·儒林列传》。

【解析】学习是为了增加自己的知识与素养，不一定要为人所知，显名于世。明初隐士与学者胡居仁一生甘于淡泊，不求闻达。在他看来，一切只要有益于增强自身修养就足够了，没有必要去求名争利。

卑者溺于功利，高者骛于空虚。

【注释】《明史·儒林列传》。骛（wù）：追求。

【解析】庸俗之人往往沉溺于世俗功利而不能自拔，所谓的世外高人又往往追求一些虚无缥缈之事而不着边际。那么对于现实世界中的人如果能找到二者的最佳契合点，即可以获得一种现实而又超脱的生活方式。

荐贤当惟恐后，论功当惟恐先。

【注释】《明史·儒林列传》。

【解析】举荐贤才应该做到奋力争先只恐落在别人后面，论功行赏应当谦虚退让只恐抢在别人前头。不嫉贤、不争功，这是十分标准的中国式道德规范。

不尤人，何人不可处；不累事，何事不可为。

【注释】《明史·儒林列传》。尤：指责，归罪。累：带累，羁绊。

【解析】不随意怨诟别人，那么什么人都可与之相处；不为外事所羁绊，那么没有什么事不可以做。这句话说明只要心地宽广，胸怀坦荡，那么任何人与事都不会成为其羁绊。

前有四皇,后有三张。

【注释】《明史·文苑列传》。

【解析】长洲人皇甫涍兄弟四人(冲、涍、汸、濂),皆好学、工诗,时称“皇甫四杰”。其后,乡里又有张氏三兄弟(凤翼、燕翼、献翼),并负才名。当地人因此有“前有四皇,后有三张”之语。

设将御敌,设军卫民。纵敌不忠,弃民不仁。不忠不仁,何以为臣！为臣不职,何以为人！

【注释】《明史·忠义列传》。

【解析】设置军队是为了御敌卫民,那么放任敌人横行,置人民生命财产于不顾,对于国家而言是未能尽忠,对于人民而言是未施仁义。倘若不忠不义,有何面目拿俸为臣呢?做官未能尽职,有何面目做人呢?明朝建文三年,倭寇登岸扰民抢掠,抗倭将领易绍宗以此语大书于壁,以振士气。

臣死忠,妻死节,妇死姑,孙死祖,婢仆死主。

【注释】《明史·忠义列传》。

【解析】明朝天启三年,安邦彦造反,攻陷安顺城。安顺推官徐朝纲誓死抵抗,被俘拒降而遇害。其妻获悉丈夫已死,遂登楼自缢(上吊)身亡。大儿媳妇举火焚屋,和年仅十岁的女儿跃火烈焰自焚而死。其孙作战时出城寻找爷爷(徐朝纲),亦死于敌手。其家男女仆人随主人而死者有十一人。

有死知州,无降知州。

【注释】《明史·忠义列传》。

【解析】明崇祯年间,有史记言为陕州知州。崇祯八年冬天,农民起义军进攻陕州,城陷。史记言被俘,令其降,史自言:“只有不敌而死的知州,没有投降的知州。”遂被杀。后被载入《明史·忠义列传》。

戕人以利己,仁者不为。

【注释】《明史·忠义列传》。戕(qiāng):残杀,杀害。仁者:有德之人。

【解析】残害别人而求有利于自己,有德之人是不做这样的事的。李自成率军攻陷郏(jiá,今河南郏县),欲强委当地两个颇具名望的乡绅陈心学与周卜历为官。陈心学不从被杀,李自成对周卜历说:“为我把知县捉来,可以代替你死。”周卜历便以此语回答,拒不为而死。

有死节之臣,不可无死节之士。

【注释】《明史·忠义列传》。

【解析】崇祯十七年,农民起义军进逼首都北京。强盛一时的明王朝顷刻间便要灰飞烟散,这不能不让一些生活在明政府羽翼下的子民产生一种巨大的幻灭感,他们决心做明王朝的殉葬品,与其一同覆灭。因此有张氏一门赴死者二十三人。上面摘录这句话为张氏六兄弟之一张罗善所言。当时张罗善为一介书生,辅佐两个兄长守城。城将陷落时,两兄长认为他未做官,不必与城池同生死,希望他能保存性命。罗善便以此言回答:既然有为国家尽节而死的臣子,便不可以没有为国尽节的士子。城陷,罗善投井而死。

条目拼音索引

A

ai

an

ao

B

ba

bai

ban

bang

bao

bei

bi

bian

bin

bing

bu

C

ca

cai

cang

cao

cha

chai

chang

chao

che

chen

cheng

chi

chong

chou

chu

chuan

chuang

chui

chun

ci

cong

cui

cun

cuo

D

da

dan

dang

dao

de

di

diao

fan

fang

fei

fen

feng

fou

fu

G

gai

gan

gang

gao

ge

geng

gong

gou

gu

gua

guan

gui

guo

H

hai

han

hao

he

heng

hong

hou

hu

hua

huan

huang

hui

hun

huo

J

ji

jia

jian

jiang

jiao

jie

jin

jing

jiu

ju

K

kai

kang

ke

kong

kou

ku

kuang

L

lan

lang

lao

li

lian

liang

liao

lin

ling

liu

long

lu

lü

luan

lun

luo

M

mai

man

mao

mei

men

meng

mi

min

ming

mu

N

na

nai

nan

nang

nei

neng

ni

nian

niao

ning

nong

nu

nü

P

pan

peng

pi

pian

pin

ping

po

Q

qi

qian

qiang

qiong

qiu

qu

qun

R

ran

rang

ren

ri

rong

ru

ruan

rui

ruo

S

san

sang

seng

sha

shan

shang

shao

she

shen

sheng

shi

shou

shu

shuai

shui

shun

si

su

sui

sun

suo

T

tai

tan

tao

te

tian

ting

tong

tu

tuo

W

wai

wan

wang

wei

wen

wo

wu

X

xi

xia

xian

xiang

xiao

xie

xin

xing

xiong

xiu

xu

xuan

xue

xun

Y

yan

yang

yao

ye

yi

yin

ying

yong

you

yu

yuan

yue

yun

Z

zai

zan

zao

zei

zhan

zhang

zhi

zhong

zhou

zhu

zhuan

zhuang

zhuo

zi